talogage avant publication de
Bibliothèque nationale du Canada

artier, François

dette principale au titre :
La sélection Chartier
« Guide des vins et d'harmonies
avec les mets ».

ISSN 1711-2958
ISBN 2-921394-28-4

1. Vin. 2. Vin – Dégustation.
3. Vin – Service.

548.2.C42 641.2'2 C2004-300389-3

s Éditions La Presse

ésident
dré Provencher

recteur de l'édition
rtin Rochette

jointe à l'édition
rtine Pelletier

nception graphique
rnard Méoule

ographie
ncine Bélanger

vision linguistique et collaboration
ole Henri

stion de la base de données
nie Pelletier

otos
uis-Michel Major
nçois Chartier

ôt légal – Bibliothèque et
nives nationales du Québec, 2006
ôt légal – Bibliothèque et
nives Canada, 2006
rimestre 2006
N 2-923194-28-4

rimé et relié au Québec
ression : Interglobe

s Éditions
A PRESSE

ue Saint-Jacques
tréal (Québec)
1K9

00 361-7755

MW01715109

L A S É L E C T

CHARTI

2 0

GUID

DES

ET D'H

AVEC

www.fran

Les

LA

CONCOURS

Partez en Languedoc

dans le sud de la France, avec le Conseil interprofessionnel des vins d'appellations du Languedoc

Du 21 octobre au 23 décembre 2006, courez la chance de gagner un séjour d'une semaine pour deux personnes dans la région viticole du Languedoc, dans le sud de la France, offert par le Conseil interprofessionnel des vins d'appellations du Languedoc.

LE PRIX VOYAGE *Un voyage pour deux personnes dans la région viticole du Languedoc, dans le sud de la France, pour un séjour d'une semaine, qui comprend l'hébergement, l'itinéraire de visites des vignobles, la location d'une voiture, et les petits déjeuners, gracieuseté du Conseil interprofessionnel des vins d'appellations du Languedoc, d'une valeur de 5 500 $.*

LE PRIX HÔTELIER *Un séjour de deux nuitées pour deux personnes dans la suite présidentielle de l'Hôtel Quintessence, à Mont-Tremblant. Le prix comprend deux soupers et deux petits déjeuners. Vin de glace et fruits frais offerts à l'arrivée, champagne et fraises trempées dans le chocolat servis à la chambre la deuxième soirée. Deux peignoirs seront offerts aux gagnants, gracieuseté de l'Hôtel Quintessence, le tout d'une valeur de 4 500 $.*

LE PRIX PARTENAIRE *Un cellier d'appartement de couleur acajou à porte vitrée d'une capacité de 100 bouteilles, gracieuseté de la boutique Vinum Design, d'une valeur de 1 395 $.*

Pour participer: remplissez le bulletin de participation publié tous les samedis entre le 21 octobre et le 9 décembre 2006 dans *La Presse, Le Soleil, Le Nouvelliste, Le Droit, La Tribune, La Voix de l'Est* et *Le Quotidien*. Vous pouvez également vous inscrire grâce au coupon de participation fourni à la page 4 de *La Sélection Chartier 2007*. Répondez à la question et postez le bulletin de participation aux Éditions La Presse : C. P. 11618, Succursale Centre-ville, Montréal (Québec) H3C 5W5.

Vous pouvez également vous inscrire gratuitement au concours sur *cyberpresse.ca* ainsi que sur *www.francoischartier.ca* entre le 21 octobre et le 23 décembre 2006. Les bulletins de participation seront également disponibles au stand des Éditions La Presse au Salon du livre de Montréal, qui se tiendra du 16 au 20 novembre 2006.

Le concours débute le 21 octobre 2006 pour se terminer le 23 décembre à minuit, heure et date limites pour participer au concours. Ce concours s'adresse aux personnes âgées de 18 ans et plus.

CONCOURS

Partez en Languedoc

Du 21 octobre au 23 décembre 2006, courez la chance de gagner un séjour d'une semaine pour deux personnes dans la région viticole du Languedoc, dans le sud de la France, offert par le Conseil interprofessionnel des vins d'appellations du Languedoc.

Question : Quel est le cépage majoritaire entrant dans la composition des vins doux naturels d'appellations Banyuls, Maury et Rivesaltes?

A) Grenache noir **B) Picpoul**

Réponse : ______________________

Remplissez et envoyez à :
Les Éditions La Presse
C. P. 11618, Succursale Centre-ville, Montréal (Québec) H3C 5W5

Les Éditions LA PRESSE

Nom : ____________ Prénom : ____________

Adresse : ____________ App. : ____________

Ville : ____________ Code postal : ____________

Tél. bur. : (   ) ____________ Rés. : (   ) ____________

Adresse électronique : ____________

Les fac-similés ne sont pas acceptés. Valeur totale des prix : 11 395 $.

Règlements disponibles aux *Éditions La Presse.* Le tirage aura lieu le 3 janvier 2007.

Ce concours est organisé avec la participation de nos commanditaires :

AOC DU LANGUEDOC
SUD DE FRANCE

Quintessence
RESORT HOTEL SPA & RESTAURANT
TREMBLANT SUR LE LAC

Vinum design

LA PRESSE

cyberpresse.ca

www.francoischartier.ca

EuroCave®
Leader mondial des armoires à vins

Table des matières

Europe

Comment utiliser La Sélection Chartier 2007

Une 11e édition tournée vers le futur

Le monde du vin change à une vitesse vertigineuse, non seulement à cause des différents systèmes d´élaboration mais surtout à cause des goûts et des tendances qui évoluent. Et entre ce qu'il est légitime d'appeler la « Vieille Europe » et le « Nouveau Monde », la différence de style entre ces deux « hémisphères » se creuse de plus en plus. Quels vins seront à la mode dans les prochaines années? L'édition 2007 tente d'y répondre, en étant représentative du goût actuel, tout en se projetant dans le futur.

Fier du succès obtenu lors de son édition « 10e anniversaire », parue à l'automne 2005 et qui a reçu le prestigieux prix LAURÉAT OR, au concours CUISINE CANADA 2005, pour le meilleur livre sur les vins au Canada, je récidive donc avec une 11e parution de La Sélection Chartier, complètement renouvelée et enrichie de multiples textes que les lecteurs auront le loisir de consulter sur le nouveau site Internet **www.francoischartier.ca**. S'y trouvent : le chapitre Livre de Cave, d'une quarantaine de pages, ainsi qu'une dizaine de pages concernant les descriptions du chapitre Vins mousseux et Champagnes de la Vieille Europe. Ils pourront aussi cueillir la suite exhaustive des commentaires du chapitre Le Blogue de Chartier sur le blogue ***www.francoischartier.typepad.com***.

À l'heure de l'Internet, *La Sélection Chartier* devient plus interactive, plus complète et plus à jour qu'aucun autre guide actuellement publié : un accès privilégié à des textes et à des notes de dégustation plus fouillées, ainsi qu'à une actualité qui évolue au jour le jour.

De nouveau présentée dans son attrayant format allongé à l'européenne, qui a rapidement séduit le lectorat, l'édition 2007 comprend 416 pages – sans compter les dizaines de pages sur le site Internet et le blogue. Pour la première fois, 100 % papier couleur, faisant de ce « guide noir », je l'espère, l'un des plus beaux et des plus faciles à consulter!

François Chartier
www.francoischartier.ca
www.francoischartier.typepad.com

De quoi est faite La Sélection Chartier 2007?

La Sélection Chartier 2007 commente et répertorie **1 500 NOUVEAUX vins*** – 500 vins de plus que dans son édition 2006 –, dont **200 VINS À MOINS DE 25 $**, tous harmonisés avec des mets regroupés dans un index de plus de **2 500 HARMONISATIONS VINS ET METS**, baptisé MENU DES HARMONIES VINS ET METS. Les mets, recommandés avec chaque vin suivis d'un astérisque (*), font l'objet d'une recette dans le livre *À table avec François Chartier*.

Comme d'habitude, à chaque édition *La Sélection Chartier* se renouvelle à 100 %.

Pour donner une plus grande profondeur à *La Sélection Chartier*, une grande partie des vins recommandés dans les **RÉPERTOIRES ADDITIONNELS**, situés en fin de chaque chapitre, sont maintenant brièvement commentés.

Depuis la fin de l'embargo sur les nouveaux achats à la SAQ, notre « monopole » a grandement ouvert son carnet de commandes, enrichissant ainsi le marché québécois, depuis 2006, d'innombrables nouveaux vins, jusqu'ici absents à la SAQ. Afin de les repérer rapidement, j'ai identifié, au fil des pages, les quelque 150 nouveaux vins sélectionnés par le mot **NOUVEAUTÉ!**.

La deuxième édition du chapitre *Livre de cave* se retrouve sur mon nouveau site (**www.francoischartier.ca**). Je vous y présente une série de verticales de grands vins effectuées au cours des deux dernières années, ainsi que quelques notes de dégustation de l'exceptionnel millésime 2003 bordelais, et des remarquables 1996, 2004 et 2005 du Priorat, dégustés lors d'un séjour en Espagne au printemps 2006. Pour avoir un aperçu de ce que les amateurs retrouveront sur mon nouveau site **www.francoischartier.ca**, voir la section *Livre de cave* à la page 17 de ce guide, ainsi que celle des Vins Mousseux et Champagnes de la Vieille Europe à la page 267.

---

*Un index général à la fin du livre en fournit la liste par ordre alphabétique de noms, de pays et d'appellations.

Le nouveau chapitre **LE BLOGUE DE CHARTIER (www.francoischartier.typepad.com)**, anciennement nommé Les Nouvelles du Vin, comprend des éditoriaux, des dossiers et des nouvelles de l'actualité vinicole et gastronomique. Afin de conserver un lien quotidien avec l'actualité internationale du vin, les lecteurs peuvent ainsi visiter le blogue où des commentaires plus exhaustifs sont accessibles, des commentaires à chaud sur l'actualité, au jour le jour, l'année durant.

J'ai toujours grand plaisir à choisir les 1 500 meilleurs rapports qualité-prix, parmi les 3 000 vins dégustés chaque année, et à vous offrir moult conseils pour mieux les servir. Je le fais sans subventions et sans commandites, faut-il le rappeler, car je tiens à conserver l'indépendance, l'impartialité et l'objectivité qui constituent ma marque de commerce.

Parmi les nouveautés, une grande place est aussi accordée aux vins du Nouveau Monde, qui gagnent de plus en plus d'adeptes tant au Québec qu'aux quatre coins du monde. D'ailleurs, afin d'en faciliter leur recherche, les vins sont dorénavant classés en deux grands chapitres : **VINS DE LA VIEILLE EUROPE** et **VINS DU NOUVEAU MONDE**.

S'y ajoutent aussi, au début de ces deux grands chapitres, des **coups d'œil sur quelques pays producteurs**, sous forme de résumés, à la fine pointe du marché.

Les amateurs de cuisine qui ont en leur possession le Tome 1 du livre *À Table avec François Chartier* seront enchantés de dénicher une kyrielle de nouvelles propositions de vins pour s'harmoniser aux recettes de ce livre ludique, recettes à nouveau identifiées dans l'index des mets de *La Sélection Chartier 2007*.

Fait à noter, *À Table avec François Chartier* a été couronné à Madrid, en décembre 2005, du **WORLD COOKBOOK AWARDS 2005**, pour le meilleur livre au monde en langue française sur l'harmonie des vins et mets, ainsi que, le 16 septembre 2006, à Winnipeg, du **LAURÉAT OR**, au prestigieux concours **CUISINE CANADA 2006**, devenant ainsi le meilleur livre sur les vins au Canada.

Aussi au rendez-vous : la toujours attendue liste des **Coups de cœur 2007 de Chartier.** Et finalement, les vins issus de raisins de culture biologique et/ou biodynamique sont, comme depuis plusieurs éditions de ce guide, identifiés par le mot **BIO**.

Comment utiliser *La Sélection Chartier 2007*

Dans ce guide, les vins sont notés dans l'absolu par rapport à tous les vins du monde et non par rapport à leurs pairs dans la même catégorie (formule adoptée dans d'autres guides). Le SYSTÈME DE NOTATION attribue à chaque vin un maximum de cinq étoiles et de symboles du dollar représentant respectivement son appréciation et son coût. Ainsi, un vin à 10 $, aussi agréable soit-il, peut difficilement se voir décerner une note de quatre étoiles, tout en étant un excellent rapport qualité-prix. Le lecteur peut alors connaître instantanément la qualité et le prix des vins présentés. Par exemple, le vin rouge espagnol ***Tempranillo Hermanos Lurton 2004 Rueda, Bodegas J. & F. Lurton***, vendu 15,80 $, est noté : ★★★$$). Ceci indique un achat exceptionnel puisque le nombre d'étoiles attribuées est de beaucoup supérieur au nombre de symboles du dollar.

Pourcentage d'alcool des vins

Dans cette édition, j'ai décidé d'ajouter le ***pourcentage d'alcool*** de chaque vin, question de sensibiliser les consommateurs sur l'élévation importante du taux d'alcool dans les vins, au fil des dernières années. J'y faisais allusion dans le chapitre *Les Nouvelles du vin* de l'édition 2006 (voir commentaire *Toujours plus d'alcool*).

Jusqu'à la fin des années 80, la presque totalité des vins français et européens avaient un pourcentage d'alcool se situant entre 10,5 % et 12 %. Depuis le milieu des années 90, ce niveau se positionne plus souvent qu'autrement entre 13 % et 14,5 %, quand ce n'est pas 15 %! Quant aux vins du Nouveau Monde, ils se situent presque à tout coup à 14 %. La recherche de la maturité alcoolique semble avoir pris le pas sur la quête de la finesse et de la digestibilité des vins.

Disponibilité des produits

Ne vous découragez pas si vous ne trouvez pas le vin que vous cherchez à une succursale de la SAQ, car il est peut-être disponible dans une autre, ou temporairement manquant. Consultez plutôt le site Internet de la SAQ ou utilisez son service téléphonique pour obtenir des renseignements sur la disponibilité des produits. En utilisant le ***code du vin***, vous faciliterez votre recherche. Les vins affichant le code **S*** sont des produits de spécialité en vente continue selon les nouvelles politiques d'achat de la SAQ, et sont présents tout au long de l'année, comme les produits courants, affichés avec un **C**, avec des ruptures de stocks beaucoup plus courtes qu'autrefois.

Site Internet de la SAQ : *www.saq.com*
Service téléphonique de la SAQ : *514 254-2020 ou 1 866 873-2020*
Service par courriel de la SAQ : *info@saq.com*
Site Internet du LCBO (Ontario) : *www.lcbo.com*
Site Internet des boutiques Vintages (Ontario) : *www.vintages.com*
NOUVEAU site Internet de l'auteur : *www.francoischartier.ca*
Le blogue de Chartier : *www.francoischartier.typepad.com*

LE SYSTÈME DE NOTATION

Pétalos 2005 ♥

BIERZO, DESCENDIENTES DE J. PALACIOS, ESPAGNE ***(DISP. NOV./DÉC. 06)***
NOUVEAUTÉ!

23 $	SAQ S (10551471)	★★★☆ $$	Corsé+	BIO

NOTATION DU VIN

Les vins sont notés dans l'absolu par rapport à tous les vins du monde.

★★★★★	Vin exceptionnel
★★★★	Vin excellent
★★★	Très bon vin
★★	Bon vin
☆	Cette demi-étoile permet de nuancer les appréciations.
?	Ce vin pourrait mériter une demie ou une étoile supplémentaire dans quelques années.

Pâtes aux olives noires (*) Placé entre parenthèses après un plat recommandé à la fin d'une description de vin, l'astérisque (*) signale que ce mets fait l'objet d'une recette dans le livre *À table avec François Chartier*.

ÉCHELLE DE PRIX

$	Jusqu'à 10 $
$	Jusqu'à 14 $
$$	Jusqu'à 20 $
$$	Jusqu'à 24 $
$$$	Jusqu'à 28 $
$$$	Jusqu'à 36 $
$$$$	Jusqu'à 48 $
$$$$	Jusqu'à 70 $
$$$$$	Jusqu'à 110 $
$$$$$	Plus de 110 $

★★$
Un nombre d'étoiles supérieur au nombre de symboles du dollar indique un excellent rapport qualité-prix.

★★$$
Un nombre d'étoiles égal au nombre de symboles du dollar signifie que le vin vaut son prix.

★$$
Un nombre d'étoiles inférieur au nombre de symboles du dollar signifie que le vin est cher, très cher ou même franchement surévalué.

PUISSANCE DU VIN

Léger	Vin souple et coulant, pour ne pas dire aérien, laissant une impression de légèreté en bouche.
Léger+	Vin à la structure presque modérée, tout en étant passablement léger.
Modéré	Vin ample, sans être corsé, avec une certaine présence et, chez les vins rouges, passablement tannique.
Modéré+	Vin avec plus de tonus que le précédent.
Corsé	Vin riche, avec du corps, étoffé, d'une assez bonne présence en alcool et, chez les vins rouges, doté d'une bonne quantité de tanins.
Corsé+	Vin viril, presque puissant, tout en étant plus étoffé que le précédent.
Puissant	Vin au corps à la fois dense et très généreux, aux saveurs pénétrantes et, quant aux vins rouges, aux tanins puissants.

NOUVEAUTÉ!	Désigne un nouveau vin. Plus de 150 vins, jusqu'ici inconnus à la SAQ, sont ainsi identifiés.
♥	Désigne un vin ayant reçu un coup de cœur de l'auteur.
BIO	Indique que le vin est issu de raisins de culture biologique et/ou de culture biodynamique.
Servir entre 2006 et 2010	Indique que le vin sera à son meilleur entre 2005 et 2010.

DISTRIBUTION SAQ

C	Désigne un produit « courant », offert en tout temps dans la plupart des succursales de la SAQ.
S	Désigne un produit de « spécialité », en vente dans certaines succursales Classique et dans les succursales Sélection.
S*	Désigne un produit de « spécialité en achat continu », en vente dans certaines succursales Classique et dans les succursales Sélection, et qui, contrairement aux autres spécialités, est présent plus régulièrement, avec des ruptures de stocks généralement moins longues.
SS	Indique que le produit est disponible uniquement dans les deux succursales Signature, l'une à Montréal, l'autre à Québec.
(12345678)	Le code du produit, de six à huit chiffres entre parenthèses, facilitera vos recherches, tant dans les différentes succursales que sur le site Internet *www.saq.com*.
(DISP. FÉVR. 07)	Ce vin devrait normalement être disponible à partir la date indiquée, dans ce cas-ci, en février 2007.

Pour la deuxième édition du chapitre *Livre de cave* – la première ayant été publiée dans *La Sélection Chartier 2005* –, je vous présente une série de verticales de grands vins (dégustations sur plusieurs millésimes d'un même vin) effectuées au cours des deux dernières années, ainsi que quelques notes de dégustations de l'exceptionnel millésime 2003 bordelais, sans oublier les remarquables 1996, 2004 et 2005 du Priorat, dégustés lors d'un séjour en Espagne au printemps 2006.

L'espace étant plutôt restreint dans un tel guide, l'intégrale de mes commentaires vous est offerte « gratuitement » sur mon nouveau site Internet : **www.francoischartier.ca**

Voici la liste des verticales et des notes de dégustations que vous trouverez sur mon nouveau site Internet : **www.francoischartier.ca**

- NIEPOORT, Douro, Portugal
- GIORGIO PRIMO, Toscana, Fattoria La Massa, Italie
- DOMAINE HUET, Vouvray, France
- « ALAIN BRUMONT » CHÂTEAU BOUSCASSÉ, MONTUS et LA TYRE, Madiran, France
- CHÂTEAU PALMER, Margaux, France
- « MILLÉSIME 2003 » Maison Jean-Pierre Moueix, France
- DOMINUS, Napa Valley, États-Unis
- LEROY *SA*, « BOURGOGNES D'EXCEPTION », France
- PRIORAT 2004, Espagne
- 1996-2006, « DIX ANS DE PRIORAT », Espagne
- LUCE DELLA VITE, Toscana, Italie
- « MILLÉSIME 2003 », UNION DES GRANDS CRUS DE BORDEAUX, France

Livre de Cave

N'oubliez pas, pour avoir
accès à l'ensemble du
LIVRE DE CAVE 2007,
vous devez visiter le
nouveau site Internet :
www.francoischartier.ca

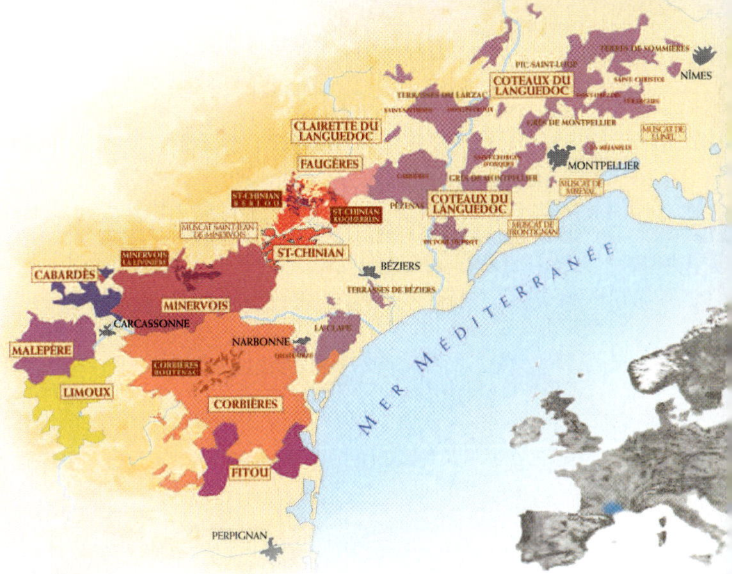

The New French Style

Ici un vignoble adossé aux contreforts des Cévennes, là niché aux pieds des Pyrénées, ailleurs accroché aux massifs des Corbières, ou bien lové dans l'amphithéâtre de la Montagne Noire. Sur les 23 appellations du Languedoc, pas un vin ne ressemble à un autre, si ce n'est cette constante depuis l'antiquité : la Méditerranée. Dans une région inondée par le soleil, balayée par les tumultes du vent du Nord, les terroirs du Languedoc bénéficient en effet des influences maritimes contrastant avec la fraîcheur des terroirs d'altitude. Une incroyable diversité de sol : vastes terrasses de cailloux roulés, grés et marnes, calcaires et schistes, sols argileux, poudingues, sols sableux, molasses, autant d'atouts qui donnent aux terroirs du Languedoc les spécificités de chaque appellation.

SUD DE FRANCE
SOUTH OF FRANCE
Languedoc Roussillon

www.languedoc-wines.com

184 Ko
104 Ko
84 Ko
2005, 15:13
2005, 15:13

Le Blogue de Chartier

LE BLOGUE DE CHARTIER

Les nouvelles du vin 2006-2007,
de La Sélection 2007 *au blogue Internet*
www.francoischartier.typepad.com :
un regard sur le monde du vin
et de la gastronomie, au quotidien,
douze mois par année.

MARATHON DE DÉGUSTATIONS...

Au cours du mois d'août 2006, en plein cœur de mon désormais annuel MARATHON DE DÉGUSTATIONS visant à dénicher les vins qui seront salués dans LA SÉLECTION CHARTIER, je me suis demandé si cette fois j'arriverais au fil d'arrivée à temps, papilles et cils olfactifs sains et saufs... Ce marathon, qui consiste en une moyenne de 30 vins dégustés par jour, avec des pointes à 50 vins/ jour, entrecoupé de repos de 20 vins/jour, débute vraiment, chaque année, vers la mi-mai, après des mois de « mise en forme », c'est-à-dire de dégustations plus concises et moins soutenues. Sans compter les quotidiennes rencontres harmoniques à table, pour dénicher les accords parfaits, lors du lunch et du souper. (Voir la suite sur le blogue **www.francoischartier.typepad.com**)

NOUVEAUTÉS À SURVEILLER EN 2006-2007

Avec la fin de l'embargo sur les nouveaux achats à la SAQ, et plus particulièrement depuis 2006, notre « monopole » a grandement ouvert son carnet de commandes, enrichissant ainsi le marché québécois d'innombrables nouveaux vins, jusqu'ici introuvables à la SAQ. Afin de les repérer rapidement, plus de 150 nouveaux vins sélectionnés sont identifiés NOUVEAUTÉ! au fil des pages du guide. Voici quelques pistes à inscrire dans votre carnet du bourlingueur. La plupart de ces vins ont été dégustés en primeur et sont commentés dans le présent ouvrage.

Parmi les nouvelles références espagnoles très attendues cet automne : le rioja **Herencia Remondo « La Montesa » Crianza 2003** (19,85 $), le bierzo **Pétalos 2005** (23 $), tous deux vinifiés par le talentueux et charismatique Álvaro Palacios, le percutant montsant **Castell de Falset « Old Vines Selection » 2000** (25 $), le généreux toro **El Albar 2003 J. & F. Lurton** (22,70 $) et le jumilla **Panarroz 2004** (13,25 $), qui risque d'être la bombe à bas prix de l'automne. Dans le deuxième numéro de son nouveau magazine *Cellier*, dont la parution est prévue en novembre 2006, la SAQ offrira de nombreux nouveaux crus d'Italie. Quelques-uns ont aussi été dégustés en primeur et recommandés dans ce livre.

LE PINOT NOIR : UNE VEDETTE!

Depuis le succès au box-office du film américain oscarisé *Sideways*, relatant les déboires de deux amis, près de la quarantaine, partis noyer leurs problèmes existentiels en Californie à la découverte des meilleurs pinots noirs, les vins rouges de ce noble cépage, d'origine bourguignonne, faut-il le rappeler, connaissent un succès sans précédent. Les producteurs californiens, littéralement envahis par des hordes de touristes nouvellement *aficionados* de pinot, sont depuis en continuelle rupture de stocks. Au printemps 2006, le géant californien Beringer m'avouait qu'il aurait aimé être informé de la parution de ce film, afin de prévoir le coup. À quand le prochain film américain mettant en vedette le zinfandel ou la syrah, commandités discrètement par Beringer ou Gallo? Même l'excentrique Randal Grahm, de Bonny Doon Vineyards, riche des revenus liés à la vente récente de sa marque à succès Big House Red, projette de planter du pinot noir, lui qui, jusqu'ici, vouait un culte sans retenue aux cépages rhodaniens...

Quoi qu'il en soit, il serait temps que les nouveaux amateurs de pinot noir que vous êtes dirigent leur nez et leurs papilles du côté de la Bourgogne, lieu de prédilection mondial du pinot noir. Les pinots noirs de Bourgogne sont tout simplement incomparables. Multiples sont les aubaines à y effectuer, même si plusieurs pensent encore aujourd'hui, à tort, que les bourgognes sont chers. Je rappellerai à ces derniers que la moyenne actuelle du prix des pinots noirs californiens vendus à la SAQ est entre 35 $ et 40 $, qu'il n'y a rien, en fait, en dessous de 20 $ (la majorité entre 25 $ et 45 $). Combien faut-il payer pour d'aussi bons pinots noirs bourguignons, souvent meilleurs? Exactement les mêmes prix! (Voir la suite sur le blogue **www.francoischartier.typepad.com**)

AU CŒUR DE LA GASTRONOMIE MOLÉCULAIRE CHEZ *EL BULLI*

Au printemps 2006, Carole Salicco, mon épouse et collaboratrice de toujours, et moi étions en vacances en Espagne. En bons gourmets que nous sommes, nous avons voulu joindre l'utile à l'agréable en traçant notre itinéraire en fonction de certains restaurants soigneusement choisis pour ainsi constater l'hallucinante inspiration des chefs catalans et basques, dont les novateurs et inspirants *El Bulli* et *El Celler de Can Roca*. C'était là aussi l'occasion de « boire » de quel bois se chauffe la sommellerie espagnole! Depuis plusieurs années, j'attendais ce congé gastronomique hispanique pour aller à la source de la gastronomie moléculaire.

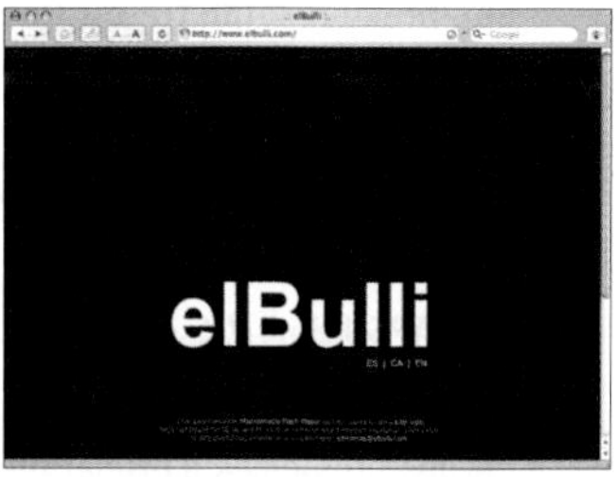

La visite de certains restaurants catalans, entre autres *El Bulli* (à Roses), *El Celler de Can Roca* (à Girone) et *Sant Pau* (à Sant Pau, au nord de Barcelone), ainsi que *Moo, Abac* et *Comerç24* (tous trois à Barcelone), m'a convaincu que jamais plus la cuisine et le service des vins ne seront les mêmes : certains chefs espagnols, faut-il le rappeler, influencent et dominent indéniablement la gastronomie mondiale depuis le milieu des années 1990. Le pivot de ce renouveau est sans contredit le désormais mondialement connu Ferran Adrià, chef et copropriétaire du restaurant *El Bulli*, meilleure table du monde en 2006 selon le sérieux et réputé magazine gastronomique britannique *Restaurant*. (Voir la suite, avec détails de notre repas chez *El Bulli*, sur le blogue **www.francoischartier.typepad.com**)

RÉFORME DU SECTEUR VINICOLE EUROPÉEN

En profonde crise structurelle, après les pertes d'importantes parts de marché au profit des pays du Nouveau Monde, de l'Australie en particulier, les exportations de vins de l'Union européenne poursuivent la chute amorcée il y a une décennie. Pour tenter de se sortir du marasme économique dans lequel elle s'est engouffrée, l'Europe des 25 a déposé le 21 juin 2006, à Bruxelles, le projet de *Réforme du secteur vinicole européen*, qui devra être adopté fin 2006, début 2007. (Voir suite sur le blogue **www.francoischartier.typepad.com**)

AOC : 1936/2006

Le premier décret des appellations d'origine contrôlée (AOC) fête ses 70 ans en 2006. Les premières AOC à être décrétées ont été, en mai 1936, Châteauneuf-du-Pape, Cassis, Tavel et Frontignan, suivies, entre août et décembre de la même année, de la plupart des autres AOC. Le 30 juillet 1935 a vu naître le Comité national des AOC et la création des appellations d'origine, après un long travail de protection contre les fraudes débuté le 23 janvier 1857 avec une première tentative de légiférer les marques. (Voir suite sur le blogue **www.francoischartier.typepad.com**)

NOUVEAU CLASSEMENT DES CRUS DE SAINT-ÉMILION

Le nouveau Classement des Crus de Saint-Émilion, révisable tous les dix ans, a été publié le 7 septembre 2006, après approbation par le Comité national de l'INAO. Plus de huit crus ont été surclassés, tandis que onze châteaux ont été déclassés. Fait intéressant, le Château Cadet Bon, déclassé en 1986 et réadmis en 1996, se voit à nouveau rétrogradé (à l'extérieur du classement des Grands Crus Classés). Ce qui confirme la très grande logique de ce classement revu et corrigé tous les dix ans – méthode que devrait adopter au plus vite l'hermétique Classement des Grands Crus Classés du Médoc, ce qui permettrait ainsi à des châteaux, comme Sociando-Mallet, d'y être admis en tant que second cru...

L'arrivée de Pavie Macquin et de Troplong Mondot chez les « Premiers Grands Crus Classés – B » était tout à fait prévisible, tant la qualité des vins de ces deux crus a été excellente entre 1993 et 2002, période où ont été évalués les châteaux de Saint-Émilion pour ce nouveau classement. Deux retours aussi à remarquer chez les grands crus classés : châteaux Grand Corbin et Grand Corbin Despagne, tous deux rétrogradés en 1996, qui reviennent ainsi, en 2006, à leur statut de grand cru classé. Les châteaux Destieux et Monbousquet, deux nouveaux parmi les « Saint-Émilion Grands Crus Classés », sont aussi de nouvelles références de très haut niveau. (Voir suite sur le blogue **www.francoischartier.typepad.com**)

POUR EN FINIR AVEC LES SULFITES...

Vous êtes nombreux depuis des années à me faire parvenir des questions concernant les sulfites. Contrairement aux idées reçues, les sulfites (SO_2) ajoutés lors de la mise en bouteilles sont assimilés beaucoup plus aisément par le corps. Étant à l'état « libre », ce sont les sulfites ajoutés pendant la vinification qui sont beaucoup plus difficiles à métaboliser. L'intolérance aux sulfites est due à une carence, chez certains sujets, en sulfite-oxydase, une enzyme qui désactive les sulfites. L'allergie aux sulfites serait plus rare que sa fréquente intolérance. La vitamine B1, qui sert entre autres à distiller l'alcool dans le foie, serait inhibée par la présence de sulfites, d'où les possibles maux de tête et brûlures d'estomac (tout bon dégustateur devrait prendre des suppléments de vitamine B1).

Les asthmatiques seraient plus intolérants aux vins surtout à cause de la présence d'histamine dans le vin. L'apparition de maux de tête et d'urticaire serait souvent causée par l'histamine, qui se développe surtout pendant la phase de « fermentation malolactique », qui est en fait la transformation de l'acide malique en acide lactique. Une grande partie des vins rouges contiendraient des taux d'histamine plus élevés, car les rouges font en général leur « malo », ainsi que les blancs élevés en barriques. (Voir la suite sur le blogue **www.francoischartier.typepad.com**)

TOURISME DE... GLACE!

Le 20 juillet 2006, de passage dans la région d'Hemmingford afin d'effectuer les photos pour la onzième édition de *La Sélection Chartier* – les photos de la couverture et de la quatrième de couverture ont été prises au *Vignoble du Marathonien* –, j'en ai profité pour me rafraîchir de cette journée estivale brûlante en visitant les deux domaines phares de la production québécoise de vin de glace et de cidre de glace, le *Vignoble du Marathonien* et *La Face Cachée de la Pomme*. Fait intéressant, ces deux domaines de pointe, chacun au sommet de sa catégorie, sont situés seulement à une quinzaine de kilomètres de distance, sur la même route (la 202) : le premier à Havelock, le second à Hemmingford. On s'y rend en empruntant le pont Champlain, l'autoroute 15 sud, puis en prenant la sortie 6 en direction d'Hemmingford. Ces vignobles sont à 45 minutes de Montréal. (Voir commentaire complet sur ces deux domaines sur le blogue **www.francoischartier.typepad.com**)

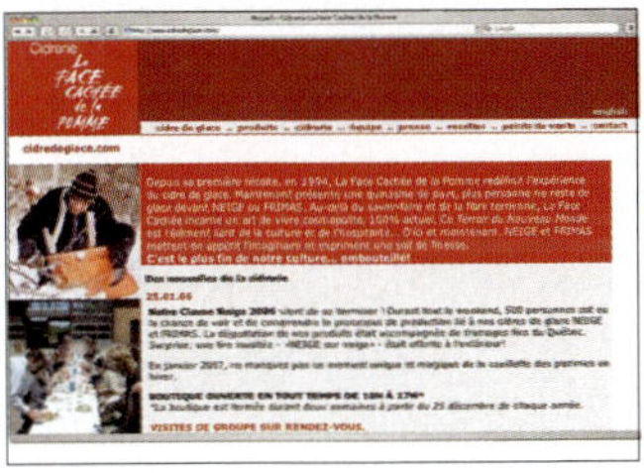

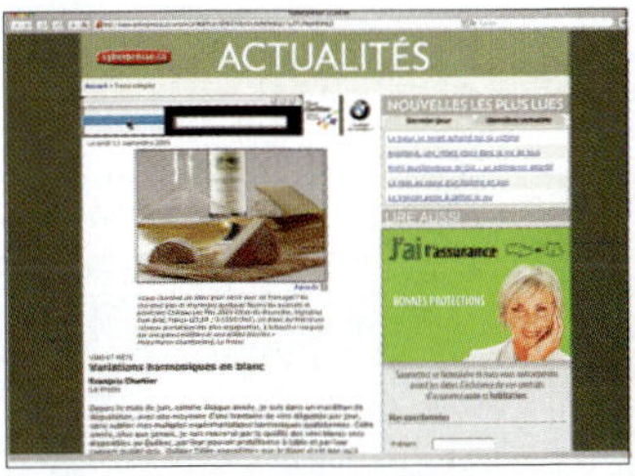

CHRONIQUE VINS & METS DANS LA PRESSE

Comme vous le savez sûrement, depuis 2002, je signe tous les samedis une chronique Vins et Mets, dans le cahier Actuel Gourmand du grand quotidien *La Presse*. Si vous désirez lire cette chronique pendant vos déplacements à l'extérieur du Québec, n'hésitez pas consulter le site **www.lapresse.com**, au chapitre Actuel, dans la section Cuisine, puis à celle de François Chartier.

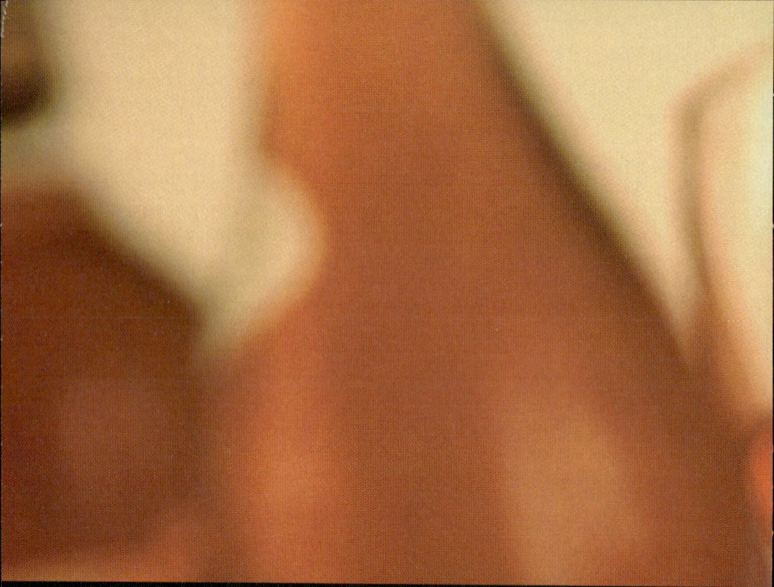

Coups de Cœur 2007

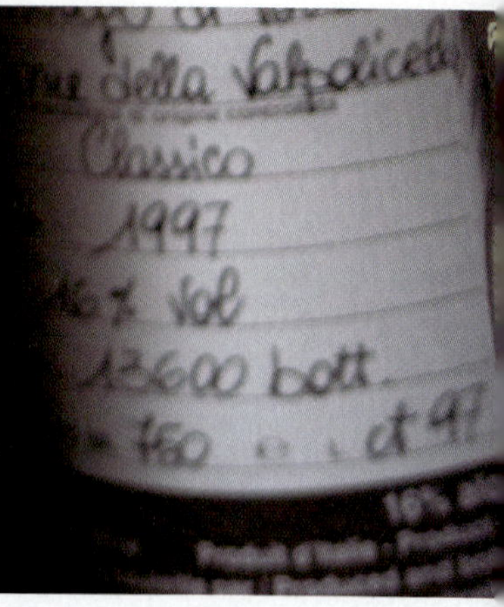

Coups de cœur de la Vieille Europe

Coups de cœur chez les blancs de la Vieille Europe

♥ **Gros Manseng La Gascogne 2005** Vin de Pays des Côtes de Gascogne, Domaines et Châteaux d'Alain Brumont, France (12,30 $, page 53)

♥ **Grüner Veltliner Cremisia 2005** Kremstal, Weingut Stadt Krems, Autriche ***(Disp. oct. 06)*** (13,10 $, page 55)

♥ **Sauvignon Blanc Les Fumées Blanches 2005** Vin de Pays des Côtes-du-Tarn, J. & F. Lurton, France (13,55 $, page 56)

♥ **Château de Campuget « Tradition » 2005** Costières-de-Nîmes, Château de Campuget, France (14,05 $, page 58)

♥ **Quinta do Minho « Loureiro » 2004** Vinho Verde, Quinta do Minho, Portugal (14,80 $, page 59)

♥ **Hermanos Lurton 2005** Rueda, Bodegas J. & F. Lurton, Espagne (15,50 $, page 61)

♥ **St-Florent 2005** Saumur, Domaine Langlois-Château France (15,80 $, page 62)

♥ **Cuvée des Conti Château Tour des Gendres 2005** Bergerac, Famille de Conti, Château Tour des Gendres, France (16 $, page 63)

♥ **Château Grinou Réserve 2004** Bergerac, Catherine et Guy Cuisset, France (16,20 $, page 64)

♥ **La Segreta 2005** Sicilia, Planeta, Italie (17,10 $, page 66)

♥ **Côté Tariquet 2005** Vin de Pays des Côtes de Gascogne, P. Grassa Fille et Fils, France (17,35 $, page 67)

♥ **Masianco Masi 2005** Pinot Grigio e Verduzzo Delle Venezie, Masi, Italie (17,45 $, page 67)

♥ **Sauvignon Domaine Sorin 2004** Saint-Bris, Domaine Sorin de France, France (18,45 $, page 70)

♥ **Domaine Balland-Chapuis 2004** Coteaux-du-Giennois, Joseph Balland-Chapuis France (18,60 $, page 71)

♥ **Château Grand Launay « Sauvignon Gris » 2005** Côtes-de-Bourg, M. Cosyns & Fils, France (19,20 $, page 73)

♥ **Mâcon-Uchizy Thalmard 2004** Mâcon-Uchizy, Gérald & Philibert Thalmard, France (19,40 $, page 74)

♥ **Château Les Pins 2003** Côtes-du-Roussillon, Vignobles Dom Brial, France (21,50 $, page 76)

♥ **Marcel Deiss 2004** Alsace, Domaine Marcel Deiss, France (21,60 $, page 76)

- **Cuvée Marie 2004** Jurançon, Charles Hours, France (22,25 $, page 78)
- **Champs Royaux 2005** Chablis, William Fèvre, France (22,70 $, page 79)
- **Les Pépinières 2004** Anjou, Domaine Jo Pithon, France (22,90 $, page 80)
- **Château Haut-Nouchet 2004** Pessac-Léognan, Louis Lurton, France (23,75 $, page 81)
- **Placet 2005** Rioja, Palacios Remondo, Espagne ***(Disp. févr. 07)*** (24,75 $, page 82)
- **Saint Martin Laroche 2004** Chablis, Domaine Laroche, France (24,95 $, page 83)
- **Nozze d'Oro 2004** Contea di Scalfani, Conte Tasca d'Almarita, Italie (25,35 $, page 84)
- **Domaine La Moussière 2005** Sancerre, Domaine Alphonse Mellot Père & Fils, France (25,45 $, page 84)
- **Gewürztraminer « E » Ostertag 2004** Alsace, Domaine André Ostertag, France (29 $, page 87)
- **Montmain 2004** Chablis 1er Cru, Domaine Louis Michel & Fils, France (29,15 $, page 87)
- **Riesling Heissenberg 2004** Alsace, Domaine André Ostertag, France (32,75 $, page 90)
- **Pinot Gris Fronholz 2002** Alsace, Domaine André Ostertag, France (44 $, page 92)

Coups de cœur chez les rouges de la Vieille Europe

- **Torrelongares Crianza 2003** Cariñena, Covinca, Espagne (9,95 $, page 112)
- **Dominio Espinal 2004** Yecla, Bodegas Castaño, Espagne (10,90 $, page 114)
- **Château Prieuré de Bubas 2005** Corbières, Pellerin Domaines et Châteaux, France (11,35 $, page 115)
- **Quinta de Bons-Ventos 2004** Vinho Regional Estremadura, Casa Santos Lima, Portugal (11,60 $, page 116)
- **Altano 2004** Douro, Symington Family Estates, Portugal (11,95 $, page 117)
- **Pedras do Monte 2004** Vinho Regional Terras do Sado, DFV Vinhos, Portugal (12,50 $, page 119)
- **VF « Lasira » 2005** Costières-de-Nîmes, La Vieille Ferme, France (12,95 $, page 120)

♥ **Castel Montplaisir 2002** Cahors, Alain-Dominique Perrin, France (13 $, page 121)

♥ **Panarroz 2004** Jumilla, Bodegas Olivares, Espagne ***(Disp. oct./nov. 06)*** (13,25 $, page 122)

♥ **Coroa d'Ouro 2000** Douro, Manoel D. Poças Junior, Portugal (13,65 $, page 124)

♥ **Dupéré Barrera « Terres de Méditerranée » 2004** Vin de Pays d'Oc, Dupéré Barrera, France (13,80 $, page 125)

♥ **Pinot Noir Laroche 2005** Vin de Pays d'Oc, Michel Laroche, France (13,95 $, page 125)

♥ **Syrah Finca Antigua 2004** La Mancha, Finca Antigua Espagne (14,40 $, page 126)

♥ **Contea di Bordino 2001** Montepulciano d'Abruzzo, Cantina Madonna dei Miracoli, Italie (14,50 $, page 127)

♥ **Domaine de Fenouillet Grande Réserve 2003** Faugères, Vignobles Jeanjean, France (15,75 $, page 133)

♥ **Château de Camarsac 2003** Bordeaux-Supérieur, Bérénice Lurton, France (15,90 $, page 135)

♥ **CARM 2004** Douro, Casa Agricola Roboredo Madeira, Portugal ***(Disp. automne 06)*** (16,35 $, page 139)

♥ **Château Tour Boisée « Marielle & Frédérique » 2004** Minervois, Domaine La Tour Boisée, France (16,75 $, page 141)

♥ **Corona de Aragón Reserva 2000** Cariñena, Grandes Vinos Y Viñedos Espagne (16,95 $, page 144)

♥ **Castelinho Reserva 2003** Douro, Castelinho Vinhos, Portugal (17,10 $, page 147)

♥ **Mas Haut-Buis « Les Carlines » 2003** Coteaux-du-Languedoc, Olivier Jeantet, France (17,40 $, page 149)

♥ **La Vendimia 2004** Rioja, Bodegas Palacios Remondo, Espagne (17,45 $, page 150)

♥ **Les Faisses 2004** Coteaux-du-Languedoc, Jean-Claude Mas, France (17,90 $, page 152)

♥ **Bergerie de l'Hortus 2004** Coteaux-du-Languedoc Pic Saint-Loup, Jean Orliac, France (17,95 $, page 152)

♥ **La Madura Classic 2003** Saint-Chinian, Domaine La Madura, Nadia et Cyril Bourgne, France (18,25 $, page 155)

♥ **Château Les Ricards 2004** Premières-Côtes-de-Blaye, Corinne et Xavier Loriaud, France (18,30 $, page 156)

♥ **Château Cailleteau Bergeron 2004** Premières-Côtes-de-Blaye, Dartier et fils, France (18,55 $, page 157)

♥ **Monasterio de Las Viñas Gran Reserva 1996** Cariñena, Grandes Vinos Y Viñedos, Espagne (18,70 $, page 158)

♥ **Ego Domaine Cazes 2000** Côtes-du-Roussillon-Villages, André et Bernard Cazes, France (19,05 $, page 160)

♥ **Roque Sestière « Carte Blanche » 2003** Corbières, Bérail-Lagarde, France (19,35 $, page 162)

♥ **Benjamin Brunel « Rasteau » 2004** Côtes-du-Rhône Villages, Château de la Gardine, France (19,80 $, page 163)

♥ **Herencia Remondo « La Montesa » Crianza 2003** Rioja, Bodegas Palacios Remondo, Espagne ***(Disp. oct./nov. 06)*** (19,85 $, page 165)

♥ **Capitel San Rocco « Ripasso » 2003** Rosso del Veronese, Agricola F.Lli Tedeschi, Italie (20,55 $, page 167)

♥ **Château de Roquefort « Les Mûres » 2004** Côtes-de-Provence, Raymond de Villeneuve Flayosc, France (20,60 $, page 168)

♥ **Domaine Labranche Laffont « Vieilles Vignes » 2002** Madiran, Christine Dupuy, France (20,80 $, page 169)

♥ **Graciano Ijalba Crianza 2003** Rioja, Viña Ijalba, Espagne (20,90 $, page 170)

♥ **Calços de Tanha 2003** Douro, Manuel Pinto Hespanhol, Portugal (20,95 $, page 170)

♥ **Domaine d'Aupilhac 2003** Coteaux-du-Languedoc Montpeyroux, Sylvain Fadat, France (21,10 $, page 171)

♥ **Château de Gaudou « Renaissance » 2002** Cahors, Durou & Fils, France (21,60 $, page 172)

♥ **Clos des Fées « Les Sorcières » 2005** Côtes-du-Roussillon, Hervé Bizeul & Associés, France (21,70 $, page 173)

♥ **Les Christins 2004** Vacqueyras, Perrin et Fils, France (22,75 $, page 182)

♥ **Porca de Murça Reserva 2001** Douro, Real Companhia Velha, Portugal (22,85 $, page 182)

♥ **Château Ramafort 2000** Médoc, Château Ramafort, France (23 $, page 183)

♥ **Petalos 2005** Bierzo, Descendientes de J. Palacios, Espagne ***(Disp. nov./déc. 06)*** (23 $, page 184)

♥ **Château Haut-Castelot 2003** Saint-Émilion, J. Janoueix, France (23,30 $, page 185)

♥ **Foradori 2003** Teroldego Rotaliano, Azienda Agricola Foradori, Italie (24 $, page 188)

♥ **Condado de Haza « Crianza » 2003** Ribera del Duero, Alejandro Fernández, Espagne (24,15 $, page 188)

♥ **Château de Rochemorin 2001** Pessac-Léognan, André Lurton, France (24,35 $, page 189)

♥ **Château de Lancyre Grande Cuvée 2001** Coteaux-du-Languedoc Pic Saint-Loup, Durand et Valentin, France (24,40 $, page 190)

♥ **Céleste 2003** Ribera del Duero, Miguel Torres, Espagne (24,75 $, page 191)

♥ **Castell de Falset « Old Vines Selection » 2000** Montsant, Agricola Falset-Marçà, Espagne ***(Disp. oct. 06)*** (25 $, page 192)

♥ **Quinta do Vale da Raposa Grande Escolha 2003** Douro, Quinta do Vale da Raposa, Domingos Alves de Sousa, Portugal (26,85 $, page 198)

♥ **Montaperto 2004** Toscana, Fattoria Carpineta Fontalpino, Italie (27,50 $, page 199)

♥ **La Massa 2003** Toscana, Giampaolo Motta, Fattoria La Massa, Italie (28,50 $, page 200)

♥ **Coudoulet de Beaucastel 2004** Côtes-du-Rhône, Vignobles Pierre Perrin, France ***(Disp. automne 06)*** (29,85 $, page 203)

♥ **Domaine de Thalabert 2003** Crozes-Hermitage, Paul Jaboulet Aîné, France (30,75 $, page 205)

♥ **Don Antonio 2003** Sicilia, Morgante, Italie ***(Disp. nov. 06)*** (33,50 $, page 207)

♥ **Château de la Gardine 2003** Châteauneuf-du-Pape, Château de la Gardine, France (35,25 $, page 207)

♥ **Clos des Fées « Vielles Vignes » 2004** Côtes-du-Roussillon-Villages, Hervé Bizeul & Associés, France (40,25 $, page 211)

♥ **Podere Il Palazzino « Grosso Sanese » 2003** Chianti Classico, Alessandro e Andrea Sderci, Italie (42,50 $, page 213)

♥ **Château Bel-Air La Royère 2003** Blaye, Corinne et Xavier Loriaud, France (43 $, page 213)

♥ **Domaine Borie de Maurel « Cuvée Sylla » 2003** Minervois, Sylvie et Michel Escande, France (43,75 $, page 214)

♥ **Do Ut Des 2003** Toscana, Fattoria Carpineta Fontalpino, Italie (49 $, page 215)

♥ **Château Musar 1998** Bekaa Valley, Gaston Hochar, Liban (51 $, page 216)

♥ **Domaine des Perdrix Vosne-Romanée 2003** Vosne-Romanée, B. et C. Devillard, France (68 $, page 220)

♥ **Finca Dofí 2003** Priorat, Álvaro Palacios, Espagne (84 $, page 224)

♥ **La Chapelle 2003** Hermitage, Paul Jaboulet Aîné France (156 $, page 225)

♥ **La Vina de Andres Romeo 2001** Rioja, Vinos de Benjamin Romeo, Espagne (177 $, page 225)

Coups de cœur chez les vins de desserts & apéritifs de la Vieille Europe

♥ **Château d'Aydie 2004** Pacherenc-du-Vic-Bilh, Vignobles Laplace, France (17,35 $, page 258)

♥ **Torcolato 2003** Breganze, Fausto Maculan, Italie (28,05 $, page 262)

Coups de cœur chez les vins mousseux & champagnes de la Vieille Europe

♥ **Antech Cuvée Expression Brut 2003** Crémant-de-Limoux, Georges et Roger Antech, France ***(Disp. nov./déc. 06)*** (19,95 $, page 268)

♥ **Juvé y Camps Reserva de la Familia Brut Nature 2002** Cava, Juvé y Camps, Espagne ***(Disp. nov./déc. 06)*** (22,55 $, page 268)

♥ **Piper-Heidsieck Brut** Champagne, Champagnes P. & C. Heidsieck, France (55 $, page 269)

♥ **Deutz Brut Classic** Champagne, Champagne Deutz, France ***(Disp. nov. 06)*** (59 $, page 269)

♥ **Charles Heidsieck Blanc des Millénaires 1995** Champagne, Charles Heidsieck, France (129 $, page 269)

Coups de cœur chez les portos de la Vieille Europe

♥ **Quinta do Infantado Ruby** Porto Ruby, Quinta do Infantado, Portugal (15,85 $, page 272)

♥ **Noval LBV Unfiltred 1999** Porto Late Bottled Vintage, Quinta do Noval, Portugal (25,95 $, page 274)

♥ **Smith Woodhouse 10 ans** Porto Tawny, Smith Woodhouse, Portugal (28,85 $, page 274)

♥ **Mackenzie's Vieux Porto Blanc** Porto Blanc, J.H. Andresen, Portugal (48,75 $, page 277)

Coups de cœur du Nouveau Monde

Coups de cœur chez les blancs du Nouveau Monde

♥ **Chardonnay Oyster Bay 2005** Marlborough, Oyster Bay Wines, Nouvelle-Zélande (19,80 $, page 299)

♥ **Chardonnay Kumeu River 2004** Kumeu, Kumeu River Winery, Nouvelle-Zélande (28,80 $, page 302)

♥ **Chardonnay Catena « Alta » 2003** Mendoza, Bodega Catena Zapata, Argentine (47,50 $, page 303)

Coups de cœur chez les rouges du Nouveau Monde

♥ **Cabernet Sauvignon/Carmenère Mapu 2005** Valle Central, Baron Philippe de Rothschild, Chili (12,55 $, page 312)

♥ **Tannat Don Pascual Reserve 2005** Vin de Table d'Uruguay, Establecimento Juanico, Uruguay (12,70 $, page 313)

♥ **Tannat Casa Filgueira 2004** Canelones, Vinedos y Bodega Filgueira, Uruguay (12,75 $, page 313)

♥ **Malbec Alamos 2005** Mendoza, Bodega Catena Zapata, Argentine (15,85 $, page 315)

♥ **Cabernet Sauvignon/Carmenère Cono Sur Organic 2005** Colchagua Valley, Viña Cono Sur, Chili ***(Disp. févr. 07)*** (15,95 $, page 316)

♥ **Bonarda Broquel Trapiche 2004** Mendoza, Bodegas Trapiche, Argentine ***(Disp. oct./nov. 06)*** (16,80 $, page 317)

♥ **Cabernet Sauvignon Cathedral Cellar 2001** Coastal Region, KWV, Afrique du Sud ***(Disp. déc. 06)*** (18,90 $, page 320)

♥ **Grenache Bush Vine Yalumba 2004** Barossa, Yalumba, Australie (19,90 $, page 323)

♥ **Malbec « Q » Zuccardi 2002** Mendoza, Familia Zuccardi, Argentine (20,75 $, page 325)

♥ **Shiraz Wynns 2005** Coonawarra, Wynns Coonawarra Estate, Australie (20,95 $, page 325)

♥ **Cabernet Sauvignon Catena 2003** Mendoza, Bodega Catena Zapata, Argentine (21,30 $, page 325)

♥ **Merlot Reserve Geyser Peak 2002** Alexander Valley, Geyser Peak Winery, États-Unis (21,50 $, page 326)

♥ **Te Awa Cabernet/Merlot 2003** Hawkes Bay, Te Awa Winery, Nouvelle-Zélande (22,10 $, page 327)

♥ **Cabernet Sauvignon Gran Lurton 2004** Mendoza, Bodegas J. & F. Lurton, Argentine (22,95 $, page 328)

♥ **Malbec Clos des Andes 2004** Mendoza, Hélène Garcin, Bodega Poesia, Argentine ***(Disp. mars 07)*** (25 $, page 330)

♥ **Shiraz Saltram « Mamre Brook » 2003** Barossa Valley, Saltram Wine Estates, Australie (25 $, page 331)

♥ **Pinot Noir Magrain 2003** Martinborough, Margrain Vineyard, Nouvelle-Zélande (29,60 $, page 333)

♥ **Pinot Noir Coldstream Hills 2005** Yarra Valley, Coldstream Hills Vineyards, Australie (31 $, page 334)

♥ **Manso de Velasco 2003** Curicó Valley, Miguel Torres, Chili ***(Disp. oct. 06)*** (38,25 $, page 338)

♥ **Osoyoos Larose « Le Grand Vin » 2003** Okanagan Valley VQA, Osoyoos Larose, Canada (39 $, page 338)

♥ **Pinotage Kanonkop 2003** Simonsberg-Stellenbosch, Kanonkop Wine Estate, Afrique du Sud ***(Disp. déc. 06)*** (45,25 $, page 340)

♥ **Le Cigare Volant 2002** California, Bonny Doon Vineyard, États-Unis (49,50 $, page 341)

♥ **Vergelegen 2002** Stellenbosch, Vergelegen Estate Wines, Afrique du Sud ***(Disp. oct. 06)*** (62 $, page 342)

Coups de cœur chez les vins de desserts & apéritifs du Nouveau Monde

♥ **Sauvignon Blanc Vendanges Tardives Concha y Toro 2003** Valle del Maule, Viña Concha y Toro, Chili (12,55 $, page 354)

♥ **Neige 2004** Cidre de Glace, La Face Cachée de la Pomme, Hemmingford, Québec, Canada (15,50 $, page 354)

♥ **Crémant de Glace Cidre** Mousseux, Verger du Minot, Hemmingford, Québec, Canada (21,60 $, page 355)

♥ **Noble One « Botrytis Semillon » 2002** New South Wales, De Bortolli, Australie (27,05 $, page 356)

♥ **Vidal Icewine Konzelmann 2004** Niagara Peninsula VQA, Konzelmann Estate Winery, Ontario, Canada (46,25 $, page 357)

♥ **Frimas 2005** Cidre de Glace, La Face Cachée de la Pomme, Hemmingford, Québec, Canada (49,25 $, page 358)

Q
La Quintessence
Arrivez. Relaxez. Explorez. Savourez.
3004, chemin de la Chapelle, Mont-Tremblant

Quintessence

RESORT HOTEL SPA & RESTAURANT

TREMBLANT SUR LE LAC

ARRIVEZ. RELAXEZ. EXPLOREZ. SAVOUREZ.

1.866.425.3400 WWW.HOTELQUINTESSENCE.COM

Vignobles de la vallée du Douro, au Portugal, royaume du porto ainsi que d'une nouvelle génération d'excellents vins blancs et rouges.

Vins de la Vieille Europe

Coups d'œil sur la Vieille Europe

La Vieille Europe en chiffres

Au premier rang de la production mondiale avec plus de 45 % des superficies viticoles et 60 % de la production de vin, l'Europe demeure bonne première pour la consommation, avec près de 60 % de la consommation mondiale, et les échanges, étant le premier exportateur et le principal marché d'importation.

Au cours des cinq dernières années, la production moyenne de l'Union européenne (UE) s'est élevée à 178 millions d'hl (entre 166 et 196 millions d'hl) pour une valeur avoisinant les 16,1 milliards d'euros. Avec l'adhésion de la Roumanie et de la Bulgarie, la production de l'UE augmentera de 7 millions d'hl. À titre indicatif, la France, principal producteur européen, avec une moyenne de 55 millions d'hl par an, représente 30,6 % de la production totale de l'UE et totalise la moitié de la production européenne, en termes de valeur, avec 7,7 milliards d'euros.

L'UE possède plus de 1,5 million d'exploitations productrices de vin sur une superficie de 3,4 millions d'hectares, soit 2% de la surface agricole de l'UE. La taille moyenne des vignobles est d'environ deux hectares, bien que la majorité des viticulteurs travaillent en réalité sur moins d'un hectare de vignes. Au total, les exploitations vitivinicoles emploient plus de 1,5 million de personnes à temps plein.

En 2004, la production vinicole représentait 5,4 % de la production agricole de l'UE, et plus de 10 % en France, en Italie, en Autriche, au Portugal, au Luxembourg et en Slovénie. Malgré tous ces chiffres apparemment positifs, l'UE vit une lourde crise, le secteur du vin étant en proie à de graves difficultés. La consommation est en baisse, tandis que les exportations des pays du Nouveau Monde font une percée significative sur le marché européen et accaparent d'importantes parts de marché dans les pays d'exportation où l'Europe dominait, jusqu'ici, sans partage.

L'UE se prépare actuellement à une réforme en profondeur (voir dossier dans le chapitre *Le Blogue de Chartier*). La commissaire

européenne à l'agriculture, Mariann Fischer Boel, préconise ni plus ni moins l'arrachage de 400 000 hectares de vigne. Avant son décès subit, en juin 2006, René Renou, le président de l'INAO, en France, avait proposé une refonte de l'attribution des AOC, l'adoption de pratiques œnologiques plus compétitives, comme les copeaux de bois, ainsi qu'un étiquetage simplifié des bouteilles.

Coup d'œil sur l'Allemagne

La valeur de la production allemande équivaut presque à celle de la production espagnole (1,1 milliard d'euros), en dépit d'un volume de production nettement inférieur : 10,1 millions d'hl en 2004 (9,1 millions en 2005, un recul de 10 %) contre 40 450 000 d'hl pour l'Espagne. Elle se positionne donc au quatrième rang des pays producteurs de la Vieille Europe.

Parmi les multiples rieslings secs que les viticulteurs allemands élaborent aujourd'hui, certains sont au zénith du vignoble mondial quant à la production de vins blancs. Pourtant, pendant les 10 premières années de *La Sélection Chartier*, les vins allemands avaient, à mon grand regret, fait figure de parents pauvres parmi les vins présents sur le marché québécois. Heureusement, les grands rieslings allemands ont effectué un retour en force à la SAQ, depuis 2004.

Mis à part les « trocken » (secs), certains vins blancs allemands, tels les *spätlese* et les *auslese*, donnent parfois l'impression d'être secs, grâce à un remarquable jeu d'équilibre entre l'acidité, l'alcool (à plus ou moins 9,5 %) et la minéralité, qui semblent littéralement manger le sucre en fin de bouche. Des vins funambules, donc, à la fois déroutants et invitants, donnant l'impression de mordre dans le fruit à l'attaque, mais devenant on ne peut plus secs en fin de bouche. Nul amateur un brin éclairé ne peut aujourd'hui douter de la suprématie des rieslings provenant de la Mosel-Saar-Ruwer, du Rheingau et de la Nahe.

Les rieslings germaniques de la dernière décennie ont gagné en volume et en moelleux de texture, lorsque comparés aux rieslings plus mordants, et même verts dans certains cas, d'il y a plus de 10 ans. Osez servir à table ces grands accordeurs harmoniques: Doctor Loosen (Moselle), Egon Müller (Saar), Schlossgut Diel (Nahe), Hermann Dönnhoff (Nahe), Müller-Catoir (Pfalz), Selbach (Moselle), C. von Schubert'schen Maximin Grünhäuser (Moselle), S.A. Prüm (Moselle), Dr Bürklin-Wolf (Pfalz), Georg Breuer (Rheingau). (Pour de plus amples détails, voir le chapitre *Vingt ans autour du monde*, dans *La Sélection Chartier 2006*.) **www.germanwinecanada.org**

Coup d'œil sur l'Autriche

Au huitième rang de la production de la vieille Europe, en 2005, l'Autriche a élaboré 2,5 millions d'hl en 2004, pour une valeur de 437 millions d'euros, contre 2 264 000 d'hl en 2005, un recul de 17 % sur 2004. Depuis la mise en place, en 1990, d'une législation plus rigoureuse, l'Autriche a connu une véritable renaissance. Quelle fulgurante progression pour les viticulteurs autrichiens en 10 ans! Avec l'Espagne, le Portugal, l'Italie, l'Allemagne et, bien sûr, la France, l'Autriche se positionne maintenant parmi les six pays producteurs les plus sérieux de la Vieille Europe. Ses rieslings y sont époustouflants (notamment ceux de F.X. Pichler, dans le Wachau), ses liquoreux sont légendaires (au sommet, les déstabilisants liquoreux d'Alois Kracher, du Burgenland), et certains rouges, uniques dans le paysage viticole mondial.

Les régions de grands vins autrichiens sont le Wachau, le Kamptal, le Burgenland et Steiermark. Le Wachau, sur les rives du Danube, à l'ouest de Vienne, est un incroyable terroir à riesling et à grüner veltliner, un vibrant cépage blanc autochtone qui mériterait plus d'attention de la part des consommateurs. Comme je l'écrivais l'an passé, il ne reste plus qu'à espérer que la SAQ ouvre enfin son calepin de commandes aux vins autrichiens de l'ère moderne. (Pour de plus amples détails, voir le chapitre *Vingt ans autour du monde*, dans *La Sélection Chartier 2006*.) **www.weinausoesterreich.at**

Coup d'œil sur l'Espagne

L'Espagne est sans contredit le pays de la vieille Europe dont la qualité générale des vins a le plus évolué au cours des dernières années, devenant le point de mire européen, tant pour sa réputation viticole que pour celle de sa table, actuellement au sommet de la gastronomie mondiale (voir dossier *Celler de Can Roca* et *El Bulli* dans le chapitre *Le Blogue de Chartier*). Le succès des vins rouges espagnols tient en partie au style plus épicé, souvent vanillé, plus généreux, plus sensuel que la grande majorité des vins français et italiens, ses deux plus imposants voisins. Donc, un profil Nouveau Monde à l'européenne et avant l'heure!

Avec 1 105 000 hectares (ha) de vignes en 2005, si l'Espagne est au premier rang des pays quant aux superficies du vignoble mondial, suivie de la France (897 000 ha) et de l'Italie

(727 000 ha), elle n'arrive qu'au troisième rang mondial avec sa production de 40 450 000 d'hl, en recul de 19 % sur 2004, derrière la France (53 300 000 d'hl) et l'Italie (55 345 000 d'hl).

De nombreux excellents rapports qualité-prix d'Espagne sont disponibles au Québec et plusieurs nouveaux vins sont attendus à la SAQ au cours de 2007. C'est le cas du coup de foudre de l'été 2006 : le **Laderas de El Sequé 2004 Alicante, Laderas de Pinoso, Espagne** (12,30 $ SAQ **S** 10359201), assemblage de monastrell, de syrah et de cabernet, élaboré par la grande maison Artadi, dont le millésime **2005** est attendu quelque part à l'automne 2006. Certaines régions nous proposent des vins d'une qualité époustouflante. En font partie, bien sûr, les zones classiques de la Rioja, avec ses rouges d'une noble complexité aromatique, tout comme celle de Ribera Del Duero, avec ses rouges à la texture dense et sensuelle. Chez les zones émergeantes, il faut surveiller de près les remarquables vins provenant des appellations Bierzo, Jumilla, Toro et Priorat. (Voir dossiers complets sur les vins du Priorat dans *Livre de cave* sur le site www.francoischartier.ca.)

À l'exception des remarquables albariño de l'appellation Rias-Baixa, l'Espagne ne nous avait pas servi jusqu'ici de véritables grands blancs. Un vent nouveau souffle actuellement aux quatre coins du pays, où de jeunes vinificateurs talentueux parviennent à maîtriser les vinifications et à laisser parler les sols, pour ainsi engendrer des blancs d'une minéralité et d'une fraîcheur rarement vues sous le soleil espagnol. Ils seront à surveiller au cours des millésimes à venir. (Pour de plus amples détails, voir le chapitre *Vingt ans autour du monde*, dans *La Sélection Chartier 2006*.) **www.winesfromspain.com**

Coup d'œil sur la France

La France demeure le principal producteur de l'Union européenne (UE) avec une moyenne annuelle de 55 millions d'hl – dont 53,3 millions en 2005, un recul de 9 % sur 2004 –, représentant 30,6 % de la production totale de l'UE. À elle seule, elle totalise la moitié de la production de l'Europe des 25, en termes de valeur, avec 7,7 milliards d'euros.

Avec 897 000 hectares (ha) de vignobles en 2005 (1 123 000 ha en 1980), la France arrive au deuxième rang des superficies du vignoble mondial, derrière l'Espagne (1 105 000 ha), et devant l'Italie (727 000 ha). Avec une production de 53 300 000 hl, elle se positionne au deuxième rang, dominée par l'Italie (55 345 000 d'hl) et suivie par l'Espagne (40 450 000 d'hl).

Les coups de boutoir des pays du Nouveau Monde, spécialement de l'Australie et de son voisin du sud, l'Espagne – le seul pays de l'Europe ayant vraiment su adapter sa production de vins de masse à celui du goût des vins du Nouveau Monde –, ont plongé la France dans une profonde crise structurelle. Entamée il y a une décennie, la chute des exportations de vins français se poursuit, avec 3 % de volume en moins en 2005 par rapport à 2004, en particulier à cause de la perte de vitesse des vins de pays, les AOC se stabilisant.

Pour tenter de se sortir du marasme économique dans lequel elle s'est engouffrée, l'Europe des 25, dont fait partie la France, a déposé, le 21 juin 2006, à Bruxelles, le projet de *Réforme du secteur vinicole européen* (voir détails dans le chapitre *Le Blogue de Chartier*). Certaines régions comme l'Alsace, le Languedoc – largement représentées dans *La Sélection Chartier* depuis ses débuts –, la Loire, le Rhône et le Sud-Ouest, résistent avec brio, en proposant aux consommateurs du monde entier des vins meilleurs que jamais qui devraient réussir à repositionner la France viticole vers le haut. Et que dire des remarquables pinots noirs de Bourgogne? À l'heure où ce cépage est en vogue, spécialement grâce au fil américain *Sideways*, pinot noir *aficionados*, osez la Bourgogne! (Pour de plus amples détails, voir le chapitre *Vingt ans autour du monde*, dans *La Sélection Chartier 2006*.) **www.vins-france.com**

Coup d'œil sur l'Italie

Avec 727 000 hectares (1 097 000 ha en 1980), l'Italie occupe le troisième rang des surfaces mondiales cultivées, derrière la France (897 000 ha) et l'Espagne (1 105 000 ha). Elle arrive cependant bonne première en quantité de vins élaborés avec 55 345 000 d'hl (en hausse de 1 % sur 2004), contre 53 300 000 d'hl pour la France et 40 450 000 pour l'Espagne. Sa production représente ainsi 28,5 % de l'UE, pour une valeur de 4,2 milliards d'euros, soit 25,8 % de la production totale européenne.

Grâce aux remarquables progrès effectués depuis une vingtaine d'années par les producteurs italiens, tant sur le plan de la viticulture que sur celui de la viniculture, l'Italie a presque réussi à enrayer sa production de vins de masse dilués, production qui inondait le marché mondial dans les années 60. On voit ainsi émerger de nouveaux domaines qui empruntent avec succès les chemins mieux balisés de la qualité.

Malgré les prix très élevés demandés par de nombreux producteurs de Toscane, du Piémont et de Vénétie, il est encore possible de découvrir de véritables perles italiennes à bon prix. Pour ce faire, il vous faut mettre le cap vers la Sicile, devenue la Californie italienne, et vers les Pouilles, royaume du primitivo et du negro amaro, le Frioul et le Trentin-Haut-Adige, sans oublier la Campanie – d'ailleurs, la SAQ devrait effectuer un appel d'offres auprès des agences d'importation, tant cette zone recèle d'innombrables vins, blancs et rouges, élaborés à partir de cépages autochtones offrant aujourd'hui des vins de haut niveau.

L'une des grandes forces de l'Italie, à l'image du Portugal d'aujourd'hui, réside assurément dans sa très grande diversité de cépages – plus de 400 variétés actuellement cultivées –, aussi variés qu'en France. De l'aglianico de Campanie au teroldego du Trentino, en passant par le lagrein du Haut-Adige, le ribolla gialla du Frioul, le primitivo des Pouilles et le nero d'avola de Sicile, jusqu'aux nobles et traditionnels corvina de Vénétie, nebbiolo du Piémont et sangiovese de Toscane, l'Italie possède un riche patrimoine ampélographique qui devrait lui permettre de résister aux assauts des pays du Nouveau Monde. (Pour de plus amples détails, voir le chapitre *Vingt ans autour du monde*, dans *La Sélection Chartier 2006*.) **www.italytrade.com**

Coup d'œil sur le Liban

Bien que situé au Proche-Orient, le Liban, de par l'influence que la France y a exercée, et, surtout, de par son histoire vinicole millénaire, mérite une place de choix dans cette catégorie que j'ai délibérément nommée *La Vieille Europe*. Contrairement aux dures et longues années de guerres civiles qui ont fait rage dans les années 80, la guerre désastreuse de l'été 2006 a épargné les vignobles de la Bekaa. Au moment d'aller sous presse, la main-d'œuvre pour la vendange se faisait plutôt rare, les familles et les amis devant se relever les manches pour apporter leur soutien afin de tenter de récolter le meilleur.

Des jours difficiles sont à prévoir pour les producteurs libanais. À la fin du mois d'août 2006, les exportations avaient dégringolé à plus ou moins 5 %, et la consommation locale était presque nulle, les Libanais n'ayant pas l'esprit à la fête et réservant leurs économies à la reconstruction du pays. Située à l'est de Beyrouth, la vallée de la Bekaa, à plus de mille mètres d'altitude, est une plaine fertile aux sols argilo-calcaires et graveleux, rappelant ceux du Médoc. Y sont installés les vignobles de grands domaines viticoles comme Massaya, Wardy, Clos Saint-Thomas, Château Kefraya et le grandissime et historique Château Musar. Protégée des intempéries par le mont Liban, elle jouit d'un climat d'exception, avec de longs et doux étés ensoleillés, des nuits fraîches et une moyenne de température de 25 °C.

L'histoire viticole de cette région est très ancienne. Ksara, la première cave de l'ère moderne, toujours en activité, y a été fondée en 1887 par les jésuites. La ville de Baalbek, l'un des bastions du Hezbollah, est avant tout le centre de la viticulture libanaise. Pendant la guerre civile, au milieu des années 80, Serge Hochar, qui a étudié à Bordeaux et qui est le fils de Gaston Hochar, fondateur du Château Musar en 1939, a réussi, tant bien que mal, à poursuivre la production malgré les tirs fréquents de roquettes. Les vendangeurs devaient parcourir plus de 100 kilomètres, sur les routes sinueuses des montagnes, entre les chais du Musar, situés à Ghazir, en banlieue nord de Beyrouth, pour parvenir en vie au vignoble, situé à 50 kilomètres à l'est, dans la Bekaa. Tellement qu'en 1984, il n'y a pas eu de Château Musar, les combats étant trop intenses au moment des récoltes.

Ne serait-ce que pour apporter un peu de soutien aux Libanais qui vivent de la vigne et du vin, il serait temps, plus que jamais, d'oser découvrir ces excellents vins, au profil quelquefois empreint d'exotisme, dont certains atteignent des niveaux de qualité n'ayant rien à envier à certains crus de Bordeaux et de Californie.

Coup d'œil sur le Portugal

Cinquième plus important producteur en quantité de la vieille Europe, le Portugal a produit, en 2005, 7,2 millions d'hectolitres de vin (près de 1 milliard d'euros), derrière l'Allemagne, l'Espagne, la France et l'Italie. Comme je l'ai déjà mentionné dans l'édition précédente de ce guide, les vins du Portugal sont actuellement à ranger parmi les secrets les mieux gardés du vignoble mondial. De vraies perles, à bons prix, y sont élaborées avec brio. Sans oublier que la grande majorité des vins sont à base de cépages autochtones, donc empreints d'une singularité qui se fait de plus en plus rare dans le marché mondial inondé de cabernets et de chardonnays.

Ceux qui ont dégusté avec intérêt les vins portugais au cours de la dernière décennie auront remarqué une importante et rapide évolution de la qualité. Avec sa vaste palette de nobles cépages autochtones, sa grande variété de zones climatiques de production et ses vins dotés d'une rafraîchissante acidité, conséquente à sa position stratégique sur la côte atlantique, le Portugal aura su, depuis la fin des années 90, faire évoluer positivement sa production avec l'ajout de techniques modernes sophistiquées de viticulture et de vinification.

L'ère des vins blancs minces et oxydés, et des vins rouges durs et desséchés, élevés trop longtemps dans de la vieille futaille, est bel et bien révolue. Il existe, aujourd'hui, de nombreux vins polis, raffinés et expressifs, de niveau international. De véritables perles se trouvent dans les zones d'appellation Dão, Bairrada, Alentejo, sans oublier les vins du Douro, actuellement la plus riche zone de production de grands vins. D'ailleurs, la présente édition fait l'apologie de nombreux rouges du Douro après que j'aie dégusté presque tout ce qui était disponible sur le marché. (Pour de plus amples détails, voir le chapitre *Vingt ans autour du monde*, dans *La Sélection Chartier 2006*.)
www.ivdp.pt

La grande majorité des Québécois consomme de manière équilibrée et responsable.

Vins Blancs de la Vieille Europe

Colombard-Chardonnay Pierre Delatour 2005

VIN DE PAYS DES CÔTES DE GASCOGNE, PIERRE DELATOUR, FRANCE

9,55 $	SAQ **C** (589580)	★☆ $	**Léger**

Ce 2005 est plus que jamais un agréable passe-partout, sec, léger, frais, rond et parfumé, à l'acidité discrète et aux saveurs de pomme McIntosh. **Cépages :** 60 % colombard, 40 % chardonnay. **Alc./**11,5 %.

Servir entre 2006 et 2007, à 10 °C

Apéritif, salade César au poulet épicé, quesadillas (*wraps*) au poulet et au pesto, croquettes de pommes de terre et de saumon, pâtes aux fruits de mer, pizza margherita ou spaghetti aux asperges et à la crème.

Primula « Catarratto » 2005

SICILIA, CASA VINICOLA FIRRIATO, ITALIE

10,25 $	SAQ **C** (606350)	★★ $	**Modéré**

Une autre réussite pour cette originalité sicilienne, à base du singulier cépage catarratto. Un blanc sec aux délicats parfums floraux et à la bouche ronde, fraîche et expressive, laissant deviner des notes de melon. **Cépage :** catarratto. **Alc./**13 %. **www.firriato.it**

Servir entre 2006 et 2007, à 12 °C

Salade César aux crevettes grillées, raclette, fettucine Alfredo, cargolade d'escargots à la crème et aux champignons de Paris, spaghettis au thon, aux olives et aux câpres ou filet de sole aux amandes grillées.

Marquês de Marialva 2005

BAIRRADA, ADEGA COOPERATIVA DE CANTANHEDE, PORTUGAL

10,65 $	SAQ **S*** (626499)	★☆ $	**Léger+**

Un assemblage de cépage portugais, des plus festifs et des plus invitants, entre l'exotique et gourmand bical, l'un des cépages blancs les plus prometteurs du Portugal, et le très frais maria gomes, habituellement utilisé pour l'élaboration de vins mousseux. Il en résulte un blanc sec, fin et parfumé, à la bouche souple et coulante, laissant des traces de fleurs blanches et de melon. **Cépages :** maria gomes, bical. **Alc./**12,5 %. **www.cantanhede.com**

Servir entre 2006 et 2007, à 12 °C

Sashimi sur salade de nouilles de cellophane au gingembre et au sésame, trempette de curry crémeux à la mangue ou pâtes au poulet grillé et au basilic.

Hoya de Cadenas Blanco 2005

UTIEL-REQUENA, VINCENTE GANDIA, ESPAGNE

NOUVEAUTÉ!

11,30 $	SAQ **C** (10357484)	★★☆ $	**Modéré**

Un blanc sec espagnol suave et satiné, à l'acidité très discrète, laissant place à une texture patinée, déposant des saveurs de miel et de crème fraîche. Une caresse pour les papilles. Parfait pour les mets légèrement crémés. Surtout, ne le servez pas glacé, vous passeriez à côté de sa texture sensuelle. **Cépages :** 40 % chardonnay, 30 % sauvignon blanc, 30 % macabeo. **Alc.**/12,5 %. **www.gandiawines.com**

☛ *Servir entre 2006 et 2008, à 14 °C*

Coquilles Saint-Jacques gratinées, blanquette de pétoncles, vol-au-vent d'escargots à la crème, fricassée de poulet aux champignons, pizza au camembert, fettucine alla carbonara, pâtes aux champignons ou brochettes de poulet sauce moutarde et miel.

Albis 2005

TERRAS DO SADO, JOSÉ MARIA DA FONSECA SUCCS, PORTUGAL

11,60 $	SAQ **S*** (319905)	★★ $	**Léger**

Toujours aussi enjôleur en 2005, ce blanc désaltérant et parfumé représente à nouveau un excellent achat, tout particulièrement pour l'apéritif. Rien de tel pour éblouir vos cils olfactifs que ses effluves floraux, rappelant le lilas, doublés de pointes de pêche juteuse et de banane, à la bouche on ne peut plus souple, caressante et rafraîchissante. À boire jusqu'à plus soif. **Cépages :** 90 % moscatel de Setubal, 10 % arinto. **Alc.**/11,5 %. **www.jmf.pt**

☛ *Servir entre 2006 et 2007, à 12 °C*

Apéritif, pistaches rouges ou trempette de légumes tzatziki à la menthe fraîche.

Chardonnay La Belle Terrasse 2004

VIN DE PAYS D'OC, LA BOULANDIÈRE, FRANCE

NOUVEAUTÉ!

12,05 $	SAQ **C** (10506304)	★★ $	**Modéré**

Un vin français, élaboré à l'australienne pour le géant australien Foster's Wine Estates. Fraîcheur, rondeur, texture satinée et acidité discrète pour un vin de plaisir quotidien à très bon prix. **Cépage :** chardonnay. **Alc.**/13 %. **www.labelleterrasse.com**

☛ *Servir entre 2006 et 2007, à 12 °C*

Quesadillas (*wraps*) au poulet et au pesto, salade de crevettes à la mayo-wasabi, salade César au saumon fumé, filet de sole aux amandes grillées ou fricassée de poulet à l'asiatique.

Gros Manseng La Gascogne 2005 ♥

VIN DE PAYS DES CÔTES DE GASCOGNE, DOMAINES ET CHÂTEAUX D'ALAIN BRUMONT, FRANCE

12,30 $	SAQ **C** (548883)	★★★ $	**Corsé**

Grande réussite que ce blanc du sud-ouest, élaboré par le Pharaon de Madiran, Alain Brumont, qui tient toujours les rênes de ses domaines et châteaux avec la même ferveur des débuts. Donc, un blanc sec très aromatique, aux effluves d'une pureté et d'une précision de fruits exemplaires, exhalant des notes de lime et de papaye, à la bouche éclatante, expressive et prenante, au corps ample, à l'acidité discrète mais bien présente, aux saveurs sucrées (sans sucre), exprimant des notes de fruits exotiques qui perdurent longuement en fin de dégustation. **Cépage :** gros manseng. **Alc./**13 %.

Servir entre 2006 et 2010, à 14 °C

Trempette de guacamole, paella de Valence, paella aux fruits de mer, calmars au mojo (ail, huile d'olive, graines de cumin grillé, jus de lime et jus d'orange), salade de crevettes à la vinaigrette au gingembre et à la lime, linguine aux crevettes au cari et à l'orange ou filet de vivaneau en croûte de gingembre fraîchement râpé.

Chardonnay Les Salices 2005

VIN DE PAYS D'OC, J. & F. LURTON, FRANCE

NOUVEAUTÉ!

12,55 $	SAQ **C** (529495)	★★☆ $	**Modéré+**

Impossible de ne pas succomber de nouveau au charme de ce chardonnay des frères Lurton – qui, jusqu'au millésime 2004, portait le nom Les Bateaux. Pour éviter d'élaborer un ixième chardonnay sans âme de type Nouveau Monde, seulement un tiers du vin a été élevé en fûts de chêne, afin de conserver le maximum de fraîcheur et d'expression de son origine. Le nez est fin et mentholé, aux notes de pêche et d'abricot. La bouche se montre texturée, ronde et moelleuse, tout en étant suave et très fraîche, presque aérienne. **Cépage :** chardonnay. **Alc./**13,5 %. **www.jflurton.com**

Servir entre 2006 et 2008, à 14 °C

Terrine de lapin, gratin de crevettes et d'épinard, polenta crémeuse au parmigiano et aux oignons caramélisés, fettucine alla carbonara, pizza aux fruits de mer sauce béchamel ou brochettes de poulet à l'ananas et au cumin. Fromages : brie, casimir ou Victor et Berthold.

Riesling Deinhard 2004

RHEINHESSEN, DEINHARD, ALLEMAGNE

12,95 $	SAQ **C** (060004)	★★ $	**Modéré**

Un plus qu'invitant riesling sec allemand, au nez rafraîchissant de lime, de citron et d'épinette, à la bouche des plus digestes, à la fois saisissante, vibrante et éclatante, aux saveurs vivifiantes d'agrumes et de pomme verte. **Cépage :** riesling. **Alc./**12,5 %. **www.deinhard.com**

Servir entre 2006 et 2007, à 12 °C

Apéritif, feuilles de vigne farcies, canapés d'asperges enroulées de saumon fumé, huîtres fraîches à la coriandre fraîche et au jus de lime, salade de crevettes au jus d'agrumes et au sésame ou filet de truite au thym et au citron.

Grüner Veltliner Cremisia 2005 ♥

KREMSTAL, WEINGUT STADT KREMS, AUTRICHE ***(DISP. OCT. 06)***

13,10 $ SAQ **S** (532440) ★★★ $ **Modéré**

Un original blanc sec autrichien, meilleur que jamais en 2005, à la robe jaune-vert, au nez très aguicheur, dévoilant des notes de pomme, d'amande, de fenouil et de sauge, à la bouche minérale, vivifiante et élancée, aux saveurs des plus expressives. Le cépage blanc autrichien grüner veltliner, un cépage de qualité, n'attire malheureusement ni les faveurs des acheteurs du monopole ni celles des consommateurs. Pourtant, il offre d'excellents vins secs à qui leur minéralité, puisée à même les meilleurs terroirs autrichiens de Vienne, de Kremstal ou des superbes coteaux pentus du Wachau, confère un pouvoir à la fois désaltérant et saisissant. Acheteurs et consommateurs, osez l'Autriche! **Cépage :** grüner veltliner. **Alc./**12,5 %. **www.weingutstadtkrems.at**

☛*Servir entre 2006 et 2008, à 12 °C*

Apéritif, salade de fenouil et pommes, salade de demi-bulbes de fenouil grillés surmontés de fromage de chèvre chaud, salade de crevettes au mojo (ail, huile d'olive, graines de cumin grillé, jus de lime et jus d'orange), poulet au gingembre et à l'ananas ou sushis et sauce épicée.

Chéreau Carré Réserve Numérotée 2005

MUSCADET SÈVRE-ET-MAINE « SUR LIE », CHÉREAU CARRÉ, FRANCE

13,15 $ SAQ **C** (365890) ★★☆ $ **Modéré**

Assurément l'un des plus beaux millésimes des dernières années pour ce muscadet minéralisant à souhait, expressif, fin, rafraîchissant et des plus digestes. Pomme et amande ajoutent au plaisir. **Cépage :** melon de Bourgogne (muscadet). **Alc./**12,5 %. **www.chereau-carre.fr**

☛*Servir entre 2006 et 2008, à 12 °C*

Moules marinière « à ma façon » (*), raclette, fondue au fromage, tempura d'huîtres, frittata aux asperges, salade niçoise, salade grecque ou salade de pâtes à l'italienne.

Genoli 2005

RIOJA, VIÑA IJALBA, ESPAGNE

13,20 $ SAQ **S** (883033) ★★☆ $ **Modéré** BIO

Une aubaine espagnole en blanc à se mettre sous la dent. Belle coloration jaune paille. Beau nez de fruits à chair jaune, à la fois frais et aromatique. Belle présence en bouche, à la texture moelleuse, au corps aérien, à l'acidité discrète et aux saveurs amples et persistantes, laissant des traces de pêche, d'abricot et de fleurs. **Cépage :** viura. **Alc./**12 %. **www.ijalba.com**

☛*Servir entre 2006 et 2007, à 12 °C*

Mousse de saumon fumé, trempette de légumes tzatziki à la menthe fraîche, moules marinière « à ma façon » (*), pâtes au saumon fumé en sauce légèrement crémée et parfumée à l'aneth (*) ou pizza au fromage de chèvre.

Château Calabre 2005

MONTRAVEL, PUY-SERVAIN CALABRE, FRANCE

13,45 $	SAQ **S** (10258638)	★★☆ $	**Modéré**

Avec un très satisfaisant 2005, ce château représente de nouveau l'une des belles trouvailles chez les blancs de France offerts à prix doux, étant même supérieur à nombreux bordeaux blancs vendus quelques dollars de plus. Un blanc sec aromatique, aux effluves de menthe et d'agrumes, à la bouche expressive, tout en étant légère, fraîche et persistante. **Cépages :** 50 % sauvignon blanc, 40 % sémillon blanc, 10 % muscadelle. **Alc./**13 %.

☛ *Servir entre 2006 et 2008, à 12 °C*

Rouleaux printaniers, salade au crottin de Chavignol, salade chinoise aux crevettes à l'ananas, ceviche de crevettes, pâtes au saumon fumé en sauce légèrement crémée et parfumée à l'aneth (*) ou darne de saumon à la sauce au persil.

La Vieille Ferme 2005

CÔTES-DU-LUBERON, LA VIEILLE FERME, FRANCE

13,45 $	SAQ **C** (298505)	★★ $	**Modéré+**

La famille Perrin, propriétaire du grandissime château de Beaucastel, élabore les vins de La Vieille Ferme avec une attention rarement notée chez les vins de ce prix. Il en résulte un blanc au charme immédiat, marqué par de subtils effluves d'abricot, de banane et de fleurs blanches, à la texture suave et coulante, à l'acidité discrète et au corps enveloppant. **Cépages :** 30 % grenache blanc, 30 % bourboulenc, 30 % ugni blanc, 10 % roussanne. **Alc./**13,5 %. **www.perrin-et-fils.com**

☛ *Servir entre 2006 et 2007, à 14 °C*

Truite froide et mayonnaise, salade César au poulet épicé, salade de pâtes crémeuses au thon, brochettes de poulet et de crevettes à la salsa d'ananas ou sandwich roulé à la salade de poulet et de mangue.

Sauvignon Blanc Les Fumées Blanches 2005 ♥

VIN DE PAYS DES CÔTES-DU-TARN, J. & F. LURTON, FRANCE

13,55 $	SAQ **C** (643700)	★★☆ $	**Modéré**

Élaboré jusqu'ici dans le Languedoc, ce sauvignon blanc provient maintenant des Côtes-du-Tarn, une zone plus fraîche située au nord de Toulouse. Il en résulte un blanc sec, obturé par une efficace capsule à vis, plus frais et plus *crispy* que par le passé, donc meilleur que jamais. Le nez est expressif et sauvignoné à fond, la bouche est vive, mordante, croquante et sur le fruit (pomme et lime). Bravo aux frangins Lurton pour avoir su faire évoluer ce vin, comme toute leur gamme, avec maestria. **Cépage :** sauvignon blanc. **Alc./**12,5 %. **www.jflurton.com**

☛ *Servir entre 2006 et 2007, à 12 °C*

Apéritif, antipasti, crevettes au citron et à l'ail, nems à la menthe fraîche, escargots au beurre citronné, pâtes au pesto, calmars frits ou truite braisée au cidre.

Aligoté Bichot 2005

VIN DE PAYS DES PORTES DE LA MÉDITERRANÉE, ALBERT BICHOT, FRANCE

13,60 $	SAQ **S*** (10499888)	★★ $	**Léger+**

Un très agréable aligoté, on ne peut plus classique, c'est-à-dire floral, fin, sec, léger et croquant, laissant en fin de bouche un goût satisfaisant d'amande, sans oublier qu'il est offert à un prix plutôt doux. **Cépage :** aligoté. **Alc./**11,8 %. **www.albertbichot.com**

☛ *Servir entre 2006 et 2008, à 12 °C*

Apéritif, canapés de crevettes à la mayonnaise au curry, feuilles de vigne farcies, taboulé à la menthe fraîche, moules marinière « à ma façon » (*) ou filet de truite au thym et au citron.

Sauvignon Blanc La Baume 2005

VIN DE PAYS D'OC, LA BAUME, FRANCE

13,85 $	SAQ **S** (477778)	★★☆ $	**Modéré**

Un 2005 aussi parfumé, texturé et suave que l'était le 2004, salué en primeur dans l'édition précédente de ce guide. Ce sauvignon languedocien possède les atouts nécessaires aux vignerons français pour reprendre les parts de marché perdues aux mains des pays du Nouveau Monde. Habillage hyper moderne, capsule à vis, au lieu du trop souvent défectueux bouchon de liège (voir les commentaires dans le chapitre *Le Blogue de Chartier*, ainsi que sur le site Internet www.francoischartier.ca). **Cépage :** sauvignon blanc. **Alc./**13,5 %. **www.labaume.nl**

☛ *Servir entre 2006 et 2008, à 12 °C*

Rouleaux de printemps au crabe, légumes crus et trempette à la crème sure et au wasabi, linguine aux moules, quiche de crabe et poireau, sukiyaki de saumon, pâtes au pesto ou filet de truite au jus de cresson.

Chardonnay Laroche 2005

VIN DE PAYS D'OC, LAROCHE, FRANCE

13,95 $	SAQ **C** (572636)	★★☆ $	**Modéré+**

Un 2005 réussi, d'une fraîcheur exemplaire chez les blancs du Midi, expressif à souhait, fin et revitalisant, égrainant de longues saveurs de pomme, de fleurs et d'agrumes. **Cépage :** chardonnay. **Alc./**13,5 %. **www.larochewines.com**

☛ *Servir entre 2006 et 2007, à 14 °C*

Apéritif, légumes crus et trempette à la crème sure et au wasabi, frittata au basilic et au saumon, salade de pâtes au saumon fumé parfumées à l'aneth ou farfalle aux asperges.

Viognier Laroche 2005

VIN DE PAYS D'OC, LAROCHE, FRANCE

13,95 $ SAQ **C** (632323) ★★☆ $$ **Corsé**

Affublé de l'ingénieuse capsule à vis Stelvin (voir dossier complet sur la capsule à vis et les vins de Laroche dans le chapitre *Le Blogue de Chartier*), ce viognier languedocien est, en 2005, plus que jamais parfumé et enjôleur, exprimant des effluves de fleurs jaunes et d'abricot, tout en imprégnant les papilles d'une texture suave et caressante, au moelleux généreux et à l'acidité discrète. **Cépage :** viognier. **Alc./**13 %. **www.larochewines.com**

☛ *Servir entre 2006 et 2008, à 14 °C*

Fettucine alla morosana (cantaloup, huile d'olive, prosciutto et parmigiano reggiano) (*), mignons de porc mangue-curry (*), mon lapin exotique pour amateurs de vins blancs (*), saumon grillé à la salsa d'ananas ou cuisine thaï. Fromages : chaource, coulommiers ou migneron de Charlevoix (jeune).

Château de Campuget « Tradition » 2005 ♥

COSTIÈRES-DE-NÎMES, CHÂTEAU DE CAMPUGET, FRANCE

14,05 $ SAQ **C** (919340) ★★☆ $$ **Modéré+**

Le nez se montre à la fois subtil et assez riche, avec des parfums parfaitement définis d'aubépine, de miel et de pêche blanche. La bouche suit dans un ensemble généreux et rafraîchissant, presque plein et saisissant, magnifiquement harmonisé par une minéralité sous-jacente. Difficile de trouver mieux à ce prix chez les blancs du Midi. **Cépages :** 60 % roussanne, 30 % grenache, 10 % marsanne. **Alc./**13 %. **www.campuget.com**

☛ *Servir entre 2006 et 2009, à 14 °C*

Carré de porc à l'ail, fricassée de poulet au gingembre et au sésame, saumon à la dijonnaise, pâtes sauce au fromage bleu (voir Entrecôte sauce au fromage bleu) (*) ou brochettes de poulet sauce moutarde et miel.

Les Jardins de Meyrac 2005

VIN DE PAYS D'OC, CHÂTEAU CAPENDU, FRANCE

14,55 $ SAQ **S*** (637850) ★★☆ $ **Modéré**

Ce judicieux assemblage de sauvignon blanc et de chardonnay, élaboré avec brio par le corbières Château Capendu, se montre à nouveau réussi en 2005. Vous y dénicherez un blanc sec au nez certes discret, mais à la bouche alternant entre fraîcheur et rondeur, dotée de sensuelles rondeurs, typiques du cépage chardonnay. Agrumes, poire et fleurs participent au cocktail de saveurs qui est d'une persistance modérée. **Cépages :** 65 % chardonnay, 35 % sauvignon blanc. **Alc./**12,5 %. **www.chateau-capendu.com**

☛ *Servir entre 2006 et 2008, à 14 °C*

Salade de pâtes crémeuses au thon, salade de poulet grillé vinaigrette aux amandes ou brochettes de poulet sauce moutarde et miel. Fromages : Riopelle de l'Isle ou chaource.

Quinta do Minho « Loureiro » 2004 ♥

VINHO VERDE, QUINTA DO MINHO, PORTUGAL

14,80 $	SAQ **S** (10371438)	★★★ $$	**Modéré**

Superbe vinho verde, coloré, parfumé et enveloppant, à faire oublier tous les insipides blancs frizzante de cette appellation mal représentée au Québec. Le nez passablement aromatique, jouant entre l'herbe fraîche et les fruits exotiques, n'est pas sans rappeler le muscat. La bouche suit avec ampleur, fraîcheur, longueur et expression. Un régal! Il faut dire que le cépage loureiro est à la base des meilleurs vins de cette région. **Cépage :** loureiro. **Alc./**10,5 %.

☛ *Servir entre 2006 et 2007, à 12 °C*

Apéritif, crevettes grillées sauce tzatziki à la menthe fraîche, éperlans frits, calmars frits, salade César, salade niçoise, croquettes de poisson ou *fish and chips* sauce tartare.

Pinot Grigio Terrazze della Luna 2005

TRENTINO, C.V.S.C., ITALIE

14,90 $	SAQ **C** (618363)	★★ $	**Modéré**

Un blanc sympathique, à base de pinot grigio. Il en résulte un vin sec, au nez très frais et à la bouche vivifiante, avec une certaine suavité dans son élan de fraîcheur. Donnant des vins beaucoup moins opulents que le pinot gris alsacien, le pinot grigio italien requiert une approche harmonique différente à table. **Cépage :** pinot grigio. **Alc./**12,5 %. **www.cavit.it**

☛ *Servir entre 2006 et 2007, à 12 °C*

Fettucine alla carbonara, pâtes à la sauce crémeuse au jambon, poulet tandoori, cargolade d'escargots à la crème et aux champignons de Paris, trempette de guacamole, fondue au fromage ou paella au poulet.

Château Bertinerie 2004

PREMIÈRES-CÔTES-DE-BLAYE, DANIEL BANTEGNIES ET FILS, FRANCE

14,95 $	SAQ **S*** (707190)	★★☆ $$	**Modéré**

Blanc pâle immaculé, nez très aromatique, fin et sauvignoné à souhait. Bouche vivace, droite et élancée, parfumée et invitante. Parfait pour l'apéro. **Cépage :** sauvignon. **Alc./**12,5 %. **www.chateaubertinerie.com**

☛ *Servir entre 2006 et 2008, à 12 °C*

Trempette de légumes tzatziki à la menthe fraîche, canapés de saumon fumé et de pointes d'asperges vertes, salade de crevettes vinaigrette au jus de pamplemousse ou filet de truite au thym et au citron.

Dourthe Nº 1 2005

BORDEAUX, VINS ET VIGNOBLES DOURTHE, FRANCE

14,95 $	SAQ **C** (231654)	★★☆ $	**Modéré+**

Un 2005 toujours aussi invitant, rafraîchissant, épuré, satiné et persistant, à l'acidité discrète et au corps aérien. Difficile de trouver mieux que le Dourthe Nº 1, tant en blanc qu'en rouge, chez les produits courants bordelais. **Cépage :** sauvignon blanc. **Alc.**/12 %. **www.dourthe.com**

☛ *Servir entre 2006 et 2008, à 12 °C*

Rouleaux de printemps et sauce citron-soja, canapés d'asperges enroulées de saumon fumé, poireaux rôtis à la menthe, pâtes au saumon fumé en sauce légèrement crémée et parfumée à l'aneth (*) ou moules marinière « à ma façon » (*).

Viña Esmeralda 2005

CATALUNYA, MIGUEL TORRES, ESPAGNE

NOUVEAUTÉ!

15 $	SAQ **S** (10357329)	★★ $$	**Modéré**

Le vin apéritif sur mesure, floral au possible, aérien, léger et presque sec, tout en ayant une très légère pointe de sucre résiduel qui titille le bout de la langue avec bonheur. **Cépages :** 85 % moscatel (muscat d'Alexandrie), 15 % gewürztraminer. **Alc.**/11,5 %. **www.torreswines.com**

☛ *Servir entre 2006 et 2008, à 12 °C*

Apéritif, antipasto de melon et de prosciutto ou canapés de crevettes à la mayonnaise au curry.

Chardonnay Albizzia 2005

TOSCANA, MARCHESI DE'FRESCOBALDI, ITALIE

15,10 $	SAQ **C** (541235)	★★☆ $$	**Modéré**

Frescobaldi présente à nouveau un vivifiant chardonnay, du millésime 2005, sec, croquant, parfumé, élégant et aérien, laissant deviner des notes invitantes de citron, de figue fraîche et de poivre blanc. Un vin digeste, pur et précis, on ne peut plus européen de style et vinifié avec doigté. **Cépage :** chardonnay. **Alc.**/12,5 %. **www.frescobaldi.it**

☛ *Servir entre 2006 et 2007, à 12 °C*

Trempette au saumon fumé, salade de vermicelles au poulet et au citron, salade de pâtes au saumon fumé parfumées à l'aneth, calmars frits, filet de truite au thym et au citron ou farfalle aux asperges.

Château Roquetaillade La Grange 2005

GRAVES, B. D. & P. GUIGNARD, FRANCE

15,10 $	SAQ **C** (240374)	★★☆ $$	**Modéré**

Avec ce 2005 des plus attrayants, Roquetaillade représente plus que jamais l'un des meilleurs bordeaux blancs offerts sous la barre des seize dollars. Menthe fraîche et pamplemousse rose participent à l'expression aromatique, tandis qu'une fraîche mais subtile acidité ainsi qu'un corps satiné donnent le ton en bouche. **Cépages :** 60 % sémillon, 20 % sauvignon, 20 % muscadelle. **Alc./**12 %.

Servir entre 2006 et 2008, à 12 °C

Canapés d'asperges et de fromage de chèvre, avocats farcis à la chair de crabe et vinaigrette au jus d'agrumes, carpaccio de courgettes fraîches et de vieux cheddar (arrosé d'huile d'olive et accompagné de tomates fraîches et de quelques pousses de roquette), crêpes fines aux asperges et au saumon fumé ou filet de truite saumonée grillée à l'huile de basilic.

Hermanos Lurton 2005

RUEDA, BODEGAS J. & F. LURTON, ESPAGNE

15,50 $ SAQ **S*** (727198) ★★☆?☆ **$$** **Modéré+**

Nez saisissant de cerfeuil et de pamplemousse jaune. Bouche texturée, ample et étonnamment moelleuse pour un verdejo, laissant deviner de persistantes traces de poire, de figue fraîche et de pomme golden. La plus belle réussite à ce jour pour cet original coup de cœur, élaboré avec deux cépages typiquement espagnols, ce qui participe à son attrayante singularité. **Cépages :** 75 % verdejo, 30 % viura. **Alc./**12,5 %. **www.jflurton.com**

Servir entre 2006 et 2008, à 12 °C

Tapas d'omelette aux asperges vertes, escargots aux champignons et à la crème de persil, ceviche d'huîtres au wasabi et à la coriandre, fondue suisse, pâtes au saumon fumé en sauce légèrement crémée et parfumée à l'aneth (*) ou terrine de truite fumée.

Pinot Blanc Trimbach 2004

ALSACE, MAISON TRIMBACH, FRANCE

15,70 $ SAQ **S** (089292) ★★☆ **$** **Modéré**

Digeste et invitant, voilà un pinot blanc on ne peut plus sec et rafraîchissant. Pas de flagornerie avec Trimbach, cette maison laisse aux autres l'utilisation du sucre résiduel pour conquérir le marché. Ici on cherche la vérité absolue, par le terroir et par le plaisir à boire à table sans alourdir les papilles et l'estomac. **Cépage :** pinot blanc. **Alc./**12,5. **www.maison-trimbach.fr**

Servir entre 2006 et 2008, à 12 °C

Apéritif, trempette crémeuse et légumes, pot-en-pot des Îles-de-la-Madeleine, raclette, fondue au fromage suisse, pâté chinois végétarien, salade César, salade de pâtes à la grecque ou blanquette de veau.

St-Florent 2005

SAUMUR, DOMAINE LANGLOIS-CHÂTEAU, FRANCE

15,80 $ SAQ **S** (962316) ★★★ $$ **Modéré+**

Dans un très grand millésime, spécialement pour les blancs de la Loire, ce 2005 mérite toute votre attention tant ses qualités étonnent pour son prix. Robe d'un blanc cristallin et immaculé. Nez raffiné et minéral, dépourvu de tout artifice, exprimant de subtiles notes d'amande fraîche, de noyau de pêche et de fleurs blanches. Bouche éclatante, fraîche, ample, aérienne et très longue, d'une harmonie unique entre sa texture satinée et son acidité discrète. À boire jusqu'à plus soif tant il est digeste et nourrissant. **Cépage :** chenin blanc. **Alc./**13 %. **www.langlois-chateau.fr**

Servir entre 2006 et 2011, à 14 °C

Apéritif, tempura d'huîtres, linguine aux moules, crêpes fines aux asperges et au saumon fumé ou filet de sole grillé au citron frais et aux herbes.

Château Bonnet 2005

ENTRE-DEUX-MERS, ANDRÉ LURTON, FRANCE

15,85 $ SAQ **C** (083709) ★★☆ $$ **Modéré**

Nez aromatique et charmeur, un brin exotique, avec une touche de menthe et une pointe musquée, provenant de la muscadelle. Bouche festive, très fraîche, satinée, longue et avec éclat. Un Bonnet impeccable et obturé par une ingénieuse capsule à vis (voir le chapitre *Le Blogue de Chartier*). **Cépages :** 45 % sauvignon blanc, 45 % sémillon, 10 % muscadelle. **www.andrelurton.com**

Servir entre 2006 et 2008, à 12 °C

Apéritif, canapés d'asperges et de fromage de chèvre, nems à la menthe fraîche, fettucine aux crevettes et coriandre fraîche ou moules marinière « à ma façon » (*).

Insolia Fazio 2004

SICILIA, FAZIO WINES, ITALIE

15,90 $ SAQ **S*** (898684) ★★☆ $$ **Modéré**

Une originalité sicilienne, à base de l'autochtone inzolia, qui vous changera des désormais trop communs chardonnays ou sauvignons blancs qui peuplent le paysage. Vous y dénicherez un vin sec, à la robe dorée soutenue, au nez intriguant, passablement riche, à la bouche à la fois ample, fraîche, satinée et pure, au fruité croquant et au profil minéral. **Cépage :** inzolia. **Alc./**12,5 %. **www.faziowines.it**

Servir entre 2006 et 2009, à 14 °C

Salade de pétoncles grillés vinaigrette aux agrumes, salade de crevettes à la mayo-wasabi, rosace de saumon mariné sur fenouil à la crème ou filet de vivaneau en croûte de gingembre fraîchement râpé.

Fumaio « Chardonnay & Sauvignon Blanc » 2005

TOSCANA, BANFI, ITALIE

15,95 $ SAQ **S*** (854562) ★★☆ $$ **Modéré**

Un assemblage toscan, devenu au fil des millésimes un classique des blancs italiens offerts sous la barre des vingt dollars. En 2005, le nez déborde de fraîcheur, la bouche est croquante, gourmande et persistante à souhait, tout en étant satinée et suave. Melon de miel, fleurs de pommier et agrumes participent au cocktail de saveurs. **Cépages :** chardonnay, sauvignon blanc. **Alc./**12 %. **www.banfi.com**

☛ *Servir entre 2006 et 2007, à 12 °C*

Bruschetta à la romaine (pain de campagne, huile d'olive, ail et tomates fraîches), trempette de guacamole, canapés de saumon mariné, crêpes fines aux asperges et au saumon mariné, salade de crevettes à la mayo-wasabi, salade d'épinards à l'orange, crevettes et légumes tempura, moules marinière « à ma façon » (*) ou pâtes au pesto.

Vermentino Occhio A Vento 2004

MAREMMA TOSCANA, ROCCA DELLE MACÌE, ITALIE

NOUVEAUTÉ!

15,95 $ SAQ **S** (10380246) ★★☆ $$ **Modéré**

Un original blanc toscan, à base de cépage vermentino, à la robe dorée, au nez aromatique de fruits secs, un brin boisé, à la bouche ample, satinée, d'une belle patine, à l'acidité discrète, aux saveurs longues et intrigantes d'amande grillée, d'écaille de noisette et de poire. Une belle découverte. **Cépage :** vermentino. **Alc./**13,5 %. **www.roccadellemacie.com**

☛ *Servir entre 2006 et 2009, à 14 °C*

Salade de poulet grillé vinaigrette aux amandes, pâtes aux fruits de mer et au Pernod, risotto aux champignons sauvages (*) ou pétoncles poêlés et salade de champignons portabello sautés et de copeaux de parmesan (vinaigrette à la moutarde).

Cuvée des Conti Château Tour des Gendres 2005 ♥

BERGERAC, FAMILLE DE CONTI, CHÂTEAU TOUR DES GENDRES, FRANCE

16 $ SAQ **S*** (858324) ★★★ $$ **Modéré+** BIO

Cette étincelante Cuvée des Conti, vinifiée avec maestria par Luc de Conti, dynamo de l'appellation, est à ranger, millésime après millésime, parmi les références les plus abordables de la France des terroirs. La cuvée 2005 abonde à nouveau dans ce sens. Quel nez! Une explosion de parfums, où s'entremêlent la menthe fraîche, le pamplemousse rose, le chèvrefeuille et la lime. En bouche, elle se montre toujours aussi suave et satinée, tout en étant subtilement tendue et allongée. La famille de Conti, d'origine italienne, est installée dans la région depuis 1925, grâce à Vincenzo de Conti, époque où le vignoble, d'une superficie de 45 hectares, portait le nom du château de Bridoire. Les frères Jean et Luc, leurs épouses et leur cousin Francis, chef de culture, gèrent avec inspiration cette propriété on ne peut plus familiale. **Cépages :** 70 % sémillon, 20 % muscadelle, 10 % sauvignon. **Alc./**13,5 %.

☛ *Servir entre 2006 et 2011, à 12 °C*

Frites de panais sauce au yogourt et au cari, salade chinoise aux crevettes à l'ananas, brochettes de crevettes à la salsa d'ananas ou filet de vivaneau en croûte de gingembre fraîchement râpé. Fromages québécois : douanier ou valbert.

Aligoté Marquis de Jouennes 2005

BOURGOGNE-ALIGOTÉ, ROGER DE JOUENNES, FRANCE

16,05 $	SAQ **C** (030155)	★★☆ $$	**Modéré**

Assurément le millésime le plus réussi et le plus invitant des dernières années pour cet aligoté fort connu au Québec. Tout y est : fraîcheur aromatique, tonalités anisées de fenouil et touches fruitées de pomme et d'amande fraîche, bouche croquante et expressive, tout en étant aérienne et désaltérante au possible. Un classique qui mérite une relecture. **Cépage :** aligoté. **Alc./**12,2 %.

☛ *Servir entre 2006 et 2007, à 12 °C*

Truite aux amandes, *fish and chips* sauce tartare, calmars frits, salade César aux crevettes grillées ou moules marinière « à ma façon » (*).

Château Grinou Réserve 2004 ♥

BERGERAC, CATHERINE ET GUY CUISSET, FRANCE

16,20 $	SAQ **S*** (850255)	★★★ $$	**Modéré+**

Une autre réussite de ce château, dont les vins blancs et rouges sont de vifs concurrents de certains bordeaux vendus beaucoup plus chers. Donc, un 2004 au nez ultra-fin, exprimant des notes florales (rose, jacinthe, lys), à la bouche ample et dense, d'une belle fraîcheur, tout en étant marquée par une acidité en retrait, à la texture patinée et aux saveurs persistantes, rappelant la pomme golden, la poire chaude et la vanille. Un assemblage de vieilles vignes de 35 ans et un élevage maîtrisé en barriques de chêne, dont 35 % étaient neuves, expliquent la qualité de cette référence. **Cépages :** 50 % sémillon blanc, 50 % sauvignon blanc. **Alc./**12,5 %.

☛ *Servir entre 2006 et 2010, à 14 °C*

Pétoncles poêlés et salade de champignons portabello sautés et de copeaux de parmesan (vinaigrette à la moutarde), mon lapin exotique pour amateurs de vins blancs (*) ou saumon grillé infusé au saké et champignons shiitake. Fromages : gouda (très vieux) ou tomme de plaisir.

Sirius 2004

BORDEAUX, MAISON SICHEL, FRANCE

16,25 $	SAQ **C** (223545)	★★☆ $$	**Modéré**

Sauvignon et sémillon s'unissent pour offrir un blanc sec parfumé, d'une bonne ampleur, à l'acidité discrète, à la texture satinée et aux saveurs engageantes, un brin exotiques. Une référence annuelle à ne pas manquer. **Cépages :** sémillon blanc (majoritaire) et sauvignon blanc. **Alc./**12,5 %. **www.sichel.fr**

☛ *Servir entre 2006 et 2008, à 12 °C*

Moules marinière « à ma façon » (*) ou pâtes au saumon fumé en sauce légèrement crémée et parfumée à l'aneth (*).

Viognier Accademia del Sole 2005

SICILIA, CANTINE CALATRASI, ITALIE ***(DISP. AUTOMNE 06)***

NOUVEAUTÉ!

16,45 $ SAQ **S** (10675731) ★★★ **$$** **Modéré+**

Belle nouveauté que ce rare viognier méditerranéen à être aussi frais et aussi minéral. Belle retenue nordique, acidité fraîche, corps ample, saveurs et parfums détaillés et subtils, jouant surtout du côté des fleurs, et, surtout, aucune générosité de l'alcool et aucune lourdeur – ce qui est souvent le cas chez les vins de ce cépage, hors vallée du Rhône. **Cépage :** viognier. **Alc./**13 %. **www.calatrasi.it**

☛ *Servir entre 2006 et 2009, à 14 °C*

Sandwich « pita » au poulet et au chutney à la mangue, escalopes de porc à la salsa fruitée, brochettes de poulet à l'ananas et au cumin, fricassée de poulet à l'asiatique ou filet de vivaneau en croûte de gingembre fraîchement râpé. Fromages québécois : kénogami, laracam ou pied-de-vent.

Château Ksara « Blanc de blancs » 2004

VALLÉE DE LA BEKAA, CHÂTEAU KSARA, LIBAN

16,70 $ SAQ **S** (10210677) ★★★ **$$** **Modéré+**

Très bel assemblage libanais, provenant de l'une des meilleures caves du pays. La robe est dorée. Le nez est très expressif, détaillé et marqué par des notes de fruits mûrs, de miel et de fleurs. La bouche suit avec des courbes sensuelles, équilibrées par une fraîcheur sous-jacente, apportée par le sauvignon blanc, ainsi qu'avec des saveurs mellifères, se terminant dans une texture suave et satinée. Une aubaine à ne pas laisser filer. **Cépages :** chardonnay, sauvignon blanc, sémillon blanc. **Alc./**13 %. **www.ksara.com.lb**

☛ *Servir entre 2006 et 2009, à 14 °C*

Pâtes aux champignons et au parmesan, demi-homard gratiné, coulibiac de saumon, blanquette de pétoncles au safran ou huîtres au sabayon gratinées.

Gentil Hugel 2005

ALSACE, HUGEL ET FILS, FRANCE ***(DISP. AUTOMNE 06)***

16,95 $ SAQ **C** (367284) ★★☆ **$$** **Modéré+**

Un blanc sec 2005 des plus réussis, à la robe cristalline, au nez épuré et rafraîchissant, à la bouche tout aussi croquante, vivifiante et expressive, laissant deviner des notes de fleurs et d'agrumes. **Cépages :** gewürztraminer, pinot gris, riesling, muscat, sylvaner. **Alc./**12,5 %. **www.hugel.com**

Servir entre 2006 et 2008, à 12 °C

Apéritif, canapés de tranches de concombre rehaussées de crevettes et de mayonnaise à l'aneth, linguine aux crevettes au cari et à l'orange ou calmars au mojo (ail, huile d'olive, graines de cumin grillé, jus de lime et jus d'orange).

Viognier Domaine Cazal-Viel 2005

VIN DE PAYS D'OC, HENRI MIQUEL, FRANCE

17 $	SAQ **S*** (895946)	★★★ $$	**Corsé**

Comme je vous le dis depuis des lustres, les amateurs de vin rouge devraient se laisser prendre au jeu du viognier tant les vins de ce cépage semblent posséder la structure des vins rouges... Une preuve? Le 2005 de cet excellent domaine. Vous y dénicherez un blanc étonnamment riche et soutenu, plein et généreux, presque capiteux, aux saveurs expansives d'abricot, d'ananas, de pâte d'amandes et de camomille. De plus, à table, il se révèle un grand accordeur avec de multiples types de mets et de fromages. **Cépage :** viognier. **Alc./**13,5 %. **www.cazal-viel.com**

Servir entre 2006 et 2008, à 14 °C

Mignons de porc mangue-curry (*), fettucine alla morosana (cantaloup, huile d'olive, prosciutto et parmigiano reggiano) (*), escalopes de veau grillées à la salsa fruitée ou brochettes de poulet et de crevettes à la salsa d'ananas. Fromages : chaource, migneron de Charlevoix ou maroilles (jeune).

La Segreta 2005

SICILIA, PLANETA, ITALIE

17,10 $	SAQ **S*** (741264)	★★★ $$	**Corsé**

Une aubaine sicilienne, de l'une des caves les plus performantes et novatrices de l'île, à la robe jaune fluo, au nez très expressif et passablement riche, un brin exotique, au fruité éclatant, à la bouche à la fois ample et très fraîche, d'un moelleux texturé et aux saveurs des plus persistantes. Poire, safran, ananas et mandarine participent au cocktail, sans aucune note boisée à l'horizon. **Cépages :** 50 % grecanico, 25 % chardonnay, 15 % viognier, 10 % fiano. **Alc./**13 %. **www.planeta.it**

Servir entre 2006 et 2008, à 17 °C

Canapés de crevettes à la mayonnaise au curry, côtelettes de porc à l'orange et aux amandes, brochettes de poulet et de crevettes à la salsa d'ananas, fricassée de poulet à l'asiatique ou calmars au mojo (ail, huile d'olive, graines de cumin grillé, jus de lime et jus d'orange).

Causse Marines « Les Greilles » 2004

GAILLAC, PATRICE LESCARRET, FRANCE

17,25 $	SAQ **S** (860387)	★★★ $$	**Modéré+**	BIO

La cuvée Les Greilles 2004, de l'alchimiste de Gaillac, Patrice Lescarret, saluée dans l'édition 2006 de ce guide, était encore disponible à l'automne 2006. Elle se positionne plus que jamais parmi les plus beaux vins d'auteur. Vous y dégusterez un blanc sec aux parfums subtils et précis d'amande fraîche, de fleurs de pommier et de pêche blanche, d'un toucher de bouche ultra-sensuel, doté d'une patine satinée et de saveurs mellifères. **Cépages :** 60 % len de l'el (loin de l'œil), 20 % mauzac, 10 % muscadelle, 10 % ondenc. **Alc.**/13 %.

☛ *Servir entre 2006 et 2008, à 14 °C*

Pâtes au saumon fumé en sauce légèrement crémée et parfumée à l'aneth (*), pizza aux fruits de mer ou saumon grillé à la cajun et salsa d'ananas.

Côté Tariquet 2005 ♥

VIN DE PAYS DES CÔTES DE GASCOGNE, P. GRASSA FILLE ET FILS, FRANCE

17,35 $	SAQ **S*** (561316)	★★★ $$	**Corsé**

Le Côté Tariquet d'Yves Grassa – à la tête de la plus grosse propriété familiale de France, installée à Eauze, en plein cœur de l'Armagnac, avec plus de 832 hectares de vignobles, dont 65 pour la production d'Armagnac – est à nouveau franchement réussi, contrairement à ses autres blancs secs du millésime 2005. Vous y dénicherez un assemblage de chardonnay et de sauvignon blanc au nez exubérant, exprimant des notes de fruits exotiques presque confits (papaye, mangue), ainsi que de zeste d'orange, à la bouche gourmande, presque sucrée, ronde et invitante au possible, à l'acidité discrète et aux saveurs insistantes. Un régal à ne pas manquer. **Cépages :** 50 % chardonnay, 50 % sauvignon. **Alc.**/11 %. **www.tariquet.com**

☛ *Servir entre 2006 et 2009, à 14 °C*

Jambon prosciutto et figues fraîches, salade de riz à l'indienne (avec épices, orange, poivron rouge, amandes effilées et raisins de Corinthe), salade de poulet froid aux mangues et à la menthe, sauté de poulet à l'orientale sur nid de vermicelle, brochettes de poulet à l'ananas et au cumin ou poissons et fruits de mer à la mode tandouri (avec yogourt, gingembre, ail, poivre de Cayenne et paprika).

Masianco Masi 2005 ♥

PINOT GRIGIO E VERDUZZO DELLE VENEZIE, MASI, ITALIE

NOUVEAUTÉ!

17,45 $	SAQ **C** (10439404)	★★★ $$	**Modéré+**

Ce nouveau blanc sec italien, élaboré avec maestria par la célèbre maison Masi, à base d'un assemblage de cépages cultivés dans le Frioul, devrait connaître un énorme succès. Il en résulte un blanc à la robe jaune paille, au nez très aromatique, floral et fruité à souhait, à la bouche suave et fraîche, harmonieuse et persistante, aux courbes sensuelles et au corps moelleux, laissant deviner des notes de pomme golden, de miel de tilleul et de jasmin. Un régal! **Cépages :** 75 % pinot grigio, 25 % verduzzo. **Alc.**/13 %. **www.masi.it**

☛ *Servir entre 2006 et 2008, à 14 °C*

Canapés de mousse de foie de volaille, beignets de courgettes et d'aubergines, fettucine alla carbonara, pizza au camembert, prise du jour (poisson) sauce à l'orange, poulet au gingembre et à l'ananas ou pâtes aux fruits de mer et au Pernod.

Cuvée Raphaëlle 2004

VIN DE PAYS DES COTEAUX DE PEYRIAC, DOMAINE RUSSOL, FRANCE

NOUVEAUTÉ!

17,70 $	SAQ **S*** (10507067)	★★☆?☆	$$	**Modéré+**

Blanc original, à la texture suave et satinée, tendue par une vibrante acidité et enrichie de saveurs fraîches d'agrumes et de pomme, un brin exotique et tonique. **Cépages :** 34 % viognier, 33 % sauvignon, 33 % chardonnay. **Alc./**12,5 %. **www.chateau-russol.com**

☛ *Servir entre 2006 et 2009, à 12 °C et oxygéné en carafe 5 minutes*

Salade chinoise aux crevettes à l'ananas, fricassée de poulet au gingembre et au sésame, poulet indien au Patak's ou mignons de porc mangue-curry (*).

Château de Chasseloir « Cuvée des Ceps Centenaires » 2002

MUSCADET SÈVRE-ET-MAINE, BERNARD CHÉREAU, FRANCE

17,75 $	SAQ **S*** (854489)	★★☆?☆	$$	**Modéré+**

Le nez de ce 2002 est étonnamment dense et riche pour l'appellation, aux tonalités de miel, d'aubépine et de poire. La bouche se montre vivifiante et croquante, au corps élancé et dynamisé par une vibrante minéralité. Déjà bon, il se magnifiera aisément au cours des sept prochaines années. **Cépage :** melon de Bourgogne (muscadet). **Alc./**12 %. **www.chereau-carre.fr**

☛ *Servir entre 2006 et 2013, à 14 °C*

Salade de demi-bulbes de fenouil grillés surmontés de fromage de chèvre chaud, sandwich au thon garni d'avocat et de coriandre fraîche, sashimi sur salade de nouilles de cellophane au gingembre et au sésame, ceviche de crevettes à la coriandre fraîche ou gâteau de crabe cajun.

Riesling Réserve Léon Beyer 2005

ALSACE, LÉON BEYER, FRANCE

17,80 $	SAQ **C** (081471)	★★☆	$$	**Modéré+**

À nouveau un incontournable chez les rieslings secs alsaciens. Raffinement aromatique, charme gustatif, saveurs soutenues (pomme, citron, pamplemousse rose), acidité vibrante, corps satiné et persistance étonnante pour son rang. Donc, difficile de trouver mieux à ce prix. **Cépage :** riesling. **Alc./**12 %. **www.leonbeyer.fr**

☛ *Servir entre 2006 et 2010, à 12 °C*

Bruschetta au pesto de roquette, pizza au pesto de roquette et fromage de chèvre, tartare d'huîtres à la coriandre fraîche, trempette au saumon fumé, rouleaux de printemps et sauce citron-soja, crevettes au citron et à l'ail ou fettucine aux crevettes et coriandre fraîche.

Château Saint-Martin de la Garrigue 2005

COTEAUX-DU-LANGUEDOC, CHÂTEAU SAINT-MARTIN DE LA GARRIGUE, FRANCE

17,85 $ SAQ **S** (875328) ★★★ $$ **Modéré+**

Rares sont les blancs du Midi avec autant de fraîcheur, de minéralité et de digestibilité. Ce 2005, qui fera suite au tout aussi bon 2004 salué dans l'édition précédente, s'exprime par un profil aérien, aux notes d'anis, de miel et de goyave, avec une pointe d'abricot rappelant la présence du viognier qui entre dans son assemblage ayant pour base le trio marsanne, roussanne et grenache, vivifié par la minéralisante acidité qu'apporte un faible pourcentage de terret. **Cépages :** roussanne, grenache blanc et marsanne + picpoul, terret (vieilles vignes), viognier. **Alc./**14 %. **www.stmartingarrigue.com**

☛ *Servir entre 2006 et 2010, à 12 °C*

Canapés d'asperges et de fromage de chèvre, terrine de lapin et salade roquette aux suprêmes de poire, taboulé de grosses crevettes safranées, nems à la menthe fraîche ou salade de poires japonaises et jicama au vinaigre de riz, basilic et huile pimentée (restaurant *Les Chèvres*).

Riesling Hugel 2004

ALSACE, HUGEL ET FILS, FRANCE

17,95 $ SAQ **C** (042101) ★★★ $$ **Modéré+**

Le millésime 2004 de cet excellent riesling sec se montre plus parfumé et plus invitant que l'année dernière, exprimant à nouveau toute la pureté, l'élan et la fraîcheur de ce très grand cépage, encore trop mésestimé. Sec, vivifiant, digeste et marqué par de saisissantes saveurs, légèrement plus confites qu'il y a un an, de pomme, de lime et d'épinette. Actuellement le meilleur riesling chez les produits courants. **Cépage :** riesling. **Alc./**12 %. **www.hugel.com**

☛ *Servir entre 2006 et 2009, à 12 °C*

Apéritif, tartinade à la truite fumée, huîtres fraîches à la coriandre fraîche et au jus de lime, crevettes aux épices et aux légumes croquants (*), salade César aux crevettes grillées, rouleaux de printemps et sauce citron-soja ou fettucine aux crevettes et coriandre fraîche.

Bergerie de l'Hortus 2004

VIN DE PAYS VAL-DE-MONTFERRAND, DOMAINE DE L'HORTUS, FRANCE

18,05 $ SAQ **S** (10506937) ★★★ $$ **Corsé**

Doré, exotique, sans trop, un brin rafraîchi par la présence du sauvignon, modérément aromatique, généreux, ample, moelleux, presque compact et très long. Rares sont les vins blancs sudistes aussi nourris et aussi harmonieux offerts à ce prix. De plus, il possède la structure rêvée pour réaliser de grandes harmonies avec les fromages. **Cépages :** 29 % roussanne, 29 % sauvignon blanc, 28 % viognier, 14 % chardonnay. **Alc./**13,5 %. **www.vignobles-orliac.com**

☛ *Servir entre 2006 et 2009, à 14 °C*

Fricassée de poulet au gingembre et au sésame ou rôti de porc aux abricots. Fromages : comté (12 mois d'affinage), maroilles (jeune), saint-basile ou tomme de plaisir.

Chardonnay Thou Bianc 2004

PIEMONTE, CANTINA BAVA, ITALIE

18,30 $	SAQ **S** (10260615)	★★★ $$	**Modéré**

Sec, croquant, vivifiant et parfumé (amande, miel, poire) à la façon d'un très bon chablis et à mille lieues des chardonnays grassouillets du Nouveau Monde. Il faut dire que son nom, Thou Bianc, en dialecte piémontais, fait référence au tuffeau blanc, le sol calcaire des deux parcelles où est cultivé ce chardonnay. De plus, il n'a pas séjourné en barriques, afin de lui préserver sa fraîcheur et son identité, à la façon traditionnelle chablisienne. **Cépage :** chardonnay. **Alc./**12,5 %. **www.bava.com**

☛ *Servir entre 2006 et 2009, à 12 °C*

Crevettes et légumes tempura, rouleaux printaniers, pain de seigle au cumin et Chantilly de fromage de chèvre (*), pétoncles au parfum de citron et de basilic ou filet de truite au jus de cresson.

Sauvignon Domaine Sorin 2004 ♥

SAINT-BRIS, DOMAINE SORIN DE FRANCE, FRANCE

18,45 $	SAQ **S** (10237554)	★★★ $$	**Modéré+**

Voisin de Chablis, avec qui elle partage un terroir calcaire unique, cette récente appellation est consacrée au sauvignon blanc, fait unique en Bourgogne, terre du chardonnay et de l'aligoté. Donc, un blanc nourri, parfumé, texturé, frais et satiné, dévoilant de longues et belles saveurs de miel, de tilleul, de lime, de menthe, de pomme et de fleurs blanches. **Cépage :** sauvignon blanc. **Alc./**12 %.

☛ *Servir entre 2006 et 2009, à 12 °C*

Canapés de saumon fumé et de pointes d'asperges vertes, avocats farcis aux crevettes et à la mayonnaise, farfalle aux asperges, pâtes au pesto de roquette, crabe à carapace molle en tempura ou filet de truite saumonée grillée à l'huile de basilic.

Castello di Pomino 2005

POMINO BIANCO, MARCHESI DE'FRESCOBALDI, ITALIE

18,50 $	SAQ **S** (065086)	★★★ $$	**Modéré+**

Contrairement au 2004 (commenté dans le *Répertoire additionnel* de ce guide), ce 2005 se montre plus européen de style, donc moins marqué par la générosité et par le boisé du style Nouveau Monde noté dans le 2004. La maison Frescolbadi semble enfin avoir trouvé un équilibre qui sied mieux à ce vin, lui donnant un profil plus bourguignon, avec une belle fraîcheur, une bonne tenue, de la persistance, de la texture, et avec de rafraîchissantes saveurs de pomme, de poire et d'agrumes. **Cépages :** chardonnay + pinot blanc. **Alc./**12,5 %. **www.frescobaldi.it**

☛ *Servir entre 2006 et 2010, à 12 °C*

Canapés de fromage à la crème et de fines tranches de poisson fumé, lapin au vin blanc et aux herbes, vol-au-vent de crevettes au Pernod ou morue poêlée et salade de fenouil cru à l'orange.

Riesling Wehlener Sonnenuhr Kabinett 2004

MOSEL-SAAR-RUWER, J. & H. SELBACH, ALLEMAGNE

18,55 $ SAQ **S** (10225529) ★★★ $$ **Modéré**

Très beau riesling, du grand terroir de schiste Sonnenuhr de Wehlen, presque demi-sec, tout en étant ample, texturé, très frais, expressif et tendu, laissant deviner des notes de lime, d'épinette et de pamplemousse rose, terminant sa course en devenant sec. **Cépage :** riesling. **Alc./**9 %. **www.selbach-oster.de**

☛ *Servir entre 2006 et 2012, à 12 °C*

Cuisine sichuanaise, cuisine thaï, poulet tandoori, dim sum ou bar grillé avec sauce yuzu miso (*).

Domaine Balland-Chapuis 2004 ♥

COTEAUX-DU-GIENNOIS, JOSEPH BALLAND-CHAPUIS, FRANCE

18,60 $ SAQ **S** (917641) ★★★ $$ **Corsé**

Un 2004 coup de cœur, provenant d'une appellation assez récente (1998), située dans la Loire, juste au nord de Sancerre. Le sauvignon, cultivé sur des sols calcaires ou siliceux, y va de son plaidoyer on ne peut plus parfumé et riche, rappelant l'ananas frais, la pomme poire et le bulbe de fenouil cru. De la même verve gustative qui a fait la signature de ce vin au fil des derniers millésimes, soit une acidité croquante et vivifiante, un corps presque dense et des saveurs éclatantes et persistantes. **Cépage :** sauvignon blanc. **Alc./**12,5 %. **www.balland-chapuis.com**

☛ *Servir entre 2006 et 2009, à 12 °C*

Saumon mariné en sauce à l'aneth (*), salade de demi-bulbes de fenouil grillés surmontés de fromage de chèvre chaud, salade chinoise aux crevettes à l'ananas ou brochettes de saumon au beurre de pamplemousse (*). Fromages de chèvre : bouq'émissaire ou Selles-sur-Cher.

Branco da Gaivosa 2004

DOURO, QUINTA DO GAIVOSA, DOMINGOS ALVES DE SOUSA, PORTUGAL

18,65 $ SAQ **S** (902288) ★★★?☆ $$ **Modéré+**

Cet excellent blanc sec du Douro, à base de très vieilles vignes de 60 ans, d'une pureté cristalline, est une ixième réussite du très grand vinificateur Domingos Alves de Sousa. Rares sont les blancs portugais, tout comme espagnols, avec une minéralité aussi saisissante, une définition aussi marquée, une légèreté aussi invitante et une personnalité aussi singulière. Nez subtil et frais. Bouche satinée, fraîche et enveloppante, aux saveurs expressives au possible, déroulant un tapis de pêche, d'abricot, de fleurs blanches, d'amande et de miel de tilleul, tout en demeurant digeste et rafraîchissant. **Cépages :** 30 % gouveio, 20 % cerceal, 20 % viosinho, 30 % malvasia fina. **Alc./**13 %. **www.alvesdesousa.com**

☛ *Servir entre 2006 et 2010, à 14 °C et oxygéné en carafe 5 minutes*

Salade de homard et d'endives à l'huile de sésame (*), poulet poché au bouillon de gingembre, satés malaisiens au poulet et aux crevettes ou morue poêlée et salade de fenouil cru à l'orange.

Domaine de Montcy « Clos des Cendres » 2004

CHEVERNY, R. ET S. SIMON, FRANCE

18,75 $	SAQ **S** (919191)	★★★ $$	**Modéré**

Le terroir argilo-silicieux riche en silex permet à Raymonde et à Serge Simon de sublimer le sauvignon blanc de Cheverny et ainsi d'en faire un vin d'une pureté cristalline et d'une définition rare dans cette appellation située au sud de Blois, dans la Loire. Grande définition aromatique. Subtilité unique des parfums, jouant dans la sphère du miel, des fleurs blanches et de la poire. Vivacité de corps, minéralité d'expression et allonge de grand terroir, pour ce vin d'une grande digestibilité. **Cépages :** 70 % sauvignon blanc, 30 % chardonnay. **Alc./**12 %. **www.domaine-de-montcy.com**

☛ *Servir entre 2006 et 2012, à 12 °C*

Apéritif, rouleaux de printemps et sauce citron-soja, salade de calmars, filet de turbot poêlé et jus aux pommes vertes ou gravlax de saumon à l'aneth.

Clos de la Fortune Bouzeron 2004

BOUZERON, DOMAINE CHANZY, FRANCE

18,90 $	SAQ **S** (868984)	★★★ $$	**Modéré+**

Voilà un vin à base d'aligoté qui a du sérieux. Il faut dire que ce domaine est l'un des meilleurs en la matière, et ce, depuis la fin des années 1980, période où j'ai découvert leurs vins lors d'un séjour de travail en Bourgogne. Belle maturité de fruit, de l'expression, de la sève, pour le style bien sûr, de la fraîcheur, de la texture et de la persistance, laissant des traces d'amande grillée et de pomme, ainsi qu'une touche minérale. **Cépage :** aligoté. **Alc./**12,5 %. **www.chanzy.com**

☛ *Servir entre 2006 et 2009, à 12 °C*

Apéritif, gaspacho et croûtons de fromage de chèvre, escargots aux champignons et à la crème de persil, salade de crevettes au jus d'agrumes et au sésame, salade de demi-bulbes de fenouil grillés surmontés de fromage de chèvre chaud ou filet de truite au jus de cresson.

Inama 2004

SOAVE CLASSICO, AZIENDA AGRICOLA INAMA, ITALIE

18,90 $	SAQ **S*** (908004)	★★☆ $$	**Modéré**

Contrairement à son grand frère, le pénétrant Vigneti di Foscarino Soave Classico Superiore 2004 (25 $ SAQ **S** 907428), qui provient du célèbre Foscarino, un coteau pentu d'une grande renommée, l'Inama Soave Classico 2004 origine plutôt de différents terroirs des collines de Monteforte d'Alpone et de Soave. Il se montre, en 2004, toujours aussi expressif, texturé, suave et satiné, aux saveurs mellifères, ainsi qu'aux notes de fruits secs, terminant sur une fraîche minéralité. **Cépage :** 100 % garganega. **Alc./**12,5 %. **www.inamaaziendaagricola.it**

☛ *Servir entre 2006 et 2008, à 12 °C*

Pâtes aux asperges sauce légèrement crémée, pizza aux fruits de mer, calmars au mojo (ail, huile d'olive, graines de cumin grillé, jus de lime et jus d'orange), crêpes fines aux asperges et au saumon fumé ou filet de truite au thym et au citron.

Le Chardonnay de Chardonnay 2004

BOURGOGNE, BOUCHARD PÈRE ET FILS, FRANCE

19 $	SAQ **S** (861138)	★★★ $$	**Modéré**

Un chardonnay épuré, aérien, ramassé et longiligne, dans la plus pure tradition bourguignonne, donc sans concession et sans esbroufe. Minéral, vivifiant et digeste. Parfait pour comprendre la vraie nature du chardonnay de Bourgogne. **Cépage :** chardonnay. **Alc./**13 %. **www.bouchard-pereetfils.com**

☛ *Servir entre 2006 et 2009, à 14 °C et oxygéné en carafe 15 minutes*

Saumon mariné en sauce à l'aneth (*), avocats farcis à la chair de crabe, escargots au beurre citronné, filet de sole aux amandes grillées ou salade de pâtes au saumon fumé parfumées à l'aneth.

Sogrape Reserva 2004

DOURO, SOGRAPE VINHOS, PORTUGAL

19,10 $	SAQ **S** (412585)	★★★ $$	**Corsé**

Cette cuvée réserve 2004 exhale un profil moins boisé que par le passé, tout en demeurant richement aromatique, aux effluves de fruits mûrs, à la bouche ample, ronde et texturée, égrainant des notes de pâte d'amandes, de crème fraîche, de poire chaude et de vanille. Un vin généreux, harmonieux et engageant. **Cépages :** gouveio, malvasia fina, viosinho. **Alc./**13 %. **www.sogrape.pt**

☛ *Servir entre 2006 et 2009, à 14 °C*

Salade de roquette et pâtes au fromage bleu, poulet au soja et à l'anis étoilé, nouilles au lait de coco et cubes de saumon ou brochettes de poulet sauce au fromage bleu (voir Brochettes de bœuf sauce au fromage bleu) (*). Fromages : maroilles (jeune), saint-marcelin ou taleggio.

Château Grand Launay « Sauvignon Gris » 2005 ♥

CÔTES-DE-BOURG, M. COSYNS & FILS, FRANCE

19,20 $	SAQ **S** (10388504)	★★★ $$	**Modéré+**

Un bordeaux blanc tout à fait original, composé du rarissime sauvignon gris, rarement utilisé de nos jours en terre bordelaise. Il résulte en un blanc hyper aromatique, aux notes rafraîchissantes de menthe fraîche, de pamplemousse rose, d'aneth et de groseille blanche, à la bouche tendue, élancée et vivifiante au possible, sans excès d'acidité, aux saveurs longues et précises, ainsi que désaltérantes à souhait. **Cépage :** sauvignon gris. **Alc./**12 %.

☛ *Servir entre 2006 et 2009, à 12 °C*

Terrine de truite fumée, filet de sole grillé au citron frais et aux herbes, gâteau de crabe cajun, pâtes au pesto ou rouleaux de printemps au crabe.

Mâcon-Uchizy Thalmard 2004 ♥

MÂCON-UCHIZY, GÉRALD & PHILIBERT THALMARD, FRANCE

19,40 $	SAQ **S*** (882381)	★★★ $$	**Modéré+**

À nouveau l'un des meilleurs rapports qualité-prix chez les bourgognes blancs offerts au Québec sous la barre des trente dollars. On ne le répétera jamais assez, c'est dans le Mâconnais que se trouvent actuellement les plus belles aubaines bourguignonnes en blanc. Vérifiez par vous-même avec ce 2004 à la robe dorée, au nez très expressif, dégageant des notes de pomme golden et d'ananas, à la bouche ronde, gourmande, non dénuée de fraîcheur et de minéralité, persistant un bon moment. **Cépage :** chardonnay. **Alc./**13 %.

Servir entre 2006 et 2009, à 14 °C

Salade de poulet grillé vinaigrette aux amandes, filet de saumon bénédictin (*), brochettes de poulet sauce moutarde et miel ou dindon farci aux pommes. Fromages québécois : douanier ou Victor et Berthold.

Le Ginestre di Castellare 2003

COLLI DELLA TOSCANA CENTRALE, PODERI CASTELLARE DI CASTELLINA, ITALIE

19,65 $	SAQ **S** (10379481)	★★☆ $$	**Léger+**

Un blanc sec apéritif des plus vivifiants, pur et cristallin, aux notes florales de fleurs séchées, ainsi qu'aux effluves de fruits secs, droit et saisissant. Un vin de soif parfaitement adapté pour l'union avec les *antipasti* relevés de jus de citron. **Cépages :** 60 % sauvignon, 40 % chardonnay. **Alc./**12,5 %. **www.castellare.it**

Servir entre 2006 et 2007, à 12 °C

Antipasti, crêpes fines aux asperges et au saumon fumé sauce au vin blanc, crevettes au citron et à l'ail ou rouleaux printaniers.

Gewürztraminer Hugel 2005

ALSACE, HUGEL ET FILS, FRANCE ***(DISP. AUTOMNE 06)***

19,95 $	SAQ **S** (329235)	★★★ $$	**Corsé**

Vous n'arrivez pas à choisir entre la rose et le litchi? Alors, optez pour les deux qu'offre à volonté ce « gewürz » on ne peut plus sec, aromatique, fin, très frais, ample, texturé et qui se permet même d'être un brin minéral. **Cépage :** gewürztraminer. **Alc./**13 %. **www.hugel.com**

Servir entre 2006 et 2009, à 14 °C

Filet de vivaneau en croûte de gingembre fraîchement râpé, brochettes de porc glacées à l'orange et au miel ou brochettes de poulet à l'ananas et au cumin. Fromages : munster (jeune) ou Sir Laurier.

Chardonnay Cova Da Ursa 2005

VINHO REGIONAL TERRAS DO SADO, BACALHÕA VINHOS, PORTUGAL ***(DISP. AUTOMNE 06)***

NOUVEAUTÉ!

20,10 $	SAQ **S** (10540043)	★★★ $$$	**Modéré+**

Un chardonnay portugais de style moderne, c'est-à-dire un brin exotique, à la fois mûr et très frais, au boisé présent mais modéré, au corps ample, à l'acidité fraîche et aux saveurs longues laissant des traces de pomme-poire, de fleurs et d'ananas. **Cépage :** chardonnay. **Alc./**14 %. **www.bacalhoa.com**

☛ *Servir entre 2006 et 2010, à 14 °C*

Escalopes de veau grillées à la salsa fruitée, lapin à la crème moutardée (*), pâtes aux champignons et au parmesan ou saumon grillé à la cajun et salsa d'ananas.

Chardonnay Louis Jadot 2004

BOURGOGNE, MAISON LOUIS JADOT, FRANCE

20,15 $	SAQ **C** (10264915)	★★★ $$	**Modéré+**

Du très beau bourgogne que ce 2004 à la robe dorée, au nez passablement riche et mûr, aux parfums de poire, de noisette, d'amande grillée et de miel, à la bouche ample et ronde, dotée d'une texture moelleuse et d'une acidité discrète, aux saveurs persistantes. **Cépage :** chardonnay. **Alc./**13 %. **www.louisjadot.com**

☛ *Servir entre 2006 et 2009, à 14 °C*

Lapin à la crème moutardée (*), filet de sole à la moutarde et au miel, poulet au gingembre et à l'ananas ou tourte de dinde et de canard. Fromages : casimir, comté Fort des Rousses (12 mois d'affinage) ou gré des champs.

Encruzado Quinta dos Roques 2004

DÃO, QUINTA DOS ROQUES, PORTUGAL

20,15 $	SAQ **S** (903260)	★★★?☆ $$	**Corsé**

Avec ce plus que réussi 2004, ce blanc portugais, à base du singulier cépage encruzado, est à nouveau l'une des références européennes. Nez riche et détaillé, exhalant des parfums d'anis, d'acacia, de miel, de noisette et de vanille fraîche, à la bouche ample, pleine, mais aussi d'une belle fraîcheur et d'une densité qui étonne, sans parler de sa grande allonge. Ce vin est élaboré avec le plus noble des cépages blancs portugais, vinifié ici en barriques avec maestria. **Cépage :** encruzado. **Alc./**13,5 %.

☛ *Servir entre 2006 et 2014, à 14 °C et oxygéné en carafe 15 minutes*

Salade d'esturgeon fumé et d'asperges vinaigrette à l'huile d'avocat, saumon grillé à la cajun et salsa d'ananas, pétoncles poêlés et salade de champignons portabello sautés et de copeaux de parmesan (vinaigrette à la moutarde) ou chantilly de fromage de chèvre sur canapés de pain de seigle grillé (voir Saumon grillé et béarnaise de crottin de Chavignol) (*).

Château Les Pins 2003 ♥

CÔTES-DU-ROUSSILLON, VIGNOBLES DOM BRIAL, FRANCE

21,50 $	SAQ **S** (10507340)	★★★?☆ $$	**Corsé**

Un blanc du Midi certes boisé – il a été fermenté et élevé en barriques sur lies fines avec bâtonnage pendant six mois –, mais d'une richesse aromatique des plus engageantes, et à la bouche marquée par une patine mellifère, une acidité discrète et des saveurs d'une grande allonge. Aubépine, miel, pâte d'amandes et chêne participent à ce puissant cocktail. La texture en bouche est une vraie caresse pour le palais, y déposant des notes de noisette, de fumée et de crème fraîche. Enivrant. **Cépages :** 80 % grenache blanc, 10 % malvoisie, 10 % roussanne. **Alc./**14,5 %. **www.dombrial.com**

Servir entre 2006 et 2011, à 14 °C et oxygéné en carafe 15 minutes

Salade de homard et d'endives à l'huile de sésame (*), risotto aux champignons sauvages (*), côtelettes de porc à l'orange et aux amandes, saumon grillé infusé au saké et champignons shiitake. Fromages : chaource, cru des érables ou comté Fort des Rousses (24 mois d'affinage).

Marcel Deiss 2004 ♥

ALSACE, DOMAINE MARCEL DEISS, FRANCE

NOUVEAUTÉ!

21,60 $	SAQ **S** (10516490)	★★★?☆ $$	**Modéré+**

Superbe assemblage alsacien – introduit en septembre 2006, dans le nouveau magazine *Cellier* de la SAQ –, magnifié à la fois par le terroir calcaire de Bergheim, ainsi que par l'intuition du viticulteur de génie qu'est Jean-Michel Deiss. La robe est dorée, le nez est des plus parfumés, sans excès de racolage inutile, plutôt fin et détaillé, laissant échapper des notes de fleurs, de menthe et de fruits mûrs, un brin exotiques, et la bouche est d'une bonne ampleur, mais formidablement retenue et équilibrée par une minéralité vibrante. Un vin sec, qui offre plaisir et sensualité. **Cépages :** pinot blanc, riesling (majoritaires) + pinot gris, gewürztraminer. **Alc./**13,5 %. **www.marceldeiss.com**

Servir entre 2006 et 2010, à 14 °C

Tagliatelle aux fruits de mer, curry de poulet à la noix de coco (*), cuisine cantonaise, poulet laqué au piment, pétoncles grillés et anguille fumée à la crème de céleri ou pomme tiède farcie au fromage Sir Laurier (*).

Domaine des Malandes 2004

CHABLIS, LYNE ET JEAN-BERNARD MARCHIVE, FRANCE

21,65 $	SAQ **C** (485581)	★★★ $$	**Modéré+**

Très beau nez détaillé, très frais et expressif. Sec, droit, incisif et croquant, laissant des traces de pomme et de lime. Pour saisir ce que signifie l'expression « pur comme de l'eau de roche », lorsque l'on fait référence à la minéralité cristalline de certains chablis. **Cépage :** chardonnay. **Alc./** 12,5 %. **www.domainedesmalandes.com**

☛ *Servir entre 2006 et 2010, à 12 °C*

Saumon mariné en sauce à l'aneth (*), avocats farcis à la chair de crabe, salade d'esturgeon fumé et d'asperges vinaigrette à l'huile d'avocat ou truite aux amandes.

Coste delle Plaie Bianco 2005

MONTEPULCIANO D'ABRUZZO, PODERE CASTORANI, JARNO TRULI, ITALIE

21,95 $	SAQ **S** (10383105)	★★☆?☆ **$$**	**Modéré**

Un 2005 plus frais et plus subtil que ne l'était le 2003, qui fut le premier millésime introduit au Québec de ce cru provenant du domaine du sympathique Jarno Trulli, pilote de F1 et passionné « réel » de vin (salué en primeur dans l'édition précédente). Ce 2005 n'en demeure pas moins tout aussi intéressant, exprimant une belle minéralité, une fraîcheur vibrante, un corps longiligne, et des saveurs longues et précises, laissant des traces de poire, d'amande et d'acacia. **Cépage :** trebbiano d'Abruzzo. **Alc./**13 %. **www.poderecastorani.it**

☛ *Servir entre 2006 et 2009, à 12 °C*

Risotto aux asperges et aux crevettes, fricassée de poulet au gingembre et au sésame, vol-au-vent de fruits de mer, thon grillé à l'huile de basilic et salade de roquette ou linguine au saumon fumé et à la crème.

Gewürztraminer Réserve Pierre Sparr 2004

ALSACE, PIERRE SPARR & SES FILS, FRANCE

21,95 $	SAQ **S*** (968685)	★★★ **$$**	**Modéré+**

Un « gewurz » on ne peut plus floral et exotique, avec une touche de rose et une pointe de logan – le petit cousin vietnamien du litchi. La bouche suit avec une étonnante fraîcheur qui vitalise cet ensemble passablement ample et texturé. Un vin harmonieux et des plus invitants, qui, grâce à cet équilibre acidité-moelleux et au fait d'être très sec, réussira d'innombrables harmonies à table. **Cépage :** gewürztraminer. **Alc./**13,5 %. **www.alsace-wines.com**

☛ *Servir entre 2006 et 2010, à 14 °C*

Soupe thaï au poulet et au lait de coco (*), cuisine cantonaise épicée, filet de porc mariné au mojo, tajine d'agneau au curry, cailles laquées au miel et aux cinq-épices ou pâtes sauce au fromage bleu (voir Entrecôte sauce au fromage bleu) (*). Fromages : langres, munster ou Sir Laurier (affiné).

Pinot Gris Réserve Pierre Sparr 2004

ALSACE, PIERRE SPARR & SES FILS, FRANCE

21,95 $	SAQ **S*** (966564)	★★★ **$$**	**Corsé**

Un pinot gris des plus gourmands, à la robe jaune soutenue, aux reflets pêche, marqué par un nez passablement riche et engageant, aux notes de fruits blancs très mûrs, rappelant la poire chaude et la pêche blanche, ainsi que le pamplemousse jaune. La bouche suit avec ampleur et rondeur, texture et minéralité, se terminant sur une longue finale aux relents de miel. **Cépage :** pinot gris. **Alc./**13 %. **www.alsace-wines.com**

Servir entre 2006 et 2011, à 14 °C

Fettucine alla morosana (cantaloup, huile d'olive, prosciutto et parmigiano reggiano) (*), brochettes de porc glacées à l'orange et au miel ou brochettes de poulet et de prosciutto. Fromages : pomme tiède farcie au fromage migneron de Charlevoix ou saint-honoré.

Château London Mâcon-Igé 2003

MÂCON-IGÉ, DOMAINE FICHET, FRANCE

22 $	SAQ **S*** (917781)	★★★ **$$**	**Modéré+**

Ce mâcon, provenant du village d'Igé, ainsi que du lieu-dit Château London, représente l'une des nombreuses aubaines bourguignonnes à dénicher dans le Mâconnais. Il se montre aromatique à souhait, avec une retenue européenne, émanant des notes de noisette et de poire, à la bouche ample, soutenue, fraîche, au boisé agréable et au profil minéral lui donnant de l'élan. **Cépage :** chardonnay. **Alc./**13 %. **www.domaine-fichet.com**

Servir entre 2006 et 2010, à 14 °C et oxygéné en carafe 15 minutes

Terrine de mousse de saumon, papillote de pétoncles au Noilly, palets de saumon à la dijonnaise, sandwich « pita » au poulet et au chutney à la mangue ou sauté de poulet et de champignons à l'orientale. Fromages : Tour Saint-François (tomme de chèvre québécoise) ou valbert.

Cuvée Marie 2004

JURANÇON, CHARLES HOURS, FRANCE

22,25 $	SAQ **S** (896704)	★★★?☆ **$$**	**Corsé**

Avec le phrasé d'un saxophone soprano, ce jurançon de référence frappe à nouveau l'inconscient de l'amateur de blanc à la fois dense et vivifiant, volumineux et tendu. Ananas, anis, fenouil et zeste d'agrumes participent au concerto. Un coup de carafe d'une trentaine de minutes lui déliera les parfums. Il serait dommage de se passer de vin blanc, sous prétexte que le rouge est plus « physique »... D'autant plus qu'il est l'un des vins par excellence pour l'heure du fromage. **Cépages :** 90 % gros manseng, 10 % petit courbu. **Alc./**14 %.

Servir entre 2006 et 2016, à 14 °C et oxygéné en carafe 30 minutes

Suprême de poulet au citron et parfum de gingembre, curry de poulet à la noix de coco (*) ou saumon sauce ponzu. Fromages portugais : asiago stravecchio, cabra transmontano (lait cru de chèvre portugais affiné 60 jours) ou nisa (lait cru de brebis portugais, affiné plus de 45 jours).

La Moynerie 2004

POUILLY-FUMÉ, MICHEL REDDE ET FILS, FRANCE

22,55 $ SAQ **C** (962340) ★★★ $$ **Modéré+**

Un pouilly « fumé » comme il se doit, à la robe jaune fluo, au nez aromatique, détaillé et minéral à souhait, à la bouche à la fois ample et fraîche, presque dense et longiligne, d'une belle harmonie d'ensemble, à l'acidité sous-jacente qui tend le vin, aux saveurs fumées, ainsi qu'aux notes d'ananas frais et d'agrumes qui perdurent longuement en fin de bouche. **Cépage :** sauvignon blanc. **Alc./**12,5 %. **www.michel-redde.fr**

☛ *Servir entre 2006 et 2010, à 12,5 °C*

Poireaux rôtis à la menthe, salade de fenouil et pommes, vol-au-vent de crevettes au Pernod, avocats farcis aux crevettes et aux asperges, pain de seigle au cumin et Chantilly de fromage de chèvre (*) ou saumon grillé et béarnaise de crottin de Chavignol (*).

Champs Royaux 2005

CHABLIS, WILLIAM FÈVRE, FRANCE

22,70 $ SAQ **C** (276436) ★★★?☆ $$ **Modéré**

Aérien, subtil, épuré, minéral, satiné et persistant, ce Champs Royaux 2005 se montre aux premiers abords certes légèrement moins nourri que dans les précédents millésimes, mais quelle pureté et quelle définition! Rares sont les blancs de ce prix à se montrer aussi distingués et intelligibles. Miel de tilleul, fleurs de pommier et amande fraîche s'éternisent dans une longue et digeste fin de bouche. À servir impérativement à 14 °C si vous voulez saisir sa texture unique. **Cépage :** chardonnay. **Alc./**12,5 %. **www.williamfevre.fr**

☛ *Servir entre 2006 et 2010, à 14 °C*

Apéritif, saumon mariné en sauce à l'aneth (*), avocats farcis à la chair de crabe et vinaigrette au jus d'agrumes ou crêpes fines aux asperges et au saumon fumé.

Chant des Vignes 2004

JURANÇON SEC, DOMAINE CAUHAPÉ, HENRI RAMONTEU, FRANCE

22,70 $ SAQ **S** (10256675) ★★★☆ $$ **Modéré+**

D'un domaine de référence, tant pour ses vins secs que ses liquoreux. Un Chant des Vignes 2004 qui provient de jeunes vignes de 15 ans et est élevé sur lies fines en cuves inox, d'une fraîcheur revitalisante, au nez très aromatique, dévoilant des effluves de lime, de papaye, de pamplemousse rose et de pomme, à la bouche tendue comme un grand riesling, avec une densité classique et une persistance étonnante. Ne manquez pas tous les autres blancs secs et moelleux de ce vigneron de grand talent. **Cépage :** gros manseng. **Alc./**13,5 %. **www.cauhape.com**

☛ *Servir entre 2006 et 2012, à 12 °C*

Bruschetta au pesto de roquette, avocats farcis à la chair de crabe et vinaigrette au jus d'agrumes, sashimi sur salade de nouilles de cellophane au gingembre et au sésame ou filet de truite saumonée grillée à l'huile de basilic.

J. Moreau & Fils Chablis 2004

CHABLIS, J. MOREAU & FILS, FRANCE

22,75 $	SAQ **C** (345272)	★★★ $$	**Modéré**

Un chablis épuré à souhait, sans artifice, aux notes subtiles de fenouil et d'anis, à la bouche électrisante, aérienne et d'un corps modéré, laissant les saveurs s'exprimer pleinement et longuement. Croquant et minéral. Donc, un chablis modèle. **Cépage :** chardonnay. **Alc./**12 %. **www.jmoreau-fils.com**

☛ *Servir entre 2006 et 2009, à 12 °C*

Saumon mariné en sauce à l'aneth (*), beignets de courgettes et d'aubergines, tempura d'huîtres, crêpes fines aux asperges et au saumon fumé ou filet de sole grillé au citron frais et aux herbes.

Les Pépinières 2004 ♥

ANJOU, DOMAINE JO PITHON, FRANCE

NOUVEAUTÉ!

22,90 $	SAQ **S** (10525345)	★★★?☆ $$	**Corsé**

Superbe anjou sec, de l'une des figures de proue de l'appellation, à la robe dorée, au nez mellifère, d'une belle richesse, exprimant des notes d'amande grillée, de camomille, de poire et de miel, à la bouche ample, nourrie, fraîche, minérale, dodue et prenante, mais avec élan et digestibilité. Du vrai beau blanc pour la table. **Cépage :** chenin blanc. **Alc./**12 %. **www.domaine-jopithon.com**

☛ *Servir entre 2006 et 2013, à 14 °C et oxygéné en carafe 5 minutes*

Salade d'ananas et de fèves de soja germées à la coriandre fraîche et aux crevettes, sushis variés au gingembre rose (servis sans sauce soja), gâteau de crabe cajun ou vivaneau poêlé et panaché de maïs, haricots noirs et verts, pommade de coriandre, gingembre et ail en sauce tahini (*).

Réserve Bourgogne 2004

BOURGOGNE, BOUCHARD PÈRE ET FILS, FRANCE

23,50 $	SAQ **S** (10376968)	★★★ $$	**Corsé**

Contrairement au blanc Le Chardonnay de Chardonnay 2004 (commenté dans ce guide), Bouchard Père & Fils propose ici un chardonnay certes bourguignon, mais qui semble avoir été pensé pour satisfaire les amateurs de vins solaires du Nouveau Monde. Vous y dénicherez donc un vin substantiel, bien nourri, sans lourdeur, aux parfums un brin exotiques, au corps ample et moelleux, tout en étant tendu par une belle fraîcheur. **Cépage :** chardonnay. **Alc./**13 %. **www.bouchard-pereetfils.com**

☛ *Servir entre 2006 et 2009, à 14 °C et oxygéné en carafe 15 minutes*

Cargolade d'escargots à la crème et aux champignons de Paris, salade de homard et d'endives à l'huile de sésame (*), filet de saumon en sauce au chardonnay ou brochettes de poulet et de crevettes sauce moutarde et miel. Fromages : comté Fort des Rousses (12 mois d'affinage), coulommiers ou migneron de Charlevoix (jeune).

Château Haut-Nouchet 2004 ♥

PESSAC-LÉOGNAN, LOUIS LURTON, FRANCE

23,75 $ SAQ **S*** (729343) ★★★☆ $$$ **Modéré+** BIO

Un 2004 d'une subtilité et d'une haute définition rares chez les blancs bordelais offerts à ce prix. Le nez, passablement riche et profond, enchante par ses subtils effluves d'acacia, de miel et de poire, tandis que la bouche confirme sa précision et sa fraîcheur, supportée par une texture satinée et des saveurs longues et précises. Un vin réussi avec maestria. **Cépages :** 78 % sauvignon, 22 % sémillon. **Alc./**12,5 %. **www.louis-lurton.fr**

☛ *Servir entre 2006 et 2012, à 12 °C*

Canapés de saumon fumé et de pointes d'asperges vertes, carpaccio de courgettes fraîches et de vieux cheddar (arrosé d'huile d'olive et accompagné de tomates fraîches et de quelques pousses de roquette) ou escalope de saumon au cerfeuil et citron.

Vieilles Vignes du Domaine 2002

SAUMUR, LANGLOIS-CHÂTEAU, FRANCE

23,75 $ SAQ **S** (856674) ★★★☆ $$$ **Corsé**

Le retour de ce complexe et concentré saumur 2002, au nez riche et puissant, aux arômes d'abricot, d'agrumes, de miel, de cire d'abeille et de tilleul, à la bouche à la fois tendue et large, dotée d'une superbe texture moelleuse. **Cépage :** chenin blanc (vignes de plus de 35 ans). **Alc./**14 %. **www.langlois-chateau.fr**

☛ *Servir entre 2006 et 2012, à 14 °C et aéré en carafe 15 minutes*

Salade d'endives, de fromage de chèvre Tournevent fin, de pacanes et d'huile de noix, filet de saumon bénédictin (*), fricassée de poulet au gingembre, pétoncles grillés et anguille fumée à la crème de céleri. Fromage portugais : terrincho (45 jours d'affinage).

Château de Rully 2003

RULLY, A. RODET, FRANCE ***(DISP. OCT. 06)***

23,80 $ SAQ **S** (10269724) ★★★ $$ **Modéré+**

Très beau blanc bourguignon, texturé, suave, d'une bonne plénitude, à l'acidité discrète et aux saveurs invitantes de crème fraîche et de miel. Au fil des derniers millésimes, les vins, tant en blanc qu'en rouge, de ce château de la Côte chalonnaise, sont devenus de véritables aubaines. **Cépage :** chardonnay. **Alc.**/13 %. **www.rodet.com**

☛ *Servir entre 2006 et 2010, à 14 °C*

Escargots aux champignons et à la crème de persil, filet de truite mariné aux herbes, gravlax de saumon mariné (*) ou filet de saumon en sauce au chardonnay. Fromages québécois : douanier ou tomme de plaisir.

Château de Maligny « La Vigne de la Reine » 2005

CHABLIS, J. DURUP PÈRE ET FILS, FRANCE

24,40 $	SAQ **C** (560763)	★★☆?☆ $$	**Modéré**

De l'eau de roche! Vous voulez savoir qu'est-ce que la pureté cristalline d'un vin de terroir, non maquillé, exprimant son lieu d'origine avec précision? Alors servez-vous une bonne rasade de ce croquant de vérité chablis 2005, d'une pureté aromatique unique, d'une belle finesse de texture, d'une invitante fraîcheur de saveurs, à l'acidité discrète mais vibrante, et à l'harmonie d'ensemble quasi parfaite. Si vous osez l'attendre deux ou trois ans en cave, vous dénicherez un vin encore plus expressif. **Cépage :** chardonnay. **Alc.**/12,5 %. **www.durup-chablis.com**

☛ *Servir entre 2006 et 2010, à 12 °C*

Apéritif, canapés de saumon mariné, avocats farcis aux crevettes et aux asperges, salade d'asperges et de poireaux, filet de saumon en sauce au chardonnay ou filet de truite en marinière de chardonnay.

Plácet 2005

RIOJA, PALACIOS REMONDO, ESPAGNE ***(DISP. FÉVR. 07)***

NOUVEAUTÉ!

24,75 $	SAQ **S** (code non disp.)	★★★?☆ $$	**Modéré+**

Dégusté en Espagne, en avril 2006, puis à nouveau au Québec, en primeur, en août, ce blanc, vinifié avec maestria par Alvaro Palacios, l'étoile du Priorat, sera l'une des belles nouveautés de l'année 2007. Il fait partie de la récente mouvance hispanique en blanc, où la recherche de la fraîcheur et de la minéralité est privilégiée, contrairement aux blancs trop mûrs et légèrement oxydatifs auxquels nous avait habitués ce pays de soleil. Donc, il en résulte un blanc sec à la robe jaune pâle, au nez très aromatique, d'une fraîcheur unique, jouant sur la pomme, les agrumes et le fenouil, sans aucun boisé, à la bouche aérienne, vivifiante et passablement ample, d'une harmonie parfaite, remplissant la bouche, tout en étant tendu, expressif et digeste au possible. **Cépage :** viura. **Alc.**/13,5 %.

☛ *Servir entre 2006 et 2010, à 14 °C*

Salade de demi-bulbes de fenouil grillés surmontés de fromage de chèvre chaud, truite saumonée à l'huile de basilic ou salade de poires japonaises et jicama au vinaigre de riz, basilic et huile pimentée (restaurant *Les Chèvres*).

Fransola 2005

PENEDÈS, MIGUEL TORRES, ESPAGNE *(DISP. JANV./FÉVR. 07)*

24,95 $	SAQ **S** (975078)	★★★☆ **$$$**	**Corsé**

Un 2005 d'une superbe harmonie, entre fraîcheur et richesse, vivacité et ampleur, dévoilant des notes de pamplemousse rose, de poire et de figue fraîche, à la bouche texturée et satinée, au corps plein mais très frais, à l'acidité discrète, tendant le vin subtilement vers le futur, et aux saveurs plus que persistantes. Le Fransola est devenu au fil des ans l'une des références espagnoles en matière de vins blancs. **Cépages :** 95 % sauvignon blanc, 5 % parellada. **Alc./**13,5 %. **www.torreswines.com**

☛ *Servir entre 2006 et 2012, à 14 °C*

Salade de homard et de pamplemousse rose, gâteau de crabe cajun, gravlax de saumon mariné (*), pétoncles grillés et anguille fumée à la crème de céleri ou saumon grillé à la cajun et salsa d'ananas. Fromages de chèvre : bouq'émissaire cendré, délice des prés ou sainte-maure.

Saint Martin Laroche 2004 ♥

CHABLIS, DOMAINE LAROCHE, FRANCE

24,95 $	SAQ **C** (114223)	★★★☆ **$$**	**Modéré+**

Obturé par l'ingénieuse capsule à vis Stelvin (voir dossier complet sur la capsule à vis et les vins de Laroche dans le chapitre *Le Blogue de Chartier*), ce chablis se montre d'une pureté, d'une franchise et d'une précision qui éclipsent les autres chablis villages (tous dégustés côte à côte pour *La Sélection 2007*). Pomme, fenouil et fleurs blanches donnent le ton au nez expressif et passablement riche, tandis que fraîcheur, ampleur et plaisir à boire signent une bouche aux saveurs étonnamment juteuses pour son rang. Une référence. **Cépage :** chardonnay. **Alc./**12,5 %. **www.larochewiness.com**

☛ *Servir entre 2006 et 2010, à 12 °C*

Salade de demi-bulbes de fenouil grillés surmontés de fromage de chèvre chaud, saumon mariné en sauce à l'aneth (*), truite braisée au cidre, tartare de saumon ou huîtres fraîches et jus de lime.

Vigneti di Foscarino 2004

SOAVE, AZIENDA AGRICOLA INAMA, ITALIE

25 $	SAQ **S** (907428)	★★★☆ **$$**	**Corsé**

Un soave de haute voltige, provenant du célèbre cru Foscarino, coteau pentu au possible, au cœur de l'appellation. La robe est dorée et soutenue, le nez est riche et raffiné, la bouche est presque dense et pleine, à l'acidité discrète qui laisse place à un moelleux patiné qui pénètre les papilles de ses saveurs généreuses de miel, d'amande et de fleurs blanches, avec une pointe boisée délicate. **Cépage :** 100 % garganega. **Alc./**13,5 %. **www.inamaaziendaagricola.it**

☛ *Servir entre 2006 et 2012, à 14 °C et oxygéné en carafe 5 minutes*

Rôti de porc et pommes caramélisées, casserole de poulet à la pancetta ou saumon au velouté de champignon.

Nozze d'Oro 2004

CONTEA DI SCALFANI, CONTE TASCA D'ALMARITA, ITALIE

25,35 $ SAQ **S*** (927988) ★★★☆ **$$$** **Corsé**

Superbe blanc sicilien, à base de l'autochtone et unique cépage inzolia, élevé en cuves inox, donc sans aucune note boisée, à la robe dorée, au bouquet pénétrant, d'une surprenante richesse, d'où émanent des notes de fleurs blanches, de miel, de poire et de zeste d'agrumes, à la bouche tout aussi engageante, pleine, fraîche, suave et harmonieuse, égrainant de longues saveurs de figue fraîche et de chèvrefeuille. **Cépages :** inzolia, sauvignon blanc. **Alc./**13,5 %. **www.tascadalmerita.it**

☛ *Servir entre 2006 et 2010, à 14 °C*

Canapés d'asperges et de fromage de chèvre, filet de vivaneau en croûte de gingembre fraîchement râpé, brochettes de saumon au beurre de pamplemousse (*) ou paella aux crevettes safranées.

Domaine La Moussière 2005

SANCERRE, DOMAINE ALPHONSE MELLOT PÈRE & FILS, FRANCE

25,45 $ SAQ **C** (033480) ★★★☆?☆ **$$$** **Corsé** BIO

Avec le millésime 2005, Alphone Mellot et son fils viennent d'atteindre un nouveau plateau en matière de qualité pour leur cuvée de base. Quel vin! On serait tenté de leur donner une quatrième étoile tant la matière est complexe et expressive et tant le fruit est d'une grande définition (poivre blanc, gingembre sauvage, figue fraîche, chèvrefeuille). Les cuvées de sancerre d'entrée de gamme offertes à ce prix présentent rarement une densité aussi nourrie. Le travail minutieux des vignes, cultivées en biodynamie, finit par rapporter. La maîtrise du fils, en poste depuis quelques millésimes, confirme le renouveau de ce domaine qui était déjà parmi les meilleurs de l'appellation. **Cépage :** sauvignon blanc. **Alc./**13 %. **www.mellot.com**

☛ *Servir entre 2006 et 2014, à 14 °C*

Brochettes de poulet et de crevettes à la salsa d'ananas, satés malaisiens au poulet et aux crevettes, pain de seigle au cumin et Chantilly de fromage de chèvre (*) ou filet de truite saumonée grillée à l'huile de basilic. Fromages : cabra transmontano (lait cru de chèvre portugais affiné 60 jours) ou Tour Saint-François (tomme de chèvre québécoise).

Les Baronnes 2005

SANCERRE, HENRI BOURGEOIS, FRANCE

25,90 $ SAQ **C** (303511) ★★★?☆ **$$$** **Modéré**

Ce 2005 qui, malgré sa jeunesse, a évolué qualitativement au cours de l'été 2006, se montre maintenant très aromatique, pur et raffiné, à la bouche à la fois satinée et tendue, ample et aérienne, d'une harmonie parfaite et d'une longueur invitante. Lime, chèvrefeuille et pamplemousse signent ce sancerre qui se rapproche du 2005 du Domaine de La Moussière, sans en avoir la profondeur. **Cépage :** sauvignon blanc. **Alc./**12,5 %. **www.henribourgeois.com**

☛ *Servir entre 2006 et 2012, à 12 °C et oxygéné en carafe 5 minutes*

Apéritif, mousse de saumon fumé, taboulé à la menthe fraîche, salade de fenouil et pommes ou brochettes de saumon au beurre de pamplemousse (*).

Gewürztraminer Clos Gaensbroennel Kirchberg de Barr 2002

ALSACE GRAND CRU, WILLM, FRANCE

26,90 $ SAQ **S** (742940) ★★★☆ **$$$** **Corsé+**

Le Clos Gaensbroennel est, comme son nom l'indique, un clos situé dans l'enceinte du grand cru Kirchberg de Barr, au sol marno-calcaire apportant habituellement aux vins qui en sont issus une grande puissance de corps, des parfums d'épices et un long potentiel de conservation. Il en résulte un 2002 superlatif, à la robe dorée soutenue, au nez riche et exubérant, au fruité mûr, presque confit, tout en étant d'une saisissante fraîcheur, à la bouche pleine, joufflue, fraîche et d'une allonge prenante. Du fruit à volonté (ananas, coing, ramboutan, rose) pour un vin sec, généreux et enveloppant. Il réussira des accords, là où nombreux vins échouent, avec les mets les plus épicés ainsi qu'avec les fromages à croûte lavée les plus relevés. **Cépage :** gewürztraminer. **Alc./**13 %. **www.alsace-willm.com**

☛ *Servir entre 2006 et 2014, à 14 °C*

Cuisine cantonaise épicée, cuisine thaï, curry de poulet au piment vert, poulet laqué au piment ou côtelettes d'agneau pimentées et trempette tzatziki. Fromages : langres, munster, pied-de-vent ou saint-damase.

Gewürztraminer Les Princes Abbés 2003

ALSACE, DOMAINE SCHLUMBERGER, FRANCE

27,20 $ SAQ **S** (747568) ★★★ **$$$** **Modéré+**

Un « gewürz » étonnamment subtil et retenu au niveau aromatique, qui dévoile une bouche tout aussi épurée, à la texture soyeuse, à l'acidité fraîche mais discrète, au corps aromatique mais d'une richesse plutôt modérée pour ce cépage. Donc, un vin sec, minéral et longiligne, égrainant des notes ténues de fleurs et de logan (de la même famille que le litchi). Parfait pour faire ses classes avec ce cépage, ainsi que pour ceux et celles qui sont habituellement rebutés par son exubérance. **Cépage :** gewürztraminer. **Alc./**13 %. **www.domaines-schlumberger.com**

☛ *Servir entre 2006 et 2011, à 14 °C*

Soupe thaï au poulet et au lait de coco (*), croûtons de pain grillés surmontés de foie gras de canard et de compote de mangues, tofu au lait de coco, poulet aux litchis et aux piments ou cuisine séchouanaise. Fromages : fêtard, maroilles (affiné) ou saint-basile.

Vaulignot 2004

CHABLIS 1ER CRU, DOMAINE LOUIS MOREAU, FRANCE

27,35 $	SAQ **S** (480285)	★★★?☆ $$$	**Modéré+**

Fraîcheur, persistance et harmonie signent ce premier cru d'une distinction et d'une race certaines. Le nez se montre discret actuellement, mais la bouche démontre le potentiel et la sève de cette excellente réussite, qui sustentera surtout les inconditionnels du chablis en lien avec le terroir plutôt qu'avec la barrique. **Cépage :** chardonnay. **www.louismoreau.com**

☛ *Servir entre 2006 et 2014, à 14 °C et oxygéné en carafe 30 minutes*

Brochettes de saumon au beurre de pamplemousse (*), filet de truite saumonée grillée à l'huile de basilic ou crabe à carapace molle en tempura. Fromages : cabra transmontano (lait cru de chèvre portugais affiné 60 jours), sainte-maure (mi-sec) ou Victor et Berthold.

Pascal Jolivet Pouilly-Fumé 2005

POUILLY-FUMÉ, PASCAL JOLIVET, FRANCE ***(DISP. OCT./NOV. 06)***

27,65 $	SAQ **S** (10272616)	★★★?☆ $$$	**Modéré**

Un 2005 épuré, aérien, cristallin et vibrant, au corps longiligne et aux saveurs subtiles. Tellement épuré qu'il donne l'impression de boire de l'eau de roches! Il faut dire que le très talentueux et inspiré vigneron Pascal Jolivet connaît la chanson pour procurer pareille musicalité à ses vins. **Cépage :** sauvignon blanc. **Alc./**12 %. **www.pascal-jolivet.com**

☛ *Servir entre 2006 et 2012, à 12 °C*

Salade de fenouil et pommes, salade de fromage sainte-maure tiède (*), avocats farcis à la chair de crabe et vinaigrette au jus d'agrumes, pâtes au homard sauce aux agrumes ou brochettes de saumon au beurre de pamplemousse (*).

Pascal Jolivet Sancerre 2005

POUILLY-FUMÉ, PASCAL JOLIVET, FRANCE ***(DISP. OCT./NOV. 06)***

27,65 $	SAQ **S*** (528687)	★★★?☆ $$$	**Modéré**

Tout comme le pouilly-fumé 2005 du même producteur (aussi commenté dans ce guide), ce sancerre se montre d'un raffinement et d'une pureté unique. À mille lieues des sauvignons solaires et quelquefois richement exotique des pays du Nouveau Monde. **Cépage :** sauvignon blanc. **Alc./**12,5 %. **www.pascal-jolivet.com**

Servir entre 2006 et 2014, à 12 °C

Crabe à carapace molle en tempura, crêpes fines aux asperges et au saumon fumé, frittata au basilic et au saumon, pâtes au saumon fumé en sauce légèrement crémée et parfumée à l'aneth (*).

Gewürztraminer « E » Ostertag 2004

ALSACE, DOMAINE ANDRÉ OSTERTAG, FRANCE

NOUVEAUTÉ!

29 $	SAQ **S** (870493)	★★★☆ **$$$**	**Modéré+**

Le « E » de l'étiquette désigne Epfig, le nom du village d'origine de ce cru, qui, malheureusement, est interdit de figurer sur les étiquettes en Alsace, ce que revendique subtilement André Ostertag. Il en résulte un « gewürz » capable à la fois d'exprimer des notes aromatiques de Cologne et de pâtisserie et de démontrer une subtile retenue et une fraîcheur inhabituelle chez les vins de ce cépage. En bouche, son ampleur et sa générosité typiques sont bridées par une finale minéralisante qui le rend sec et élancé. Du bien bel ouvrage, monsieur Ostertag! **Cépage :** gewürztraminer. **Alc./**12,5 %.

Servir entre 2006 et 2012, à 14 °C

Fromage Munster aux graines de cumin et salade de pomme et noix de Grenoble (*), pomme tiède farcie au fromage Sir Laurier (*), fricassée de crevettes à l'ananas et poivrons doux fouettés au curry rouge et au parfum de romarin (*) ou cuisine cantonaise épicée.

Montmain 2004

CHABLIS 1ER CRU, DOMAINE LOUIS MICHEL & FILS, FRANCE

29,15 $	SAQ **S** (10523235)	★★★☆ **$$$**	**Modéré+**

Un premier cru chablisien à la fois cristallin et nourri, épuré et texturé, déployant des saveurs de pomme poire, de figue fraîche et de chèvrefeuille. Profil aérien et persistance proverbiale. **Cépage :** chardonnay. **Alc./**12,5 %. **www.louismicheletfils.com**

Servir entre 2006 et 2012, à 14 °C et oxygéné en carafe 15 minutes

Tempura d'huîtres, filet de truite saumonée grillée à l'huile de basilic, crêpes fines aux asperges et au saumon fumé ou rôti de saumon froid farci aux crevettes et aux légumes.

Coudoulet de Beaucastel 2004

CÔTES-DU-RHÔNE, VIGNOBLES PIERRE PERRIN, FRANCE ***(DISP. AUTOMNE 06)***

29,70 $	SAQ **S*** (449983)	★★★☆ **$$$**	**Corsé**

Excellent blanc rhodanien – disponible après l'épuisement des stocks du tout aussi bon 2003 –, liant la générosité des vins du Midi à la minéralité des vins engendrés par ce terroir unique. Le nez enchante par ses arômes de fleurs et de fruits à chair jaune. La bouche suit avec charme et volupté, dans un ensemble texturé, suave et patiné. Agrumes et pêche ajoutent au plaisir dans une longue fin de bouche. **Cépages :** 30 % marsanne, 30 % viognier, 30 % bourboulenc, 10 % clairette. **Alc./**13,5 %. **www.perrin-et-fils.com**

Servir entre 2006 et 2010, à 14 °C

Salade de homard et d'endives à l'huile de noisette, pâtes sauce au fromage bleu (voir Entrecôte sauce au fromage bleu) (*), satés malaisiens au poulet et aux crevettes, lapin à la crème moutardée (*). Fromages : cheddars (vieux), comté Fort des Rousses (12 mois d'affinage) ou migneron de Charlevoix.

Colli di Lapio « Romano Clelia » 2005

FIANO DI AVELLINO, COLLI DI LAPIO, ITALIE ***(DISP. FÉVR./MARS 07)***

NOUVEAUTÉ!

29,95 $	SAQ **S** (10675976)	★★★?☆ $$	**Modéré+**

Un excellent blanc, à base du noble cépage fiano, de Campanie, au nez d'une finesse exquise, exprimant des notes de fleurs blanches et de miel, à la bouche satinée comme il se doit chez les vins de ce cépage, à l'acidité discrète, à la texture soyeuse et aux saveurs longues, déposant des touches d'aubépine et de tilleul. **Cépage :** fiano di avellino. **Alc./**13 %.

Servir entre 2006 et 2010, à 14 °C et oxygéné en carafe 30 minutes

Salade de champignons portabello sautés et de copeaux de parmesan (vinaigrette à la moutarde), raviolis aux champignons, fettucine au saumon fumé, risotto à la milanaise ou poitrines de poulet farcies au fromage brie et à la sauge.

Conte della Vipera 2004

UMBRIA, MARCHESI P. ANTINORI, ITALIE ***(DISP. OCT./NOV. 06)***

NOUVEAUTÉ!

30,50 $	SAQ **S** (921676)	★★★?☆ $$$	**Modéré+**

Une très belle nouveauté, à dominante de sauvignon blanc, au corps longiligne, compact et élancé, marqué par un fruité éclatant, tout en demeurant distingué, sans boisé apparent, à l'acidité discrète, mais équilibrant le vin avec brio. **Cépages :** sauvignon blanc (majoritaire) + chardonnay. **Alc./**12 %. **www.antinori.it**

Servir entre 2006 et 2010, à 14 °C et aéré en carafe 5 minutes

Salade de pâtes au saumon fumé parfumées à l'aneth, filet de truite saumonée grillé à l'huile de basilic ou risotto aux crevettes.

Pinot Gris « Barriques » Ostertag 2003

ALSACE, DOMAINE ANDRÉ OSTERTAG, FRANCE

31 $	SAQ **S** (866681)	★★★☆ $$$	**Corsé**

Depuis 1983, André Ostertag vinifie ses trois pinots – le blanc, le gris et le noir – en barriques bourguignonnes, dont 10 % étaient neuves pour cette cuvée 2003. Pour éviter d'acidifier ses vins, à cause de la canicule de 2003, et pour respecter le millésime, il les a réfléchis autrement, afin qu'ils trouvent eux-mêmes leur équilibre naturel. Certains de ses 2003 sont en finale moins généreux en alcool que ses 2004! Vérifiez par vous-même, en particulier avec cette cuvée expressive à souhait, certes généreuse mais d'une fraîcheur exemplaire pour l'année et d'une pureté unique, laissant un agréable goût de menthe fraîche en bouche. **Cépage :** pinot gris. **Alc./**13,5 %.

☛ *Servir entre 2006 et 2010, à 14 °C*

Risotto de langoustines parfumé à la poudre de réglisse pure, jarret de veau confit et jus de cuisson naturel ou ris de veau braisés aux amandes et au citron vert. Fromages : terrincho velho (portugais de plus ou moins 90 jours d'affinage) ou Tour Saint-François (tomme de chèvre québécoise).

Riesling Schoenenbourg Pierre Sparr 2001

ALSACE GRAND CRU, PIERRE SPARR & SES FILS, FRANCE

31,25 $	SAQ **S** (10500092)	★★★☆ **$$$**	**Modéré+**

Très belle prestance que ce grand cru de Riquewhir, aux effluves de citron vert, d'épinette, de coriandre, de gingembre et de pamplemousse rose, à la bouche à la fois dense et vivace, soutenue et élancée, mais étonnamment souple pour un riesling provenant de ce grand terroir de marne, de gypse et de grès. Allonge soutenue et minéralité électrifiante signent une fin de bouche de caractère. **Cépage :** riesling. **Alc./**13 %. **www.alsace-wines.com**

☛ *Servir entre 2006 et 2014, à 12 °C*

Rouleaux de printemps et sauce citron-soja, cuisine sichuanaise, saumon grillé et émulsion d'huile d'olive et de jus d'agrumes ou saumon grillé et béarnaise de crottin de Chavignol (*). Fromages : piave stravecchio (Italie) ou Serra da Estral Casa Matias (Portugal).

Riesling Les Écaillers 2001

ALSACE, DOMAINE LÉON BEYER, FRANCE

32,25 $	SAQ **S** (974667)	★★★☆ **$$$**	**Corsé**

Même si elle n'en revendique pas le statut officiel, cette cuvée Les Écaillers provient à 100 % du grand cru Pfersigberg, au sol très calcaire, situé à Eguisheim. Vous y dénicherez un 2001 aussi subtilement parfumé (lime, coriandre, pamplemousse rose), dense, élancé, racé et minéral que ce à quoi ce cru nous a habitués. Il est tendu par une électrisante acidité, typique des 2001, qui le propulsera dans le temps et qui fait de lui un très grand accordeur harmonique à table. **Cépage :** riesling. **www.leonbeyer.fr**

☛ *Servir entre 2006 et 2016, à 12 °C*

Flétan au vin blanc (sauce relevée de quelques dés de tomate fraîche et de câpres), saumon au raifort et au céleri, suprême de poulet au citron et parfum de gingembre, risotto aux crevettes épicées ou brochettes de saumon et de lotte au beurre de pamplemousse (*).

Riesling Heissenberg 2004

ALSACE, DOMAINE ANDRÉ OSTERTAG, FRANCE

32,75 $	SAQ S (739813)	★★★★ $$$	Corsé	BIO

Dégusté à plusieurs reprises, dont une première fois en février 2006, avec André Ostertag, pendant le volet gastronomique du Festival Montréal en lumière qui célébrait l'Alsace. Vous y dénicherez une réussite unique, résultant en un riesling sec qui a de la verve et du volume. Gingembre sauvage, pomme verte, épinette, citronnelle et coriandre participent à cette mixtion atomique, tandis que règne une harmonie émouvante entre l'acidité minéralisante et la densité généreuse. Ce vigneron est plus que jamais à la recherche de la pierre philosophale dans les entrailles de la terre qu'il fouille avec minutie en utilisant les racines de ses vignes comme pioche! **Cépage :** riesling. **Alc./**13,8 %.

☛ *Servir entre 2006 et 2016, à 14 °C*

Roulade de saumon fumé au fromage à la crème et au raifort, brochettes de saumon et de lotte au beurre de pamplemousse (*), sashimi sur salade de nouilles de cellophane au gingembre et au sésame ou suprême de poulet au citron et au parfum de gingembre. Fromage : Serra da Estral Casa Matias (Portugal).

Chardonnay Planeta 2004

SICILIA, PLANETA, ITALIE

35,25 $	SAQ S (855114)	★★★☆ $$$	Corsé+

Un explosif chardonnay sicilien, au boisé maîtrisé avec maestria, ce qui n'était pas le cas par le passé où il dominait le fruit à tout coup. Donc, un vin à la robe soutenue jaune or fluo, au nez à la fois riche et compact, frais et mûr, exhalant des effluves de cire d'abeille, de miel, d'aubépine et d'ananas, à la bouche dense, intense, fraîche et volumineuse, sans aucune lourdeur, même tendue en finale, malgré la discrétion de l'acidité sous-jacente, égrainant des notes de noisette, de poire et de praline. **Cépage :** chardonnay. **Alc./**14 %. **www.planeta.it**

☛ *Servir entre 2006 et 2013, à 14 °C et oxygéné en carafe 15 minutes*

Pain au safran accompagné de terrine de foie gras de canard au torchon (*), homard à la vanille, tajine d'agneau au curry ou mon lapin exotique pour amateurs de vins blancs (*).

Les Pierres Blanches 2002

CÔTE-DE-BEAUNE, DOMAINE DE LA VOUGERAIE, FRANCE ***(DISP. OCT. 06)***

35,25 $	SAQ S (10217924)	★★★☆?☆ $$$$	Corsé	BIO

De nouveau une très belle réussite pour ce cru de Beaune, dans l'excellent millésime 2002, vinifié par le Québécois Pascal Marchand, qui a malheureusement quitté ce domaine en 2006 – on devrait le retrouver sous peu dans une nouvelle aventure bourguignonne personnelle. Donc, un blanc d'une richesse aromatique unique pour l'appellation, liant des notes fraîches d'agrumes et de poire à celles plus mûres d'ananas, et à celles plus sucrées de l'élevage en barriques avec la vanille. En bouche, il se montre à la fois ample et vivifiant, plein et tendu, exprimant le meilleur des deux mondes et laissant de longues saveurs en fin de bouche. **Cépage :** chardonnay. **Alc./**13 %. **www.domainedelavougeraie.com**

☛ *Servir entre 2006 et 2014, à 14 °C et oxygéné en carafe 15 minutes*

Coquilles Saint-Jacques gratinées, demi-homard gratiné, ris de veau saisis aux champignons à la crème parfumés au vermouth et spaghettini aux oignons caramélisés (*) ou filet de saumon sauce chardonnay (*). Fromages : comté Fort des Rousses (18 mois d'affinage), saint-basile ou valbert.

Château de Maligny « Montée de Tonnerre » 2004

CHABLIS 1ER CRU, J. DURUP PÈRE ET FILS, FRANCE

35,50 $	SAQ **S*** (895110)	★★★?☆	**$$$**	**Modéré+**

Un premier cru, retenu et fermé actuellement mais riche de promesses. On y dénote une bouche passablement soutenue, vivifiante, sans trop, et passablement riche en saveurs de fruits à chair blanche. Une longue finale minérale confirme son terroir de référence. Le néophyte sera un peu dérouté par sa trame longiligne et vivace, mais l'amateur de « vrais » chablis saura l'attendre trois à cinq ans. **Cépage :** chardonnay. **Alc./**12,5 %. **www.durup-chablis.com**

☛ *Servir entre 2008 et 2013, à 12 °C et oxygéné en carafe 1 heure*

Canapés d'asperges enroulées de saumon fumé, tartare d'huîtres à la coriandre fraîche, salade d'asperges et vinaigrette au jus de pamplemousse rose ou filet de truite en marinière de chardonnay.

Riesling Haardter Bürgergarten Spätlese 2003

PFALZ, WEINGUT MÜLLER-CATOIR, ALLEMAGNE

36,75 $	SAQ **S** (10258523)	★★★☆	**$$$**	**Modéré**

Cette grande maison rhénane a réussi de nouveau, en 2003, un riesling spätlese au nez d'une finesse exquise, exhalant des notes de lime, de racine d'angélique confite et de fleurs, à la fois aérien et vivifiant en bouche, avec un moelleux satiné et des saveurs persistantes. Il devient on ne peut plus sec en finale, le sucre étant mangé par la minéralité et par l'acidité. Les plats épicés sont de mise. **Cépage :** riesling. **Alc./**9,5 %. **www.mueller-catoir.de**

☛ *Servir entre 2006 et 2012, à 12 °C*

Cuisine sichuanaise, cuisine thaï, crevettes aux épices et aux légumes croquants (*), sashimi sur salade de nouilles de cellophane au gingembre et au sésame ou sushis américanisés aux fruits et aux épices.

Les Reisses 2002

POUILLY-FUISSÉ, DOMAINE ROBERT-DENOGENT, FRANCE

39,75 $ SAQ **S** (880625) ★★★☆?☆ $$$$ **Corsé**

Remarquable pouilly, vinifié avec doigté par Jean-Jacques Robert, à partir de petits rendements de très vieilles vignes d'une moyenne d'âge de 55 ans, de levures naturelles, d'élevage sur lies, sans soutirage ni collage, et d'utilisation limitée de SO_2, à la robe d'un jaune brillant, aux reflets dorés verts, au nez à la fois riche et compact, expressif et intriguant, à la bouche tout aussi pénétrante, dense, très fraîche, harmonieuse, minéralisante et marquée par une trame passablement serrée. Citron, jasmin, pomme et noisette donnent le ton en fin de bouche. **Cépage :** chardonnay. **Alc./**13,5 %. **www.robert-denogent.com**

☛ *Servir entre 2006 et 2012, à 14 °C et oxygéné en carafe 15 minutes*

Terrine de foie gras de canard au naturel (*), cailles sautées à la poêle et riz sauvage aux champignons (*) ou risotto aux champignons sauvages (*).

Riesling Muenchberg 2003

ALSACE GRAND CRU, DOMAINE ANDRÉ OSTERTAG, FRANCE

42,75 $ SAQ **SS** (739821) ★★★★ $$$ **Corsé** BIO

Ayant pris le temps de « sentir » les effets des conditions climatiques caniculaires qui ont sévi en 2003, après plusieurs années de biodynamie dans les vignes, André Ostertag a décidé de penser ses vins autrement, pour ainsi obtenir des 2003 avec des degrés d'alcool plus bas qu'en 2004 (!) et sans aucune nécessité d'acidification. Il en résulte un éclatant Muenchberg, aux parfums presque confits, mais dotés d'une saisissante fraîcheur, exprimant aussi des notes de zeste de mandarine et de safran, à la bouche à la fois tendre, ample et caressante, à l'acidité certes discrète, mais tendue par une minéralité, s'exprimant par une douce amertume, qui équilibre le vin dans sa générosité. Une leçon d'observation de la vigne. **Cépage :** riesling. **Alc./**12,3 %.

☛ *Servir entre 2006 et 2014, à 12 °C*

Salade d'ananas et de fèves de soja germées à la coriandre fraîche et aux crevettes ou médaillons de lotte vapeur, piqués de zestes et garnis de suprêmes d'orange sanguine, émulsion de fumet au Campari et safran iranien (*).

Pinot Gris Fronholz 2002 ♥

ALSACE, DOMAINE ANDRÉ OSTERTAG, FRANCE

44 $ SAQ **S** (924977) ★★★★ $$$$ **Corsé** BIO

Grand pinot, né de la culture biodynamique – André Ostertag réfléchit en biodynamie afin, entre autres, de permettre à la vigne de renforcer son système immunitaire et ainsi de résister mieux et plus longtemps aux envahisseurs que sont les maladies. D'une subtilité aromatique rarissime chez les vins de ce cépage, rappelant la complexité du patchouli, mais sans vulgarité d'expression, à la bouche large et volumineuse, mais d'une remarquable fraîcheur minéralisante qui propulse le vin dans le temps. Un vin sec hors norme, pour défricheur de terroirs. **Cépage :** pinot gris. **Alc./**14 %.

☛ *Servir entre 2006 et 2014, à 14 °C et oxygéné en carafe 15 minutes*

Pain au safran accompagné de terrine de foie gras de canard au torchon (*), sauté de veau au gingembre et à la coriandre ou homard « Hommage à la route des épices » (*). Fromages : mi-carême de l'Île-aux-Grues, saint-marcelin (sec) ou são jorge au lait cru (portugais, 120 jours et plus d'affinage).

Les Cassines 2004

CONDRIEU, PAUL JABOULET AÎNÉ, FRANCE

49 $	SAQ **S** (484956)	★★★★ **$$$$**	**Corsé**

Un nouvel arrivage de ce blanc rhodanien était attendu au début de l'automne 2006. Vous y dénicherez un blanc sec à la robe dorée fluo, au nez à la fois riche et raffiné, floral au possible, exprimant aussi des notes de safran et d'abricot, à la bouche généreuse, très fraîche, expressive, juteuse et persistante à souhait, équilibrée par une acidité qui le tend vers le futur, et enrichi par des saveurs de goyave, de pâte d'amandes et de bonbon à la banane. **Cépage :** condrieu. **Alc./**14 %. **www.jaboulet.com**

☛ *Servir entre 2006 et 2014, à 14 °C et oxygéné en carafe 15 minutes*

Pain au safran accompagné de terrine de foie gras de canard au torchon (*) ou médaillons de lotte vapeur, piqués de zestes et garnis de suprêmes d'orange sanguine, émulsion de fumet au Campari et safran iranien (*).

Cervaro della Sala 2004

UMBRIA, CASTELLO DELLA SALA, MARCHESI ANTINORI, ITALIE ***(DISP. OCT./NOV. 06)***

53 $	SAQ **S** (191049)	★★★☆?☆ **$$$$**	**Corsé**

Très belle cuvée de chardonnay, au boisé intégré, au corps dense et compact, à l'acidité discrète, mais apportant une juste dose de fraîcheur, aux saveurs expansives et persistantes, laissant deviner des notes d'amande grillée, de crème fraîche, de poire et de muscade. Gagnera en définition et en texture au cours des trois prochaines années. **Cépages :** chardonnay (dominant) + grechetto. **Alc./**13 %. **www.antinori.it**

☛ *Servir entre 2007 et 2011, à 14 °C et oxygéné en carafe 45 minutes*

Pétoncles poêlés et salade de champignons portabello sautés et de copeaux de parmesan (vinaigrette à la moutarde), côtes de porc gratinées, saumon au velouté de champignon, blancs de volaille farcis ou demi-homard gratiné.

Morgeot-Clos Pitois 2003

CHASSAGNE-MONTRACHET 1ER CRU, ROGER BELLAND, FRANCE

63 $	SAQ **S** (10377274)	★★★★ $$$$	**Modéré+**

Un premier cru au nez d'une remarquable finesse, spécialement dans ce millésime caniculaire, dévoilant de subtiles notes de fleurs blanches, de miel et de poire, à la bouche tout aussi raffinée et satinée, d'une remarquable longueur, mais jouant les discrètes, déroulant un tapis de saveurs épurées et aériennes qui n'en finissent plus, mais sans user de puissance. Le fruit est superbe, le boisé judicieusement intégré et l'acidité joue les funambules comme seuls en connaissent le secret les blancs des grands terroirs de la Côte de Beaune. **Cépage :** chardonnay. **Alc./**13,5 %.
www.domaine-belland-roger.com

Servir entre 2006 et 2016, à 14 °C et oxygéné en carafe 30 minutes

Ris de veau braisés aux amandes et au citron vert, poitrines de volaille à la crème d'estragon (*) ou saumon grillé infusé au saké et champignons shiitake.

Château de Beaucastel 2004

CHÂTEAUNEUF-DU-PAPE, VIGNOBLES PIERRE PERRIN, FRANCE (***DISP. AUTOMNE 06***)

80 $	SAQ **S** (861211)	★★★★ $$$$	**Corsé**	BIO

On y découvre un blanc rhodanien à la robe jaune soutenu, au nez qui semble très riche, frais et minéral, mais dont la jeunesse actuelle ne permet pas de bien saisir toute son ampleur aromatique qui devrait se révéler pleinement d'ici trois à six ans. En bouche, l'harmonie d'ensemble déstabilise littéralement le dégustateur tant la matière généreuse est tendue par une fraîcheur et une minéralité tout à fait uniques chez les blancs du Midi. L'acidité, certes discrète, tend aussi le vin, marqué par une belle patine moelleuse. Aubépine, crème fraîche, pâte d'amandes, miel et abricot participent subtilement au charme de ce grand vin. À ranger parmi les plus illustres blancs du sud, avec, au sommet, la cuvée Vieilles Vignes de Beaucastel, le blanc du Domaine de Trévallon, dans les Baux de Provence, et les Vieilles Vignes du Domaine Gauby, en Côtes-du-Roussillon. **Cépages :** 80 % roussanne, 20 % grenache blanc, clairette, picardan, bourboulenc. **Alc./**13,5 %.
www.perrin-et-fils.com

Servir entre 2009 et 2018, à 14 °C et oxygéné en carafe 30 minutes

Pain au safran accompagné de terrine de foie gras de canard au torchon (*), magret de canard et crevettes à la saveur du Nouveau Monde (*) ou homard « Hommage à la route des épices » (*). Fromages : comté Fort des Rousses (18 mois d'affinage), laguiole ou Riopelle de l'Isle.

Marquis de Laguiche 2004

CHASSAGNE-MONTRACHET, MAISON JOSEPH DROUHIN, FRANCE

87 $ SAQ **S*** (10536896) ★★★★ $$$$ **Corsé**

Un blanc sec actuellement sur sa réserve au nez, mais dévoilant un toucher de bouche des plus sensuelles, dû à une patine suave et mellifère à souhait. Les saveurs sont généreuses et d'une grande persistance, l'acidité tend bien le vin vers le futur, et l'ensemble est riche et enveloppant. Poire, amande grillée, noisette et chêne participent à ce vibrant cocktail. Ceux qui l'attendront trois ou quatre ans découvriront un vin plus complet et plus expressif. **Cépage :** chardonnay. **Alc./**13,5 %. **www.drouhin.com**

☛ *Servir entre 2006 et 2016, à 14 °C et oxygéné en carafe 45 minutes*

Filet de saumon bénédictin (*), pain au safran accompagné de terrine de foie gras de canard au torchon (*) ou ris de veau saisis aux champignons sauvages à la crème et parfum de vermouth (*).

RÉPERTOIRE ADDITIONNEL

Domaine du Tariquet 2005
VIN DE PAYS DES CÔTES DE GASCOGNE, P. GRASSA FILLE ET FILS, FRANCE
11,30 $ SAQ **C** (521518) ☆ **$** **Léger**
Sent tellement la pomme qu'il donne plutôt l'impression d'être un cidre brut! Les deux bouteilles dégustées étaient identiques. **Alc.**/11,5 %.

Maître d'Estournel Blanc 2004
BORDEAUX, PRATS FRÈRES, FRANCE
13,40 $ SAQ **C** (238196) ★ **$** **Léger**

Pinot Blanc Réserve Pierre Sparr 2004
ALSACE, PIERRE SPARR & SES FILS, FRANCE
13,65 $ SAQ **C** (134635) ★★ **$** **Modéré**
Très beau vin sec, à la bouche suave et satinée, à l'acidité discrète et au corps aérien d'une belle prestance pour son rang. **Alc.**/12,5 %.

Sainte-Odile 2005
ALSACE, SAINTE-ODILE, FRANCE
13,95 $ SAQ **S** (010132) ★★ **$** **Léger+**
Un passe-partout alsacien, au nez fin et charmeur, à la bouche souple et coulante, presque sucrée (sans sucre). **Alc.**/12,5 %.

Sauvignon Domaine du Tariquet 2005
VIN DE PAYS DES CÔTES DE GASCOGNE, P. GRASSA FILLE ET FILS, FRANCE
14,05 $ SAQ **S*** (484139) ★☆ **$** **Léger+**
Yves Grassa semble avoir accouché de blancs 2005 peu loquaces? Quoi qu'il en soit, ce sauvignon exprime néanmoins une très belle texture satinée. **Alc.**/12 %.

Macrina 2005
VERDICCHIO DEI CASTELLI DI JESI CLASSICO SUPERIORE, G. GAROFOLI, IRLANDE
14,20 $ SAQ **S** (452805) ★★☆ **$** **Modéré+**
Ne ratez pas la chance de vous sustenter de cet original vin blanc sec et soutenu, tout en étant frais, expressif et doté d'une pureté cristalline. **Alc.**/12,5 %.

Viognier Domaine de Gourgazaud 2005
VIN DE PAYS D'OC, CHÂTEAU DE GOURGAZAUD, FRANCE
14,60 $ SAQ **S*** (912469) ★★ **$$** **Modéré+**
Un vin sec, compact et même élancé, donc moins gras et moins généreux que la majorité des viogniers du Midi. **Alc.**/13,5 %.

Chardonnay Santi 2004
DELLE VENEZIE, SANTI, ITALIE
15,40 $ SAQ **S*** (720896) ★★☆ **$$** **Modéré+**
Très bon chardonnay moderne, au nez fin, d'une richesse modérée, à la bouche ronde, à l'acidité discrète et aux saveurs précises. **Alc.**/12,5 %.

Les Florières 2004
MACON-VILLAGES, CAVE DE LUGNY, FRANCE
15,50 $ SAQ **S** (346049) ★★☆ **$$** **Modéré**
Ne m'avait jamais inspiré jusqu'ici, mais il se montre plutôt invitant en 2004. Malgré un nez timide, l'acidité est discrète, la texture est suave, l'ensemble est frais et les saveurs sont longues. **Alc.**/13 %.

L'If Grenache Blanc 2003
VIN DE PAYS DU TORGAN, PRODUCTEURS DU MONT TAUCH, FRANCE
15,70 $ SAQ **S** (912337) ★★☆ **$$** **Modéré+**
Un blanc sec, gras et pénétrant, à l'acidité discrète, on ne peut plus méditerranéen. **Alc.**/13 %.

Pinot Blanc Trimbach 2003
ALSACE, TRIMBACH, FRANCE
15,70 $ SAQ **C** (089292) ★☆ **$$** **Modéré**
Millésime 2003 oblige, ce pinot blanc perd en fraîcheur et en expression aromatique ce qu'il gagne en corps et en rondeur. **Alc.**/12,5 %.

Chardonnay Domaine de Coussergues 2004
VIN DE PAYS D'OC, A. & P. DE BERTIER, FRANCE
15,75 $ SAQ **S** (917997) ★★☆ $$ **Modéré+**
Un blanc languedocien bien nourri, aux saveurs éclatantes et fraîches, au corps ample et tout à fait agréable, spécialement pour son prix. **Alc./**13,5 %.

St-Florent 2004
SAUMUR, DOMAINE LANGLOIS-CHÂTEAU, FRANCE
15,80 $ SAQ **S** (962316) ★★☆ $$ **Modéré+**
Très beau chenin, au nez intrigant et passablement soutenu, à la bouche vivifiante, ample et relevée. **Alc./**12,5 %.

Pinot Grigio Le Rosse Tommasi 2005
PINOT GRIGIO DELLE VENEZIE, TOMMASI VITICOLTORI, ITALIE
15,95 $ SAQ **S*** (10230555) ★☆ $$ **Modéré**
Un 2005 qui se montre plus évolué, marqué par des arômes de pommes mûres, à la bouche très souple, ronde et modérée. **Alc./**12 %.

Cuvée des Conti Château Tour des Gendres 2004
BERGERAC, FAMILLE DE CONTI, CHÂTEAU TOUR DES GENDRES, FRANCE
16 $ SAQ **S*** (858324) ★★★ $$ **Modéré+** BIO
Cette cuvée 2004, qui a aussi été un coup de cœur en 2006, dont quelques bouteilles restaient dans le réseau, abonde dans le sens de l'expression, de la richesse, du détail, de la finesse et, surtout, du plaisir à boire. Quelle aubaine! **Alc./**13 %.

Verdejo Oro de Castilla 2004
RUEDA, BODEGAS HERMANOS DEL VILLAR, ESPAGNE
16,10 $ SAQ **S** (10356756) ★★☆ $$ **Modéré+**
Un original blanc espagnol prenant, saisissant et des plus expressifs. À la fois désaltérant et nourrissant. **Alc./**12,5 %.

Le Master de Donatien 2003
MUSCADET SÈVRE-ET-MAINE « SUR LIE », DONATIEN BAHUAUD, FRANCE
16,80 $ SAQ **S*** (160044) ★★☆ $$ **Modéré+**
Un vin d'une grande oralité aromatique (fleurs blanches, poire, gingembre sauvage...) et d'une étonnante amplitude pour ce cépage, sans parler de sa fraîcheur vivifiante, de sa minéralité électrisante. **Alc./**12 %.

Muga Blanco 2004
RIOJA, BODEGAS MUGA, ESPAGNE
16,80 $ SAQ **S** (860189) ★★★ $$ **Corsé**
Très belle fraîcheur et haute définition chez ce blanc espagnol élevé en barriques. La bouche se montre dense, compacte et saisissante, d'une longueur qui étonne pour son rang et d'un boisé certes présent, mais tout à fait harmonieux. **Alc./**13,5 %.

Riesling Zeltinger Himmelreich Kabinett « Halbtrocken » 2003
MOSEL-SAAR-RUWER, J. & H. SELBACH, ALLEMAGNE
17,15 $ SAQ **S** (927962) ★★☆ $$ **Modéré**
Un kabinett à l'attaque qui semble un brin sucrée, mais qui se transforme rapidement en un riesling sec, droit, longiligne et cristallin. **Alc./**10,5 %.

Aligoté Taupenot-Merme 2002
BOURGOGNE-ALIGOTÉ, DOMAINE TAUPENOT-MERME, FRANCE
17,60 $ SAQ **S** (919175) ★★☆ $$ **Modéré**
La première bouteille dégustée était marquée par des notes oxydatives prématurées, liées probablement au liège défectueux. La deuxième fut par contre d'une fraîcheur et d'une jeunesse impeccables. Un aligoté presque mordant, vivifiant et croquant. **Alc./**12,5 %.

Muscat Réserve Albrecht 2003
ALSACE, LUCIEN ALBRECHT, FRANCE
17,75 $ SAQ **S** (969816) ★★★ $$ **Modéré**
Un muscat sec très floral et engageant. Quel nez! Grande précision aromatique et fraîcheur en bouche pour un blanc à la fois vivifiant, désaltérant et des plus aériens. **Alc./**11,7 %.

Domaine des Aubuisières « Cuvée de Silex » 2005
VOUVRAY, BERNARD FOUQUET, FRANCE
17,80 $ SAQ S (858886) ★★★ $$ Modéré+
Ce vouvray se montre plus cristallin que jamais, laissant deviner de subtils effluves d'une minéralité saisissante et dévoilant une bouche longiligne, élancée, fraîche et aérienne. **Alc.**/13 %.

Sauvignon Blanc Lurton 2005
BORDEAUX, J. & F. LURTON, FRANCE
17,80 $ SAQ S (10393792) ★★☆ $$ Modéré
Nez très fin, sans l'exotisme des bordeaux modernes. Savoureux, très frais et élancé, tout en étant satiné. **Alc.**/12,5 %.

Devois des Agneaux d'Aumelas 2004
COTEAUX-DU-LANGUEDOC, ÉLISABETH & BRIGITTE JEANJEAN, FRANCE
17,90 $ SAQ S (10507235) ★★★ $$ Modéré+
Un blanc sec languedocien passablement généreux, ample, rond et plein, aux saveurs fraîches, perdurant longuement en fin de bouche. **Alc.**/12,5 %.

Château Roquebrun 2004
COTEAUX-DU-LANGUEDOC, LES VINS DE ROQUEBRUN, FRANCE
18 $ SAQ S* (701458) ★★★ $$ Corsé
(Voir commentaire détaillé dans l'édition 2006)

Muscat « Sec » Réserve Pierre Sparr 2005
ALSACE, PIERRE SPARR & SES FILS, FRANCE
18,05 $ SAQ S (742924) ★★☆ $$ Modéré
Un muscat sec d'une caressante suavité, à l'acidité discrète, aux parfums subtils, très floraux, et au corps modéré. **Alc.**/12 %.

Pinot Grigio Santa Margherita 2004
VALDADIGE, SANTA MARGHERITA, ITALIE
18,20 $ SAQ S (964601) ★☆ $$ Léger+
La fraîcheur et la simplicité de ce pinot grigio seraient bienvenues, mais à 10 $, pas à 18 $... **Alc.**/12 %.

Castello di Pomino 2004
POMINO BIANCO, MARCHESI DE'FRESCOBALDI, ITALIE
18,50 $ SAQ S (065086) ★★★ $$ Corsé
Nez moderne et boisé, sans trop. Bouche généreuse, sensuelle, fraîche et assez nourrie. Style Nouveau Monde (Voir commentaire du 2005 dans le chapitre Vins Blancs de la vieille Europe). **Alc.**/12,5 %.

Riesling Zeltinger Schlossberg Spätlese 2003
MOSEL-SAAR-RUWER, J. & H. SELBACH, ALLEMAGNE
18,55 $ SAQ S (10225502) ★★☆ $$ Léger+
(Voir commentaire détaillé dans l'édition 2006)

Riesling Clos Sainte-Odile 2004
ALSACE, SAINTE-ODILE, FRANCE
18,60 $ SAQ S (914168) ★★☆ $$ Léger+
Un agréable riesling sec, provenant du renommé Clos Sainte-Odile, au nez attrayant et aromatique, et à la fois tendre et vivifiant en bouche, coulant et tendu. **Alc.**/12,5 %.

Chardonnay Blanc d'Azenay 2002
BOURGOGNE, GEORGES BLANC, FRANCE
19,25 $ SAQ S (857532) ★★☆ $$ Modéré+
Un vin travaillé et boisé, mais sans lourdeur. Plus Nouveau Monde que bourguignon. **Alc.**/12,5 %.

Clos de la Chaise Dieu 2002
BOURGOGNE, CHÂTEAU PHILIPPE-LE-HARDI, FRANCE
19,35 $ SAQ S (869784) ★★★ $$ Modéré+
(Voir commentaire détaillé dans l'édition 2006)

Dubœuf Saint-Véran 2003
SAINT-VÉRAN, GEORGES DUBŒUF, FRANCE
19,40 $ SAQ **C** (134742) ★★ $$ **Modéré**
Un saint-véran 2003 au nez plutôt discret, mais à la bouche moelleuse, suave et patinée, à l'acidité très discrète. **Alc./**12,7 %.

Dubœuf Saint-Véran 2004
SAINT-VÉRAN, GEORGES DUBŒUF, FRANCE
19,40 $ SAQ **S** (134742) ★★ $$ **Modéré**
Un vin plutôt simple au nez, mais texturé et charmeur en bouche, grâce à une acidité des plus discrètes et une texture suave. **Alc./**12,8 %.

Riesling Cuvée Émile Willm 2003
ALSACE, WILLM, FRANCE
19,65 $ SAQ **S** (863209) ★★☆ $$ **Modéré+**
D'une certaine profondeur, voici un 2003 nourri, sans être très riche, et d'une acidité passablement vivace, sans être très expressif. **Alc./**12,5 %.

Muscat Cuvée Diane 2003
ALSACE, PFAFFENHEIM, FRANCE
19,70 $ SAQ **S*** (456251) ★★ $$ **Modéré**
Un muscat sec, passablement aromatique, assez fin et invitant, à la bouche d'une ampleur modérée, presque généreuse pour ce cépage, d'une acidité fraîche et d'une finale texturée. **Alc./**12,5 %.

Les Plantés 2004
SAINT-VÉRAN, CAVE DE PRISSÉ-SOLOGNY-VERZÉ, FRANCE
19,80 $ SAQ **S** (917740) ★☆ $$ **Modéré**
Nez plutôt simple, bouche coulante, sans la minéralité et la fraîcheur des meilleurs blancs de cette appellation. **Alc./**13 %.

Pinot Gris Réserve Beyer 2003
ALSACE, DOMAINE LÉON BEYER, FRANCE
19,80 $ SAQ **S** (968214) ★★★ $$ **Corsé**
Un très bon pinot gris, mûr, riche, ample, gras, complet et très frais. **Alc./**13,5 %.

Riesling Falkensteiner Hofberg Kabinett 2001
MOSEL-SAAR-RUWER, FRIEDRICH-WILHELM-GYMNASIUM, ALLEMAGNE
19,80 $ SAQ **S** (10228949) ★★★ $$ **Modéré**
(Voir commentaire détaillé dans l'édition 2006)

Müller-Thurgau Fazio 2004
SICILIA, FAZIO WINES, ITALIE
19,85 $ SAQ **S** (928978) ★★★ $$ **Modéré+**
Le soleil sicilien procure un brin d'exotisme au cépage allemand müller-thurgau, tout en lui conservant une fraîcheur et un profil épicé bien à lui. **Alc./**12,5 %.

Encruzado Quinta dos Roques 2003
DÃO, QUINTA DOS ROQUES, PORTUGAL
20,15 $ SAQ **S** (903260) ★★★ $$ **Corsé**
(Voir commentaire détaillé dans l'édition 2006)

Château Coupe-Roses 2003
MINERVOIS, FRANÇOISE FRISSANT-LE CALVEZ, FRANCE
20,30 $ SAQ **S** (894519) ★★★ $$ **Corsé**
(Voir commentaire détaillé dans l'édition 2006)

Combe aux Jacques Louis Jadot 2005
SAINT-VÉRAN, MAISON LOUIS JADOT, FRANCE
20,30 $ SAQ **C** (597591) ★★★ $$ **Modéré**
Un saint-véran 2005 en mode fraîcheur, doté d'une belle minéralité, au profil longiligne, pour ceux qui apprécient la vraie nature du chardonnay, c'est-à-dire de l'élan et de l'expression, mais sans lourdeur. **Alc./**13 %.

Viognier de Campuget « Cuvée Prestige » 2004
VIN DE PAYS DU GARD, CHÂTEAU DE CAMPUGET, FRANCE
20,85 $ SAQ **S** (10327517) ★★★ **$$** **Corsé**
Un viognier sudiste, élevé en partie en barriques, mais sans domination du bois. Du fruit, de l'expression, de la finesse et de la fraîcheur, dans un ensemble compact, sans lourdeur. **Alc./**13 %.

Morogues 2005
MENETOU-SALON, DOMAINE HENRY PELLÉ, FRANCE
21,25 $ SAQ **S** (852434) ★★☆?☆ **$$** **Modéré**
Un 2005 moins nourri que les millésimes précédents, mais toujours aussi vivifiant et minéralisant. Un style translucide, discrètement parfumé et subtil. **Alc./**13 %.

Gewürztraminer Clos Sainte-Odile 2002
ALSACE, SAINTE-ODILE, FRANCE
21,60 $ SAQ **S** (914242) ★★☆ **$$** **Corsé**
Nez exubérant, marqué par l'exotisme habituel de ce cépage, et bouche généreuse, aux courbes sensuelles. Pratiquement sec. **Alc./**13 %.

Riesling Scharzhof 2004
MOSEL-SAAR-RUWER, EGON MÜLLER-SCHARZHOF, ALLEMAGNE
21,85 $ SAQ **S** (850909) ★★★ **$$** **Modéré** BIO
Un nez enjôleur (pêche, pomme, lime), supporté par une bouche qui débute avec un profil demi-sec, mais, grâce à la magie d'une acidité électrisante, laisse place à un vin sec, éclatant et d'une bonne longueur. **Alc./**9 %.

Georges Faiveley 2003
BOURGOGNE, DOMAINE FAIVELEY, FRANCE
22,30 $ SAQ **S*** (966697) ★★☆ $$ **Modéré+**
Un 2003 à la fois frais et texturé, invitant et enveloppant, à l'acidité discrète, laissant place à une certaine ampleur, aux saveurs persistant un bon moment. **Alc./**13 %.

Bichot Chablis 2004
CHABLIS, ALBERT BICHOT, FRANCE
22,45 $ SAQ **C** (017897) ★★★ **$$** **Modéré**
Cette maison historique a réussi un chablis 2004 pur et précis, minéral et satiné, presque gourmand et suave. **Alc./**12,3 %.

Pinot Gris Preiss-Zimmer Réserve Personnelle 2003
ALSACE, PREISS-ZIMMER, FRANCE
22,55 $ SAQ **S** (967414) ★ **$$** **Modéré**
Étonnamment évolué et atypique du cépage, avec un nez évanescent et une bouche qui manque d'expression et de chair. **Alc./**13 %.

Cuvée La Chaume 2003
RULLY, CHARTRON ET TRÉBUCHET, FRANCE
23,10 $ SAQ **S** (747113) ★★★ **$$** **Corsé**
Un blanc sec à la robe dorée, au nez assez riche et très mûr, marqué par des notes évolutives, à la bouche ronde, presque généreuse, au fruité explosif. Les amateurs de vins du Nouveau Monde devraient apprécier ce style. **Alc./**13 %.

Les Vignes de Saint-Laurent-l'Abbaye 2004
POUILLY-FUMÉ, JEAN-CLAUDE CHATELAIN, FRANCE
23,60 $ SAQ **S** (962076) ★★★ **$$** **Corsé**
Un pouilly au nez étonnamment riche et expressif (citron confit), à la bouche tout aussi présente et expansive, mais avec une retenue typique de ce terroir. **Alc./**12,5 %.

Rovereto Gavi di Gavi 2004
GAVI, MICHELE CHIARLO, ITALIE
23,60 $ SAQ **S** (10390575) ★★★ **$$** **Modéré+**
(Voir commentaire détaillé dans l'édition 2006)

Château Reynon Vieilles Vignes 2002
BORDEAUX, DENIS ET FLORENCE DUBOURDIEU, FRANCE
23,65 $ SAQ **S** (721563) ★★★ $$ **Corsé**
(Voir commentaire détaillé dans l'édition 2006)

Les Millottes 2003
BOURGOGNE-HAUTES-CÔTES-DE-NUITS, DOMAINE DANIEL RION, FRANCE
23,85 $ SAQ **S** (10377987) ★★★ $$ **Modéré+**
Très beau chardonnay, noisetté et ultra-fin, texturé et suave.

Drouhin Chablis 2004
CHABLIS, MAISON JOSEPH DROUHIN, FRANCE
23,95 $ SAQ **C** (199141) ★★☆ $$$ **Modéré**
Un subtil et savoureux chablis en 2004, aux effluves détaillés mais tout en sourdine, à la bouche à la fois satinée et vivifiante, croquante et minérale. **Alc./**12,5 %.

Les Joncs 2002
MONTAGNY, J. FAIVELEY, FRANCE
24,15 $ SAQ **S** (917146) ★★☆?☆ $$ **Modéré+**
Un bourguignon actuellement réservé au nez, à la bouche tout aussi compacte et dense, ainsi que fraîche et marquée par une belle patine. Attendre 2 ans. **Alc./**13 %.

Vermentino Antinori 2005
BOLGHERI, TENUTA GUADO AL TASSO, ITALIE ***(DISP. AUTOMNE 06)***
24,35 $ SAQ **S** (10221309) ★★ $$$ **Léger+**
Un 2005 moins expressif et moins soutenu que ne l'était le très minéralisant 2004. **Alc./**12,5 %.

Chardonnay Farnito 2004
TOSCANA, CARPINETO, ITALIE
25,15 $ SAQ **S*** (366054) ★★★ $$$ **Modéré+**
(Voir commentaire détaillé dans l'édition 2006)

Les Clous 2004
BOURGOGNE-CÔTE CHALONNAISE, DOMAINE A. ET P. DE VILLAINE, FRANCE
25,30 $ SAQ **S** (872168) ★★★☆ $$$ **Modéré+**
Un modèle en matière de vin blanc bourguignon, offert à un prix civilisé. Il faut dire qu'il provient du domaine personnel d'Aubert de Villaine, cogérant du Domaine de la Romanée Conti. Donc, pureté absolue, minéralité invitante, fraîcheur digeste et expression unique. **Alc./**12,5 %.

Calvarino « Classico » 2003
SOAVE, AZIENDA AGRICOLA PIEROPAN, ITALIE
25,55 $ SAQ **S** (741058) ★★★☆ $$ **Modéré+**
Couleur jaune doré soutenue. Nez actuellement discret, mais qui semble passablement riche et minéral. Bouche tendue et élancée par une subtile acidité ainsi que par une vibrante minéralité, au profil des plus digestes. Presque de l'eau de roche tant la matière est cristalline et épurée de tout artifice. **Alc./**12,5 %.

Pinot Grigio San Angelo 2004
TOSCANA, CASTELLO BANFI, ITALIE
25,60 $ SAQ **S*** (10269581) ★★☆ $$$ **Modéré**
Ce populaire pinot grigio a gagné en suavité et en texture en 2004. Le nez est très fin et fruité à souhait (agrumes et pomme), la bouche suit avec fraîcheur et rondeur. **Alc./**12,5 %.

Château Philippe-le-Hardi 2002
MERCUREY, CHÂTEAU PHILIPPE-LE-HARDI, FRANCE
25,90 $ SAQ **S** (10378031) ★★★ $$$ **Corsé**
Un mercurey moderne, c'est-à-dire extra-mûr, boisé et travaillé, aux courbes généreuses et aux saveurs torréfiées. **Alc./**13 %.

Riesling Oberhäuser Leistenberg Kabinett « Trocken » 2004
NAHE, WEINGUT HERMANN DÖNNHOFF, ALLEMAGNE
25,90 $ SAQ **SS** (10460684) ★★★ $$$ **Modéré+**
Un blanc sec. Au nez intrigant, très fin et épuré, un brin minéral. À la bouche droite, compacte, vivace et presque mordante, tout en étant d'une densité étonnante pour son prix. **Alc./**11 %.

Riesling Oberhäuser Leistenberg Kabinett 2004
NAHE, WEINGUT HERMANN DÖNNHOFF, ALLEMAGNE
25,90 $ SAQ **SS** (10258793) ★★★ $$$ **Modéré+**
Nez plus enjôleur et marqué par des fruits plus mûrs que dans la version « trocken » du Oberhäuser Leistenberg. L'attaque en bouche est rendue plus souple par la présence de sucre résiduel, mais l'acidité tranchante sous-jacente vient harmoniser le tout et rendre le vin pratiquement sec en milieu et fin de bouche. **Alc./**8 %.

Sève d'Automne 2003
JURANÇON SEC, DOMAINE CAUHAPÉ, HENRI RAMONTEU, FRANCE
27,15 $ SAQ **S** (10257504) ★★★☆?☆ $$$ **Corsé**
Contrairement au délicieux Chant des Vignes (aussi commenté dans ce guide), qui provient de jeunes vignes de 15 ans et est élevé en cuves inox, ce Sève d'Automne est composé de vieilles vignes de 30 ans d'âge et a été fermenté en barriques. Il en résulte un blanc sec au nez riche et détaillé, à la bouche volumineuse, texturée et minérale. **Alc./**14 %.

Drouhin Rully 2002
RULLY, MAISON JOSEPH DROUHIN, FRANCE
27,30 $ SAQ **S** (880781) ★★★ $$$ **Modéré+**

Drouhin Rully 2004
RULLY, MAISON JOSEPH DROUHIN, FRANCE
27,30 $ SAQ **S** (880781) ★★★ $$$ **Modéré+**
Un vin sec, parfumé et moelleux à souhait, à la texture caressante, passablement soutenue, dont l'acidité discrète laisse la place aux courbes sensuelles, tout en conservant une fraîcheur digeste. **Alc./**13 %.

Riesling Brand 1999
ALSACE GRAND CRU, CAVE DE TURCKHEIM, FRANCE
27,35 $ SAQ **S** (960344) ★★★☆ $$$ **Corsé**
(Voir commentaire détaillé dans l'édition 2006)

Les Bacs 2002
MERCUREY, CHÂTEAU GÉNOT-BOULANGER, FRANCE
27,45 $ SAQ **S** (10377451) ★★★☆ $$$ **Modéré+**
Un mercurey très satisfaisant, aux notes anisées et au corps soyeux, marqué par une belle minéralité et une excellente persistance. Digeste et inspirant. **Alc./**13 %.

Domaine Valette « Mâcon-Chaintré Vieilles Vignes » 2002
MÂCON-CHAINTRÉ, DOMAINE VALETTE, FRANCE
27,65 $ SAQ **S** (10224526) ★★★☆ $$$ **Corsé** BIO
Les vins signés Valette sont à acheter les yeux fermés. À preuve, ce mâcon-chaintré d'une fraîcheur aromatique unique et profonde, et d'une bouche gourmande et vivace. **Alc./**13 %.

Château Philippe-le-Hardi « En Vesvau » 2003
SAINT-AUBIN, CHÂTEAU PHILIPPE-LE-HARDI, FRANCE
28,65 $ SAQ **S** (10378015) ★★★ $$$ **Corsé**
Tout comme le mercurey 2002 du même domaine, voici un bourgogne moderne, c'est-à-dire extra-mûr, boisé et travaillé, à la bouche passablement dense, compacte et persistante. **Alc./**13 %.

Côte de Léchet 2001
CHABLIS 1ER CRU, DOMAINE BERNARD DEFAIX, FRANCE
28,95 $ SAQ **S** (919357) ★★★☆ $$$ **Corsé**
Un premier cru ayant développé une certaine évolution de bouteille, ce qui lui procure un charme immédiat. La robe est dorée. Le nez est aromatique, assez soutenu et détaillé (coing, figue fraîche, fenouil).

La bouche est ample et élancée, marquée par une acidité intégrée, laissant place à un satiné de texture. **Alc./**13 %.

2 Terroirs « Monternot » 2004
POUILLY-FUISSÉ, MOMMESSIN, FRANCE
29,05 $ SAQ **S** (10375720) ★★★?☆ $$$ **Modéré+**
D'un récent projet de grands vins de terroir signés Mommessin, ce 2004 a été bichonné avec attention. Il en résulte un blanc d'un charme fou, au nez des plus aromatiques, passablement riche et épuré, à la bouche ronde et fraîche, satinée et texturée. **Alc./**13 %.

Croix Saint-Joseph Réserve 2003
CHABLIS, J. MOREAU & FILS, FRANCE
29,05 $ SAQ **S** (10378470) ★★★ $$$ **Modéré+**
Un chablis d'une belle définition (poire, amande, miel et aubépine), à la fois épuré et mûr, tout en étant très frais et suave. **Alc./**12,5 %.

Tokay-Pinot Gris « Vorbourg » 2001
ALSACE GRAND CRU, MAISON DOPFF & IRION, FRANCE
29,45 $ SAQ **S** (10272131) ★★★☆ $$$ **Puissant**
(Voir commentaire détaillé dans l'édition 2006)

Gewürztraminer Kirchberg « Clos Zisser » 2004
ALSACE GRAND CRU, E. KLIPFEL, FRANCE ***(DISP. HIVER 07)***
NOUVEAUTÉ!
29,85 $ SAQ **S** (10559060) ★★★ $$$ **Modéré+**
Un « gewürz » en mode élégance, moins exubérant que la majorité des blancs secs de ce cépage. Donc, un très beau blanc sec aux parfums floraux délicats, à la bouche à la fois suave et aérienne, fraîche et enveloppante, mais sans le moelleux et la générosité habituels. **Alc./**13 %.

Riesling Schoenenbourg Mittnacht-Klack 2002
ALSACE, DOMAINE MITTNACHT-KLACK, FRANCE
30,25 $ SAQ **S** (879296) ★★★ $$$ **Corsé**
D'un nez qui requiert de l'oxygène pour révéler sa richesse et sa complexité. D'une bouche pleine, presque dense, à l'acidité discrète, à la texture voluptueuse et aux saveurs d'une grande allonge. Ne possède pas l'acidité nécessaire à un long vieillissement, donc à saisir maintenant. **Alc./**13 %.

Gewürztraminer Sporen Pierre Sparr 2002
ALSACE GRAND CRU, PIERRE SPARR & SES FILS, FRANCE
31,25 $ SAQ **S** (10500121) ★★★☆ $$$ **Modéré+**
Harmonie aromatique et de bouche pour ce gewürztraminer qui s'exprime tout en nuances, en texture soyeuse, en fraîcheur et en persistance. **Alc./**13 %.

Les Graviers 2001
ARBOIS, DOMAINE ANDRÉ ET MIREILLE TISSOT, FRANCE
31,25 $ SAQ **S** (875500) ★★★☆ $$$ **Corsé** BIO
Un blanc pluriel, au nez intriguant et complexe (miel, noisette et camomille), à la bouche à la fois ample et digeste, dynamisée par une fraîche acidité. **Alc./**13 %.

Clos de Malte 2003
SANTENAY, DOMAINE LOUIS JADOT, FRANCE
31,75 $ SAQ **S** (10293775) ★★★☆?☆ $$$ **Corsé**
Magnifié par Jacques Lardières, le vinificateur inspiré et inspirant de cette grande maison beaunoise. Le nez se montre intrigant et passablement riche. La bouche suit avec un profil des plus loquaces, exprimant le terroir, avec des touches minérales, fruitées et torréfiées, qui perdurent longuement en fin de bouche, résultant en un goût praliné à souhait. **Alc./**13,5 %.

Jean de la Vigne 2002
BOURGOGNE, DOMAINE CORDIER, FRANCE
32,25 $ SAQ **S** (873638) ★★★ **$$$** **Corsé**
Coloré, nez aromatique, très riche, boisé et mûr, bouche ample, texturée, longue, fraîche et pralinée. **Alc.**/13 %.

Domaine de la Chapelle Vieilles Vignes 2003
POUILLY-FUISSÉ, CATHERINE ET PASCAL ROLLET, FRANCE
34,50 $ SAQ **S** (749457) ★★★☆ **$$$** **Corsé**
Un pouilly richement nourri, plein, compact, presque dense, aux saveurs d'une grande allonge, au boisé intégré et à l'acidité discrète. **Alc.**/13,5 %.

Les Gréchons 2003
LADOIX 1ER CRU, DOMAINE MICHEL MALLARD & FILS, FRANCE
34,50 $ SAQ **S** (10290136) ★★★☆?☆ **$$$** **Corsé+**
Un premier cru de Ladoix des plus gourmands, au profil très proche des généreux meursaults, au nez riche et mûr, à la bouche pleine, ronde et prenante. **Alc.**/13 %.

Château de Maligny « Fourchaume » 2004
CHABLIS 1ER CRU, J. DURUP PÈRE ET FILS, FRANCE
34,75 $ SAQ **S** (480145) ★★★ **$$$** **Léger+**
Pureté, légèreté et fraîcheur sont au rendez-vous, comme chez tous les crus de cette maison dont il est trop souvent difficile de bien distinguer les différences entre chaque cru, spécialement chez les 2004 et 2005. Elle semble ne pas parvenir à faire parler véritablement chaque terroir. **Alc.**/12,5 %.

Château de Maligny « Fourchaume » 2005
CHABLIS 1ER CRU, J. DURUP PÈRE ET FILS, FRANCE ***(DISP. HIVER 07)***
34,75 $ SAQ **S** (480145) ★★★ **$$$** **Modéré**
Un Fourchaume 2005 plus nourri et plus expressif que le précédent 2004, tout en demeurant retenu, élancé, fin et léger, signature de la maison. **Alc.**/12,5 %.

Le Chêne Marchand 2003
SANCERRE, DOMAINE LUCIEN CROCHET, FRANCE
34,75 $ SAQ **S** (10271971) ★★★ **$$$** **Modéré+**
Un 2003 parfumé à souhait, fin et épuré, sec, droit et long, au corps modéré. Sans le tonus des années plus fraîches. **Alc.**/13 %.

Château de Maligny « Montée de Tonnerre » 2005
CHABLIS 1ER CRU, J. DURUP PÈRE ET FILS, FRANCE ***(DISP. OCT. 06)***
35,50 $ SAQ **S** (895110) ★★★?☆ **$$$** **Modéré+**
Un premier cru du village de Tonnerre qui s'exprime haut et fort en bouche, mais qui requiert une bonne oxygénation en carafe pour être plus bavard au nez. L'idéal serait de l'attendre en cave deux ou trois ans. Ainsi, vous serez en mesure de mieux apprécier sa minéralité électrisante, sa texture satinée et ses saveurs à la fois fraîches et persistantes. **Alc.**/12,5 %.

La Rocca « Classico » 2003
SOAVE, AZIENDA AGRICOLA PIEROPAN, ITALIE
36 $ SAQ **S** (897066) ★★★☆?☆ **$$$** **Corsé**
Couleur plus dorée que le cru Calvarino 2003 du même producteur, nez d'une grande élégance, bouche pleine, ronde et généreuse, mais d'une fraîcheur et d'un équilibre tout à fait remarquables, dotée d'une belle patine. **Alc.**/13 %.

Château de Maligny « L'Homme Mort » 2004
CHABLIS 1ER CRU, J. DURUP PÈRE ET FILS, FRANCE ***(DISP. OCT. 06)***
36,50 $ SAQ **S** (872986) ★★★ **$$$** **Modéré**
Ce 2004 se montre plus expressif que le 2005, avec un fruité mûr et précis, exhalant des notes de pomme golden et d'ananas frais, à la bouche presque texturée, tout en demeurant aérienne et minérale. **Alc.**/12,5 %.

Château de Maligny « L'Homme Mort » 2005
CHABLIS 1ER CRU, J. DURUP PÈRE ET FILS, FRANCE *(DISP. HIVER 07)*
36,50 $ SAQ **S** (872986) ★★☆?☆ **$$$** **Léger+**
Ce 2005 se montre passablement minéral, au nez certes retenu actuellement, mais à la bouche satinée, fraîche et mellifère à souhait, d'une longue persistance, mais tout en détail et en filigrane. **Alc./**12,5 %.

Les Combottes 2003
PERNAND-VERGELESSES, DOMAINE DU CHÂTEAU DE CHOREY, FRANCE
37 $ SAQ **S** (10294276) ★★★☆ **$$$** **Modéré+**
Très beau cru de Pernand, à la fois raffiné et soutenu, subtil et généreux, à la texture presque moelleuse et aux saveurs longues et précises. **Alc./**12,5 %.

Riesling Schlossböckelheimer Felsenberg Spätlese 2004
NAHE, WEINGUT HERMANN DÖNNHOFF, ALLEMAGNE
39 $ SAQ **SS** (10350910) ★★★★ **$$$$** **Modéré+**
Du vinificateur de génie Helmut Dönnhoff, ce vin a beau être un spätlese, donc normalement composé d'une certaine dose de sucre résiduel, l'harmonie dégagée par l'acidité énergique et la minéralité exacerbée du terroir résultent en un vin pratiquement sec! La bouche tapisse le palais d'un fruité confit et floral, d'une élégance unique et d'une race évidente. Un vin aérien qui semble être de l'eau de roche tant sa pureté est déstabilisante. Du grand art. **Alc./**8 %.

Domaine de Beaurenard 2003
CHÂTEAUNEUF-DU-PAPE, PAUL COULON ET FILS, FRANCE
39,25 $ SAQ **S** (918235) ★★★★ **$$$$** **Corsé+**
(Voir commentaire détaillé dans l'édition 2006)

Riesling Schlossböckelheimer Kupfergrube Spätlese 2004
NAHE, WEINGUT HERMANN DÖNNHOFF, ALLEMAGNE
40,25 $ SAQ **SS** (10258751) ★★★☆?☆ **$$$$** **Modéré+**
Un Kupfergrube plus fermé et plus difficile à cerner actuellement que le plus engageant Felsenberg. Il n'en demeure pas moins d'une pureté aromatique unique et d'une prestance de bouche minéralisante. Le sucre résiduel est légèrement plus perceptible aussi, mais toujours aussi admirablement « mangé » par l'acidité et le terroir. **Alc./**8 %.

Riesling Norheimer Dellchen Spätlese « Trocken » 2004
NAHE, WEINGUT HERMANN DÖNNHOFF, ALLEMAGNE
43,25 $ SAQ **SS** (10460588) ★★★☆?☆ **$$$$** **Corsé**
Un vin sec aux parfums élégants et subtils, marqué par des saveurs rafraîchissantes, d'une bonne présence, au corps presque plein, mais longiligne. Une acidité électrisante lui donne du nerf et de l'allonge. La magie du terroir opérant, il termine sa longue course en étant très sec et minéral à souhait. **Alc./**12 %.

Riesling Norheimer Dellchen Spätlese 2004
NAHE, WEINGUT HERMANN DÖNNHOFF, ALLEMAGNE
43,75 $ SAQ **SS** (10460748) ★★★☆?☆ **$$$$** **Modéré+**
Un spätlese sur sa réserve actuellement, mais laissant entrevoir un vin passablement minéral, au corps ample, à l'attaque un brin sucrée, mais remarquablement tendue par une acidité expressive et une minéralité rafraîchissante. **Alc./**8 %.

Riesling Comtes d'Eguisheim 2000
ALSACE, DOMAINE LÉON BEYER, FRANCE
45 $ SAQ **S** (742239) ★★★★ **$$$$** **Puissant**
Tout comme la cuvée Les Écaillers, celle-ci provient du grand cru Pfersigberg. Ce terroir marneux, passablement lourd, a offert des rieslings moins acides en 2000. Ce à quoi répond avec aplomb et authenticité ce 2000 au nez puissant (hydrocarbure, angélique confite et miel), à la bouche généreuse, d'un grand volume, presque sucrée (sans sucre) et à l'allonge d'un grand déploiement. **Alc./**13 %.

Riesling Oberhäuser Brücke Spätlese 2002
NAHE, WEINGUT HERMANN DÖNNHOFF, ALLEMAGNE
45,25 $ SAQ **SS** (10258849) ★★★★?☆ **$$$$** **Corsé**
À la manière du sensationnel 2002, le Brücke 2004 joue les funambules comme nul autre, passant du légèrement sucré à la nervosité de l'acidité, ainsi que par la tendreté de bouche à la minéralité électrisante qui tend le vin dans une très longue finale où le sucre se fait à nouveau littéralement « manger par le terroir ». Charme et profondeur pour un grand riesling rhénan qui ira très loin dans le temps. **Alc.**/8 %.

Clos du Prieuré 2000
VOUGEOT, DOMAINE DE LA VOUGERAIE, FRANCE
62 $ SAQ **S** (728204) ★★★★ **$$$$** **Corsé** BIO
(Voir commentaire détaillé dans l'édition 2006)

Jadot Puligny-Montrachet 2000
PULIGNY-MONTRACHET, MAISON LOUIS JADOT, FRANCE
64 $ SAQ **S** (868844) ★★★★ **$$$$** **Corsé**
(Voir commentaire détaillé dans l'édition 2006)

Les Clos 2000
CHABLIS GRAND CRU, DOMAINE LONG-DÉPAQUIT, FRANCE
73 $ SAQ **S** (10278938) ★★★★ **$$$$$** **Corsé**
Un grand cru déjà passablement évolué, au nez très riche et profond, à la bouche pleine et vivifiante, moelleuse et élancée. Servir d'ici 2009. **Alc.**/12,4 %.

Clos de Mazeray 2001
MEURSAULT, DOMAINE JACQUES PRIEUR, FRANCE
77 $ SAQ **S** (708578) ★★★★?☆ **$$$$$** **Corsé**
(Voir commentaire détaillé dans l'édition 2006)

Clos de Mazeray 2002
MEURSAULT, DOMAINE JACQUES PRIEUR, FRANCE
81 $ SAQ **S** (10295244) ★★★★ **$$$$$** **Corsé**
Un meursault enjôleur, alternant entre la fraîcheur et l'ampleur. Du volume, de la richesse et de la pureté. Servir entre 2008 et 2016. **Alc.**/13,5 %.

Riesling Scharzhofberger Spätlese 2003
MOSEL-SAAR-RUWER, EGON MÜLLER-SCHARZHOF, ALLEMAGNE
82 $ SAQ **SS** (10313300) ★★★★?☆ **$$$$** **Corsé**
Nez d'une richesse exponentielle pour un spätlese, détrônant les excellents spätlese de Dönnhoff. Minéralité, fraîcheur, profondeur et distinction signent le profil aromatique de ce grand seigneur rhénan. L'attaque en bouche est des plus expressives et confites, sans excès, avec une certaine souplesse apportée par le sucre résiduel, rapidement évacué par l'acidité saisissante qui joue les funambules avec maestria. **Alc.**/9,5 %.

Champs-Pimont 2002
BEAUNE 1ER CRU, DOMAINE JACQUES PRIEUR, FRANCE
83 $ SAQ **S** (10294102) ★★★★ **$$$$$** **Corsé**
Superbe fruit au nez (pomme, poire, miel, amande grillée), à la fois détaillé et riche. Bouche tout aussi explosive, droite, vive, mais avec densité et persistance. **Alc.**/14 %.

Chassagne-Montrachet 1er Cru 2002 Louis Latour
CHASSAGNE-MONTRACHET 1ER CRU, LOUIS LATOUR, FRANCE
85 $ SAQ **S** (10351031) ★★★☆ **$$$$$** **Modéré**
Nez retenu. Bouche élancée. Corps modéré, longiligne et minéral, mais discret et sans la longueur en bouche à laquelle on est en droit de s'attendre. **Alc.**/13,5 %.

Clos de la Féguine 2002
BEAUNE 1ER CRU, DOMAINE JACQUES PRIEUR, FRANCE
87 $ SAQ **S** (10294129) ★★★★ **$$$$** **Corsé**
Une Féguine 2002 d'une très belle maturité, parfaitement définie, droite, minérale, élancée et longiligne. **Alc.**/13 %.

Sous le Puits 2002
PULIGNY-MONTRACHET 1ER CRU, LOUIS LATOUR, FRANCE
88 $ SAQ **S** (10351058) ★★★☆?☆ $$$$$ **Modéré+**
Élégance, race, minéralité, noisette et amande grillée, corps épuré, acidité discrète, très long, moelleux, mais sans une réelle profondeur. **Alc./**13 %.

Les Poruzots 2002
MEURSAULT 1ER CRU, LOUIS LATOUR, FRANCE
90 $ SAQ **S** (10351074) ★★★★ $$$$$ **Corsé**
Plus frais, plus expressif, plus complexe et plus complet que les autres premiers crus blancs de Latour actuellement disponibles. Minéralité et boisé bien présents. **Alc./**13,7 %.

Perrières 2002
MEURSAULT 1ER CRU, DOMAINE JACQUES PRIEUR, FRANCE
162 $ SAQ **S** (10295252) ★★★★☆ $$$$$ **Corsé+**
Grande minéralité, élan suprême, densité de texture, fraîcheur vivace et saveurs expansives. Du très grand meursault qui ira loin. **Alc./**14,1 %.

Corton-Charlemagne 2002
CORTON-CHARLEMAGNE GRAND CRU, DOMAINE JACQUES PRIEUR, FRANCE
193 $ SAQ **S** (10294145) ★★★★?☆ $$$$$ **Puissant**
Séveux et très riche, ce Charlemagne implose tant son fruité est compact et ramassé, laissant des traces d'ananas très mûr. Requiert du temps pour s'épanouir. **Alc./**13,7 %.

Jean-Louis Chave Hermitage blanc 2002
HERMITAGE, JEAN-LOUIS CHAVE, FRANCE
222 $ SAQ **S** (496034) ★★★★?☆ $$$$$ **Corsé**
Grande profondeur, bouche expansive, mais d'un grand raffinement et d'une architecture unique. Une matière compacte, un brin boisé actuellement et aux saveurs d'une grande allonge. Ira très loin. **Alc./**13,5 %.

Chevalier-Montrachet 2002
CHEVALIER-MONTRACHET GRAND CRU, DOMAINE JACQUES PRIEUR, FRANCE
360 $ SAQ **S** (10294137) ★★★★☆ $$$$$ **Corsé** BIO
Cultivée en biodynamie depuis 2001, cette parcelle du Chevalier est située au sud de l'appellation, juste au-dessus de La Cabotte de Bouchard Père & Fils, et n'a produit en 2002 que deux barriques et quart d'un blanc d'un grand raffinement, suave et satiné, profondément fruité et minéral. **Alc./**14,2 %.

Montrachet 2002
MONTRACHET GRAND CRU, DOMAINE JACQUES PRIEUR, FRANCE
695 $ SAQ **S** (10295261) ★★★★★ $$$$$ **Corsé**
La perfection. Nez richement aromatique et d'une folle complexité. Bouche crémeuse et onctueuse, où l'acidité minérale joue les funambules avec talent. Prise de bois intégrée au cœur du vin et persistance inouïe. Fêtera ses 20 ans, et plus, sans problèmes. **Alc./**14,6 %.

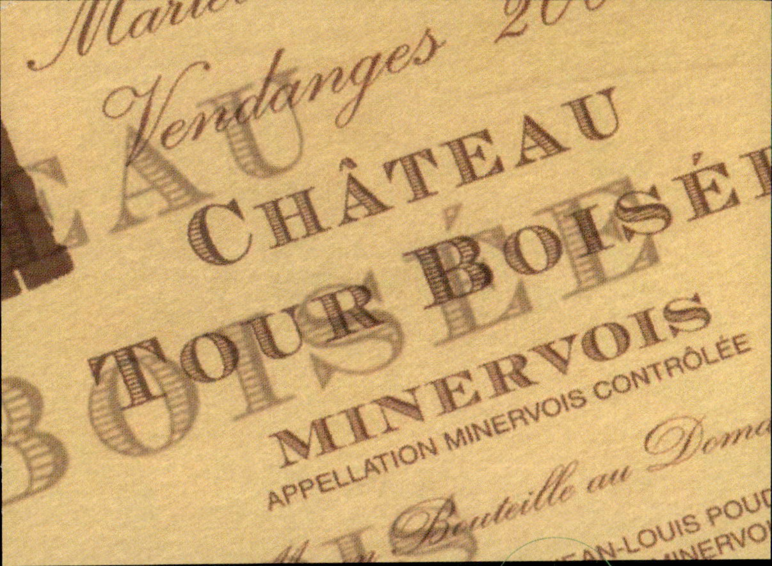

Vins Rouges de la Vieille Europe

Candidato Tempranillo 2005

VINO DE LA TIERRA DE CASTILLA, COSECHEROS Y CRIADORES, ESPAGNE

8,20 $ SAQ C (608612) ★☆ $ **Modéré**

Le 2005 de ce tempranillo est l'une des plus belles réussites des dernières années pour ce vin offert à un prix des plus avantageux. Tout y est. Couleur soutenue. Nez fruité à souhait, un brin épicé. Bouche pulpeuse et généreuse, tout en étant fraîche et persistante. Vraiment, il n'y a plus aucune raison de faire un arrêt au dépanneur... **Cépage :** tempranillo. **Alc./**13 %.

☛*Servir entre 2006 et 2007, à 16 °C*

Yakitori de poulet, fajitas au bifteck grillé, rôti de porc farci aux champignons, casserole de poulet à l'espagnole ou chili aux saucisses italiennes.

Bonal Tempranillo 2004

VALDEPEÑAS, BODEGAS REAL, ESPAGNE

8,60 $ SAQ **C** (548974) ★☆ $ **Modéré+**

Difficile de trouver mieux à ce prix. Ce vin bat à plate couture tous les insipides vins de dépanneurs vendus beaucoup trop cher... De la couleur, de l'expression, de la rondeur et de la persistance. Même la France n'arrive pas actuellement à nous offrir des rouges aussi gourmands à moins de neuf dollars. **Cépage :** tempranillo. **Alc./**13,5 %. **www.bodegas-real.com**

☛*Servir entre 2006 et 2008, à 16 °C*

T-bone grillé aux épices à steak, chili au bœuf, brochettes de poulet au poivre vert, pizza aux olives noires et aux tomates séchées, côtes levées sauce barbecue épicée ou lasagne au four.

Agarena Tempranillo & Cabernet Sauvignon 2005

UTIEL-REQUENA, BODEGAS MURVIEDRO, ESPAGNE

8,70 $ SAQ **C** (620674) ★☆ $ **Modéré+**

Les amateurs de vins rouges juteux et soutenus, de style Nouveau Monde, seront conquis par cette aubaine espagnole. Dans ce style, il est plutôt difficile de trouver mieux à ce prix. Du fruit à revendre, de la texture, tout en étant un brin rustique, de la générosité et des saveurs de fruits confits et de cacao. **Cépages :** 85 % tempranillo, 15 % cabernet sauvignon. **Alc./**13,5 %.

☛*Servir entre 2006 et 2007, à 17 °C*

Hamburgers de bœuf à la pommade d'olives noires (olives noires dénoyautées et huile d'olive passées au robot), lasagne aux saucisses italiennes ou spaghetti bolognaise épicé.

Merlot Cavalia 2005

VIN DE PAYS D'OC, GROUPE UCCOAR, FRANCE

NOUVEAUTÉ!

9,05 $ SAQ **C** (10506283) ★☆ $ **Modéré+**

Ce nouveau merlot languedocien démontre un nez très engageant, richement fruité, sans être très complexe, mais drôlement efficace, à la bouche généreuse, gourmande, fraîche et tannique. Fraise et pivoine participent au plaisir. À ce prix, et méritant presque deux étoiles, vous n'avez aucune raison de vous laisser tenter par les vraiment trop chers et indignes *Tetra Pak* de dépanneur... **Cépage :** merlot. **Alc./**13 %.

Servir entre 2006 et 2008, à 16 °C

Bifteck au poivre et à l'ail, moussaka au bœuf, ragoût de bœuf à la bière, pâtes aux saucisses italiennes épicées, lasagne au four, brochettes de poulet au poivre vert, rôti de porc ou couscous aux merguez.

Castillo de Monséran 2005

CARIÑENA, BODEGAS SAN VALERO, ESPAGNE

9,10 $ SAQ **C** (624296) ★★ $ **Modéré+**

Un 2005 tout aussi parfumé et épicé que les millésimes précédents, à la bouche juteuse, fraîche et un brin ferme, aux saveurs de fraise et de rose, qui perdurent longuement pour un vin de ce prix. Cette étoile filante surpasse tous les vins offerts en vinier, comme en *Tetra Pak*. **Cépage :** garnacha (grenache). **Alc./**12,5 %.

Servir entre 2006 et 2008, à 16 °C

Quesadillas (*wraps*) au poulet et au pesto de tomates séchées, lasagne aux saucisses italiennes épicées, hamburger d'agneau aux poivrons rouges confits et au paprika ou bœuf à la Stroganov.

Merlot/Syrah Pierre Delatour 2005

VIN DE PAYS DES CÔTES-DU-BRIAN, PIERRE DELATOUR, FRANCE

9,90 $ SAQ **C** (10506232) ★☆ $ **Léger+**

Nouveau venu chez les produits courants, cet assemblage de merlot et de syrah, certes assez simple, charme immédiatement par son nez de fruits rouges et d'épices douces, ainsi que par sa bouche souple, fraîche et coulante. Le vin de soif et des plaisirs simples par excellence pour quiconque recherche un vin plus frais et léger, que surmûri et généreux. **Cépages :** 60 % merlot, 40 % syrah. **Alc./**13 %.

Servir entre 2006 et 2007, à 12 °C

Pâté chinois, pizza à l'américaine, pain de viande, fondue chinoise, raclette, poulet rôti et ratatouille sur couscous, saucisses italiennes épicées, tortellini sauce rosée ou pâtes à la sauce tomate de cuisson rapide.

Duque de Medina 2002

CARIÑENA, BODEGAS IGNACIO MARÍN, ESPAGNE

9,95 $	SAQ **C** (10325925)	★★ $	**Corsé**

Une gourmandise espagnole qui fera le bonheur des amateurs de vin poivré et fumé, au corps généreux, sans trop, aux tanins soutenus, sans êtres durs, et aux saveurs pulpeuses, laissant des traces de fruits confiturés, d'épices et de torréfaction. Dans la mouvance du Nouveau Monde, tout en demeurant hispanique. **Cépages :** tempranillo, grenache. **Alc.**/12,5 %. **www.ignaciomarin.com**

☛ *Servir entre 2006 et 2008, à 16 °C*

Quesadillas (*wraps*) au poulet grillé teriyaki, saucisses chipolata grillées, souvlakis de porc mariné à l'origan et aux épices à steak, sauté de porc aux pruneaux, bœuf à la bière brune et polenta crémeuse au parmesan ou côtes levées de bœuf glacées aigres-douces.

Torrelongares Crianza 2003

CARIÑENA, COVINCA, ESPAGNE

9,95 $	SAQ **C** (585406)	★★?☆ $	**Corsé**

Un *best-buy* espagnol, chez les rouges offerts sous la barre des treize dollars, que ce 2003 tout en fruits et en chair, au corps étonnamment dense pour son prix et aux saveurs gourmandes de fraise, de cerise et d'épices douces. **Cépages :** garnacha, tempranillo. **Alc.**/13,5 %.

☛ *Servir entre 2006 et 2008, à 17 °C*

Filets de bœuf au concassé de poivre et patates douces rôties au romarin, médaillons de porc à la pommade d'olives noires (olives noires dénoyautées et huile d'olive passées au robot) ou brochettes de poulet au poivre vert.

Saveurs Oubliées 2005

COTEAUX-DU-LANGUEDOC, VIGNERONS CATALANS, FRANCE

10,05 $	SAQ **C** (457606)	★★ $	**Modéré**

Très agréable rouge languedocien, aux arômes de fruits rouges d'une fraîcheur exemplaire, auxquels s'ajoute une pointe cacaotée. Les tanins sont très fins et coulants, le corps est enrobé, l'acidité discrète et l'ensemble des plus gourmands, spécialement pour le prix demandé. Donc, une très belle réussite pour ce 2005. **Cépages :** 30 % syrah, 45 % grenache noir, 25 % carignan. **Alc.**/13 %. **www.vigneronscatalans.com**

☛ *Servir entre 2006 et 2008, à 16 °C*

Bifteck à la pommade d'olives noires (olives noires dénoyautées et huile d'olive passées au robot), burrito au bœuf haché, pâté de campagne au poivre vert ou pizza au capicollo fort et aux poivrons rouges.

I Monili 2004

PRIMITIVO DEL TARANTINO, PERVINI, ITALIE

10,30 $	SAQ **C** (577684)	★★ $	**Modéré+**

Un 2004 toujours aussi charmeur, rond et dodu, aux saveurs cacaotées. Donc, un primitivo avec du fruit à revendre (fraise, cerise) et des tanins enveloppés. **Cépages :** 90 % primitivo, 10 % montepulciano. **Alc./**12,5 %.

☛ *Servir entre 2006 et 2008, à 17 °C*

Souvlakis de porc mariné à l'origan et aux épices à steak, poitrines de poulet aux olives noires, foie de veau aux betteraves confites ou ragoût de bœuf et polenta aux oignons caramélisés.

Château du Parc 2003

CÔTES-DU-ROUSSILLON, J.P. HENRIQUES, FRANCE

10,35 $	SAQ **C** (446195)	★★ $	**Modéré+**

Très beau rouge du Midi, au nez pulpeux, richement fruité, à la bouche ample et charnue, d'une bonne ampleur pour son rang, aux saveurs persistantes, égrainant des notes de framboise et de pivoine, à l'acidité discrète et aux tanins enrobés. **Cépages :** 60 % grenache, 30 % syrah, 10 % mourvèdre. **Alc./**13 %.

☛ *Servir entre 2006 et 2009, à 17 °C*

Bavette de bœuf à l'échalote, hamburgers de veau à l'italienne (avec oignons rouges, poivrons rouges rôtis et paprika) ou foie de veau aux oignons caramélisés.

Saveurs Oubliées 2004

CÔTES-DU-ROUSSILLON-VILLAGES, VIGNERONS CATALANS, FRANCE

10,75 $	SAQ **C** (448498)	★★ $	**Corsé**

Légèrement plus soutenu et plus nourri que le Saveurs Oubliées 2004 d'appellation Côteaux-du-Languedoc (aussi commenté dans ce guide). La prédominance de carignan explique sa structure plus généreuse. Bonne coloration. Nez assez riche et confit, marqué par la garrigue du Midi. Bouche généreuse, charnue et assez longue pour son rang. **Cépages :** 50 % carignan, 30 % grenache noir, 20 % syrah. **Alc./**13,5 %. **www.vigneronscatalans.com**

☛ *Servir entre 2006 et 2008, à 16 °C*

Tranches d'épaule d'agneau grillées aux herbes de Provence, bifteck à la pommade d'olives noires (olives noires dénoyautées et huile d'olive passées au robot), brochettes de porc sauce au poivre vert ou ragoût de bœuf et polenta crémeuse au parmesan.

Château Cahuzac « l'Authentique » 2003

CÔTES-DU-FRONTONNAIS, FERRAN PÈRE ET FILS, FRANCE

10,80 $	SAQ **C** (606418)	★★ $	**Modéré+**

Très beau rouge poivré et rafraîchissant, à base de l'originale négrette, au corps assez nourri et aux tanins fins. Les viandes grillées n'ont qu'à bien se tenir! **Cépages :** 50 % négrette, 25 % syrah, 25 % cabernet sauvignon. **Alc./**12 %.

☛ *Servir entre 2006 et 2008, à 16 °C*

Brochettes de boulettes d'agneau haché à la menthe, bifteck à l'ail et aux épices, brochettes de bœuf teriyaki, boudin noir grillé aux épices douces ou côtes levées à l'ail et au romarin.

Dominio Espinal 2004

YECLA, BODEGAS CASTAÑO, ESPAGNE

10,90 $	SAQ **C** (378208)	★★☆ $	**Modéré+**

Un 2004 encore plus réussi que ne l'était le déjà bon 2003. Couleur soutenue, nez très ouvert, passablement riche pour son prix, exprimant des notes de fruits noirs et rouges presque confits, à la bouche enveloppante, dense et pénétrante, aux tanins gommés, à l'acidité discrète et aux saveurs pulpeuses, rappelant le café et la cerise noire. Donc, un rouge espagnol, au profil flirtant avec celui des vins du Nouveau Monde, tout en conservant sa structure compacte des vins de la vieille Europe. **Cépages :** 90 % monastrell, 10 % syrah. **Alc./**13 %. **www.bodegascastano.com**

☛ *Servir entre 2006 et 2009, à 17 °C*

Foie de veau accompagné d'un confit de betteraves et d'oignons rouges (avec une pointe de vinaigre balsamique), veau marengo (de longue cuisson) et pâtes aux œufs, médaillons de porc à la pommade d'olives noires (olives noires dénoyautées et huile d'olive passées au robot), bœuf bourguignon, cari de bœuf haché, cuisses de poulet grillées au pesto de tomates séchées ou salade de pâtes aux tomates séchées et aux légumes grillés.

Marquês de Marialva Reserva 2003

BAIRRADA, ADEGA COOPERATIVA DE CANTANHEDE, PORTUGAL

11,20 $	SAQ **S*** (626507)	★★ $	**Modéré**

Il y a quelques millésimes déjà que cet abordable rouge portugais n'avait pas été aussi gourmand, juteux, souple et coulant. **Cépages :** 90 % baga, 10 % moreto de Cantanhede. **Alc./**13,5 %. **www.cantanhede.com**

☛ *Servir entre 2006 et 2008, à 16 °C*

Bifteck à l'ail et aux épices, bœuf à la bière, boudin noir grillé aux oignons et aux lardons, couscous aux merguez ou tajine d'agneau sauce harissa.

Château Prieuré de Bubas 2005

CORBIÈRES, PELLERIN DOMAINES ET CHÂTEAUX, FRANCE

11,35 $	SAQ **C** (913434)	★★☆ $	**Modéré+**

Appelé Château Prieuré de Bubas jusqu'en 2004, ce vin a été renommé en 2005 La Réserve de Bubas. Il représente plus que jamais l'une des incontournables aubaines du Midi. Fortement coloré, il s'exprime haut et fort par un nez sur les fruits rouges d'une fraîcheur exemplaire, ainsi que par une bouche tout aussi fraîche, généreuse et charnue, un brin tannique. On serait tenté de lui donner trois étoiles tant le charme opère! **Cépages :** syrah, grenache, cinsaut, carignan. **Alc./**13 %.

☛ *Servir entre 2006 et 2008, à 16 °C*

Pâtes au pesto de tomates séchées, lasagne au four, bifteck au poivre et à l'ail, moussaka au bœuf ou souvlakis.

Merlot Domaine de Moulines 2005

VIN DE PAYS DE L'HÉRAULT, SAUMADE & FILS, FRANCE

11,35 $	SAQ **C** (620617)	★★ $	**Modéré+**

Si vous aimez les bordeaux classiques, vous serez conquis par ce merlot languedocien au style on ne peut plus bordelais, exprimant des notes de fraise et de poivron, à la bouche ferme et élancée, tout en étant dotée d'une certaine souplesse. **Cépage :** merlot. **Alc./**13,5 %.

☛ *Servir entre 2006 et 2008, à 17 °C*

Poulet basquaise (version basque du poulet chasseur italien avec ajout de lanières de poivrons verts en fin de cuisson), côtelettes de porc aux poivrons rouges confits ou brochettes de bœuf et de foie de veau aux poivrons rouges confits.

Monasterio de Las Viñas Crianza 2002

CARIÑENA, GRANDES VINOS Y VIÑEDOS, ESPAGNE

11,40 $	SAQ **C** (539528)	★★ $	**Modéré+**

Nouveau millésime de cet incontournable rouge d'Espagne, ce 2002 est d'une bonne coloration, d'un nez aromatique à souhait et d'une bouche débordante de saveurs, rappelant la fraise et les épices, ainsi que d'une bonne générosité. **Cépages :** 45 % garnacha, 35 % tempranillo, 10 % cariñena, 10 % cabernet sauvignon. **Alc./**13 %. **www.grandesvinos.com**

☛ *Servir entre 2006 et 2008, à 16 °C*

Brochettes de poulet teriyaki, brochettes souvlaki, panini au poulet et aux poivrons rouges grillés ou quesadillas (*wraps*) au poulet et au chorizo.

Quinta de Bons-Ventos 2004 ♥

VINHO REGIONAL ESTREMADURA, CASA SANTOS LIMA, PORTUGAL

11,60 $ SAQ **S*** (10269388) ★★ $ **Modéré**

Plutôt difficile de dénicher un vin aussi fin, aussi expressif et aussi agréable à un aussi bas prix. Belle coloration, sans excès, beaux effluves de fruits rouges, passablement soutenus, engageante texture, d'une certaine ampleur, tanins soyeux et mûrs, saveurs longues et fraîcheur européenne. Cerise et grenadine donnent le ton en finale. **Cépages :** castelão, camarate, tinta miuda, touriga nacional. **Alc.**/13 %. **www.casasantoslima.com**

☛ *Servir entre 2006 et 2008, à 16 °C*

Mesclun de foies de volaille aux cerises, casserole de poulet à la pancetta, poitrines de poulet farcies à la feta et aux tomates séchées, spaghetti gratiné aux saucisses italiennes ou pasta à la caponata.

Borsao 2005

CAMPO DE BORJA, BODEGAS BORSAO, ESPAGNE

11,65 $ SAQ **C** (10324623) ★★☆ $ **Modéré+**

Ceux qui préfèrent l'éclat et la fraîcheur du fruit, contrairement au boisé épicé et torréfié de certains rouges espagnols, comme le Duque de Medina 2002 (aussi commenté dans ce guide), seront comblés par ce Borsao 2005 on ne peut plus festif et de style vaguement australien. De la couleur, du fruit à revendre, de la rondeur, du moelleux et de la persistance. Ce vin, dont l'encépagement a été ajusté en 2005 avec l'ajout de syrah et la diminution du cabernet et du tempranillo, connaît aussi un énorme succès local. À preuve, lors d'un récent séjour en Espagne, le Borsao était dans toutes les vitrines et sur toutes les tables. **Cépages :** 80 à 90 % grenache + syrah et faible pourcentage de cabernet sauvignon et de tempranillo. **Alc.**/13,5 %. **www.bodegasborsao.com**

☛ *Servir entre 2006 et 2007, à 16 °C*

Bruschetta à la tapenade de tomates séchées, hamburgers d'agneau aux poivrons rouges confits et au paprika, panini au fromage de chèvre et aux tomates séchées, couscous aux merguez, lasagne au four ou brochettes de boulettes d'agneau haché à la menthe.

Primitivo Terrale 2003

PUGLIA, CASA VINICOLA CALATRASI, ITALIE

11,85 $ SAQ **C** (561290) ★★ $ **Modéré+**

Commenté en primeur dans *La Sélection 2006*, ce 2003 était toujours disponible au moment d'aller sous presse. Dégusté à nouveau en septembre 2006, il se montrait toujours aussi engageant au nez, plus texturé, plus souple et plus invitant que jamais en bouche. **Cépage :** primitivo. **Alc.**/13,5 %. **www.calatrasi.it**

☛ *Servir entre 2006 et 2007, à 17 °C*

Terrine de gibier, bifteck à la pommade d'olives noires (olives noires dénoyautées et huile d'olive passées au robot), bœuf bourguignon et polenta crémeuse au parmigiano ou fettucine all'amatriciana « à ma façon » (*).

Altano 2004 ♥

DOURO, SYMINGTON FAMILY ESTATES, PORTUGAL

11,95 $ SAQ **C** (579862) ★★☆ $ **Modéré+**

Si vous n'avez qu'un seul achat à faire chez les rouges portugais offerts à bas prix, ne cherchez plus. L'Altano 2004 se montre plus réussi que jamais, coloré à souhait, aromatique et assez riche, marqué par des effluves de fruits noirs, généreux et gourmand en bouche, aux tanins enrobés, à l'acidité discrète et au corps presque plein et dodu, avec une tenue européenne et des saveurs persistantes de cerise noire, de bleuet et de cacao. **Cépages :** 55 % tinta roriz, 45 % touriga franca. **Alc./**13 %. **www.symington.com**

☛ *Servir entre 2006 et 2009, à 17 °C*

Osso buco, ragoût de bœuf au vin rouge et polenta crémeuse au parmesan, moussaka au bœuf, carbonade à la flamande ou brochettes de bœuf sauce au poivre vert.

Roaz Reserva 2004

VINHO REGIONAL ESTREMADURA, MARTIM JOANES GRADIL, PORTUGAL

11,95 $ SAQ **C** (10325221) ★★ $ **Modéré+**

Le millésime 2004 du Roaz Reserva se montre dans le même style que le très bon 2003, signalé dans La Sélection 2006, mais avec un fruit encore plus frais et plus pur, ainsi qu'une bouche plus compacte et plus élancée. Des notes de fraise, de poivre blanc et de violette, et des tanins fins, dans un ensemble engageant. Méritant presque deux étoiles et demie, il devient plus que jamais l'une des aubaines portugaises de l'année. **Cépages :** 50 % castelão, 50 % aragonez. **Alc./**12 %.

☛ *Servir entre 2006 et 2008, à 16 °C*

Pizza au capicolle et poivrons rouges confits, poulet chasseur, côtes levées à la sauce barbecue, brochettes de porc souvlaki ou spaghetti bolognaise épicé.

Castillo de Almansa Reserva 2002

ALMANSA, BODEGAS PIQUERAS, ESPAGNE

12,15 $ SAQ **C** (270363) ★★?☆ $ **Modéré+**

Cette valeur sûre de La Mancha se montre en 2002 plus nourrie que certains espagnols offerts au même prix. Donc, un vin passablement coloré et violacé, au nez assez riche et compact, de fruits noirs et d'épices, à la bouche à la fois débordante de fruits et dense, détendue et un brin ramassée, aux tanins fins et serrés, aux saveurs longues et fraîches de fraise et de réglisse. **Cépages :** 60 % cencibel (tempranillo), 40 % monastrell. **Alc./**13,5 %. **www.bodegaspiqueras.es**

Servir entre 2006 et 2010, à 17 °C

Tartinade de pommade d'olives noires (olives noires dénoyautées et huile d'olive passées au robot), fettucine all'amatriciana « à ma façon » (*), foie de veau sauce à l'estragon ou ragoût de bœuf épicé à l'indienne.

Domaine de Sahari « Cuvée du Soleil » 2005

GUERROUANE, DOMAINE DE SAHARI/LES CHAIS SIDI BRAHIM, MAROC

12,15 $	SAQ **C** (717413)	★★?☆ $	**Modéré+**

Ce rouge marocain – que j'ai volontairement placé dans la section *Vieille Europe*, étant donné la longue influence française qui a marqué le vignoble marocain, tout comme pour les vins du Liban – étonne par sa fraîcheur, son expression et sa précision. Épices et fruits rouges s'entremêlent dans une bouche ronde et dodue, aux tanins fondus, à l'acidité discrète et au corps velouté. Une belle surprise! **Cépages :** 50 % carignan, 20 % grenache, 20 % cinsault, 10 % alicante. **Alc./**12 %. **www.domainedesahari.com**

Servir entre 2006 et 2009, à 17 °C

Brochettes de boulettes d'agneau haché à la menthe, couscous aux merguez, côtelettes de porc à la niçoise, spaghetti bolognaise, poitrines de poulet farcies au chèvre et aux poivrons rouges ou foie de veau à la vénitienne et polenta crémeuse au parmigiano (*).

Periquita 2004

VINHO REGIONAL TERRAS DO SADO, JOSÉ MARIA DA FONSECA SUCCS, PORTUGAL

12,15 $	SAQ **S** (025262)	★★☆ $	**Corsé**

Un classique du Portugal, plutôt engageant en 2004 et composé principalement du cépage portugais periquita, aujourd'hui appelé castelão. Il provient de la péninsule de Sétubal, une zone située au sud de Lisbonne. Il en résulte un 2004 plus parfumé que jamais, au fruité frais, légèrement épicé, plus dense et compact que jamais, aux tanins mûrs, qui ont du grain, et aux saveurs longues, rappelant la fraise, le poivre blanc et le chanvre. **Cépages :** castelão, tricadeira, aragonez. **Alc./**13 %. **www.jmf.pt**

Servir entre 2006 et 2010, à 17 °C

Brochettes d'agneau à la menthe fraîche, bavette de bœuf grillée et ratatouille épicée de longue cuisson, bœuf à la bière brune ou rôti de porc aux épices à steak.

Syrah Cave de Tain 2003

VIN DE PAYS DES COLLINES RHODANIENNES, CAVE DE TAIN L'HERMITAGE, FRANCE

12,15 $	SAQ **C** (642645)	★★☆ $	**Modéré**

Comme je le mentionnais dans l'édition précédente, voici une syrah digeste, qui semble taillée sur mesure pour ceux dont le *cold climate palate* ne jure que par des vins élancés, rafraîchissant, au fruité pur et précis et aux tanins fins, et qui apprécient tout de même un rouge au fruité mûr et dodu, offert par le millésime caniculaire 2003.

Pureté et subtilité aromatique (framboise et poivre), corps enveloppant, acidité discrète et plaisir à boire jusqu'à plus soif étaient toujours au rendez-vous en juillet 2006. Et le prix avait été revu à la baisse! **Cépage :** syrah. **Alc./**12 %.
www.cave-tain-hermitage.com

☛ *Servir entre 2006 et 2007, à 16 °C*

Filet de porc à l'asiatique, suprêmes de poulet farcis à la ricotta et aux tomates séchées, pasta à la caponata, pissaladière, poulet aux olives noires et aux tomates ou lasagne au caviar d'aubergine et aux poivrons rouges grillés.

Château Fabas-Payroulière 2003

MINERVOIS, R. AUGUSTIN, FRANCE

12,40 $	SAQ **C** (517680)	★★☆ $	**Corsé**

Un minervois généreux, passablement riche, plein, sur un fruité mûr, millésime oblige, aux notes de fraise, de poivre et de café. Étonne par sa profondeur et sa persistance pour un vin de ce prix. **Cépages :** 31 % syrah, 28 % carignan, 22 % grenache noir, 19 % cinsaut. **Alc./**13 %.
www.chateaufabas.com

☛ *Servir entre 2006 et 2009, à 17 °C*

Brochettes de bœuf sauce au fromage bleu (*), fricassée de porc aux poivrons rouges confits et au paprika, casserole de poulet à la pancetta, hamburgers au poulet et aux tomates séchées et cheddars extra-forts ou foie de veau sauce à l'estragon.

Pedras do Monte 2004 ♥

VINHO REGIONAL TERRAS DO SADO, DFV VINHOS, PORTUGAL

12,50 $	SAQ **S*** (902486)	★★☆ $	**Modéré+**

Très beau rouge soutenu, aux riches parfums de framboise et de fruits noirs mûrs, avec un arrière-plan épicé et fumé, à la bouche généreuse, tout en étant fraîche, aux tanins qui ont du grain et aux saveurs amples et persistantes. Les amateurs de rouges du Nouveau Monde devraient être conquis par ce vin portugais qui conserve néanmoins une fraîcheur et un élan européen. Grâce à son encépagement unique, à base de castelão, si vous osez mettre quelques flacons de ce cru en cave, vous dénicherez dans quatre à six ans un vin étonnamment pénétrant, rappelant certains barolos assagis avec des notes torréfiées de créosote. Et ce, pour un prix ridicule! Je lui ai même presque accordé trois étoiles... **Cépage :** castelão. **Alc./**13 %. **www.dfjvinhos.com**

☛ *Servir entre 2006 et 2012, à 17 °C*

Têtes de champignons farcies, poivrons à la piémontaise, rôti de porc aux épices à steak, souvlakis de porc mariné à l'origan et aux épices à steak ou poulet basquaise (version basque du poulet chasseur italien avec ajout de lanières de poivrons verts en fin de cuisson).

D. Fuas Reserva 2001

VINHO REGIONAL BEIRAS, CAVIPOR, PORTUGAL

12,65 $	SAQ **S** (882696)	★★ $	**Modéré+**

Une autre aubaine portugaise, passablement colorée, richement aromatique, au fruité pur, sans boisé, à la bouche tannique, vive, compacte, certes ferme, mais longue et saisissante. Rappelle les rouges piémontais à base de dolcetto. La finale tannique sera plus souple avec une viande rouge grillée. **Cépages :** baga, castelão, jaen. **Alc./**12 %. **www.cavipor.pt**

☛*Servir entre 2006 et 2008, à 16 °C*

Tranches d'épaule d'agneau grillées aux herbes de Provence, bifteck au poivre et à l'ail, brochettes de bœuf et de foie de veau aux poivrons rouges confits ou chili aux saucisses italiennes.

Luigi Leonardo Primitivo 2003

PRIMITIVO DEL SALENTO, CANTINE SGARZI LUIGI, ITALIE

12,65 $	SAQ **C** (643544)	★★☆ $	**Corsé**

Un 2003 généreux et confituré à souhait, mais d'une étonnante fraîcheur, sans lourdeur et d'une belle prestance. À ce prix, difficile de s'en passer! **Cépage :** primitivo. **Alc./**13 %. **www.cantinesgarzi.com**

☛*Servir entre 2006 et 2008, à 17 °C*

Hamburgers d'agneau aux poivrons rouges confits et au fromage bleu, lasagne aux saucisses italiennes épicées, tajine d'agneau au curry, bavette de bœuf déglacée au vinaigre balsamique et porto LBV, bœuf à la Stroganov ou sauté de porc aux pruneaux.

VF « Lasira » 2005 ♥

COSTIÈRES-DE-NÎMES, LA VIEILLE FERME, FRANCE

NOUVEAUTÉ!

12,95 $	SAQ **S** (10540684)	★★☆ $	**Modéré+**

Nouveauté de la famille Perrin, à l'origine du grand châteauneuf-du-pape Château de Beaucastel (commenté dans ce guide), voici un beau rouge plaisir, passablement coloré, richement aromatique, épicé, ample et assez soutenu pour son rang. De plus, il est obturé de l'ingénieuse capsule à vis. **Cépages :** 75 % syrah, 25 % grenache. **Alc./**13 %. **www.perrin-et-fils.com**

☛*Servir entre 2006 et 2008, à 16 °C*

Sauté de veau à la tomate et au romarin, chili con carne, pâtes aux olives noires (*), spaghetti gratiné aux saucisses italiennes ou hamburgers d'agneau aux poivrons rouges confits et au curcuma.

Castel Montplaisir 2002

CAHORS, ALAIN-DOMINIQUE PERRIN, FRANCE

13 $	SAQ **C** (606426)	★★☆ $	**Corsé**

Avec ce riche et gourmand 2002, Castel Montplaisir est plus que jamais LE rapport qualité-prix de l'heure chez les cahors offerts au Québec. Difficile de dénicher un aussi haut niveau de définition, de plénitude, de concentration et de plaisir à un prix aussi bas. Allez-y en courant! Il y a de la couleur, du coffre et du jus. Je me suis retenu pour ne pas lui décerner trois étoiles... **Cépages :** malbec, merlot. **Alc./**13 %. **www.chateau-lagrezette.tm.fr**

☛ *Servir entre 2006 et 2010, à 17 °C*

Filet de porc au café noir (voir Filets de bœuf au café noir) (*), rôti de porc aux épices à steak, bifteck de contre-filet grillé au beurre d'estragon ou brochettes de bœuf sauce au poivre vert.

Chatons du Cèdre 2004

CAHORS, LE CÈDRE DIFFUSION, FRANCE

13,05 $	SAQ **C** (560722)	★★ $	**Modéré**

Cette cuvée Les Chatons, du Château du Cèdre, se montre en 2004 sous un jour charmeur. Donc, un cahors plutôt fin et frais, aux tanins souples, au corps modéré et aux saveurs de fruits rouges et de réglisse. Le cahors de plaisir quotidien sur mesure. **Cépages :** 80 % malbec, 20 % merlot. **Alc./**12,5 %.

☛ *Servir entre 2006 et 2008, à 16 °C*

Terrine de campagne au poivre vert, sukiyaki de bœuf aux poivrons verts et rouges, boudin noir et poivrons rouges confits, moussaka au bœuf, chili au bœuf ou carbonade à la flamande.

Les Hauts de Montauriol 2002

CÔTES-DU-FRONTONNAIS, CATHERINE ET NICOLAS GELIS, FRANCE

13,05 $	SAQ **S*** (914127)	★★☆ $$	**Modéré+**

En peaufinant son travail dans les vignes, ainsi que l'élevage en barriques, sur lies avec micro-oxygénation, cette propriété a atteint un sommet depuis 2000 quant à la finesse de grain des tanins ainsi qu'au velouté de texture de ses vins. Vérifiez par vous-même avec cette cuvée de base, d'une bonne coloration, d'un nez enchanteur, aux accents de poivre et de fruits noirs, à la bouche ample, fondue, presque soyeuse tant les tanins sont polis, aux saveurs gourmandes et persistantes, laissant des traces de fraise, de cassis, de menthe et d'épices douces. **Cépages :** 50 % négrette, 25 % cabernet sauvignon, 25 % syrah. **Alc./**12,5 %. **www.chateau-montauriol.com**

☛ *Servir entre 2006 et 2009, à 17 °C*

Quesadillas (*wraps*) au poulet et au chorizo, bifteck à la pommade d'olives noires (olives noires dénoyautées et huile d'olive passées au robot), brochettes de bœuf teriyaki ou boudin noir et poivrons rouges confits.

Canforrales 2003

LA MANCHA, BODEGAS CAMPOS REALES, ESPAGNE

13,10 $ SAQ **S*** (10327373) ★★☆ **$** **Corsé**

Le retour de l'étonnant rouge espagnol, dans le même millésime, que j'ai qualifié l'an passé de *la bomba* (!) tant il est bon. Vous y dénicherez là un vin coloré et violacé, passablement riche et concentré pour le prix, au fruité mûr et profond, marqué par un boisé moderne, à la bouche pleine, dense et tannique, avec du coffre, des tanins, beaucoup de fruits et un boisé harmonieux. **Cépage :** tempranillo. **www.bodegascamposreales.com**

☛ *Servir entre 2006 et 2009, à 17 °C et oxygéné en carafe 15 minutes*

Filet de porc au café noir (voir Filets de bœuf au café noir) (*), filets de bœuf à la fourme d'Ambert et au romarin (*), quesadillas (*wraps*) au bifteck et aux champignons ou boudin noir grillé aux oignons et aux lardons.

Panarroz 2004 ♥

JUMILLA, BODEGAS OLIVARES, ESPAGNE ***(DISP. OCT./NOV. 06)***

NOUVEAUTÉ!

13,25 $ SAQ **S** (10540570) ★★☆?☆ **$** **Corsé**

Une nouveauté espagnole, qui devrait connaître un très gros succès, provenant de vieilles vignes de monastrell non greffées – il faut savoir que le sol calcaire sablonneux de Jumilla fait partie des rares terroirs du vignoble mondial où le phylloxéra n'a pas d'emprise sur la vigne. Découvert lors d'un séjour en Espagne au printemps 2006, ce rouge connaît un succès foudroyant sur toutes les tables des bars à tapas du pays. Vous y dénicherez un vin à la robe foncée et violacée, au nez méditerranéen d'olive et de fruits rouges, d'une richesse modérée et passablement frais, une bouche charnue et fraîche, d'une bonne fermeté, mais avec du moelleux, du jus et de l'élan. L'originalité parfaite pour dépayser vos amis de dégustation. **Cépages :** monastrell + garnacha, syrah. **Alc./**14 %.

☛ *Servir entre 2006 et 2009, à 17 °C*

Gigot d'agneau à l'ail et au romarin, *T-bone* grillé aux épices à steak, hamburgers de bœuf à la pommade d'olives noires (olives noires dénoyautées et huile d'olive passées au robot) ou carré de porc aux tomates séchées.

Dominio del Arenal 2005

UTIEL-REQUENA, CASA DE CALDERON, ESPAGNE

13,30 $ SAQ **S*** (10457602) ★★☆?☆ **$$** **Modéré+** BIO

Avec ce remarquable 2005, ce cru, souvent salué dans ce guide, atteint à nouveau un sommet difficile à égaler chez les vins offerts à ce prix. Quel fruit! Un vin très coloré, au nez riche et concentré, comme on n'en voit que très rarement chez les rouges à moins de seize dollars, exprimant des notes de fruits confits, à la bouche pleine, généreuse, aux courbes sensuelles et aux tanins enveloppés, tout en étant bien présent. Juteux comme pas un. **Cépage :** tempranillo. **Alc./**13 %. **www.dominiodelarenal.com**

Servir entre 2006 et 2009, à 17 °C

Pâtes aux tomates séchées et au basilic, foie de veau à la vénitienne et polenta crémeuse au parmigiano (*), quesadillas (*wraps*) au bifteck et au fromage bleu, fricassée de porc aux poivrons rouges confits et au paprika ou boudin noir grillé aux oignons et aux lardons.

Clos St. Thomas « Les Gourmets » 2003

VALLÉE DE LA BEKAA, CLOS ST. THOMAS, LIBAN

13,40 $	SAQ **S** (927814)	★★?☆ $	**Modéré**

Ce clos présente à nouveau en 2003 un original rouge, provenant de la plaine de la Bekaa, haut lieu de la viticulture libanaise, à la couleur modérée, au nez subtil, un brin confit, à la bouche ronde, fraîche et généreuse, aux tanins tendres et aux agréables saveurs de fruits rouges, de café et de cacao. **Cépages :** cabernet sauvignon, syrah, cinsault. **Alc.**/14 %. **www.closstthomas.com**

Servir entre 2006 et 2008, à 16 °C

Bavette de bœuf en sauce teriyaki, foie de veau au vinaigre balsamique (réduit au 2/3 avec du miel et du porto), brochettes de poulet au poivre vert ou hachis Parmentier.

Comte André de Monpezat 2002

CAHORS, CÔTES D'OLT, FRANCE

13,40 $	SAQ **C** (221218)	★★☆ $$	**Modéré+**

Très bon achat, sur le fruit, aromatique à souhait, assez riche pour son rang, aux notes de fruits rouges, de réglisse et de tabac, aux tanins présents mais assez fins et aux saveurs soutenues. Plus classique et plus ferme que le gourmand et moderne Château Leret « Tradition » 2002, aussi commenté dans ce guide. **Cépages :** malbec, merlot. **Alc.**/12,5 %.

Servir entre 2006 et 2010, à 17 °C et oxygéné en carafe 15 minutes

Bœuf à la Stroganov, filet de porc au café noir (voir Filets de bœuf au café noir) (*) ou carbonade à la flamande.

Clos Bagatelle Cuvée Tradition 2005

SAINT-CHINIAN, LES VIGNERONS DES 4 VENTS, FRANCE

13,45 $	SAQ **C** (446153)	★★ $	**Modéré**

Nez enchanteur et bouche dodue et gorgée de saveurs de fruits rouges pour cette valeur sûre du Languedoc, chez les vins à prix doux. **Cépages :** grenache noir, carignan, syrah. **Alc.**/12,5 %.

Servir entre 2006 et 2007, à 16 °C

Brochettes de poulet et de poivrons rouges confits, quesadillas (*wraps*) au poulet et au chorizo, côtelettes de porc à la niçoise, sauté de porc aux poivrons rouges confits et au paprika ou foie de veau sauce à l'estragon.

Merlot Les Salices 2004

VIN DE PAYS D'OC, J. & F. LURTON, FRANCE

13,60 $	SAQ **C** (519199)	★★☆ $$	**Modéré**

Dégusté à nouveau en juin 2006, lors du passage à Montréal du passionné et volubile François Lurton, ce merlot se montre plus invitant, plus fin, plus frais et plus savoureux que jamais. De son ancien nom « Les Bateaux », rebaptisé Les Salices, comme pour le Chardonnay Les Salices (aussi commenté dans ce guide), il est le premier rouge de la vaste gamme J. & F. Lurton à être coiffé par une ingénieuse capsule à vis. Salué en primeur dans l'édition précédente, il vous conquerra par son fruité engageant et festif, ses tanins soyeux et ses saveurs poivrées de cassis. **Cépage :** merlot. **Alc.**/13 %. **www.jflurton.com**

Servir entre 2006 et 2007, à 15 °C

Pizza aux olives noires et aux tomates séchées, quesadillas (*wraps*) au poulet et au chorizo, spaghetti bolognaise épicé, saumon grillé beurré de pesto de tomates séchées ou casserole de poulet à la pancetta.

Terrasses de la Mouline 2005

SAINT-CHINIAN, CAVE ROQUEBRUN, FRANCE

13,60 $	SAQ **C** (552505)	★★☆ $	**Modéré+**

À nouveau un saint-chinian de référence, avec ce 2005, chez les vins du Midi vendus sous la barre des quinze dollars. Nez expressif à souhait, aux riches effluves de fruits noirs et de poivre, ainsi que bonne ampleur en bouche, aux tanins tendres, à l'acidité discrète et aux saveurs généreuses. **Cépages :** 30 % grenache, 30 % carignan, 20 % syrah, 10 % mourvèdre, 10 % cinsault. **Alc.**/13 %. **www.cave-roquebrun.com**

Servir entre 2006 et 2008, à 16 °C

Pâtes aux olives noires (*), pizza aux olives noires et au romarin, brochettes de poulet aux champignons portabello ou hamburgers au poulet et aux tomates séchées et cheddars extra-forts.

Coroa d'Ouro 2000 ♥

DOURO, MANOEL D. POÇAS JUNIOR, PORTUGAL

13,65 $	SAQ **S*** (743252)	★★☆ $	**Modéré+**

Une ixième aubaine portugaise qui, par surcroît, est offerte dans un millésime assagi et à un prix ridiculement bas. Très beau nez de sous-bois et de fruits à l'eau-de-vie, bouche à la fois pleine et élégante, sphérique et texturée, d'une belle fraîcheur, aux tanins certes fins mais bien présents, aux saveurs très longues, égrainant des notes subtilement torréfiées. **Cépages :** touriga nacional, touriga franca, tinta roriz, tinta barrocca, tinto cão. **www.pocas.pt**

Servir entre 2006 et 2009, à 17 °C

Gigot d'agneau à l'ail et au romarin, brochettes de bœuf au café noir (voir Filets de bœuf au café noir) (*), ragoût de bœuf et de champignons ou pâtes aux champignons et au parmesan.

Grenache Riche 2004

VIN DE PAYS DES PYRÉNÉES ORIENTALES, LEMAISTRE FRÈRES, FRANCE

13,70 $ SAQ **C** (640151) ★★☆ $ **Corsé+**

Ce grenache, provenant de vieilles vignes de 35 à 50 ans d'âge, étonne à nouveau, avec le millésime 2004, en proposant à faible prix un vin nourri, plein, juteux et généreux. Si vous n'avez plus les moyens de vous payer un châteauneuf-du-pape, dont les prix ont sensiblement augmenté au cours des dernières années, n'hésitez pas à découvrir ce vin qui en possède le profil. **Cépage :** grenache noir. **Alc./**14,5 %.

Servir entre 2006 et 2009, à 17 °C

Porc à la sichuanaise, quesadillas (*wraps*) au bifteck et au fromage bleu, rosbif de côtes farci au chorizo et au fromage, bœuf à la bière et polenta crémeuse aux oignons caramélisés ou brochettes de bœuf sauce au poivre vert.

Dupéré Barrera « Terres de Méditerranée » 2004

VIN DE PAYS D'OC, DUPÉRÉ BARRERA, FRANCE

NOUVEAUTÉ!

13,80 $ SAQ **S** (10507104) ★★☆ $ **Modéré+**

Un deuxième arrivage de 500 caisses de cette festive nouveauté était attendu au moment d'aller sous presse. Un vin certes solaire, mais tout en rondeur et en fraîcheur, riche de plaisir immédiat. Il est vinifié avec brio par le couple que forment la Québécoise Emmanuelle Dupéré et le Français Laurent Barrera, les nouvelles étoiles du Midi. **Cépages :** syrah, cabernet sauvignon, carignan, grenache. **Alc./**13,5 %. **www.duperebarrera.com**

Servir entre 2006 et 2009, à 16 °C

Pâtes en sauce méditerranéenne aux aubergines et à l'ail (avec poivrons, olives noires, câpres, tomates, origan), hamburgers d'agneau aux poivrons rouges confits et au paprika, bavette de bœuf à l'échalote, chili au bœuf, hachis Parmentier ou brochettes de poulet teriyaki.

Pinot Noir Laroche 2005

VIN DE PAYS D'OC, MICHEL LAROCHE, FRANCE

13,95 $ SAQ **C** (10374997) ★★☆ $$ **Modéré**

Assurément le plus invitant des pinots noirs présentés au cours des derniers millésimes par Michel Laroche. Un fruité festif, d'une fraîcheur exemplaire, laissant deviner des notes de cerise et de cannelle, des tanins souples, une texture soyeuse et des saveurs expressives à souhait. Amateurs de pinots noirs californiens, n'hésitez pas à célébrer votre héros du film *Sideways* avec cette aubaine! **Cépage :** pinot noir. **www.larochewines.com**

☛ *Servir entre 2006 et 2008, à 16 °C*

Bruschetta à la tapenade de tomates séchées, linguine au pistou et aux tomates, pâtes au poulet grillé et au pesto de tomates séchées, filet de saumon au pinot noir (*) ou côtes levées sauce teriyaki.

Château de Fonscolombe 2004

COTEAUX D'AIX-EN-PROVENCE, FONSCOLOMBE, FRANCE

14,10 $	SAQ **C** (585414)	★★☆ $$	**Modéré+**

Un provençal fortement coloré, richement aromatique et passablement corpulent pour son rang. Fruits noirs et mine de crayon donnent le ton au nez, tandis que la bouche se montre à la fois tout en fruits et en chair, avec des tanins serrés qui ont du grain, sans être durs. **Cépages :** grenache, carignan, cabernet sauvignon. **Alc./**13,5 %. **www.fonscolombe.com**

☛ *Servir entre 2006 et 2010, à 17 °C*

Moussaka au bœuf, hamburgers de bœuf à la pommade d'olives noires (olives noires dénoyautées et huile d'olive passées au robot) ou bavette de bœuf grillée et ratatouille épicée de longue cuisson.

Château Leret « Tradition » 2002

CAHORS, COMTE JEAN-BAPTISTE DE MONPEZAT, FRANCE

14,20 $	SAQ **C** (918557)	★★☆ $$	**Modéré+**

Bonne coloration, nez épicé et fumé, assez riche, bouche étonnamment gourmande pour un vin de cahors, ronde, texturée et enjôleuse. **Cépages :** 70 % malbec, 15 % merlot, 15 % tannat. **Alc./**12,5 %. **www.g-vigouroux.fr**

☛ *Servir entre 2006 et 2010, à 17 °C et oxygéné en carafe 15 minutes*

Terrine de campagne au poivre, brochettes de bœuf sauce au fromage bleu (*), curry de bœuf à la noix de coco ou boudin noir grillé aux oignons et aux lardons.

Syrah Finca Antigua 2004 ♥

LA MANCHA, FINCA ANTIGUA, ESPAGNE

NOUVEAUTÉ!

14,40 $	SAQ **S** (10498121)	★★★ $$	**Corsé**

Après un vigoureux coup de carafe, cette syrah s'exprime avec panache. La robe est presque noire et violine. Le nez est à la fois fin et concentré, sans boisé dominant, richement poivré. La bouche suit avec chair, rondeur et saveurs, aux tanins serrés mais enveloppés par un moelleux présent. À mi-chemin entre le style pulpeux australien et le profil plus longiligne des syrahs rhodaniennes. **Cépage :** 100 % syrah. **Alc./**14,5 %. **www.martinezbujanda.com**

☛ *Servir entre 2006 et 2010, à 17 °C et oxygéné en carafe 15 minutes*

Entrecôte grillée à la pommade d'olives noires (olives noires dénoyautées et huile d'olive passées au robot), tranches d'épaule d'agneau grillées sauce au porto LBV ou rôti de porc aux graines de coriandre.

Contea di Bordino 2001

MONTEPULCIANO D'ABRUZZO, CANTINA MADONNA DEI MIRACOLI, ITALIE

NOUVEAUTÉ!

14,50 $ SAQ **S** (10446874) ★★★ **$$** **Corsé**

Assurément l'une des plus agréables découvertes de l'année. Forte coloration. Riche expression aromatique. Fruité mûr, presque confit. Pulpeux et enveloppant en bouche, tout en étant généreux, charnu et tannique. Les tanins sont mûrs et assez fins, les saveurs explosives et persistantes, laissant des traces de bleuet, de cassis, de violette et d'épices douces. Cet excellent montepulciano, offert à un prix plus que doux, étonne en se montrant aussi bon que certains de ses collègues offerts à un prix beaucoup plus élevé. **Cépage :** montepulciano. **Alc./**13 %. **www.vinicasalbordino.com**

☛ *Servir entre 2006 et 2010, à 17 °C*

Côtelettes de porc aux poivrons rouges confits épicés, fettucine all'amatriciana « à ma façon » (*), risotto aux tomates séchées et au parmesan, osso buco ou carré d'agneau farci aux olives noires et au romarin, sauce au porto LBV.

Monasterio de Las Viñas Reserva 2000

CARIÑENA, GRANDES VINOS Y VIÑEDOS, ESPAGNE

14,65 $ SAQ **S*** (854422) ★★☆?☆ **$$** **Corsé**

Un reserva 2000 qui tend plus vers un fruité jeune et compact que vers des saveurs évolutives de torréfaction, comme c'était le cas pour le précédent 1998. Donc, un vin à la couleur plus soutenue, au nez de fruits rouges, passablement riche, mais ayant besoin d'oxygène pour s'exprimer, à la bouche fraîche et ramassée, aux tanins serrés, franchement moins détendus que dans le 1998, et aux saveurs de cerise au marasquin et de fraise. Sera plus envoûtant dans deux ans. **Cépages :** 50 % garnacha, 25 % tempranillo, 25 % mazuelo. **Alc./**12,5 %. **www.grandesvinos.com**

☛ *Servir entre 2006 et 2010, à 17 °C et oxygéné en carafe 1 heure*

Côtelettes de porc sauce aux champignons, carré de porc aux tomates séchées, pâtes au pesto de tomates séchées ou ragoût de bœuf et de champignons.

Nero d'Avola Rapitalà 2005

SICILIA, TENUTE RAPITALÀ, ITALIE ***(DISP. AUTOMNE 06)***

14,65 $ SAQ **S*** (928739) ★★☆ **$$** **Corsé**

Ce très bon vin italien, à base de nero d'avola, noble cépage sicilien, salué à plusieurs reprises dans les éditions précédentes de ce guide, était attendu cet automne avec son franchement bon 2005, dégusté en primeur en juillet 2006. Il se montre coloré, parfumé, poivré, plein, tannique, au corps presque velouté et généreux, aux saveurs longues, laissant des traces de fraise et d'épices. **Cépage :** nero d'avola. **Alc./**13 %. **www.rapitala.it**

☛*Servir entre 2006 et 2009, à 17 °C*

Filets de bœuf au café noir (*), lapin aux pruneaux ou poitrines de poulet farcies à la feta et aux tomates séchées.

Clos La Coutale 2004

CAHORS, PHILIPPE BERNÈDE, FRANCE

14,75 $ SAQ **S*** (857177) ★★☆?☆ **$** **Corsé**

J'ai un faible avoué pour ce cahors qui, millésime après millésime, se montre d'une régularité sans faille et offre un rapport qualité-prix difficile à battre chez les cahors ayant un certain potentiel de vieillissement en bouteilles. Donc, en 2004, il se montre toujours aussi coloré, parfumé, plein, tannique, charnu et persistant, égrainant des notes de fraise, de cassis, de tabac et de réglisse. **Cépages :** 70 % malbec, 30 % merlot. **Alc./**13,1 %. **www.clos-la-coutale.com**

☛*Servir entre 2006 et 2014, à 17 °C et oxygéné en carafe 5 minutes*

Brochettes de bœuf au café noir (voir Filets de bœuf au café noir) (*), carbonade à la flamande, tranches d'épaule d'agneau grillées sauce au poivre ou rôti de bœuf aux champignons.

Santa Cristina 2005

TOSCANA, MARCHESI P. ANTINORI, ITALIE

14,75 $ SAQ **C** (076521) ★★ **$** **Modéré**

Un classique toscan, à nouveau réussi en 2005. Donc, belle présence de fruits rouges, tanins souples, acidité discrète, corps modéré et texture enveloppante. Parfait pour les plats tomatés de la *cuccina italiano*. **Cépages :** sangiovese + merlot. **Alc./**12,5 %. **www.antinori.it**

☛*Servir entre 2006 et 2008, à 16 °C*

Bruschetta aux tomates séchées, pasta à la caponata, sandwich chaud aux saucisses italiennes et pepperonata, pennine sauce aux poivrons grillés et aux tomates, pizza aux olives noires et aux tomates séchées ou cuisses de poulet aux olives noires et aux tomates confites.

Borsao Crianza 2003

CAMPO DE BORJA, BODEGAS BORSAO, ESPAGNE *(DISP. SEPT./OCT. 06)*

NOUVEAUTÉ!

14,80 $	SAQ **S*** (10463631)	★★★ $$	**Corsé**	

L'un des frères du festif et très abordable Borsao dont le 2005 est salué à nouveau dans ce guide. Ce crianza a subi un élevage en barriques, ce qui lui donne plus de complexité qu'à son frangin. Vous y dénicherez un ragoûtant rouge, épicé à souhait, tout aussi débordant de saveurs, un brin plus pulpeux, avec plus de tonicité, aux tanins enrobés et à l'allonge laissant deviner des notes de confiture de fruits rouges et de café. **Cépages :** grenache, tempranillo, cabernet sauvignon. **Alc./**13,5 %. **www.bodegasborsao.com**

☛ *Servir entre 2006 et 2010, à 17 °C et oxygéné en carafe 5 minutes*

Carré de porc en croûte de moutarde et d'épices, bœuf bourguignon et polenta crémeuse au parmigiano et aux oignons caramélisés ou steak de saumon au café noir et aux cinq-épices chinoises (*).

Château Gaillard 2004

TOURAINE-MESLAND, VINCENT GIRAULT, FRANCE

14,85 $	SAQ **S*** (10337918)	★★☆ $	**Modéré**	BIO

De nouveau un rouge d'une étonnante définition de terroir pour le prix et d'un remarquable bon rapport qualité-plaisir! Belle coloration. Nez des plus invitants et festifs, aux notes florales et fruitées, avec une arrière-scène de champignon de Paris. Bouche digeste et désaltérante au possible, souple, fraîche, coulante et gorgée de saveurs, tout en étant marquée par un profil aérien. Il faut dire que Vincent Girault met tout en œuvre pour extraire le meilleur du sol : gamay provenant d'un terroir sableux, et côt et cabernet franc cultivés sur des sols d'argile à silex, culture biodynamique, récolte manuelle, levures indigènes. Mériterait presque trois étoiles! **Cépages :** 60 % gamay, 25 % côt, 15 % cabernet franc. **Alc./**12,7 %. **www.chateaugaillard.com**

☛ *Servir entre 2006 et 2009, à 16 °C*

Terrine de lapin, caponata à la sicilienne (version italienne de la ratatouille niçoise), burrito au bœuf haché, pain de viande, tacos de bœuf épicés, boudin noir grillé aux oignons et aux lardons, sukiyaki de bœuf aux poivrons verts et rouges ou côtelettes de porc à la niçoise.

Quinta das Caldas 2004

DOURO, QUINTA DO GAIVOSA, DOMINGOS ALVES DE SOUSA, PORTUGAL

14,95 $	SAQ **S*** (902304)	★★☆ $	**Modéré+**

Un douro plaisir, c'est-à-dire souple et coulant, aux saveurs de cerise et de fleurs rouges, aux tanins fins, à l'acidité discrète et au corps modéré, tout en offrant une belle prestance. **Cépages :** 20 % tinta roriz, 10 % touriga nacional, 40 % tinta barroca, 20 % touriga franca, 10 % sousão + autres cépages portugais. **Alc./**13,5 %. **www.alvesdesousa.com**

☛Servir entre 2006 et 2009, à 16 °C

Saumon grillé au poivre noir, steak de thon à la sauce tomate, saucisses italiennes, *mix grill* de légumes à l'huile et aux herbes, spaghetti primavera ou pizza aux olives noires.

Ricasoli 2003

TOSCANA, BARONE RICASOLI, ITALIE

15 $ SAQ **S** (10286161) ★★☆ **$** **Modéré+**

Très beau vin, au profil du chianti moderne, c'est-à-dire passablement coloré, richement aromatique, marqué par des notes de fruits noirs, d'épices et de bois, à la bouche gourmande, charnue et enveloppante, aux tanins présents mais mûrs, aux saveurs poivrées des plus persistantes pour un vin de ce prix. Bravissimo! **Cépages :** sangiovese, canaiolo. **Alc./**13,5 %. **www.ricasoli.it**

☛Servir entre 2006 et 2009 à 17 °C

Hamburgers de bœuf à la pommade d'olives noires (olives noires dénoyautées et huile d'olive passées au robot), chili con carne, ragoût de bœuf et purée de polenta ou linguine aux tomates séchées.

Roseline 2004

CÔTES-DE-PROVENCE, ROSELINE DIFFUSION, FRANCE

15 $ SAQ **C** (642595) ★★☆ **$$** **Modéré+**

Très belle réussite que ce 2004 à la couleur soutenue, au nez passablement riche, au fruité d'une belle finesse, à la bouche ample, soyeuse, presque pleine, aux tanins soyeux, à l'acidité discrète et aux saveurs généreuses, rappelant les fruits noirs, le cacao et le café. **Cépages :** syrah, cabernet sauvignon, carignan. **Alc./**13,5 %. **www.chateau-ste-roseline.com**

☛Servir entre 2006 et 2009, à 17 °C et oxygéné en carafe 5 minutes

Foie de veau sauce à l'estragon, médaillons de porc à la pommade d'olives noires (olives noires dénoyautées et huile d'olive passées au robot) ou pâtes en sauce méditerranéenne aux aubergines et à l'ail (avec poivrons, olives noires, câpres, tomates, origan).

Château Puy-Landry 2004

CÔTES-DE-CASTILLON, RÉGIS ET SÉBASTIEN MORO, FRANCE

15,10 $ SAQ **S*** (852129) ★★☆?☆ **$$** **Modéré+**

Difficile de ne pas succomber au charme des vins de la famille Moro en dégustant ce 2004 franchement aromatique, d'une certaine richesse, d'une bouche gourmande, sur le fruit, aux tanins fins et au corps arrondi, terminant sa course sur des saveurs de violette, de poivre, de champignon et de fraise. **Cépages :** 80 % merlot, 10 % cabernet franc, 10 % cabernet sauvignon. **Alc./**12,5 %.

☛Servir entre 2006 et 2010, à 17 °C et oxygéné en carafe 5 minutes

Brochettes de poulet aux champignons portabello, dindon de Noël rôti et jus de cuisson réduit ou filet de bœuf et lanières de poivrons verts et rouges légèrement confits.

Domaine de la Maurelle 2004

CÔTES-DU-RHÔNE, CAVE DES VIGNERONS DE VACQUEYRAS, FRANCE

15,15 $	SAQ **C** (540278)	★★ $$	**Corsé**

Un côtes-du-rhône structuré et passablement riche pour son rang et pour son prix, provenant de vieilles vignes de 40 à 50 ans d'âge. À l'image du précédent 2003, ce 2004 résulte en un vin capiteux, charnu et gourmand. Un bon coup de carafe est nécessaire pour libérer les parfums et pour évacuer les notes de sulfites actuellement omniprésentes. **Cépages :** 70 % grenache, 25 % syrah, 5 % mourvèdre. **Alc.**/13,5 %.

☛ *Servir entre 2006 et 2008, à 17 °C et oxygéné en carafe 15 minutes*

Bœuf à la Stroganov, gigot d'agneau aux cent gousses d'ail ou filet de porc au café noir (voir Filets de bœuf au café noir) (*).

Château St. Jean de la Gineste « Carte Blanche » 2004

CORBIÈRES, M. H. & D. BACAVE, FRANCE

15,35 $	SAQ **S** (875252)	★★★ $$	**Modéré+**

Coup de cœur « en primeur » dans *La Sélection Chartier 2006*, voici le retour de cette désormais référence du Midi. Profondément coloré, richement aromatique, d'une grande maturité de fruit – qui n'est pas sans rappeler le porto LBV! –, plénitude en bouche, charme, sensualité, velouté de texture et persistance des saveurs, voilà un millésime des plus réussis pour ce château des Corbières. Bleuet, cassis, cacao et café donnent le ton tant au nez qu'en bouche. **Cépages :** 50 % carignan, 30 % mourvèdre, 20 % syrah. **Alc.**/13,5 %.

☛ *Servir entre 2006 et 2010, à 17 °C*

Filet de porc au café noir (voir Filets de bœuf au café noir) (*), filets de bœuf à la fourme d'Ambert (*) ou carré d'agneau rôti à la pommade d'olives noires (olives noires dénoyautées et huile d'olive passées au robot).

Parallèle 45 Jaboulet 2005

CÔTES-DU-RHÔNE, MAISON PAUL JABOULET AÎNÉ, FRANCE ***(DISP. AUTOMNE 06)***

15,35 $	SAQ **C** (332304)	★★☆ $$	**Modéré+**

Avec une baisse de prix de deux dollars, ainsi qu'un excellent millésime, le Parallèle de Jaboulet devient plus que jamais LE rouge quotidien chez les vins du Rhône. Et ce, même avec une vaste production annuelle de plus de deux millions de bouteilles. Production que le succès mondial de ce vin a multipliée par six au cours des 10 dernières années. Donc, un rouge coloré, parfumé, marqué par des notes de garrigue et d'olive noire, à la bouche gourmande, pleine, charnue et juteuse, aux saveurs de cassis, de fraise et de poivre. **Cépages :** 60 % grenache, 40 % syrah. **Alc./**13,5 %. **www.jaboulet.com**

Servir entre 2006 et 2009, à 17 °C

Hamburgers de bœuf à la pommade d'olives noires (olives noires dénoyautées et huile d'olive passées au robot), terrine de gibier, foie de veau à l'estragon, dinde rôtie sauce au porto LBV ou bifteck au poivre.

Domaine Labranche Laffont 2002

MADIRAN, CHRISTINE DUPUY, FRANCE

15,45 $	SAQ **S** (919100)	★★☆?☆ $$	**Corsé**

Une ixième réussite de Christine Dupuy à ne pas manquer tant son prix est imbattable. Après un bon coup de carafe, vous découvrirez un madiran coloré, aromatique et profond, aux notes de suie, de mine de crayon et de fruits noirs, à la bouche presque juteuse et très fraîche, tout en étant assez ferme et compacte, et d'une grande allonge pour son rang. On n'y dénote aucun boisé apparent. **Cépages :** 60 % tannat, 20 % cabernet franc, 20 % cabernet sauvignon. **Alc./**13,5 %.

Servir entre 2005 et 2011, à 17 °C et oxygéné en carafe 1 heure

Carré d'agneau au poivre vert, cassoulet et cuisses de canard confites ou filets de bœuf grillés et coulis de poivrons verts (*).

Merlot Christian Moueix 2003

BORDEAUX, ETS JEAN-PIERRE MOUEIX, FRANCE

15,65 $	SAQ **C** (369405)	★★?☆ $$	**Modéré**

Un merlot classiquement bordelais, donc plus fin et plus frais que la grande majorité des merlots des pays du Nouveau Monde. Parfums légèrement poivrés, tanins souples et texture caressante. **Cépage :** merlot. **Alc./**13 %.

Servir entre 2006 et 2008, à 17 °C

Sukiyaki de bœuf aux poivrons verts et rouges, côtes de veau et purée de pois à la menthe (*), rôti de porc ou dindon de Noël rôti et jus de cuisson réduit.

Château Pesquié « Les Hauts de Parandier » 2003

CÔTES-DU-VENTOUX, CHÂTEAU PESQUIÉ, FRANCE

15,70 $	SAQ **S*** (10255939)	★★☆?☆ $$	**Corsé**

Nez pulpeux d'un charme immédiat, aromatique, fin, à la bouche tout aussi invitante, aux tanins soyeux, au corps velouté et aux saveurs qui ont du bagou, laissant ainsi deviner aisément des notes de violette et de cerise. Plaisirs garantis! **Cépages :** 70 % grenache, 30 % syrah. **Alc./**13,5 %. **www.chateaupesquie.com**

☛ Servir entre 2006 et 2009, à 16 °C

Pâtes aux saucisses italiennes épicées, pennine sauce aux poivrons grillés et aux tomates, hachis Parmentier, hamburgers aux champignons et aux lardons ou chili con carne.

Domaine de Fenouillet Grande Réserve 2003 ♥

FAUGÈRES, VIGNOBLES JEANJEAN, FRANCE

15,75 $	SAQ **S*** (881151)	★★★ $$	**Corsé+**

Cette Grande Réserve 2003 est le vin sur mesure pour saisir le profil solaire et les parfums de garrigue, des rouges du Midi. Vous y dénicherez de la couleur, des effluves exubérants et passablement riches, rappelant la confiture de fruits rouges et les herbes séchées de la garrigue, ainsi qu'une bouche pleine, sphérique, texturée, aux tanins présents mais enrobés par une gangue moelleuse, des saveurs percutantes de bleuet, de framboise, de cuir et de garrigue. **Cépages :** grenache, syrah, mourvèdre. **Alc./**13 %. **www.jeanjean.fr**

☛ *Servir entre 2006 et 2011, à 17 °C et oxygéné en carafe 5 minutes*

Gigot d'agneau bardé de branches de romarin frais, médaillons de porc à la pommade d'olives noires (olives noires dénoyautées et huile d'olive passées au robot) ou daube de bœuf niçoise.

Tempranillo Hermanos Lurton 2004

RUEDA, BODEGAS J. & F. LURTON, ESPAGNE

NOUVEAUTÉ!

15,80 $	SAQ **S** (10359261)	★★★ $$	**Modéré+**

Une belle nouveauté que ce tempranillo espagnol, au profil ramassé et compact, plus français qu'hispanique. La robe est d'un rouge grenat foncé, mi-orangé. Le nez, après aération en carafe, est assez riche et porté sur les fruits à point (fraise, grenadine). La bouche est à la fois vivifiante et tannique, aux tanins très frais, aux saveurs relevées et très longues. **Cépage :** tempranillo. **Alc./**13 %. **www.jflurton.com**

☛ *Servir entre 2006 et 2008, à 17 °C et oxygéné en carafe 15 minutes*

Cari d'agneau, gigot d'agneau à l'ail et au romarin, bœuf épicé à l'indienne ou filets de bœuf grillés et sauté de poivrons rouges au curcuma.

Château de Gaudou « Tradition » 2003

CAHORS, DUROU & FILS, FRANCE (***DISP. AUTOMNE 06***)

15,85 $	SAQ **S** (919324)	★★★ $$	**Corsé**

Le millésime 2003 de cette nouvelle étoile filante de Cahors devrait apparaître à la SAQ à l'automne 2006, après l'écoulement des 900 caisses du 2002, débarqué en juillet (voir commentaire dans le

Répertoire additionnel). Forte coloration. Nez très frais pour l'année. De la richesse, de l'élégance et de la précision dans les arômes. Bouche à la fois tannique et enveloppante, soutenue et détendue, pleine et juteuse, d'une belle allonge et d'une fraîcheur unique. Fruits noirs, mine de crayon et tabac donnent le ton en fin de bouche. **Cépages :** 80 % auxerrois (malbec) + tannat, merlot. **Alc./**13,5 %. **www.chateaudegaudou.com**

☛ *Servir entre 2005 et 2012, à 17 °C et oxygéné en carafe 15 minutes*

Filet de porc au café noir (voir Filets de bœuf au café noir) (*), foie de veau sauce à l'estragon ou bœuf à la bière brune et polenta crémeuse au parmesan.

Barbera Le Orme 2004

BARBERA D'ASTI, MICHELE CHIARLO, ITALIE

15,90 $	SAQ **C** (356105)	★★☆ **$$**	**Modéré**

Toujours aussi invitant et festif, ce barbera se montre tout en fruit et en chair, avec fraîcheur et justesse. Élaboré par l'un des maîtres de la barbera, Michele Chiarlo, ce vin est l'une des belles références italiennes du répertoire général de la SAQ. **Cépage :** barbera. **Alc./**13 %. **www.chiarlo.it**

☛ *Servir entre 2006 et 2009, à 16 °C*

Mix grill de légumes sauce balsamique, salade de champignons portabello sautés et de copeaux de parmesan (vinaigrette à la moutarde), brochettes de poulet et de bacon, casserole de poulet à la pancetta ou saumon grillé à la pommade d'olives noires (olives noires dénoyautées et huile d'olive passées au robot).

Chaminé 2005

VINHO REGIONAL ALENTEJANO, CASA AGRICOLA CORTES DE CIMA, PORTUGAL

15,90 $	SAQ **S*** (10403410)	★★☆ **$$**	**Modéré+**

À nouveau un très bon rapport qualité-prix, le Chaminé 2005 se montre par contre moins parfumé et moins débordant de saveurs que ne l'était le pulpeux 2004, salué dans l'édition précédente de ce guide. Il n'en demeure pas moins raffiné, épuré et complet, aux tanins soyeux, qui ont du grain, aux effluves de fruits rouges, un brin poivrés, et au corps ample, sans être corpulent, malgré ses 14° d'alcool. **Cépages :** 50 % aragonez, 41 % syrah, 5 % tricadeira, 4 % touriga nacional. **www.cortesdecima.pt**

☛ *Servir entre 2006 et 2009, à 16 °C et oxygéné en carafe 15 minutes*

Rôti de bœuf à la moutarde de Meaux, bifteck à la pommade d'olives noires (olives noires dénoyautées et huile d'olive passées au robot), souvlakis de porc mariné à l'origan et aux épices à steak ou boudin noir grillé aux oignons et aux lardons.

Château de Camarsac 2003

BORDEAUX-SUPÉRIEUR, BÉRÉNICE LURTON, FRANCE

NOUVEAUTÉ!

15,90 $	SAQ **S** (10521301)	★★★ $$	**Modéré+**

Une nouveauté coup de cœur, introduite en septembre 2006, dans le nouveau magazine *Cellier* de la SAQ. Coloration soutenue, nez riche et profond pour son appellation, tout en étant un brin fermé, bouche à la fois ample et élégante, aux tanins fins, aux saveurs fraîches et persistantes et au corps voluptueux. Achetée en 1973 par Lucien Lurton, propriétaire, entre autres, du margaux Château Brane-Cantenac, cette propriété de Camarsac, située à 20 km à l'est de Bordeaux, est gérée depuis 1992 par Bérénice Lurton, l'une des 10 enfants de Marie-Jeanne et de Lucien Lurton qui dirigent les 11 propriétés bordelaises de la famille. **Cépages :** 70 % merlot, 26 % cabernet sauvignon, 4 % cabernet franc. **Alc./**13 %. **www.lucienlurton.com**

Servir entre 2006 et 2010, à 17 °C et oxygéné en carafe 30 minutes

Filets de bœuf aux champignons et au vin rouge, hamburgers d'agneau aux poivrons rouges confits et au paprika ou rôti de bœuf à la moutarde de Meaux.

Castiglioni 2004

CHIANTI, MARCHESI DE'FRESCOBALDI, ITALIE

15,95 $	SAQ **C** (545319)	★★☆ $$	**Modéré+**

Belle réussite que ce chianti coloré, parfumé à souhait, ample, rond et pulpeux, aux tanins tendres, à l'acidité discrète et au corps voluptueux, égrainant des saveurs de framboise et de cerise noire. Difficile de trouver mieux chez les vins de cette appellation, mis à part, bien sûr, les habituellement plus soutenus et complexes vins d'appellation Chianti Classico. **Cépages :** 85 % sangiovese, 15 % merlot. **Alc./**13 %. **www.frescobaldi.it**

Servir entre 2006 et 2008, à 16 °C

Foie de veau à la vénitienne et polenta crémeuse au parmigiano (*), hamburgers aux champignons et aux lardons, pain de viande, spaghetti bolognaise, lasagne au four ou pâtes aux saucisses italiennes.

Château Pontet-Laroche 2003

PREMIÈRES-CÔTES-DE-BORDEAUX, JULIEN ET MARTINE PALAU, FRANCE

15,95 $	SAQ **C** (475855)	★★☆ $$	**Corsé**

Dans cette version 2003, Pontet-Laroche présente un vin de « côtes », à dominante de merlot, qui a du caractère et qui secoue. Parfait pour faire découvrir Bordeaux à l'amateur de vins du Midi que vous êtes! Le nez exhale des notes sauvages de cuir ainsi que de fruits confits. La bouche se montre pleine, pulpeuse et persistante. **Cépages :** 60 % merlot, 40 % cabernet sauvignon et cabernet franc. **Alc./**12,5 %. **www.chateaularoche.com**

Servir entre 2006 et 2008, à 17 °C

Filets de bœuf au café noir (*), côtes de veau et purée de pois à la menthe (*) ou rôti de bœuf au vin rouge.

Merlot Atrium 2004

PENEDÈS, MIGUEL TORRES, ESPAGNE

15,95 $	SAQ **C** (640201)	★★☆?☆ $$	**Corsé**

À mille lieues des flasques et dodus merlots californiens, cet espagnol se montre on ne peut plus européen avec son profil compact, élancé et passablement nourri. Du coffre, des tanins, de la fraîcheur, du charme et des saveurs éclatantes de fruits noirs, sans tomber dans le racolage facile. Bravo! **Cépage :** merlot. **Alc./**13,5 %. **www.torreswines.com**

☛ *Servir entre 2006 et 2010, à 17 °C et oxygéné en carafe 5 minutes*

Filet d'agneau et coulis de poivrons rouges, brochettes de bœuf et de foie de veau aux poivrons rouges confits ou rôti de bœuf à la moutarde de Meaux.

Merlot Danzante 2004

MERLOT DELLA SICILIA, DANZANTE WINES, ITALIE ***(DISP. FÉVR. 07)***

NOUVEAUTÉ!

15,95 $	SAQ **S** (code non disp.)	★★★ $$	**Corsé+**

Pour son prix, ce merlot sicilien étonne par sa structure, son coffre et sa persistance. Du fruit (fraise, mûre), du poivre, des tanins solides, de l'ampleur et de la texture. Rien à voir avec les merlots californiens trop souvent flasques. **Cépage :** merlot. **Alc./**13,5 %. **www.danzantewines.com**

☛ *Servir entre 2006 et 2011, à 17 °C*

Tranches d'épaule d'agneau grillées sauce au poivre, bœuf à la bière brune et polenta crémeuse au parmesan ou carré de porc aux tomates séchées.

Mont Tauch Vieilles Vignes 2004

FITOU, MONT TAUCH, FRANCE

15,95 $	SAQ **S*** (10304067)	★★☆ $$	**Modéré+**

Bonne coloration. Nez aromatique, d'une certaine richesse et fin, aux effluves de fraises compotées et d'épices douces. Bouche marquée par un très beau fruit, par des tanins assez souples pour l'appellation et par un corps modéré. Finesse, précision et plaisir immédiat. **Cépages :** 40 % carignan, 40 % grenache, 20 % syrah. **Alc./**13,5 %. **www.cru-fitou.com/montTauch**

☛ *Servir entre 2006 et 2008, à 16 °C*

Bœuf à la Stroganov, carbonade à la flamande ou filet de porc au café noir (voir Filets de bœuf au café noir) (*).

Primitivo Danzante 2004

PRIMITIVO DELLA PUGLIA, DANZANTE WINES, ITALIE ***(DISP. FÉVR. 07)***

NOUVEAUTÉ!

15,95 $ SAQ **S** (code non disp.) ★★☆?☆ **$$** **Corsé+**

Un très beau rouge du sud de l'Italie, plus précisément de la province des Pouilles (Puglia), d'une belle coloration, d'un nez engageant, aux notes de fruits noirs, presque confits, ainsi que de réglisse et de café, d'une bouche à la fois pleine, ronde, tannique et très fraîche, aux saveurs éclatantes de fraise, de mûre et de bleuet. Longtemps, les ampélographes ont cru que le zinfandel avait pour origine des ceps de primitivo apportés en Californie par les immigrants italiens lors de la ruée vers l'or. Grâce à des méthodes d'identification par ADN, les chercheurs ont découvert, il y a trois ans, que le primitivo n'est pas le géniteur du zinfandel, mais plutôt l'un de ses « frères ». Tous les deux seraient des clones d'un autre cépage. Leur paternité revient au crljenak kastelanski, un ancestral cépage d'origine croate, encore cultivé sur une île de Croatie. **Cépage :** primitivo. **Alc./**13 %. **www.danzantewines.com**

☛*Servir entre 2006 et 2009, à 17 °C*

Hamburgers d'agneau aux poivrons rouges confits et au fromage bleu, terrine de gibier, bifteck à la pommade d'olives noires (olives noires dénoyautées et huile d'olive passées au robot) ou bœuf bourguignon et polenta crémeuse au parmigiano et aux oignons caramélisés.

Nero d'Avola-Shiraz Mezzo Giorno 2004

SICILIA, PASQUA & FAZIO WINES, ITALIE

16,05 $ SAQ **S*** (898783) ★★☆ **$$** **Modéré+**

Ce 2004 se montre plus sur le fruit et la fraîcheur, contrairement au 2003, qui était franchement plus balsamique, allant même jusqu'à rappeler le profil d'un ripasso. Belle matière ramassée, d'une certaine densité, des tanins présents, sans excès, du fruit et de la persistance. **Cépages :** 60 % syrah, 40 % grenache. **Alc./**13 %. **www.faziowines.com**

☛*Servir entre 2006 et 2009, à 17 °C*

Pâtes aux olives noires (*), spaghetti gratiné aux saucisses italiennes, poitrines de poulet aux pruneaux et aux olives noires ou ragoût de bœuf au vin rouge et polenta crémeuse au parmesan.

Clos St. Thomas « Les Émirs » 2000

VALLÉE DE LA BEKAA, CLOS ST. THOMAS, LIBAN

16,10 $ SAQ **S** (927822) ★★☆ **$$** **Modéré+**

Charmeur, enveloppant, velouté et généreux, voilà un rouge de la fameuse plaine de la Bekaa qui n'est pas sans rappeler certains vins de Toscane. Un régal pour l'osso buco! **Cépages :** cabernet sauvignon, grenache. **Alc./**14 %. **www.closstthomas.com**

☛*Servir entre 2006 et 2009, à 17 °C*

Osso buco, risotto aux tomates séchées, carré de porc aux tomates séchées ou pâtes en sauce méditerranéenne aux aubergines et à l'ail (avec poivrons, olives noires, câpres, tomates, origan).

Château Grand Moulin « Vieilles Vignes » 2003

CORBIÈRES, JEAN-NOËL BOUSQUET, FRANCE

16,20 $ SAQ **C** (721043) ★★☆?☆ $$ **Modéré+**

Ce 2003, disponible après l'écoulement des stocks du gourmand 2002, représente plus que jamais l'une des valeurs sûres de l'appellation Corbières. Tout y est : couleur, nez, avec des notes épicées en prime, corps, moelleux, fraîcheur, harmonie, saveurs engageantes (framboise, poivre et cacao) et persistance. Pas d'excès ni d'esbroufes, que du vin! Il faut dire que Jean-Noël Bousquet sait faire. Après avoir cultivé la vigne pendant 15 ans, il achète ce château en 1988 et commence ses premières vinifications, qui, rapidement, positionneront ses vins parmi les plus avantageux et les plus inspirants de la région. Depuis, ses différentes cuvées sont devenues les préférées des Québécois amateurs de vins du Midi. **Cépages :** 50 % syrah, 20 % carignan, 20 % grenache, 10 % mourvèdre. **Alc./**13,5 %.

☛ *Servir entre 2006 et 2010, à 17 °C*

Filets de bœuf grillés et sauté de poivrons rouges au curcuma, gigot d'agneau à l'ail et au romarin flanqué d'une ratatouille ou veau marengo (de longue cuisson) et pâtes aux œufs.

Vignes de Nicole 2005

VIN DE PAYS D'OC, LES DOMAINES PAUL MAS, FRANCE

16,20 $ SAQ **S*** (10273416) ★★☆?☆ $$ **Corsé**

Couleur plus soutenue que jamais, nez actuellement retenu mais riche de promesses, bouche dense, tannique et ferme, aux tanins mûrs et étonnamment tissés très serrés, aux saveurs expressives, rappelant le cassis, le tabac et le chêne. Rares sont les vins de ce prix aussi extraits et complets. Sera plus détendu et plus expressif d'ici 2008. **Cépages :** 50 % syrah, 50 % cabernet sauvignon. **Alc./**13,5 %. **www.paulmas.com**

☛ *Servir entre 2006 et 2011, à 17 °C et oxygéné en carafe 30 minutes*

Entrecôte aux lanières de poivron vert, *T-bone* grillé aux épices à steak ou brochettes de porc à la nigelle.

Eremo Fontanafredda 2003

LANGHE, FONTANAFREDDA, ITALIE

16,25 $ SAQ **S** (10399078) ★★☆?☆ $$ **Corsé**

Ne manquez pas le retour de ce bel assemblage piémontais, richement aromatique, exhalant des notes de fruits mûrs (prune et cerise noire) et de torréfaction, à la bouche à la fois fraîche et serrée, aux tanins un brin ferme, au corps modéré et aux saveurs expressives. Un vin de terroir, à un prix plus que doux. **Cépages :** barbera, nebbiolo. **Alc./**12,5 %. **www.fontanafredda.it**

☛ *Servir entre 2006 et 2011, à 17 °C et oxygéné en carafe 15 minutes*

Veau marengo (de longue cuisson) et pâtes aux œufs, cuisses de poulet grillées au pesto de tomates séchées ou pâtes en sauce méditerranéenne aux aubergines et à l'ail (avec poivrons, olives noires, câpres, tomates, origan).

Campolieti « Classico Superiore » 2004

VALPOLICELLA, LUIGI RIGHETTI, ITALIE

16,30 $	SAQ **S** (964569)	★★☆ $$	**Modéré**

Un beau « valpo », né de la méthode ripasso, tout en fruits (fraise et cerise) et en souplesse, à l'acidité discrète, aux tanins soyeux et au corps modéré. Le vin de soif par excellence. Fera fureur sur les plats de pâtes à la sauce tomate de cuisson rapide. **Cépages :** corvina, rondinella, molinara. **Alc./**12,5 %.

☛ *Servir entre 2006 et 2008, à 15 °C*

Pâtes à la sauce tomate de cuisson rapide, pâtes au poulet grillé et au basilic, pizza carrée froide à la tomate et aux herbes, cuisses de poulet aux tomates et aux herbes, pennine all'arrabbiata, tortellini sauce rosée ou saumon grillé à la salsa épicée de tomates.

Donnadieu Cuvée Mathieu et Marie 2004

SAINT-CHINIAN, CHRISTINE SIMON, FRANCE

16,30 $	SAQ **C** (642652)	★★☆?☆ $$	**Modéré+**

L'une des belles réussites de cette cuvée, plus engageante et plus méditerranéenne que jamais en 2004. Nez très expressif, aux relents de garrigue et de fraise des champs, bouche généreuse, tonique et persistante à souhait. Il faut dire que la famille Simon s'y connaît, car elle est avant tout propriétaire du célèbre Clos Bagatelle à Saint-Chinian, dont les vins sont, bon an mal an, des *musts* de ce guide. **Cépages :** syrah + grenache noir, mourvèdre. **Alc./**13 %.

☛ *Servir entre 2006 et 2010, à 17 °C*

Souvlakis de porc mariné à l'origan et aux épices à steak, cuisses de poulet aux olives noires et aux tomates confites, lasagne à la bolognaise ou veau marengo (de longue cuisson) et pâtes aux œufs.

CARM 2004

DOURO, CASA AGRICOLA ROBOREDO MADEIRA, PORTUGAL ***(DISP. AUTOMNE 06)***

NOUVEAUTÉ!

16,35 $	SAQ **S** (10540297)	★★★☆ $$	**Corsé**

Un excellent douro rouge, au profil moderne, sans esbroufe, à ranger parmi les découvertes de l'année. De la couleur, du nez, de la richesse, de la fraîcheur, de la race, un boisé judicieusement intégré, des tanins tissés très serrés, et des saveurs d'une grande allonge, dans un ensemble compact et dense, sans lourdeur. Café, cassis, muscade et violette participent au charme. CARM est une entreprise familiale, spécialisée dans la production de très grandes huiles d'olive, ainsi que dans l'élaboration d'excellents vins provenant de leurs vignobles situés dans le Douro Superiore. **Cépages :** touriga franca, tinta roriz, touriga nacional. **Alc./**13 %. **www.carm.pt**

☛ *Servir entre 2006 et 2014, à 17 °C et oxygéné en carafe 45 minutes*

Carré d'agneau au poivre vert et à la cannelle, filets de bœuf au café noir (*) ou magret de canard rôti à la nigelle.

Gran Feudo « Crianza » 2003

NAVARRA, BODEGAS JULIÁN CHIVITE, ESPAGNE

16,35 $	SAQ **C** (10507817)	★★☆ $$	**Corsé**

Très beau rouge typiquement espagnol, c'est-à-dire marqué par un nez de fruits rouges confits, d'épices et de torréfaction, à la bouche généreuse, sans excès, compacte et étonnamment ramassée, fraîche, pleine et charnue, aux tanins présents mais presque dodus et aux saveurs persistantes laissant des traces de chanvre, de poivre et de framboise. **Cépages :** tempranillo, garnacha, cabernet sauvignon. **Alc./**12,5 %. **www.chivite.com**

☛ *Servir entre 2006 et 2009, à 17 °C*

Rôti de porc aux épices à steak, foie de veau sauce à l'estragon, filets de bœuf au concassé de poivre et patates douces rôties au romarin ou hamburgers au fromage et aux champignons (avec bacon, poivrons rouges confits et romarin frais).

Shiraz d'Istinto 2005

SICILIA, CALATRASI, ITALIE ***(DISP. AUTOMNE 06)***

NOUVEAUTÉ!

16,45 $	SAQ **S** (10676400)	★★★ $$	**Corsé**

À l'image des très bonnes shiraz australiennes, cette syrah sicilienne est une vraie bombe offerte à un prix incomparable. De la couleur, du fruit, de l'expression, de la tenue, des tanins fins, de la fraîcheur et de l'ampleur. Une affaire, je vous le dis. **Cépage :** shiraz (syrah). **Alc./**13,5 %. **www.calatrasi.it**

☛ *Servir entre 2006 et 2011, à 17 °C et oxygéné en carafe 15 minutes*

Pâtes aux olives noires (*), lapin à la toscane (*), hamburgers de bœuf à la pommade d'olives noires (olives noires dénoyautées et huile d'olive passées au robot) ou côte de veau grillée au fromage bleu et réduction de porto (avec balsamique et miel).

Baga Reserva Marquês de Marialva 2003

BAIRRADA, ADEGA COOPERATIVA DE CANTANHEDE, PORTUGAL

16,60 $	SAQ **S*** (10651755)	★★☆ $$	**Modéré+**

Ce vin, aussi offert dans un coffret de carton noir, à 17,05 $ (883041), se montre coloré, aromatique, passablement relevé, au fruité expressif et mûr, un brin boisé, à la bouche ronde, généreuse et épicée, aux tanins tendres et aux saveurs persistantes. **Cépages :** 90 % baga, 10 % moreto de Cantanhede. **Alc./**14 %. **www.cantanhede.com**

Servir entre 2006 et 2009, à 17 °C

Côtelettes de porc aux poivrons rouges confits ou brochettes de bœuf sauce au poivre vert ou filets de bœuf au concassé de poivre et patates douces rôties au romarin.

Château Grinou Réserve 2005

BERGERAC, CATHERINE ET GUY CUISSET, FRANCE

16,65 $	SAQ **S*** (896654)	★★★ $$	**Modéré+**

Un ixième merlot de charme et de générosité provenant de ce domaine de référence. Ultra-coloré, richement aromatique, exhalant des effluves de violette, de cerise noire et de vanille, ample, presque dodu et velouté, tout en étant marqué par un grain de tanins fins. À croquer à pleines dents! **Cépage :** merlot. **Alc./**14 %.

Servir entre 2006 et 2010, à 17 °C et oxygéné en carafe 5 minutes

Osso buco, poulet grillé au pesto de tomates séchées, côtelettes de porc sauce aux champignons ou hamburgers d'agneau aux poivrons rouges confits et au curcuma.

Château Tour Boisée « Marielle & Frédérique » 2004

MINERVOIS, DOMAINE LA TOUR BOISÉE, FRANCE

16,75 $	SAQ **S*** (896381)	★★☆ $$	**Modéré+**

Après un 2003 gourmand et juteux, Jean-Louis Poudou présente un 2004 d'une fraîcheur et d'un élan des plus engageants. Lors d'une rencontre à Montréal en mai 2006, ce personnage imposant et haut en couleur commentait le recul de la France en ces mots on ne peut plus cinglants : « Pendant que les Français tuaient le bébé, les Australiens le faisaient naître! » Comme le dit si bien cet homme de terroir, très impliqué dans la reconnaissance de l'appellation : « Le cépage n'a pas d'importance, c'est le raisin qui importe ! » Ce qui explique la précision et la fraîcheur de ses vins, nés dans la vigne avant tout, où, tel un puériculteur, il passe la plus grande partie de son temps à la bichonner et à tenter d'y saisir l'esprit qui émane de chaque parcelle. **Cépages :** 35 % cinsaut, 25 % grenache, 15 % syrah, 15 % carignan (vieilles vignes), 10 % mourvèdre. **Alc./**13,8 %.
www.domainelatourboisee.com

Servir entre 2006 et 2010, à 16 °C

Hamburgers de veau à l'italienne (avec oignons rouges, poivrons rouges rôtis et paprika), quesadillas (*wraps*) au poulet et au pesto de tomates séchées ou foie de veau accompagné d'un confit de betteraves et d'oignons rouges (avec une pointe de vinaigre balsamique).

Château Bertinerie 2003

PREMIÈRES-CÔTES-DE-BLAYE, CHÂTEAU BERTINERIE, FRANCE

16,80 $	SAQ **S*** (962118)	★★☆ $$		**Modéré**

D'un rouge grenat presque foncé. D'un nez aromatique, classique et fin, aux effluves de champignon de Paris, de sous-bois et de fraise. D'une bouche ample et soyeuse, aux tanins ronds et tendres, à l'acidité discrète et aux courbes presque sensuelles. Du bon bordeaux à bon prix. **Cépages :** 60 % merlot, 30 % cabernet sauvignon, 10 % cabernet franc. **Alc.**/12,5 %. **www.chateaubertinerie.com**

☛ *Servir entre 2006 et 2009, à 17 °C*

Côtelettes de porc aux poivrons rouges confits épicés, filet de bœuf et lanières de poivrons verts et rouges légèrement confits ou quesadillas (*wraps*) au bifteck et aux champignons.

Château du Grand Moulas 2003

CÔTES-DU-RHÔNE VILLAGES, M. RYCKWAERT, FRANCE

16,80 $	SAQ **S*** (961169)	★★☆ $$		**Modéré+**

Le vin de ce château rhodanien est devenu, depuis plus d'une décennie, l'un des chouchous des amateurs québécois chez les rouges de cette appellation. Le 2003 confirme à nouveau son statut. Le nez de syrah est fumé à souhait, épicé et cacaoté, la bouche suit avec générosité, fraîcheur et persistance, sans tomber dans l'excès de maturité que les conditions climatiques caniculaires de 2003 auraient pu provoquer. **Cépages :** 70 % syrah + grenache noir, mourvèdre. **Alc.**/13,5 %. **www.grand-moulas.com**

☛ *Servir entre 2006 et 2009, à 16 °C*

Pizza au poulet et au pesto de tomates séchées, pâtes en sauce méditerranéenne aux aubergines et à l'ail (avec poivrons, olives noires, câpres, tomates, origan), polenta crémeuse aux olives noires et au parmigiano reggiano ou brochettes de bœuf épicées à l'indienne.

Moma 2004

RUBICONE, UMBERTO CESARI, ITALIE ***(DISP. NOV. 06)***

NOUVEAUTÉ!

16,80 $	SAQ **S** (10544781)	★★☆?☆ $$		**Modéré+**

Belle nouveauté italienne, de la désormais réputée maison Cesari, dont l'étiquette est signée par une toile de l'artiste Giorgio Morandi. Il en résulte un rouge aromatique et généreux, aux tanins fins mais bien marqués, aux saveurs expressives, jouant dans la sphère des fruits rouges et de la réglisse, et à l'acidité fraîche. Classiquement italien, contrairement aux autres rouges plus Nouveau Monde de cette maison. **Cépages :** 80 % sangiovese, 10 % cabernet sauvignon, 10 % merlot. **Alc.**/13 %. **www.umbertocesari.it**

☛ *Servir entre 2006 et 2009, à 17 °C et oxygéné en carafe 15 minutes*

Fettucine all'amatriciana « à ma façon » (*), *T-bone* grillé aux épices à steak ou gigot d'agneau au vin rouge et aux herbes.

Sedàra « Nero d'Avola » 2004

SICILIA, TENUTA DONNAFUGATA, ITALIE

16,80 $	SAQ S* (10276457)	★★☆?☆ $$	Corsé

Un Sedàra 2004 qui se montre très coloré, richement aromatique, au fruité mûr et torréfié, à la bouche généreuse, charnue et juteuse, au corps plein et aux tanins solides, sans être durs. Donc, plus soutenu que dans les millésimes précédents. Ce vin, tout comme les autres crus de cette excellente maison sicilienne, est devenu, au fil des onze ans de *La Sélection Chartier*, une référence chez les vins de cépage nero d'avola, noble cépage italien s'il en est un. **Cépage :** nero d'avola. **Alc./**13,5 %. **www.donnafugata.com**

☛ *Servir entre 2006 et 2010, à 17 °C et oxygéné en carafe 15 minutes*

Gigot d'agneau à l'ail et au romarin, filets de bœuf au café noir (*), osso buco au fenouil et gremolata ou cassoulet et cuisses de canard confites.

Jaen Bela Fonte 2003

VINHO REGIONAL BEIRAS, DFJ VINHOS, PORTUGAL

16,90 $	SAQ S (902478)	★★☆ $$	Modéré+

Élégant et élancé rouge portugais, à base de l'original cépage jaen, qui, après un séjour en carafe, se montre assez aromatique et d'une certaine richesse, à la bouche ample, fraîche et savoureuse, aux tanins très fins et à la texture raffinée, modérément pleine. Non sans rappeler certains cabernets francs de Loire et certains mencia de Bierzo, une zone de production d'Espagne. **Cépage :** jaen. **Alc./**12 %. **www.dfjvinhos.com**

☛ *Servir entre 2006 et 2011, à 17 °C et oxygéné en carafe 1 heure*

Filets de bœuf grillés et coulis de poivrons verts (*), brochettes de bœuf à l'origan ou foie de veau sauce à l'estragon.

Sirius 2001

BORDEAUX, MAISON SICHEL, FRANCE

16,90 $	SAQ C (223537)	★★☆ $$	Modéré+

Nez pulpeux, engageant et des plus charmeurs, aux notes de café, de prune, de cerise noire. Bouche tout aussi invitante, enveloppante et texturée, on ne peut plus merlot, d'une belle fraîcheur, aux tanins tendres et aux saveurs persistantes à souhait. **Cépages :** 55 % merlot, 40 % cabernet sauvignon, 5 % cabernet franc. **Alc./**12 %. **www.sichel.fr**

☛ *Servir entre 2006 et 2009, à 17 °C*

Foie de veau à la vénitienne et polenta crémeuse au parmigiano (*), brochettes de poulet aux champignons portabello ou filet de saumon grillé sauce au vin rouge (voir Filet de saumon au pinot noir) (*).

Château des Matards 2004

PREMIÈRES-CÔTES-DE-BLAYE, TERRIGEOL ET FILS, FRANCE

16,95 $	SAQ **C** (640276)	★★☆ $$	**Modéré+**

Parfait pour les amateurs de vins style Nouveau Monde. Nez étonnamment riche et mûr, presque pulpeux, aux notes de framboise et de cerise noire. Bouche ample, assez joufflue, aux tanins enrobés, à l'acidité discrète et aux saveurs persistantes, laissant des traces de café, de cacao, de prune et d'épices douces. **Cépages :** merlot, cabernet sauvignon. **Alc./**12,5 %.

☛ *Servir entre 2006 et 2009, à 17 °C*

Tranches d'épaule d'agneau grillées saupoudrées de curry et de chili, bœuf à la bière brune et polenta crémeuse au parmesan ou filets de bœuf grillés et sauté de poivrons rouges au curcuma.

Corona de Aragón Reserva 2000 ♥

CARIÑENA, GRANDES VINOS Y VIÑEDOS, ESPAGNE

NOUVEAUTÉ!

16,95 $	SAQ **S*** (10462778)	★★★ $$	**Corsé+**

Un nouveau venu, à la robe très foncée et violacée, au nez concentré de fruits noirs, à la bouche charnue, pleine et tannique, aux tanins enrobés et aux saveurs pulpeuses et explosives de mûre, de bleuet, de café et de cacao. Rares sont les vins de ce prix qui offrent autant à boire et à manger! **Cépages :** 40 % garnacha, 30 % tempranillo, 20 % carignan, 10 % cabernet sauvignon. **Alc./**13 %. **www.grandesvinos.com**

☛ *Servir entre 2006 et 2012, à 17 °C et oxygéné en carafe 15 minutes*

Hamburgers d'agneau aux poivrons rouges confits et au curcuma, tranches d'épaule d'agneau grillées sauce au porto LBV, braisé de bœuf à l'anis étoilé, entrecôte au fromage bleu ou osso buco au fenouil et gremolata.

Dourthe Nº 1 2004

BORDEAUX, VINS ET VIGNOBLES DOURTHE, FRANCE

16,95 $	SAQ **C** (409912)	★★☆?☆ $$	**Corsé**

Le très bon 2004 du Dourthe Nº 1, qui célèbre en 2006 ses 15 années de succès au Québec, devrait réjouir l'amateur de bordeaux plaisir, tout en fruits (fraise, cerise noire) et en chair, aux courbes sensuelles. Il se montre même un brin supérieur au 2003! Un vin gourmand, aux tanins tendres, mais avec du tonus, aux saveurs pulpeuses et au corps plein qui, heureusement, ne souffre pas de « merloïte » aiguë. **Cépages :** 65 % merlot, 35 % cabernet sauvignon. **Alc./**13 %. **www.dourthe.com**

☛ *Servir entre 2006 et 2010, à 17 °C et oxygéné en carafe 5 minutes*

Côtelettes de porc aux poivrons rouges confits, bœuf à la Stroganov, filets de bœuf au café noir (*) ou rôti de bœuf aux champignons.

Château Peyros 2000

MADIRAN, CHÂTEAU PEYROS, FRANCE

17 $ SAQ **S*** (488742) ★★★ $$ **Corsé+**

Dégusté à plusieurs reprises depuis l'an passé, le Peyros 2000 est plus que jamais une belle référence chez les madirans offerts à bon prix – sans compter que son prix a été revu à la baisse de plus de deux dollars. La robe est noire, le nez est complexe et passablement concentré, tout en étant fin, aux arômes de cuir neuf, de fruits noirs et de graphite, la bouche est à la fois tannique et juteuse, ferme et enveloppante, fraîche et persistante. Du beau madiran, au corps relevé, sans excès, déjà agréable à boire, même si un brin ferme en finale, et qui évoluera en beauté quelques années. **Cépages :** 55 % tannat, 25 % cabernet sauvignon, 20 % cabernet franc. **Alc./**12,5 %. **www.chateau-branda.com**

Servir entre 2006 et 2012, à 18 °C et oxygéné en carafe 15 minutes

Ragoût d'agneau aux quatre-épices (poivre, muscade, gingembre en poudre et clous de girofle), braisé de bœuf à l'anis étoilé ou filets de bœufs grillés et sauté de poivrons rouges au curcuma.

Château Roland La Garde « Tradition » 2003

PREMIÈRES-CÔTES-DE-BLAYE, BRUNO MARTIN, FRANCE

17 $ SAQ **S** (10388344) ★★★ $$ **Modéré+**

Assurément l'un des bons achats chez les bordeaux offerts sous la barre des 20 $. Du fruit, de la chair, de l'ampleur, de la fraîcheur et de la persistance, dans un ensemble richement savoureux, sans boisé apparent. **Cépages :** merlot, cabernet sauvignon. **Alc./**14 %. **www.chateau-roland-la-garde.com**

Servir entre 2006 et 2009 et oxygéné en carafe 5 minutes

Pétoncles en civet (*), côtelettes de porc aux poivrons rouges confits, filet de bœuf et lanières de poivrons verts et rouges légèrement confits ou dindon de Noël sauce au porto LBV.

Domaine Borie de Maurel « Esprit d'Automne » 2005

MINERVOIS, DOMAINE BORIE DE MAUREL, FRANCE

17 $ SAQ **S*** (875567) ★★★ $$ **Modéré+** BIO

Un 2005 aux tanins d'une tendreté rarissime chez les minervois aussi jeunes, exprimant un fruité frais et une texture veloutée. Élaboré par Michel Escande, viticulteur et vinificateur de talent, qui magnifie aussi la superbe cuvée Sylla (aussi commentée dans ce guide). **Cépages :** 40 % syrah, 30 % carignan, 30 % grenache noir. **Alc./**13 %. **www.boriedemaurel.fr**

Servir entre 2006 et 2009, à 16 °C

Tartinade d'olives noires (olives noires dénoyautées, graines de fenouil, zestes d'orange et huile d'olive passés au robot), pâtes aux olives noires (*), quesadillas (*wraps*) au bifteck et au fromage bleu ou côtes levées à l'anis et à l'orange.

Mas Collet 2003

MONTSANT, CELLER DE CAPÇANES, ESPAGNE

17 $	SAQ **C** (642538)	★★☆?☆ $$	**Corsé+**

Un beau 2003 – dont le prix a été revu à la baisse de presque deux dollars –, sans être aussi sphérique et pulpeux qu'en 2002. Il se montre tout de même savoureux, parfumé à souhait, sans vraiment être boisé, généreux, plein et tannique, solidement assis sur des tanins très serrés mais sans dureté, aux saveurs capiteuses, rappelant les fruits rouges confits et la torréfaction. Donc, d'un profil plus compact et ramassé que par le passé. **Cépages :** grenache (vieilles vignes), tempranillo, cabernet, carignan. **Alc.**/14 %. **www.cellercapcanes.com**

☛ *Servir entre 2006 et 2009, à 17 °C et oxygéné en carafe 15 minutes*

Ragoût de bœuf et polenta crémeuse au parmesan, filets de bœuf grillés et sauté de poivrons rouges au curcuma ou osso buco au fenouil et gremolata.

Merlot Le Prunée Tommasi 2004

DELLE VENEZIE, TOMMASI VITICOLTORI, ITALIE ***(DISP. NOV. 06)***

NOUVEAUTÉ!

17 $	SAQ **S** (10556045)	★★★ $$	**Modéré+**

Un merlot italien pulpeux et enveloppant, avec une belle tenue et de la fraîcheur, exactement comme on les aime. Sensuel, généreux et débordant de saveurs (cerise noire, prune et violette). **Cépage :** 100 % merlot. **Alc.**/12,5 %. **www.tommasiwine.it**

☛ *Servir entre 2006 et 2010, à 17 °C*

Pâtes au pesto de tomates séchées, poitrines de poulet aux pruneaux et aux olives noires, casserole de poulet à la pancetta ou veau marengo (de longue cuisson) et pâtes aux œufs.

Château Pineraie 2002

CAHORS, BURC ET FILS, FRANCE

NOUVEAUTÉ!

17,05 $	SAQ **S** (912915)	★★☆?☆ $$	**Corsé**

Un classique, donc coloré, parfumé, complexe, un brin animal et réglissé à souhait, charnu, très frais, tannique, élancé, ramassé et très long, laissant deviner des notes de fruits noirs, de café et de tabac. **Cépages :** 85 % auxerrois (malbec), 15 % merlot. **Alc.**/12 %. **www.chateaupineraie.com**

☛ *Servir entre 2006 et 2012, à 17 °C*

Foie de veau sauce à l'estragon ou filets de bœuf grillés et coulis de poivrons verts (*).

Castelinho Reserva 2003

DOURO, CASTELINHO VINHOS, PORTUGAL

17,10 $	SAQ **S** (897819)	★★★?☆ $$	**Corsé**

Une cuvée reserva 2003 d'une grande harmonie, moins boisée que dans les précédents millésimes, d'une bonne coloration, d'un nez élégant et subtilement aromatique, marqué par un fruité pulpeux, d'une bouche tout aussi distinguée et texturée, aux tanins d'une superbe maturité, enveloppés par une gangue veloutée, aux saveurs de mûre, de cerise noire, de prune, de café et de violette, perdurant longuement en fin de bouche. **Cépages :** touriga franca, tinta roriz, touriga nacional, tinta barroca + autres variétés portugaises. **Alc./**13,5 %. **www.castelinho-vinhos.pt**

☛ *Servir entre 2006 et 2015, à 17 °C et oxygéné en carafe 15 minutes*

Lapin aux pruneaux, longe de porc (fumée si possible) sauce au boudin noir et au vin rouge, osso buco ou ragoût de bœuf à la bière et polenta crémeuse aux oignons caramélisés.

Château Saint-Auriol 2003

CORBIÈRES, CLAUDE VIALADE & FILS, FRANCE

17,10 $	SAQ **S** (709873)	★★★ $$	**Modéré+**

Excellent 2003 à la couleur profonde, au nez pulpeux et explosif, marqué par un fruité confit et des notes de garrigue, à la bouche à la fois ample et fraîche, texturée et élancée, aux tanins extra-fins, aux saveurs persistantes de fruits rouges, de cacao et d'épices. Il faut dire que ce château, installé sur le terroir de Lagrasse, l'un des meilleurs secteurs des Corbières, est supervisé depuis 2002 par George Pauli, anciennement du célèbre saint-julien Château Gruaud-Larose. **Cépages :** 40 % grenache, 25 % syrah, 20 % mourvèdre + carignan, cabernet. **Alc./**13 %. **www.meschateaux.com**

☛ *Servir entre 2006 et 2010, à 17 °C et oxygéné en carafe 30 minutes*

Filets de bœuf au concassé de poivre et patates douces rôties au romarin, ragoût de veau à l'oignon, mijoté de porc aux piments ou carré de porc à l'ail.

La Segreta 2005

SICILIA, PLANETA, ITALIE

17,10 $	SAQ **S*** (898296)	★★☆?☆ $$	**Modéré+**

Une Segreta 2005 au profil rappelant le très bon 2004, moins Nouveau Monde, l'élevage étant effectué depuis 2004 uniquement en cuve inox. Donc, un rouge gourmand mais d'une belle fraîcheur, aux saveurs de fruits presque compotés, un brin épicées, aux tanins présents mais d'une certaine souplesse, et au corps modéré. **Cépages :** 50 % nero d'avola, 30 % merlot, 20 % syrah. **Alc./**13 %. **www.planeta.it**

☛ *Servir entre 2006 et 2009, à 17 °C*

Penne aux saucisses italiennes, pizza à l'aubergine, à l'ail et au provolone ou foie de veau à la vénitienne et polenta crémeuse au parmigiano (*).

Bronzinelle 2004

COTEAUX-DU-LANGUEDOC, CHÂTEAU SAINT-MARTIN DE LA GARRIGUE, FRANCE

17,15 $ SAQ **S*** (10268588) ★★★ $$ **Modéré+**

Une ixième réussite de ce cru languedocien – dont ce millésime 2004, disponible au courant de l'automne 2006 –, devenu l'une des références les plus appréciées au Québec. Du fruit, de la précision, de l'ampleur et de la fraîcheur, dans un ensemble plus longiligne qu'en 2003. Lys, poivre, garrigue et cerise noire participent à l'enchantement de cette cuvée émanant d'un terroir englobé dans un ensemble écologique naturel de plus de 160 hectares de bois et de garrigues. N'étant qu'à 15 kilomètres de l'Étang de Thau et de la Méditerranée, les brises marines nocturnes y jouent un rôle de régulateur thermique, permettant aux baies d'engendrer des précurseurs d'arômes d'une belle finesse. **Cépages :** 25 % syrah, 25 % grenache, 25 % carignan (vieilles vignes), 25 % mourvèdre (vieilles vignes). **www.stmartingarrigue.com**

☛ *Servir entre 2006 et 2011, à 17 °C*

Foie de veau sauce à l'estragon, sauté de porc aux poivrons rouges confits et au paprika, carré de porc en croûte de moutarde et d'épices ou gigot d'agneau à l'ail et au romarin.

Ad Vitam 2004

TOURAINE, DOMAINE NUDANT, FRANCE

17,25 $ SAQ **S** (10259729) ★★★ $$ **Corsé+**

Une cuvée moderne, à base de vieilles vignes, ultra-colorée, richement parfumée, aux effluves de fruits noirs et d'épices douces, à la bouche étonnamment tannique et soutenue pour un vin de cette appellation, à l'acidité fraîche et aux saveurs animales de cuir, ainsi qu'aux notes de cassis et de cerise noire, avec une pointe boisée. Un solide gaillard, à attendre une ou deux années avant de l'amadouer. **Cépage :** cabernet franc. **Alc./**12,5 %.

☛ *Servir entre 2008 et 2014, à 17 °C et oxygéné en carafe 30 minutes*

Carré de porc aux tomates séchées, côtes de veau grillées et champignons portabello grillés ou poitrines de volaille à la crème d'estragon (*).

Peyrouzelles 2004

GAILLAC, DOMAINE CAUSSE MARINES, PATRICE LESCARRET, FRANCE

17,25 $ SAQ **S** (709931) ★★☆ $$ **Modéré**

Le Peyrouzelles 2004 se montre tout aussi sur le fruit que dans le millésime précédent. Un rouge de soif, mais avec une belle tenue, du fruit à revendre, des tanins soyeux et une acidité certes discrète mais bel et bien présente en sourdine afin de tendre le vin vers la fraîcheur. Cerise au marasquin et fleurs rouges enjolivent le bouquet. Ce vin contient 5 % de prunelard, un cépage historique à Gaillac, malheureusement *persona non grata* de nos jours dans le Sud-Ouest... **Cépages :** syrah, braucol, duras + prunelard. **Alc./**13 %.

☛ *Servir entre 2006 et 2009, à 16 °C et oxygéné en carafe 15 minutes*

Panini aux poivrons rouges grillés et au fromage de chèvre, fricassée de veau aux tomates confites, foie de veau accompagné d'un confit de betteraves et d'oignons rouges (avec une pointe de vinaigre balsamique) ou yakitori de poulet.

Controvento 2004

DOLCETTO D'ALBA, CANTINA BAVA, ITALIE

17,35 $	SAQ **S** (863548)	★★☆ $$	**Modéré**

Des fruits frais, des fleurs et du plaisir à boire! Voilà ce qu'est le dolcetto, à l'image des meilleurs vins de gamay. De la couleur, des parfums festifs, des tanins soyeux, une fraîche acidité, un corps modéré et une caresse pour les papilles. Ici, pas de barriques, que la pure expression d'un cépage singulier. **Cépage :** dolcetto. **Alc.**/12,6 %. **www.bava.com**

☛ *Servir entre 2006 et 2008, à 15 °C*

Salade de bœuf grillé à l'orientale, panini au poulet et aux poivrons rouges grillés, yakitori de poulet, poulet cacciatore, côtelettes de porc à la niçoise ou pâtes aux saucisses italiennes épicées.

Duas Quintas 2003

DOURO, ADRIANO RAMOS PINTO, PORTUGAL

17,40 $	SAQ **C** (10237458)	★★★ $$	**Corsé**

Cette grande propriété, aussi reconnue pour ses excellents portos, appartient à la maison de champagne française Roederer. Ce vin a été, avec le mythique Barca Velha de Ferreira, le premier rouge de qualité du Douro à voir le jour, ouvrant la porte à la mosaïque d'excellents rouges qui peuplent le Douro aujourd'hui. Il provient de deux célèbres *quintas* (vignobles) : la Quinta de Ervamoira, au sol schisteux, d'où provient aussi le célèbre tawny du même nom, et la Quinta dos Bons Ares, au sol granitique. Le résultat en 2003 est hyper aromatique (épices, lys, cassis), charnu, tannique, généreux et très ramassé. Donc, un vin qui sera plus détendu dans deux ou trois ans, ou après un séjour en carafe. **Cépages :** touriga francesa, tinta roriz, touriga nacional. **www.ramospinto.pt**

☛ *Servir entre 2006 et 2013, à 17 °C et oxygéné en carafe 2 heures*

Filets de bœuf au café noir (*), braisé de bœuf à l'anis étoilé ou osso buco au fenouil et gremolata.

Mas Haut-Buis « Les Carlines » 2003

COTEAUX-DU-LANGUEDOC, OLIVIER JEANTET, FRANCE

NOUVEAUTÉ!

17,40 $	SAQ **S** (10507278)	★★★ $$	**Corsé**

Un coteaux-du-languedoc classique, c'est-à-dire exhalant de subtils parfums de garrigue, à la bouche à la fois ample et tannique, charnue et généreuse, un brin ferme, avec du grain, et aux saveurs de fruits rouges compotés, de thym et de romarin séchés. Parfait pour saisir, à peu de frais, la vraie nature rebelle de cette appellation trop souvent camouflée par un maquillage moderne. **Cépages :** 60 % cinsault + 40 % grenache, syrah et carignan. **Alc.**/13,5 %.

☛ *Servir entre 2006 et 2010, à 17 °C et oxygéné en carafe 30 minutes*

Carré d'agneau et jus au café expresso (*) ou filets de bœuf à la fourme d'Ambert et au romarin (*).

La Vendimia 2004

RIOJA, BODEGAS PALACIOS REMONDO, ESPAGNE

17,45 $ SAQ **S** (10360317) ★★★ $$ **Corsé+**

Un deuxième arrivage de cet excellent 2004, plus généreux et corpulent que le très bon 2003 (aussi salué en primeur dans ce guide), était attendu fin octobre 2006 – et sera rapidement suivi du grandissime millésime 2005. Il en résulte un rouge au nez très engageant, marqué par des notes de café expresso, de fumée et de prune, à la bouche enveloppante, dodue et d'un bon volume, aux tanins mûrs mais bien présents, à l'acidité discrète mais fraîche, et aux saveurs longues, laissant des traces de framboise et de cerise noire, sans aucune trace de bois, ce vin étant maintenant élevé en cuves inox. Grâce au retour derrière les cuves, en 2000, du fils prodige, l'étoile hispanique Álvaro Palacios, qui avait quitté la bodega familiale de la Rioja pour faire renaître les coteaux schisteux du Priorat avec son grandissime Ermita, les vins de Remondo deviennent actuellement de véritables aubaines recherchées par les amateurs de rouges de la Rioja. **Cépage :** 100 % tempranillo. **www.vinosherenciaremondo.com**

☛ *Servir entre 2006 et 2012, à 17 °C et oxygéné en carafe 15 minutes*

Filet de porc au café noir (voir Filets de bœuf au café noir) (*), brochettes de bœuf sauce au poivre vert, bœuf bourguignon et polenta crémeuse au parmigiano et aux oignons caramélisés ou sauté de porc aux pruneaux.

Terre de Bussière 2005

VIN DE PAYS DE LA PRINCIPAUTÉ D'ORANGE, DOMAINE DE LA JANASSE, FRANCE

17,45 $ SAQ **S** (10258881) ★★★ $$ **Corsé**

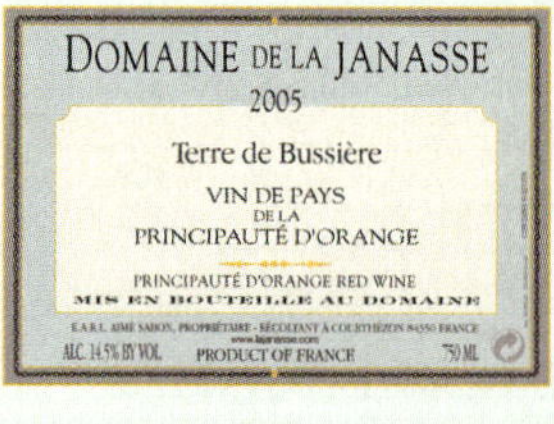

Un étonnant 2005, de l'excellent domaine de la Janasse, d'une couleur très foncée et violacée, d'un nez sur les fruits rouges et noirs, presque confits, d'une bouche généreuse, assez pleine et dense, aux tanins présents et aux saveurs amples et persistantes. Rares sont les vins de ce prix avec autant d'aplomb. Il faut dire que la famille Sabon fait partie de l'élite de Châteauneuf-du-Pape et que l'élevage en barriques en partie neuves (30 %), spécialement sur le merlot, pour une période de 12 mois, a permis l'élaboration d'un vin de pays hors norme. **Cépages :** 55 % merlot, 25 % syrah, 10 % grenache, 10 % cabernet sauvignon. **Alc.**/14 %. **www.lajanasse.com**

☛ *Servir entre 2006 et 2010, à 17 °C et oxygéné en carafe 15 minutes*

Ragoût de bœuf à la bière et polenta crémeuse aux oignons caramélisés, hamburgers de bœuf à la pommade d'olives noires (olives noires dénoyautées et huile d'olive passées au robot) ou gigot d'agneau à l'ail et au romarin.

Moro 2003

TOSCANA, FATTORIA MONTELLORI, ALESSANDRO NIERI, ITALIE

17,75 $	SAQ **S** (555219)	★★★ $$	**Corsé**

Un toscan torréfié, un brin retenu au nez, mais passablement riche, plein, charnu et serré en bouche, aux saveurs expressives et persistantes. Un bon coup de carafe lui donnera plus de présence au nez et plus de souplesse en bouche. Équivaut bien des chiantis offerts à plus de vingt-cinq dollars. **Cépage :** sangiovese. **Alc./**13 %.

☛ *Servir entre 2006 et 2011, à 17 °C et oxygéné en carafe 45 minutes*

Carré d'agneau et jus au café expresso (*), entrecôte grillée à la pommade d'olives noires (olives noires dénoyautées et huile d'olive passées au robot) ou filets de bœuf aux champignons et au vin rouge.

Château de Sérame 2004

CORBIÈRES, VINS ET VIGNOBLES DOURTHE, FRANCE

NOUVEAUTÉ!

17,80 $	SAQ **S** (10507121)	★★☆?☆ $$	**Modéré+**

Un corbières d'une élégance rare et d'une belle définition aromatique. Les tanins sont plus que civilisés, l'ensemble est longiligne, très frais et expressif, sans aucune lourdeur. La « patte bordelaise » apportée par la maison Dourthe, qui a repris en 2001 cet immense domaine de 580 hectares, dont 160 de vignobles, n'y est pas étrangère. Le vignoble est situé à l'extrémité nord des Corbières, à la limite sud de l'appellation Minervois. Donc un climat légèrement plus frais, ce qui résulte en une finesse aromatique plus marquée que chez les vins de la partie sud. **Cépages :** 60 % syrah, 25 % grenache, 15 % carignan. **Alc./**13 %. **www.dourthe.com**

☛ *Servir entre 2006 et 2010, à 17 °C et oxygéné en carafe 15 minutes*

Veau marengo (de longue cuisson), médaillons de porc à la pommade d'olives noires (olives noires dénoyautées et huile d'olive passées au robot) ou cuisses de lapin braisées longuement et baignées d'une réduction de jus de cuisson parfumé à l'estragon.

Recorba Crianza 2003

RIBERA DEL DUERO, REAL SITIO DE VENTOSILLA, ESPAGNE ***(DISP. SEPT./OCT. 06)***

NOUVEAUTÉ!

17,80 $	SAQ **S** (10463826)	★★★ $$	**Corsé**

Fortement coloré, richement aromatique, au fruité confit, sans excès et sans boisé dominant, et à la bouche pulpeuse, généreuse et enveloppante. Les amateurs de shiraz australienne devraient apprécier ce style texturé. **Cépages :** grenache, tempranillo, cabernet sauvignon. **Alc./**14,1 %. **www.pradorey.com**

☛ *Servir entre 2006 et 2011, à 17 °C et oxygéné en carafe 15 minutes*

Rognons de veau au roquefort, filet de porc au café noir (voir Filets de bœuf au café noir) (*) ou tranches d'épaule d'agneau grillées sauce au porto LBV.

Les Faisses 2004

COTEAUX-DU-LANGUEDOC, JEAN-CLAUDE MAS, FRANCE

NOUVEAUTÉ!

17,90 $	SAQ **S** (10507219)	★★★ $$		**Corsé**

Belle nouveauté que cette cuvée languedocienne, du millésime 2004, provenant du plus petit domaine des domaines Paul Mas (la très bonne cuvée Château Paul Mas « Les Mûres » 2004 est aussi commentée dans ce guide), offrant couleur, fraîcheur aromatique, ampleur et générosité. Les tanins sont fermes mais magnifiquement supportés par des saveurs débordantes, laissant des traces de fruits noirs, d'épices et de garrigue. De la chair et du volume, tout en demeurant digeste, voilà le style sur lequel doit compter le Midi français pour concurrencer les pays du Nouveau Monde, où la fraîcheur n'est pas toujours au rendez-vous. **Cépages :** 60 % grenache, 40 % syrah. **Alc./**14 %. **www.paulmas.com**

☛ *Servir entre 2006 et 2011, à 17 °C et oxygéné en carafe 15 minutes*

Entrecôte grillée à la pommade d'olives noires (olives noires dénoyautées et huile d'olive passées au robot), côtelettes d'agneau marinées au porto et au romarin ou braisé de bœuf à l'anis étoilé.

Bergerie de l'Hortus 2004

COTEAUX-DU-LANGUEDOC PIC SAINT-LOUP, JEAN ORLIAC, FRANCE

17,95 $	SAQ **C** (427518)	★★★ $$		**Modéré+**

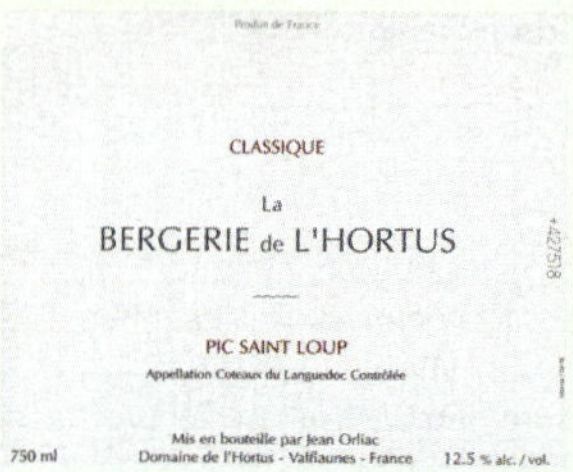

Les différents vins du Domaine de l'Hortus ont connu d'excellentes réussites au fil des onze éditions de *La Sélection Chartier*, ce qui a fait de ce domaine l'un des languedociens les plus appréciés sur le marché québécois. Cette Bergerie 2004 n'y fait pas exception. Quel beau vin! Couleur, arômes, fruit, tonus, tanins fins et prestance, tout y est. **Cépages :** 60 % syrah, 30 % grenache, 10 % mourvèdre. **Alc./**13,5 %. **www.vignobles-orliac.com**

☛ *Servir entre 2006 et 2010, à 16 °C*

Satés indonésiens de bœuf ou d'agneau, *grilled cheese* au cheddar et aux poivrons rouges confits, cuisses de poulet aux olives noires et aux tomates confites ou foie de veau à l'estragon.

Gotim Bru 2003

COSTERS DEL SEGRE, CASTELL DEL REMEI, ESPAGNE

17,95 $	SAQ **S** (643858)	★★☆	**$$**	**Corsé**

Cet assemblage de tempranillo, merlot, garnacha et cabernet se montre moins boisé en 2003, ce qui est une bonne nouvelle. S'y entremêlent avec plus d'harmonie que par le passé des effluves de fruits, d'épices et de torréfaction. La bouche suit avec moins de mollesse et plus de tenue, aux tanins serrés et au corps généreux, mais sans excès. **Cépages :** tempranillo, merlot, grenache, cabernet sauvignon. **Alc./**13,5 %. **www.castelldelremei.com**

☛ *Servir entre 2006 et 2009, à 17 °C*

Côtelettes d'agneau grillées à la sauce teriyaki, bavette de bœuf déglacée au vinaigre balsamique et porto LBV ou entrecôte sauce au poivre vert.

Quinta do Côtto 2003

DOURO, MONTEZ CHAMPALIMAUD, PORTUGAL

18,05 $	SAQ **S** (882712)	★★☆?☆	**$$**	**Modéré+**

Robe rubis foncé et violacé. Nez très fin, un brin retenu, exprimant de subtiles notes poivrées, ainsi qu'une touche d'eucalyptus. Bouche très fraîche, élancée et longiligne, au corps modéré, aux tanins fins et serrés, à l'acidité fraîche et aux saveurs expressives de fruits rouges et de fleurs. Un douro très européen de style, sans lourdeur et digeste. **Cépages :** tinta roriz, touriga nacional, touriga franca + autres variétés portugaises. **Alc./**12,5 %. **www.quinta-do-cotto.pt**

☛ *Servir entre 2006 et 2010, à 16 °C*

Hamburgers de bœuf à la pommade d'olives noires (olives noires dénoyautées et huile d'olive passées au robot), médaillons de porc aux framboises ou rôti de porc farci aux canneberges.

Château Paul Mas « Clos des Mûres » 2004

COTEAUX-DU-LANGUEDOC, PAUL MAS & FILS, FRANCE

18,10 $	SAQ **S*** (913186)	★★★	**$$**	**Corsé**

Une référence languedocienne à ne pas ignorer. Forte coloration, nez à la fois raffiné et concentré, aux notes de fleurs et de fruits noirs, sans boisé apparent, bouche ample, compacte et presque dense, aux tanins serrés sans être durs, aux saveurs généreuses sans être surmûries. L'harmonie dans la richesse, à bon prix. **Cépages :** 90 % syrah, 10 % grenache. **Alc./**13,5 %. **www.paulmas.com**

☛ *Servir entre 2006 et 2012, à 17 °C et oxygéné en carafe 30 minutes*

Rôti de porc aux épices à steak, rognons de veau aux champignons, gigot d'agneau bardé de branches de romarin frais ou bifteck de contre-filet grillé au beurre d'estragon.

Clos Médecin 2003

ANJOU-VILLAGES, DOMAINE DE BRIZÉ, FRANCE

18,15 $ SAQ **S** (871541) ★★★ $$ **Modéré+**

Un 2003 plus coloré et passablement plus riche et plus aromatique que par les millésimes passés. Fruité mûr et bouche généreuse, aux tanins enveloppés et au corps franchement nourri. L'occasion, pour les amateurs de rouges plus pulpeux du Nouveau Monde, de faire leur classe avec le cabernet franc ligérien habituellement plus longiligne. **Cépage :** cabernet franc. **Alc./**13,4 %. **www.domainedebrize.free.fr**

☛ *Servir entre 2006 et 2009, à 16 °C*

Terrine de gibier, brochettes de boulettes d'agneau haché à la menthe, hamburgers d'agneau aux poivrons rouges confits et au paprika ou bavette de bœuf grillée et ratatouille épicée de longue cuisson.

Croix du Mayne 2003

CAHORS, FRANÇOIS PÉLISSIÉ, FRANCE

NOUVEAUTÉ!

18,15 $ SAQ **S*** (10542049) ★★★ $$ **Corsé**

Un très beau cahors moderne, mais qui ne renie pas son terroir, donc coloré, violacé, parfumé, richement aromatique, aux notes de fruits noirs, de café et de fumée, à la bouche à la fois ferme et charnue, pleine et fraîche, aux saveurs expressives de fruits rouges, aux tanins tissés serrés, mais fins, et à l'acidité passablement discrète. **Cépages :** auxerrois (malbec), merlot. **Alc./**13,5 %.

☛ *Servir entre 2006 et 2012, à 17 °C et oxygéné en carafe 30 minutes*

Filet de porc au café noir (voir Filets de bœuf au café noir) (*), foie de veau sauce à l'estragon, bœuf à la bière brune et polenta crémeuse au parmesan ou cassoulet et cuisses de canard confites.

Château de Gourgazaud Réserve 2003

MINERVOIS LA LIVINIÈRE, CHÂTEAU DE GOURGAZAUD, FRANCE

18,20 $ SAQ **S*** (972646) ★★★ $$ **Modéré+**

Le retour de cette Réserve 2003 on ne peut plus réglissée et suave, dotée d'un velouté de texture sensuel, de tanins très fins et d'un boisé modéré, laissant deviner des notes expressives d'épices douces et de violette. **Cépages :** syrah, mourvèdre. **www.gourgazaud.com**

☛ *Servir entre 2006 et 2010, à 17 °C*

Steak de saumon au café noir et aux cinq-épices chinoises (*) ou médaillons de porc à la pommade d'olives noires (olives noires dénoyautées et huile d'olive passées au robot).

Château Revelette 2004

COTEAUX D'AIX-EN-PROVENCE, PETER FISCHER, FRANCE

18,20 $	SAQ **S** (10259737)	★★★ $$	**Modéré+**	BIO

Une ixième réussite de Peter Fischer, dont le travail respecte les grands principes de la biodynamie. Un rouge à la fois riche et retenu, plein et raffiné, compact et élancé, sans esbroufe, aux tanins très fins, tissés avec doigté, aux saveurs fraîches et persistantes, demeurant digestes au possible. **Cépages :** 45 % syrah, 30 % grenache, 25 % cabernet sauvignon. **Alc./**13,5 %. **www.revelette.fr**

☛ *Servir entre 2006 et 2011, à 17 °C et oxygéné en carafe 30 minutes*

Hamburgers de bœuf à la pommade d'olives noires (olives noires dénoyautées et huile d'olive passées au robot), champvallon (oignons, cubes d'agneau ou de porc et pommes de terre) ou tranches d'épaule d'agneau grillées au concassé de poivre et patates douces rôties au romarin.

Les Garrigues 2004

COTEAUX-DU-LANGUEDOC, DOMAINE CLAVEL, FRANCE

18,20 $	SAQ **S** (874941)	★★★ $$	**Corsé**	BIO

Cette cuvée, tout comme la superbe Copa Santa (voir commentaires), provient d'un terroir unique, composé de gros galets roulés, pareils à ceux que l'on trouve à Châteauneuf-du-Pape, découvert aux portes de Montpellier en 1986 par la tête chercheuse qu'est Pierre Clavel. Ce type de terroir chaud, mais tempéré par les vents maritimes très frais, participe grandement au style chaleureux et sphérique de ce rouge, dont le millésime 2004 se montre d'un soyeux de texture singulier, malgré sa générosité et son moelleux. Avec ce millésime, Les Garrigues semble gagner en précision et en harmonie. Un 1998, dégusté en mai 2006, a démontré avec brio le potentiel de garde de ce cru. Osez oublier quelques flacons en cave, vous en serez troublé à l'arrivée! **Cépages :** 50 % syrah, 50 % grenache. **www.vins-clavel.fr**

☛ *Servir entre 2006 et 2012, à 17 °C*

Gigot d'agneau bardé de branches de romarin frais ou entrecôte grillée à la pommade d'olives noires (olives noires dénoyautées et huile d'olive passées au robot).

La Madura Classic 2003

SAINT-CHINIAN, DOMAINE LA MADURA, NADIA ET CYRIL BOURGNE, FRANCE

18,25 $	SAQ **S** (914358)	★★★ $$	**Modéré+**

Étonne à nouveau en 2003 par son élégance et sa précision, ainsi que par son fruité sapide et digeste, ses tanins ultra-fins, sa texture soyeuse et ses saveurs subtiles, rappelant la garrigue, le café et la fraise des champs. Il faut savoir que ce domaine appartient à un œnologue qui était autrefois le directeur technique du grandissime bordeaux Château Fieuzal. **Cépages :** carignan, grenache, mourvèdre, syrah. **www.lamadura.com**

☛ *Servir entre 2006 et 2012, à 17 °C et oxygéné en carafe 15 minutes*

Filets de bœuf au café noir (*) ou côtelettes d'agneau grillées à la nigelle.

Château Les Ricards 2004

PREMIÈRES-CÔTES-DE-BLAYE, CORINNE ET XAVIER LORIAUD, FRANCE

NOUVEAUTÉ!

18,30 $	SAQ **S** (10389267)	★★★ $$		**Corsé**

Découvert en 2005, avec le millésime 2003, et salué dans l'édition précédente, ce deuxième vin du Château Bel-Air La Royère récidive avec un tout aussi bon 2004, offert à un prix défiant toute concurrence bordelaise. Vous y dénicherez de la couleur, du fruit, de l'expression, du corps, du moelleux, de la texture et des saveurs éclatantes de fruits noirs, de café et d'épices douces. Une référence à ce prix! **Cépages :** 70 % merlot, 30 % malbec. **Alc./**13,5 %.

☛ *Servir entre 2006 et 2012, à 17 °C et oxygéné en carafe 15 minutes*

Tournedos de saumon fortement grillé et poivré généreusement et accompagné d'une sauce au vin rouge ou carré d'agneau marocain et provençal (avec feuilles de menthe, poivre de Cayenne, piment doux, paprika, cumin, romarin frais, thym, ail et moutarde de Dijon).

Monte Ducay Gran Reserva 1998

CARIÑENA, BODEGAS SAN VALERO, ESPAGNE

18,35 $	SAQ **S*** (10472888)	★★★ $$	**Modéré+**

Des mêmes bodegas qui élaborent le réputé et très abordable Castillo de Monseran, ce vin est l'une des belles nouvelles références cette année. Il se montre d'une belle intensité aromatique, marqué par des effluves de fruits rouges et noirs passablement mûrs, ainsi que de torréfaction, sans excès, et d'une densité modérée, laissant place à une texture presque veloutée et à une générosité bien sentie. Un vin gourmand, égrainant des saveurs de café noir, de cacao et de balsamique. **Cépages :** tempranillo, cabernet sauvignon, garnacha. **Alc./**13 %. **www.sanvalero.com**

☛ *Servir entre 2006 et 2019, à 17 °C*

Côtelettes d'agneau grillées à la sauce teriyaki, curry de bœuf à la noix de coco ou rosbif de côtes farci au chorizo et au fromage.

Sorni 2004

TRENTINO, CANTINA LA VIS, ITALIE

18,45 $	SAQ **S** (740720)	★★★ $$	**Modéré+**

Une belle originalité du Trentino, qui vous changera des cabernets et des shiraz trop souvent unidimensionnels. Passablement coloré, richement aromatique, aux notes de fruits frais et d'épices douces, à la bouche tout aussi éclatante, élancée et engageante, laissant deviner des tanins assez fins et des saveurs de fraise et de pivoine. **Cépages :** 75 % teroldego, 25 % lagrein. **Alc./**12,5 %. **www.la-vis.com**

Servir entre 2006 et 2009, à 17 °C

Hachis Parmentier au canard, côtes de veau et purée de pois à la menthe (*), lapin à la crème moutardée (*) ou foie de veau à la vénitienne et polenta crémeuse au parmigiano.

Château Cailleteau Bergeron 2004

PREMIÈRES-CÔTES-DE-BLAYE, DARTIER ET FILS, FRANCE

18,55 $	SAQ **S*** (919373)	★★★	$$	**Corsé**

Nouvelle étoile bordelaise, ce vin est fait sur mesure pour remettre Bordeaux sur la liste d'achats des amateurs de vins du Nouveau Monde. Très foncé, opaque et violacé. Nez passablement concentré, tout en étant élégant, floral et percutant. Du fruit à revendre et un boisé engageant. Bouche juteuse, fraîche et compacte, au corps enveloppant et aux saveurs d'une longueur étonnante. **Cépages :** 80 % merlot, 20 % cabernet sauvignon. **Alc./**13,5 %.

Servir entre 2006 et 2010, à 17 °C

Bavette de bœuf déglacée au vinaigre balsamique et porto LBV, bœuf bourguignon et polenta crémeuse au parmigiano et aux oignons caramélisés ou côtelettes de porc sauce aux champignons.

Château Étang des Colombes « Bois des Dames » 2003

CORBIÈRES, HENRI GUALCO, FRANCE

18,70 $	SAQ **S*** (896514)	★★★	$$	**Corsé**

Pour saisir les parfums d'herbes séchées de la garrigue du Midi (romarin, thym, lavande), ne manquez pas cette cuvée haute définition, à la couleur soutenue, au nez passablement riche et invitant, on ne peut plus nourri par la garrigue, à la bouche pleine, généreuse, mais aux tanins fins, tissés certes serrés mais sans dureté, au corps dense mais élégant, et aux saveurs de fruits noirs, de café, de cuir, qui perdurent longuement en fin de bouche. Un beau vin solaire. **Cépages :** syrah, grenache, carignan (vieilles vignes). **Alc./**13 %.

Servir entre 2006 et 2012, à 17 °C

Rôti de porc aux épices à steak, gigot d'agneau bardé de branches de romarin frais ou filets de bœuf à la fourme d'Ambert et au romarin (*).

Château Hélène « Cuvée Ulysse » 2003

CORBIÈRES, CHÂTEAU HÉLÈNE, FRANCE ***(DISP. OCT./NOV. 06)***

18,70 $	SAQ **S*** (10259817)	★★★	$$	**Corsé**

Très beau 2003, à la fois nourri, plein et très frais, aux tanins mûrs, qui ont du grain. Le corps est passablement dense et compact, les saveurs, qui s'expriment par des notes de fruits rouges, de poivre et de garrigue, sont aussi vivaces, sans aucune surmaturité, malgré la canicule qui a sévi. **Cépages :** 40 % syrah, 30 % grenache, 30 % carignan. **Alc./**13 %.

☛ *Servir entre 2006 et 2012, à 17 °C et oxygéné en carafe 30 minutes*

Gigot d'agneau bardé de branches de romarin frais et baigné d'un jus de cuisson bien réduit ou lapin à la toscane(*).

Monasterio de Las Viñas Gran Reserva 1996 ♥

CARIÑENA, GRANDES VINOS Y VIÑEDOS, ESPAGNE

18,70 $ SAQ **S*** (10359156) ★★★?☆ **$$** **Corsé**

Ce Gran Reserva a séjourné 24 mois en barriques de chêne américain, contrairement à la cuvée Reserva 2000 (commentée dans ce guide), qui n'a passé que 12 mois en fûts. Il en résulte un vin à la robe grenat assez foncé pour son âge, au nez passablement riche, mais ayant besoin d'un bon coup de carafe pour libérer ses parfums de fruits noirs et de torréfaction, à la bouche débordante de saveurs, fraîche et d'une bonne amplitude, aux tanins fins et au corps voluptueux. **Cépages :** 50 % garnacha, 30 % tempranillo, 20 % mazuelo. **Alc.**/13 %. **www.grandesvinos.com**

☛ *Servir entre 2006 et 2014, à 17 °C et oxygéné en carafe 15 minutes*

Mignons de porc sauce au porto LBV, veau marengo (de longue cuisson) et pâtes aux œufs à l'huile de truffes italiennes ou tajine de ragoût d'agneau aux cinq-épices et aux oignons cipollini caramélisés.

Cabernet La Vis 2004

TRENTINO, CANTINA LA VIS, ITALIE

18,80 $ SAQ **S** (10253634) ★★★ **$$** **Modéré+**

L'expression fraîche et mûre du cabernet cultivé sous un climat fraîchement tempéré, tel que celui du Trentino, est des plus invitantes lorsqu'elle est aussi réussie que dans ce 2004. Du fruit à revendre, sans excès de maturité, des tanins fins et soyeux, mûrs à point, un corps texturé et des saveurs persistantes à souhait. Les amoureux de bordeaux seront en terrain connu. **Cépages :** cabernet sauvignon, cabernet franc. **Alc.**/12,5 %. **www.la-vis.com**

☛ *Servir entre 2006 et 2010, à 17 °C*

Brochettes de boulettes d'agneau à la menthe, roulades de poulet au prosciutto et aux tomates séchées, côtes de veau et purée de pois à la menthe (*) ou lapin à la crème moutardée (*).

Quinta do Infantado 2003

DOURO, QUINTA DO INFANTADO, PORTUGAL

NOUVEAUTÉ!

18,80 $ SAQ **S** (10371761) ★★★ **$$** **Modéré+**

Un douro de style moderne, c'est-à-dire ultra-coloré, richement parfumé, au boisé subtilement intégré, au fruité très mûr, dévoilant des notes de fruits noirs et d'épices douces, à la bouche à la fois fraîche et ample, aux tanins détendus et au corps modéré, tout en étant très expressif, terminant sur une finale plus ferme, mais avec élégance et fraîcheur, laissant des traces de fleurs. **Cépages :** 70 % touriga nacional, touriga franca et tinta roriz + 30 % d'un assemblage d'une quinzaine de cépages, de vieilles vignes, plantés en foule. **Alc./**13 %. **www.quintadoinfantado.pt**

Servir entre 2006 et 2011, à 17 °C et oxygéné en carafe 15 minutes

Carré d'agneau au poivre vert et à la cannelle, ragoût d'agneau aux quatre-épices (poivre, muscade, gingembre en poudre et clous de girofle) ou braisé de bœuf à l'anis étoilé.

Notarpanaro 2001

SALENTO, COSIMO TAURINO, ITALIE

18,85 $	SAQ **S*** (709451)	★★★ $$	**Corsé**

Ce désormais classique, provenant du talon de la botte que représente l'Italie, se montre en 2001 plus généreux, plus *juicy fruit* et plus agréable que jamais. Bonne coloration, nez sur le fruit, passablement riche, un brin balsamique, bouche moelleuse, texturée et enveloppante, aux tanins tendres et aux saveurs torréfiées persistantes. **Cépages :** 85 % negro amaro, 15 % malvasia nera. **www.taurinovini.it**

Servir entre 2006 et 2011, à 17 °C et oxygéné en carafe 5 minutes

Pâtes au pesto de tomates séchées, côtes de veau au vin rouge servies avec une polenta crémeuse au parmigiano, rôti de porc aux pruneaux et aux abricots ou poitrines de poulet aux pruneaux et aux olives noires.

Castelinho Colheita Especial 2000

DOURO, CASTELINHO VINHOS, PORTUGAL

18,95 $	SAQ **S** (10370734)	★★★☆ $$	**Corsé**

Ce millésime spécial (colheita especial) exprime une très belle évolution lui procurant un charme fou. Le nez s'ouvre beaucoup à l'oxygénation, offrant une bonne richesse aromatique et dévoilant des notes de chanvre, de rose séchée, de prune, de café et d'épices douces. La bouche suit avec ampleur, chair et persistance, remplissant les papilles de saveurs pulpeuses, torréfiées et épicées. **Cépages :** touriga nacional, touriga franca, tinta roriz. **Alc./**13 %. **www.castelinho-vinhos.pt**

Servir entre 2006 et 2016, à 17 °C et oxygéné en carafe 30 minutes

Filets de bœuf marinés sauce balsamique et poêlée de champignons sauvages, épaule d'agneau aux épices orientales ou carré de porc aux tomates séchées.

Domaine Mouréou 2000

MADIRAN, DOMAINE PATRICK DUCOURNAU, FRANCE

19,05 $	SAQ **S** (875146)	★★★ $$		**Corsé+**	BIO

De nouveau disponible, découvrez ce madiran au profil on ne peut plus Nouveau Monde, c'est-à-dire au style pulpeux et concentré. Il se montre toujours aussi profondément fruité et légèrement boisé, aux notes de torréfaction, de cacao, de confiture de bleuets, à la bouche sphérique, fraîche, pleine, gourmande et presque dodue pour un madiran. **Cépages :** 40 % tannat, 40 % cabernet franc, 15 % fer servadou, 5 % cabernet sauvignon.

☛ *Servir entre 2006 et 2009, à 18 °C et aéré en carafe 15 minutes*

Filets de bœuf à la fourme d'Ambert et au romarin (*), carré d'agneau sauce au porto LBV ou ragoût de bœuf au vin rouge et polenta crémeuse au parmesan.

Ego Domaine Cazes 2000 ♥

CÔTES-DU-ROUSSILLON-VILLAGES, ANDRÉ ET BERNARD CAZES, FRANCE

NOUVEAUTÉ!

19,05 $	SAQ **S** (10507374)	★★★?☆ $$		**Corsé**	BIO

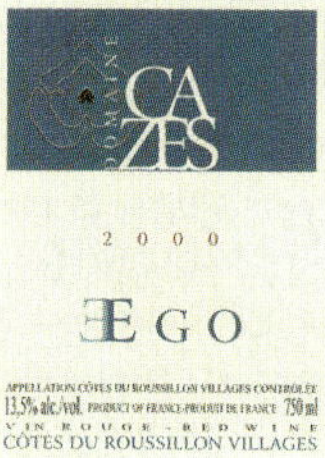

Profil plus ramassé et plus racé que l'Alter (aussi commenté dans ce guide), qui lui est plus sphérique et velouté. Donc, un vin grenat foncé, un brin orangé, au nez richement aromatique, tout en étant subtil et détaillé, égrainant des notes de réglisse, de garrigue et de fruits noirs, avec une touche de résine, à la bouche à la fois fraîche, pleine et généreuse, aux tanins nobles et texturés, aux saveurs très longues et précises. Une cuvée issue d'un terroir argilo-calcaire, recouvert de galets roulés. Le vin a été élevé un an en cuve inox, puis 18 mois en bouteilles. **Cépages :** 40 % syrah, 40 % grenache, 20 % mourvèdre. **Alc./**13,5 %. **www.cazes-rivesaltes.com**

☛ *Servir entre 2006 et 2014, à 17 °C*

Carré d'agneau et jus au café expresso (*) ou bifteck à la pommade d'olives noires (olives noires dénoyautées et huile d'olive passées au robot).

Château de Parenchère 2003

BORDEAUX-SUPÉRIEUR, CHÂTEAU DE PARENCHÈRE, FRANCE

19,10 $	SAQ **C** (151985)	★★★ $$		**Modéré+**

Un vin solaire, rappelant les rouges californiens, richement parfumé, aux notes de réglisse et de café, avec un arrière-plan framboisé. Attaque pleine et volumineuse, aux courbes sensuelles et aux tanins arrondis. **Cépages :** 45 % cabernet sauvignon, 45 % merlot, 10 % cabernet franc. **Alc./**12,8 %. **www.parenchere.com**

☛ *Servir entre 2006 et 2010, à 17 °C*

Médaillons de porc en sauce aux canneberges et au porto LBV, dindon de Noël sauce au porto LBV ou lapin à la crème moutardée (*).

Château Bertin 2003

SAINT-GEORGES-SAINT-ÉMILION, VIGNOBLES JEAN-BERNARD SABY & FILS, FRANCE
NOUVEAUTÉ!

19,25 $	SAQ **S** (10521281)	★★★ $$	**Corsé**

Un beau satellite de Saint-Émilion, coloré, parfumé, subtil, ample, texturé, charnu et persistant, égrainant des notes de framboise et de café. **Cépages :** 80 % merlot, 20 % cabernet franc. **Alc./**13,5 %.

☛ *Servir entre 2005 et 2013, à 17 °C et oxygéné en carafe 15 minutes*

Hachis Parmentier au canard, bifteck de contre-filet grillé au beurre d'estragon, filet d'agneau et coulis de poivrons rouges ou brochettes de bœuf sauce au poivre vert.

Château Cantelauze 1999

CAHORS, CÔTES D'OLT, FRANCE

19,25 $	SAQ **S** (865816)	★★★ $$	**Corsé**

Après un court séjour en carafe, vous découvrirez un rouge passablement coloré, intensément aromatique, aux riches effluves de fruits noirs et de réglisse, à la bouche assez pleine et sphérique, donc moderne pour l'appellation, aux tanins tendres, bien travaillés, et aux saveurs longues, laissant des traces de café, de bleuet et de chêne. Exactement dans le style des autres vins du célèbre Château La Grezette, aussi propriétaire de ce château. **Cépages :** malbec, merlot. **Alc./**13 %.

☛ *Servir entre 2006 et 2011, à 17 °C et oxygéné en carafe 15 minutes*

Osso buco au fenouil et gremolata, quesadillas (*wraps*) d'agneau confit et d'oignons caramélisés, mignons de porc sauce au porto LBV ou entrecôte au fromage bleu.

Château Meunier Saint-Louis « A Capella » 2003

CORBIÈRES, MARTINE & PHILIPPE PASQUIER-MEUNIER, FRANCE
NOUVEAUTÉ!

19,25 $	SAQ **S** (10507139)	★★☆?☆ $$	**Corsé**

Nouveauté des corbières, cette cuvée A Capella porte bien son nom tant elle se suffit à elle-même. Elle chante haut et fort, s'exprimant par des parfums de garrigue et de poivre long, ainsi que par une bouche pleine, fraîche, texturée, aux tanins fins et enrobés, au boisé présent et aux saveurs d'olive noire, de réglisse, de poivre et de vanille. **Cépages :** 80 % syrah, 10 % grenache, 10 % carignan (vieilles vignes de 50 ans et plus). **Alc./**13,5 %. **www.pasquier-meunier.com**

☛ *Servir entre 2006 et 2011, à 17 °C et oxygéné en carafe 15 minutes*

Braisé de bœuf au vin rouge, filet de porc au café noir (voir Filets de bœuf au café noir) (*) ou médaillons de porc à la pommade d'olives noires (olives noires dénoyautées et huile d'olive passées au robot).

Château Roquetaillade La Grange 2003

GRAVES, B. D. & P. GUIGNARD, FRANCE

19,35 $ SAQ **C** (193102) ★★☆ $$ **Modéré+**

Grâce aux conditions climatiques caniculaires qui ont prévalu en 2003, Roquetaillade rouge se montre plus généreux, plus dodu et plus inspirant que par le passé où il manquait trop souvent de tonus. Bonne coloration. Nez engageant de fruits rouges mûrs. Bouche ample, charnue et enveloppante. **Cépages :** 50 % cabernet sauvignon, 37 % merlot, 13 % cabernet franc. **Alc./**12,5 %.

☛ *Servir entre 2006 et 2009, à 17 °C*

Tranches d'épaule d'agneau grillées sauce au poivre, brochettes de bœuf et de foie de veau aux poivrons rouges confits ou filets de bœuf au concassé de poivre et patates douces rôties au romarin.

Roque Sestière « Carte Blanche » 2003

CORBIÈRES, BÉRAIL-LAGARDE, FRANCE

NOUVEAUTÉ!

19,35 $ SAQ **S** (10507147) ★★★ $$ **Corsé**

L'une des belles nouveautés languedociennes de l'année, dont seulement 100 caisses ont été mises en marché en juillet 2006 – un nouvel arrivage de 150 caisses était attendu avant la fin 2006. Un vin fortement coloré et violacé, au nez étonnamment riche et pulpeux, sans aucune trace de bois, donc d'une fraîcheur et d'une précision uniques, à la bouche tout aussi attrayante, d'une belle amplitude de saveurs (fruits noirs et garrigue), aux tanins tendres, tout en étant présents, à l'acidité discrète, au corps voluptueux et aux saveurs longues. **Cépages :** 70 % syrah, 30 % carignan. **Alc./**13,5 %.

☛ *Servir entre 2006 et 2012, à 17 °C et oxygéné en carafe 15 minutes*

Médaillons de porc à la pommade d'olives noires (olives noires dénoyautées et huile d'olive passées au robot) ou cuisses de lapin braisées longuement et baignées d'une réduction de jus de cuisson parfumé à l'estragon.

Quinta de la Rosa 2003

DOURO, QUINTA DE LA ROSA, PORTUGAL

19,40 $ SAQ **S** (928473) ★★★ $$ **Modéré+**

Avec ce 2003, cette *quinta* présente de nouveau un très beau rouge portugais, vinifié à l'européenne, c'est-à-dire avec finesse et précision, sans l'esbroufe et la surmaturité des rouges du Nouveau Monde. De la couleur, du nez, mais avec fraîcheur, de la présence en bouche, mais aux tanins fins, à l'acidité discrète et aux saveurs longues, sans être puissantes. Un modèle d'harmonie qui plaira aux amateurs de vins français. **Cépages :** tinta roriz, touriga nacional, touriga franca et tinta barroca. **Alc./**13,5 %. **www.quintadelarosa.com**

☛ *Servir entre 2006 et 2011, à 17 °C et oxygéné en carafe 30 minutes*

Carré de porc aux tomates séchées, médaillons de porc à la pommade d'olives noires (olives noires dénoyautées et huile d'olive passées au robot) ou côte de veau sauce au porto LBV.

Château de l'Estang 2004

CÔTES-DE-CASTILLON, CHÂTEAU DE L'ESTANG, FRANCE

NOUVEAUTÉ!

19,50 $	SAQ **S** (10520780)	★★★ $$	**Corsé**	

Une petite bombe de l'appellation vedette de la rive droite, fortement colorée, richement parfumée, à la bouche pleine, sphérique et gorgée de saveurs, et aux tanins tendres. **Cépages :** 80 % merlot, 10 % cabernet franc, 10 % cabernet sauvignon. **Alc.**/13,5 %.

☛ *Servir entre 2006 et 2011, à 17 °C et oxygéné en carafe 5 minutes*

Hamburgers d'agneau aux poivrons rouges confits et au paprika, filet d'agneau et coulis de poivrons rouges ou brochettes de bœuf et de foie de veau aux poivrons rouges confits.

Perrin Nature 2004

CÔTES-DU-RHÔNE, PERRIN ET FILS, FRANCE

19,50 $	SAQ **S*** (918821)	★★★ $$	**Modéré+**	BIO

Un rhodanien, né de raisins de culture biologique, sur le mode de l'élégance, de la pureté et de la précision, égrainant de jolies notes de fruits rouges et de café. Les tanins sont très fins et l'ensemble est presque généreux, tout en conservant une fraîcheur digeste. Il faut dire que la famille Perrin, connue pour ses remarquables vins du Château de Beaucastel, à Châteauneuf-du-Pape, met tout en œuvre pour atteindre le meilleur dans chacune de ses gammes. **Cépage :** grenache noir. **Alc.**/13 %. **www.perrin-et-fils.com**

☛ *Servir entre 2006 et 2009, à 16 °C*

Saumon grillé à la pommade d'olives noires (olives noires dénoyautées et huile d'olive passées au robot), carré de porc aux tomates confites ou cuisses de poulet grillées au pesto de tomates séchées.

Benjamin Brunel « Rasteau » 2004 ♥

CÔTES-DU-RHÔNE VILLAGES, CHÂTEAU DE LA GARDINE, FRANCE

19,80 $	SAQ **C** (123778)	★★★ $$	**Corsé**	

Un rasteau 2004 étonnamment soutenu et presque confit, au fruité invitant (cerise et framboise) qui n'est pas sans rappeler celui des portos rubies. Une aubaine qui a du corps et de l'éclat, tout à fait gourmand et jouissif. **Cépages :** 75 % grenache, 20 % syrah, 5 % cinsaut. **Alc.**/13,5 %. **www.benjaminbrunel.com**

☛ *Servir entre 2006 et 2010, à 17 °C*

Bavette de bœuf grillée et ratatouille épicée de longue cuisson, saucisses italiennes grillées ou médaillons de porc à la pommade d'olives noires (olives noires dénoyautées et huile d'olive passées au robot).

Château Tayet « Cuvée Prestige » 2001

BORDEAUX-SUPÉRIEUR, CHÂTEAU HAUT BRETON LARIGAUDIÈRE, FRANCE

19,80 $	SAQ S (912691)	★★★ $$	Modéré+

Très beau bordeaux, élaboré par l'équipe qui est à la base de l'excellent margaux Château Haut Breton Larigaudière, au fruité pulpeux, passablement mûr, à la bouche charnue et aux courbes sensuelles, laissant des traces de torréfaction. Rares sont les 2001 aussi engageants et charmeurs. **Cépages :** 60 % merlot, 40 % cabernet sauvignon. **Alc.**/12,5 %.

☛ *Servir entre 2006 et 2010, à 18 °C*

Côtes de veau grillées et champignons portabello grillés, rôti de porc farci aux champignons, filet de porc au café noir (voir Filets de bœuf au café noir) (*) ou navarin d'agneau.

Cordier Prestige 2003

GRAVES, CORDIER, FRANCE

19,80 $	SAQ C (10499811)	★★☆?☆ $$	Corsé

Du bordeaux à la sauce Nouveau Monde, donc pulpeux et engageant, aux tanins tendres, à l'acidité discrète, à la texture veloutée et aux saveurs passablement riches et boisées, rappelant le café, la cerise noire et la vanille. Les amateurs de vins australiens seront comblés. **Cépages :** 80 % merlot, 20 % cabernet sauvignon. **Alc.**/12,5 %. **www.cordier-wines.com**

☛ *Servir entre 2006 et 2009, à 17 °C*

Brochettes de bœuf au café noir (voir Filets de bœuf au café noir) (*), filet mignon aux champignons portabella ou dindon de Noël rôti sauce au porto LBV.

Callabriga 2003

DOURO, SOGRAPE VINHOS, PORTUGAL

19,85 $	SAQ S (10499773)	★★★ $$	Corsé

La robe est très foncée et violacée. Le nez est passablement concentré, tout en étant un brin réservé actuellement. La bouche est d'une fraîcheur invitante, aux tanins fins et aux saveurs expansives, d'une bonne allonge, laissant des traces de fraise, de cassis, de poivre, de cèdre et de chêne. Le boisé est discret et le style, on ne peut plus européen. Assurément le millésime le plus achevé, à ce jour, de ce cru. **Cépages :** tinta roriz, touriga nacional, touriga franca. **Alc.**/14 %. **www.callabriga.com**

☛ *Servir entre 2006 et 2011, à 17 °C et oxygéné en carafe 30 minutes*

Carré d'agneau en croûte de menthe fraîche aux parfums balsamiques, filets de bœuf à la fourme d'Ambert et au romarin (*) ou osso buco au fenouil et gremolata.

Herencia Remondo « La Montesa » Crianza 2003

RIOJA, BODEGAS PALACIOS REMONDO, ESPAGNE *(DISP. OCT./NOV 06)*

NOUVEAUTÉ!

19,85 $ SAQ **S** (10556993) ★★★?☆ $$ **Corsé**

Vivement un deuxième arrivage d'ici la fin de l'année 2006, pour faire suite aux 300 premières caisses débarquées à l'automne. Un rioja d'un rouge foncé modéré, au nez d'un charme fou, épicé à souhait, à la bouche enjôleuse, sphérique, presque soyeuse, très fraîche, aux saveurs qui ont de l'éclat et de la persistance, laissant de subtiles traces de torréfaction et de fruits rouges frais. Difficile de ne pas succomber au charme immédiat de ce rouge hispanique vinifié avec maestria par Álvaro Palacios, l'homme qui a mis les rouges d'appellation Priorat sur la mappemonde des grands vins européens, avec ses vibrants et enivrants priorats L'Ermita, Finca Dofi et Les Terrasses (voir commentaires dans ce guide). **Cépages :** 45 % grenache, 40 % tempranillo, 15 % graciano et mazuelo. **Alc./**13,5 %. **www.vinosherenciaremondo.com**

☛ *Servir entre 2006 et 2012 à 17 °C*

Carré de porc en croûte de moutarde et d'épices, osso buco au fenouil et gremolata ou carré d'agneau à la gremolata.

Domaine Rotier Renaissance 2002

GAILLAC, ROTIER MARRE, FRANCE

19,90 $ SAQ **S** (10273803) ★★★?☆ $$ **Corsé**

Le plus beau millésime de ce rouge à ce jour, cet excellent gaillac rappelle certains bordeaux de Pessac-Léognan – il faut savoir que Rotier est planté sur un terroir de Graves, comme ceux que l'on trouve au sud de Bordeaux –, vendus beaucoup plus cher. Coloration soutenue, parfums riches et profonds, sans esbroufe, bouche compacte, dense et fraîche, tanins tissés serrés, tout en étant très fins, saveurs expansives et fin de bouche minérale. Gagnera en définition d'ici 3 à 5 ans. **Cépages :** 30 % duras, 25 % syrah, 25 % cabernet sauvignon, 20 % braucol. **Alc./**12,5 %.

☛ *Servir entre 2006 et 2012, à 17 °C et oxygéné en carafe 15 minutes*

Filet de bœuf et lanières de poivrons verts et rouges légèrement confits, côtelettes d'agneau grillées à la nigelle ou magret de canard grillé parfumé de baies roses.

Vinha Grande 2002

DOURO, CASA FERREIRINHA, A.A. FERREIRA, PORTUGAL

19,90 $ SAQ **S** (865329) ★★★ $$ **Corsé**

Avec ce très bon 2002, ce vin présente de nouveau un nez des plus pulpeux et enchanteurs, aux parfums de liqueur de framboises et de cèdre, ainsi que par des tanins tendres et enveloppants, marqués par la douceur veloutée que l'on trouve chez les vins du Nouveau Monde, mais équilibrés par la fraîcheur typique des vins de ce pays du vieux continent. **Cépages :** tinta roriz, touriga nacional, touriga franca, tinta barroca. **Alc./**13 %. **www.sogrape.pt**

Servir entre 2006 et 2011, à 17 °C

Foie de veau à la vénitienne et polenta crémeuse au parmigiano (*), joues de veau braisées aux tomates confites, sauté de porc aux pruneaux ou bœuf à la bière brune et polenta crémeuse au parmesan.

Gran Coronas Reserva 2003

PENEDÈS, MIGUEL TORRES, ESPAGNE ***(DISP. AUTOMNE 06)***

19,95 $	SAQ **C** (036483)	★★★ $$	**Corsé**	

Dans la fournaise climatique qu'aura été 2003, ce grand classique espagnol se montre étonnamment harmonieux et fort réussi. Vous y trouverez un rouge coloré, au nez profondément fruité, tout en étant frais, sans boisé apparent, à la bouche charnue, dense et compacte, offrant une belle matière, des tanins serrés, qui ont du grain, et des saveurs longues et précises, rappelant la prune, le café et le poivre blanc. **Cépages :** 85 % cabernet sauvignon, 15 % tempranillo. **Alc.**/13,5 %. **www.torreswines.com**

Servir entre 2006 et 2014, à 17 °C et oxygéné en carafe 15 minutes

Filet de porc au café noir (voir Filets de bœuf au café noir) (*) ou carré d'agneau marocain et provençal (avec feuilles de menthe, poivre de Cayenne, piment doux, paprika, cumin, romarin frais, thym, ail et moutarde de Dijon).

Ijalba Reserva 2001

RIOJA, VIÑA IJALBA, ESPAGNE

20,05 $	SAQ **S*** (478743)	★★★ $$	**Corsé**	BIO

Belle réussite que ce Reserva 2001 de Ijalba. Un vin ramassé, sur le fruit, sans fard, aux tanins présents mais bien ciselés, au corps plein mais frais, et aux saveurs persistantes de fraise, de cassis et de poivre blanc. Pas de bois à l'horizon. Évoluera admirablement bien. **Cépages :** 80 % tempranillo, 20 % graciano. **Alc.**/13 %. **www.ijalba.com**

Servir entre 2006 et 2013, à 17 °C et oxygéné en carafe 15 minutes

Côtelettes et tranches d'épaule d'agneau grillées au poivre noir, accompagnées de poivrons verts et rouges sautés à l'huile d'olive et au paprika, brochettes de bœuf et de foie de veau aux poivrons rouges confits ou boudin noir et poivrons rouges confits.

Vallformosa Gran Reserva 1999

PENEDÈS, MASIA VALLFORMOSA, ESPAGNE

20,20 $	SAQ **S*** (744003)	★★★ $$	**Corsé**

Couleur jeune et soutenue, nez d'une étonnante concentration, aux effluves de fruits rouges et noirs, un brin boisés, bouche pleine, dense, fraîche et boisée, aux tanins tricotés serrés, tout en étant fins, aux saveurs longues, égrainant des notes de cassis, de fraise et de chêne neuf. Un gran reserva moderne, au profil ramassé et compact, tout en étant joufflu et des plus agréables. **Cépages :** tempranillo, cabernet sauvignon. **Alc./**13,5 %. **www.vallformosa.es**

☛ *Servir entre 2006 et 2012, à 17 °C et oxygéné en carafe 30 minutes*

Brochettes de porc à la nigelle, côtelettes de longe d'agneau épicées à la mode du Sichuan ou entrecôte grillée à la pommade d'olives noires (olives noires dénoyautées et huile d'olive passées au robot).

Dolcetto Luigi Einaudi 2004

DOLCETTO DI DOGLIANI, PODERI DI LUIGI EINAUDI, ITALIE

20,35 $	SAQ **S** (927756)	★★★ **$$**	**Corsé**

Un dolcetto 2004 qui étonne par sa grande coloration, par ses riches effluves de fruits noirs et de fleurs, ainsi que par sa bouche dense, compacte, tannique et enveloppante. Une longue finale chocolatée signe cette référence chez les vins de ce cépage piémontais. **Cépage :** dolcetto. **Alc./**14 %. **www.poderieinaudi.com**

☛ *Servir entre 2006 et 2011, à 17 °C*

Linguine aux tomates séchées, carré de porc aux tomates séchées, gigot d'agneau aux cent gousses d'ail ou bœuf à la bière brune et polenta crémeuse au parmesan.

Mas des Chimères 2003

COTEAUX-DU-LANGUEDOC, G. DARDÉ, FRANCE

20,35 $	SAQ **S** (863159)	★★★ **$$**	**Corsé**

Ce paysan vigneron, tel qu'il se décrit sur l'étiquette, a réussi un 2003 tout en fraîcheur et en subtilité, mais bien sûr dans la générosité de fruit qu'a offerte ce millésime caniculaire. Le nez est subtilement détaillé et la bouche se montre riche et tannique, un brin ferme, mais avec un certain raffinement pour l'année. **Cépages :** carignan, grenache cabernet sauvignon, syrah, cinsaut, merlot, mourvèdre. **Alc./**14 %.

☛ *Servir entre 2006 et 2010, à 17 °C et oxygéné en carafe 30 minutes*

Pâtes aux olives noires (*) ou carré d'agneau rôti à la pommade d'olives noires (olives noires dénoyautées et huile d'olive passées au robot).

Capitel San Rocco « Ripasso » 2003 ♥

ROSSO DEL VERONESE, AGRICOLA F.LLI TEDESCHI, ITALIE

20,55 $	SAQ **S*** (972216)	★★★☆ **$$**	**Corsé+**

Le ripasso le plus réussi actuellement sur le marché. De la couleur, du nez, exprimant des notes chocolatées, ainsi que des effluves de prune, de cerise noire et de café, à la bouche pulpeuse, pleine, dense et charnue, aux tanins présents, lui procurant un relief imposant pour le style. **Cépages :** 30 % corvina, 30 % corvinone, 30 % rondinella + 10 % molinara, rossignola, oseleta, negrara, dindarella et sangiovese. **Alc./**14,7 %. **www.tedeschiwines.com**

☛ Servir entre 2006 et 2018, à 17 °C et oxygéné en carafe 30 minutes

Braisé de bœuf à l'anis étoilé, filets de bœuf au café noir (*) ou poulet sauce molé (sauce mexicaine au chocolat épicé).

Château de Roquefort « Les Mûres » 2004 ♥

CÔTES-DE-PROVENCE, RAYMOND DE VILLENEUVE FLAYOSC, FRANCE

20,60 $	SAQ **S*** (868687)	★★★☆ **$$**	**Corsé**	BIO

Un modèle unique chez les vins nés sous le soleil de la Provence. Quel éclat et quelle fraîcheur! Il faut dire que ce vin est élaboré avec maestria par un vigneron inspiré, et qu'il provient de raisins de culture biodynamique, ce qui explique la fraîcheur du fruit et la finesse des tanins. La couleur est très soutenue, le nez est d'une grâce et d'un raffinement singuliers, la bouche suit avec un profil longiligne, racé et épuré, aux saveurs de violette, de cassis et de fruits rouges qui perdurent longuement. Finesse et distinction, pour quiconque recherche l'harmonie avant la puissance brute. **Cépages :** 40 % grenache, 25 % carignan, 20 % syrah, 5 % cinsault, 5 % mourvèdre, 5 % cabernet sauvignon et cabernet franc. **Alc./**13,5 %.

☛ Servir entre 2006 et 2012, à 17 °C et oxygéné en carafe 30 minutes

Filets de bœuf au concassé de poivre et patates douces rôties au romarin ou côtelettes et tranches d'épaule d'agneau grillées au poivre noir, accompagnées de poivrons verts et rouges sautés à l'huile d'olive et au paprika.

La Cure 2004

CHINON, DOMAINE CHARLES JOGUET, FRANCE

20,60 $	SAQ **S** (710681)	★★★ **$$**	**Modéré+**

Rouge modéré, presque foncé. Nez fin et distingué. Bouche sur le fruit, d'une certaine ampleur pour le cru, aux tanins mûrs et enrobés, aux saveurs de craie, de champignons, de sous-bois et de fruits rouges. Le vin sur mesure à prescrire pour ceux qui souffrent d'anhédonisme! **Cépage :** cabernet franc. **Alc./**12,5 %. **www.charlesjoguet.com**

☛ Servir entre 2006 et 2012, à 16 °C

Bavette de bœuf à l'échalote, terrine de campagne au poivre, casserole d'escargots à la tomate et aux saucisses italiennes, dindon de Noël sauce aux canneberges ou poitrines de poulet farcies au chèvre et aux poivrons rouges.

Château Bujan 2003

CÔTES-DE-BOURG, PASCAL MELI, FRANCE

20,80 $	SAQ **S** (862086)	★★★ **$$**	**Corsé**	BIO

Le retour du 2003 de cette référence très recherchée par les amateurs québécois de bordeaux d'un excellent rapport qualité-prix.

Un vin coloré, hyper parfumé, aux arômes passablement riches et détaillés, laissant deviner aisément des notes de tabac, de réglisse, de graphite et de fruits rouges, sans aucun boisé dominant, à la bouche ample, charnue, fraîche et compacte. **Cépages :** 65 % merlot, 20 % cabernet sauvignon, 10 % malbec, 5 % cabernet franc. **www.chateau-bujan.com**

☛ *Servir entre 2006 et 2013, à 17 °C et oxygéné en carafe 15 minutes*

Côtes de veau de lait poêlées et réduction de vin rouge à l'estragon (*), lapin à la toscane (*) ou filets de bœuf grillés et sauté de poivrons rouges au curcuma.

Domaine Labranche Laffont « Vieilles Vignes » 2002

MADIRAN, CHRISTINE DUPUY, FRANCE

20,80 $ SAQ **S** (914192) ★★★☆ **$$** **Corsé+**

L'un des meilleurs achats de l'année chez les rouges du Sud-Ouest. Quelle matière! La robe est noire comme de l'encre et le nez, d'une superbe concentration, à la fois frais et racé, au fruité pur et intense. La bouche suit avec un coffre et une chair que l'on ne trouve habituellement que chez les vins vendus beaucoup plus cher. Les tanins bien présents sont magnifiquement travaillés, les saveurs sont expansives (bleuet, cassis, réglisse et mine de crayon) et d'une grande allonge. Contrairement à l'excellente cuvée régulière de ce domaine (aussi commentée dans ce guide), cette cuvée Vieilles Vignes est composée de ceps de tannat de plus de 50 ans, dont une petite parcelle (50 ares) de vignes d'âge canonique datant d'avant le phylloxéra, c'est-à-dire avant 1870. **Cépage :** tannat. **Alc./**14 %.

☛ *Servir entre 2006 et 2017, à 17 °C et oxygéné en carafe 1 heure*

Carré d'agneau et jus au café expresso (*), magret de canard rôti à la nigelle ou filets de bœuf Angus aux champignons sauvages.

Abbaye Sylva Plana « La Closeraie » 2003

FAUGÈRES, ABBAYE SYLVIA PLANA, FRANCE

20,85 $ SAQ **S*** (10259809) ★★★ **$$** **Corsé**

Avec ce parfumé et charnu 2003, ce domaine présente à nouveau une très belle référence provenant des terroirs de schistes de Faugères. Il en résulte un rouge poivré, rehaussé par des tonalités d'olive noire et de garrigue, richement parfumé, à la bouche d'une bonne densité, ample, charnue et d'une grande allonge pour son rang, laissant deviner des tanins qui ont du grain, mûrs à point. **Cépages :** 45 % syrah, 35 % grenache, 15 % carignan, 5 % mourvèdre. **Alc./**14 %. **www.vignoblesbouchard.com**

☛ *Servir entre 2006 et 2012, à 17 °C et oxygéné en carafe 5 minutes*

Filets de bœuf grillés et sauté de poivrons rouges au curcuma ou carré de porc aux tomates séchées.

Graciano Ijalba Crianza 2003 ♥

RIOJA, VIÑA IJALBA, ESPAGNE

NOUVEAUTÉ!

20,90 $	SAQ S (10360261)	★★★?☆ $$	**Corsé**	BIO

Robe rubis très foncé et violacé. Nez richement fumé, au fruité concentré, rappelant la mûre et le bleuet, avec un arrière-plan floral. Bouche à la fois vivifiante et pleine, ample et tendue, d'une fraîcheur exemplaire et d'une longueur engageante, laissant des traces de chêne, sans excès, et de violette. Le meilleur des deux mondes, c'est-à-dire la richesse solaire du Nouveau Monde et la fraîcheur vibrante d'un cépage singulier du vieux continent. **Cépages :** 85 % tempranillo, 15 % grenache et graciano. **Alc./**14 %. **www.ijalba.com**

☛ *Servir entre 2006 et 2014, à 17 °C et oxygéné en carafe 15 minutes*

Carré d'agneau à la gremolata, filets de bœuf grillés et sauté de poivrons rouges au curcuma ou rôti de bœuf au vin rouge.

Calços de Tanha 2003 ♥

DOURO, MANUEL PINTO HESPANHOL, PORTUGAL

20,95 $	SAQ S (883355)	★★★ $$	**Corsé**

Un excellent rouge du Douro, on ne peut plus engageant, d'une fraîcheur exemplaire, malgré sa richesse et sa concentration de fruits, exhalant des notes de mûre et de cassis, à la bouche pleine, ample et charnue, aux tanins fins mais bien présents, et aux saveurs persistantes. Aucun boisé pour ce vin généreux fermenté et élevé en cuve inox. **Cépages :** tinta roriz, touriga franca, tinta barroca. **Alc./**14 %.

☛ *Servir entre 2006 et 2010, à 17 °C*

Daube de bœuf niçoise, ragoût de bœuf au vin rouge et polenta crémeuse au parmesan ou osso buco au fenouil et gremolata.

Reserva Alentejo 2002

ALENTEJO, SOGRAPE VINHOS, PORTUGAL

21 $	SAQ S (10371593)	★★★ $$	**Corsé+**

Un rouge portugais ultra-coloré, intensément aromatique, marqué par des effluves épicés et par des notes d'eucalyptus et de fruits noirs, au boisé assez insistant, à la bouche généreuse, charnue, tannique, au coffre assez imposant. Il y a à boire et à manger, mais sans lourdeur. La finale est richement torréfiée. Les amateurs de vin boisé seront servis. L'élevage, d'une durée de 12 mois, a été effectué en partie en cuves de chêne français et en cuves de chêne de l'Europe de l'Est. **Cépages :** 60 % aragonez, 40 % alfrocheiro. **Alc./**13,5 %. **www.sogrape.pt**

☛ *Servir entre 2006 et 2011, à 17 °C*

Filets mignons sauce aux champignons et au porto, filets de bœuf à la fourme d'Ambert et au romarin (*) ou carré d'agneau et jus au café expresso (*).

Domaine d'Aupilhac 2003 ♥

COTEAUX-DU-LANGUEDOC MONTPEYROUX, SYLVAIN FADAT, FRANCE

21,10 $	SAQ **S** (856070)	★★★?☆ $$	Corsé	BIO

Avec une réduction de quatre dollars sur l'an passé, ce cru de Montpeyroux devient plus que jamais un des meilleurs achats languedociens. Sylvain Fadat a su maîtriser la canicule de 2003 pour engendrer un rouge d'un raffinement rare dans ce millésime, à la fois riche et enveloppant, plein et texturé, aux tanins réglissés et aux saveurs de fruits rouges d'une maturité parfaite, fraîcheur en prime. Bravo! Pour en savoir plus sur ce cru de pointe, voir le commentaire du 2002 dans *La Sélection 2006*, et visitez le site Internet du domaine. **Cépages :** 30 % mourvèdre, 25 % carignan, 25 % syrah, 16 % grenache, 4 % cinsaut. **Alc.**/14 %. **www.aupilhac.com**

☛ *Servir entre 2006 et 2014, à 17 °C ou oxygéné en carafe 30 minutes*

Filets de bœuf marinés sauce balsamique et poêlée de champignons sauvages ou jarret d'agneau confit et lentilles du Puy au jus d'agneau parfumé à la réglisse.

Château Lamartine « Cuvée Particulière » 2004

CAHORS, GAYRAUD & FILS, FRANCE ***(DISP. OCT/NOV. 06)***

21,15 $	SAQ **S*** (862904)	★★★?☆ $$	Corsé+

L'une des belles références chez les cahors modernes, avec un 2004 richement coloré, intensément aromatique, au fruité concentré, à la bouche dense, tannique, ferme, fraîche et très longue, laissant deviner des saveurs de bleuet, de cassis, d'épices douces et de chêne neuf. **Cépages :** 80 % auxerrois (malbec), 20 % tannat. **Alc.**/13 %.

☛ *Servir entre 2007 et 2016, à 17 °C et oxygéné en carafe 45 minutes*

Côtelettes d'agneau sauce au porto LBV et bâtonnets de polenta grillée à l'anis, filets de bœuf au fromage bleu et sauce au porto LBV ou magret de canard grillé parfumé de baies roses.

Château Tour Boisée « À Marie-Claude » 2004

MINERVOIS, DOMAINE LA TOUR BOISÉE, FRANCE

21,25 $	SAQ **S*** (395012)	★★★?☆ $$	Modéré+

C'est dans ses vignes que Jean-Louis Poudou « travaille » ses vins (voir commentaires du Château Tour Boisée « Marielle & Frédérique » 2004). Il en résulte différentes cuvées toutes aussi expressives et épurées les unes que les autres. Celle-ci étonne par sa chair, son grain, son ampleur et ses saveurs allongées à souhait. Épices douces, fleurs et fruits rouges donnent le ton. **Cépages :** 55 % syrah, 20 % carignan, 25 % grenache. **www.domainelatourboisee.com**

Servir entre 2007 et 2014, à 17 °C et oxygéné en carafe 1 heure

Carré d'agneau en croûte de menthe fraîche aux parfums balsamiques ou braisé de bœuf à l'anis étoilé.

Château de Séguin « Cuvée Prestige » 2003

BORDEAUX-SUPÉRIEUR, CHÂTEAU DE SÉGUIN, FRANCE

21,35 $ SAQ **S*** (10258486) ★★★ $$ **Corsé**

Du sérieux, à passer en carafe trente minutes pour mieux découvrir ses riches effluves de poivron, de poivre et de café, ainsi que sa bouche enveloppante et texturée, solidement assise sur une trame tannique bien présente mais sans dureté. Cuir, poivre, prune et café signent la longue finale de cette très belle cuvée. **Cépages :** 50 % cabernet sauvignon, 45 % merlot, 5 % cabernet franc. **Alc./**12 %. **www.chateau-seguin.fr**

Servir entre 2006 et 2012, à 17 °C et oxygéné en carafe 30 minutes

Filets d'agneau sauce au poivre vert ou filets de bœuf grillés et coulis de poivrons verts (*).

Château de Gaudou « Renaissance » 2002 ♥

CAHORS, DUROU & FILS, FRANCE

21,60 $ SAQ **S** (10272093) ★★★☆ $$$ **Corsé+**

Débarquée à la SAQ en août 2006, cette cuvée prestige devrait être sujette à un nouvel arrivage avant les fêtes. Née de vignes de 25 ans d'âge, ayant donné de petits rendements de 40 hectolitres à l'hectare, elle a été élevée en barriques de chêne neuves pour une période de 18 mois. Le résultat est d'une couleur profonde, presque noire et violacée, au nez puissant et dense, au fruité riche et mûr à point, sans excès, et au boisé intégré, à la bouche tout aussi pleine et compacte, aux tanins tissés très serrés, mais enveloppés d'une gangue passablement veloutée pour son jeune âge, aux saveurs explosives de fruits noirs et rouges, de violette et de réglisse. Gagnera en volupté. **Cépage :** 100 % auxerrois (malbec). **Alc./**14 %. **www.chateaudegaudou.com**

Servir entre 2008 et 2016, à 17 °C et oxygéné en carafe 1 heure

Côtelettes d'agneau sauce au porto LBV et bâtonnets de polenta grillée à l'anis, magret de canard rôti et réduction du porto LBV ou osso buco de cerf aux parfums de mûres et de réglisse (*).

Château Les Pins 2002

CÔTES-DU-ROUSSILLON-VILLAGES, A. & M. TISSOT, FRANCE

21,60 $ SAQ **S*** (864546) ★★★ $$ **Corsé**

Un rouge aux parfums de garrigue d'une étonnante finesse et d'une belle définition, à la bouche fraîche, d'une certaine amplitude, aux tanins raffinés et au corps longiligne, marquée par de longues saveurs de fruits rouges, de romarin et de résine de pin. Ne manquez surtout pas son excellent blanc (aussi commenté dans ce guide). **Cépages :** 50 % syrah, 40 % mourvèdre, 10 % grenache. **www.dombrial.com**

☛ *Servir entre 2006 et 2010, à 17 °C et oxygéné en carafe 30 minutes*

Filets de bœuf à la fourme d'Ambert et au romarin (*) ou gigot d'agneau à l'ail et au romarin flanqué d'une ratatouille.

Château La Domèque « Grand Millésime » 2001

CORBIÈRES, FRÉDÉRIC ROGER, FRANCE

21,70 $	SAQ **S*** (912477)	★★★ $$	Modéré+

Un corbières toujours aussi soutenu, au nez à la fois boisé et enchanteur, cacaoté et riche d'un fruit mûr, à la bouche voluptueuse, pleine, sphérique, enveloppante, aux tanins fondus et aux saveurs persistantes. **Cépages :** grenache, syrah, mourvèdre. **www.froger-vignobles.com**

☛ *Servir entre 2006 et 2010, à 17 °C*

Filet de bœuf au café noir (*), lapin à la toscane (*), hachis Parmentier ou boudin noir grillé aux oignons et aux lardons.

Clos des Fées « Les Sorcières » 2005 ♥

CÔTES-DU-ROUSSILLON, HERVÉ BIZEUL & ASSOCIÉS, FRANCE

NOUVEAUTÉ!

21,70 $	SAQ **S** (10516406)	★★★ $$	Modéré+

Rares sont les vins du Midi à exhaler autant d'élégance et de fraîcheur, tout en exprimant une maturité solaire typique. Couleur, parfums et texture soyeuse donnent le ton à ce rouge ample et engageant, laissant deviner des notes de cerise noire, de framboise et de rose. Digeste et nourrissant à la fois. Que demander de plus? Sa remarquable cuvée Clos des Fées Vieilles Vignes 2004, aussi commentée dans ce guide. **Cépages :** 35 % grenache, 35 % carignan (vieilles vignes de 40 à 80 ans pour ces deux derniers), 30 % syrah (jeunes vignes). **Alc./**14 %. **www.closdesfees.com**

☛ *Servir entre 2006 et 2012, à 17 °C et oxygéné en carafe 15 minutes*

Gigot d'agneau bardé de branches de romarin frais et baigné d'un jus de cuisson bien réduit.

Château Pey La Tour 2004

BORDEAUX-SUPÉRIEUR, VINS ET VIGNOBLES DOURTHE, FRANCE ***(DISP. AUTOMNE 06)***

21,75 $	SAQ **C** (442392)	★★★ $$	Corsé

Un 2004 franchement réussi, ultra-coloré, très aromatique, passablement riche et détaillé, à la bouche pleine et compacte, aux tanins fins mais au grain bien présent, aux saveurs d'une belle allonge, laissant deviner des notes de cassis, de cerise noire, de café et de tabac. **Cépages :** 75 % merlot, 15 % cabernet sauvignon, 9 % cabernet franc, 1 % petit verdot. **Alc./**13 %. **www.dourthe.com**

☛*Servir entre 2006 et 2010, à 17 °C et oxygéné en carafe 15 minutes*

Carré d'agneau et jus au café expresso (*), brochettes de bœuf et de foie de veau aux poivrons rouges confits ou filets de bœuf aux champignons et au vin rouge.

Conde de Valdemar Reserva 2000

RIOJA, BODEGAS VALDEMAR-MARTINEZ BUJANDA, ESPAGNE

21,85 $ SAQ **S*** (882761) ★★★ **$$** **Corsé**

Les amateurs de rouge de la Rioja au boisé omniprésent, marqué par des notes de vanille et de café, seront au comble avec ce réputé reserva, qui se montre plus engageant que jamais en 2000. Un vin à la bouche plus ramassée et plus fraîche que dans les précédents millésimes, au style compact et fumé à souhait, aux tanins fins et serrés, à l'acidité fraîche et aux saveurs sur le fruit rouge jeune et expressif. Donc, au nez Nouveau Monde et à la bouche européenne! **Cépages :** 85 % tempranillo, 15 % mazuelo. **Alc./**13,5 %. **www.condedevaldemar.com**

☛*Servir entre 2006 et 2012, à 17 °C*

Filets de bœuf au café noir (*), filets de bœuf marinés sauce balsamique et poêlée de champignons sauvages ou côtes levées à l'ail et au romarin.

Vieux Château Champs de Mars 2001

CÔTES-DE-CASTILLON, RÉGIS ET SÉBASTIEN MORO, FRANCE

21,90 $ SAQ **S*** (10264860) ★★★?☆ **$$** **Corsé**

À nouveau l'une des valeurs sûres chez cette appellation étoile du bordelais. Vous vous sustenterez d'un 2001 coloré, au nez étonnamment complexe et raffiné, exhalant des notes de truffe, de cuir, de violette et de prune, à la bouche presque joufflue, mais aux tanins tissés serrés, avec élégance, aux saveurs expansives mais fraîches. Harmonie et profondeur. **Cépages :** 90 % merlot, 5 % cabernet sauvignon, 5 % cabernet franc. **Alc./**12,5 %.

☛*Servir entre 2006 et 2013, à 17 °C et oxygéné en carafe 30 minutes*

Veau marengo (de longue cuisson) et pâtes aux œufs à l'huile de truffes italiennes, jarret d'agneau confit parfumé à l'huile de truffes, carré d'agneau et jus au café expresso (*) ou brochettes de bœuf et de foie de veau aux poivrons rouges confits.

Château Treytins 2003

LALANDE-DE-POMEROL, VIGNOBLES LÉON NONY, FRANCE

21,95 $ SAQ **S*** (892406) ★★★ $$ **Modéré+**

Avec une réduction de prix de cinq dollars depuis l'an passé, le 2003 de cet incontournable de lalande-de-pomerol devient à nouveau l'un des bons achats de l'année chez les vins sous la barre des trente dollars. Parfumé, torréfié, élégant, texturé et élancé, tout en étant légèrement moins structuré que le 2002, voilà donc un bordeaux plaisir. **Cépages :** 48 % merlot, 37 % cabernet franc, 15 % cabernet sauvignon. **Alc.**/12,5 %.

☛ *Servir entre 2006 et 2010, à 17 °C*

Entrecôte aux lanières de poivron vert, filets de bœuf au café noir (*) ou rôti de porc farci aux champignons.

Château Grand Moulin « Terres Rouges » 2001

CORBIÈRES, FRANCE

22 $ SAQ **S** (873653) ★★★?☆ **$$** **Corsé**

Un assemblage de vieilles vignes, dont les carignans ont plus de 60 ans, provenant des sols rouges argilo-calcaires de la commune de Boutenac, qui a à nouveau donné en 2001 un rouge coloré. Après un séjour en carafe, il s'exprime pleinement par de riches effluves de fumée, de café, de cacao, de garrigue et de fruits rouges mûrs, ainsi que par une bouche ample, à la fois fraîche et texturée, aux tanins qui ont du grain, tout en étant enveloppés dans une gangue moelleuse. Il faut dire que depuis quelques millésimes, les vins du sympathique et dynamique Jean-Noël Bousquet se positionnent parmi les plus avantageux et les plus inspirants des Corbières. Découvrez aussi son délicieux et abordable Château Grand Moulin Vieilles Vignes 2003 (commenté dans ce guide). **Cépages :** 60 % syrah, 30 % grenache noir, 10 % carignan. **Alc.**/13,5 %.

☛ *Servir entre 2006 et 2012, à 17 °C et oxygéné en carafe 30 minutes*

Mijoté de porc aux piments ou gigot d'agneau bardé de branches de romarin frais et baigné d'un jus de cuisson bien réduit.

Thélème 2002

CHINON, PASCAL & ALAIN LORIEUX, FRANCE

22 $ SAQ **S** (917096) ★★★☆ **$$** **Corsé**

Cet excellent chinon, salué dans *La Sélection 2006* et qui devait être disponible à l'automne 2005, nous est finalement parvenu en août 2006. Grâce à un terroir adapté et à un cépage catalyseur, le cabernet franc, vous y dénicherez un 2002, d'un nez profondément fruité, mais aussi d'une grande subtilité et d'une race évidente, à la bouche ample, soyeuse, d'un bon volume, aux tanins extrafins et aux saveurs expressives de framboise chaude, de violette, de réglisse et de craie. Découvrez son étonnant potentiel de conservation en lisant les notes d'une dégustation étalée sur plusieurs millésimes au chapitre *Livre de cave* dans l'édition 2005 de ce guide. **Cépage :** cabernet franc. **Alc.**/12 %.

☛ *Servir entre 2006 et 2017, à 17 °C et oxygéné en carafe 30 minutes*

Foie de veau sauce à l'estragon, brochettes de porc à la nigelle ou côtes de veau de lait poêlées et réduction de vin rouge à l'estragon (*).

Château Montaiguillon 2003

MONTAGNE-SAINT-ÉMILION, CHANTAL AMART, FRANCE

22,05 $	SAQ **S*** (864249)	★★★ **$$**	**Corsé**

Ce désormais populaire bordeaux se montre certes fermé au nez actuellement, mais toujours aussi plein, généreux et enveloppant en bouche. Un bon coup de carafe ou une ou deux années de cave lui déliera les narines. **Cépages :** 60 % merlot, 20 % cabernet franc, 20 % cabernet sauvignon. **Alc./**13,5 %. **www.montaiguillon.com**

☛ *Servir entre 2007 et 2012, à 17 °C et oxygéné en carafe 45 minutes*

Filet d'agneau en croûte et jus de cuisson naturel, filets mignons sauce aux champignons et au porto ou filets de bœuf grillés et coulis de poivrons verts (*).

Muga Reserva 2002

RIOJA, BODEGAS MUGA, ESPAGNE

22,05 $	SAQ **S*** (855007)	★★★?☆ **$$**	**Corsé**

Un Espagnol certes moderne, donc coloré, gorgé de fruits et au boisé expressif mais avec les pieds bien ancrés dans le terroir, donc ramassé, élancé et passablement frais. Il faut dire que nombreux sont les vignerons espagnols ayant su réunir le meilleur des deux mondes, c'est-à-dire le fruité invitant des vins du Nouveau Monde et l'assise minérale des vins de la Vieille Europe. Muga en est un bel exemple. **Cépages :** 70 % tempranillo, 20 % garnacha, 10 % mazuelo et graciano. **Alc./**13,5 %. **www.bodegasmuga.com**

☛ *Servir entre 2006 et 2013, à 17 °C*

Fettucine all'amatriciana « à ma façon » (*), filets de bœuf à la fourme d'Ambert et au romarin (*), quesadillas (*wraps*) d'agneau confit et d'oignons caramélisés ou carré d'agneau à la gremolata.

Château Roland La Garde « Prestige » 2003

PREMIÈRES-CÔTES-DE-BLAYE, CHÂTEAU ROLAND LA GARDE, FRANCE

22,15 $	SAQ **S** (10388336)	★★★ **$$$**	**Corsé**

Le retour de l'une des belles aubaines bordelaises. Un vin d'une bonne coloration, au nez assez riche mais un brin retenu, requérant une généreuse oxygénation pour livrer ses parfums de fruits noirs, d'épices et de chêne, à la bouche à la fois juteuse et tannique, charnue et ferme, au boisé très présent. Sera plus dodu et enveloppant d'ici 2008, une fois le boisé digéré. **Cépages :** 70 % merlot, 30 % cabernet sauvignon. **Alc./**14 %. **www.chateau-roland-la-garde.com**

☛ *Servir entre 2006 et 2011 et oxygéné en carafe 2 heures*

Filets de bœuf au café noir (*), côtelettes d'agneau grillées à la nigelle ou tranches d'épaule d'agneau grillées sauce au poivre.

Alter Domaine Cazes 2000

CÔTES-DU-ROUSSILLON-VILLAGES, ANDRÉ ET BERNARD CAZES, FRANCE

NOUVEAUTÉ!

22,20 $ SAQ **S** (10507366) ★★★ **$$** **Corsé+** BIO

Voici l'Alter de la famille Cazes. Il se montre plus fruité, plus fumé et plus torréfié que son Ego 2000 (aussi commenté dans ce guide). La bouche abonde dans le même sens, soit plus pulpeuse, plus ronde et plus généreuse, avec des tanins soutenus, tout en étant enveloppés dans une gangue moelleuse. Fruits presque confits, fumée et café donnent le ton en bouche à cette cuvée à l'accent plus méditerranéen que sa supposée copie plus raffinée et plus aérienne, tout en étant bien terrienne. Issu du même terroir argilo-calcaire, recouvert de galets roulés que la cuvée Ego, du même domaine, mais élevé pour deux tiers en barriques de chêne françaises. Lequel des deux est le meilleur? Question de style, question de goût. À vous de choisir. Pour ma part, le grain et le raffinement de l'Ego le positionnent au sommet. **Cépages :** 40 % syrah, 30 % grenache, 30 % mourvèdre. **Alc./**13,5 %. **www.cazes-rivesaltes.com**

☛ *Servir entre 2006 et 2016, à 17 °C et oxygéné en carafe 30 minutes*

Tajine de ragoût d'agneau aux cinq-épices et aux oignons cipollini caramélisés, braisé de bœuf à l'anis étoilé ou veau marengo (de longue cuisson) et pâtes aux œufs à l'huile de truffes italiennes.

Domaine Laougué 2000

MADIRAN, PIERRE DABADIE, FRANCE

22,20 $ SAQ **S** (913566) ★★★?☆ **$$** **Corsé+**

De nouveau un Laougué qui a tout pour convaincre les *aficionados* de madirans : robe noire opaque, nez dense, compact et raffiné, au fruité presque pulpeux, sans boisé apparent, bouche à la fois ample, gourmande, charnue, tannique, fraîche et élancée, aux saveurs de fruits rouges d'une belle précision et à la finale longue et ferme. À ranger parmi les belles réussites de Madiran en 2000. **Cépages :** 85 % tannat + 15 % cabernet franc, cabernet sauvignon, fer servadou. **Alc./**14 %.

☛ *Servir entre 2006 et 2013, à 17 °C et oxygéné en carafe 45 minutes*

Côtelettes d'agneau grillées à la nigelle, filets de bœuf au café noir (*) ou magret de canard grillé parfumé de baies roses.

Hetch & Bannier 2003

SAINT-CHINIAN, GREGORY HETCH & FRANÇOISD BANNIER, FRANCE

NOUVEAUTÉ!

22,20 $ SAQ **S** (10507323) ★★★ **$$** **Corsé**

Un régal qui exprime la garrigue avec panache, floral et épicé au possible, au corps plein et voluptueux, non dénué de fraîcheur, on ne peut plus persistant et harmonieux. Du sérieux, élevé 20 mois en demi-muids, un fût d'une capacité de 600 litres marquant moins le vin que les habituelles barriques de 225 litres. **Cépages :** syrah, grenache, mourvèdre. **Alc./**13,5 %. **www.hbselection.com**

Servir entre 2006 et 2012, à 17 °C

Carré d'agneau farci de pâte d'olives noires ou daube de bœuf niçoise.

Mas Cal Demoura « L'Infidèle » 2003

COTEAUX-DU-LANGUEDOC, JEAN-PIERRE JULIEN, FRANCE

22,20 $	SAQ **S** (973255)	★★★?☆ $$	**Corsé**

Un 2003 légèrement moins sauvage que le 2001, coup de cœur de l'édition précédente, mais toujours aussi parfumé et riche, aux relents de garrigue, de fleurs et d'épices, à la bouche presque juteuse, d'une fraîcheur exemplaire dans ce millésime solaire, tannique, aux tanins mûrs et enrobés, au corps élancé et aux saveurs de cerise, de romarin, de lavande et de poivre. **Cépages :** 28 % syrah, 24 % grenache, 18 % mourvèdre, 16 % carignan, 14 % cinsault. **Alc./**13 %. **www.caldemoura.com**

Servir entre 2006 et 2013 à 17 °C et oxygéné en carafe 30 minutes

Carré d'agneau farci de pâte d'olives noires ou braisé de bœuf à l'anis étoilé.

Ermitage de Pic Saint-Loup « Cuvée Saint Agnès » 2003

COTEAUX-DU-LANGUEDOC PIC SAINT-LOUP, RAVAILLE FRÈRES, FRANCE

NOUVEAUTÉ!

22,25 $	SAQ **S*** (10507260)	★★★?☆ $$	**Corsé**

Rares sont les rouges du midi aussi fins et aussi frais dans ce millésime de l'extrême que fut 2003. Donc, une belle nouveauté au nez complexe et subtil, exhalant des notes de garrigue ainsi que de fleurs et de fruits rouges, à la bouche tout aussi vivifiante et élancée, au corps longiligne, aux tanins extra-fins et aux saveurs longues et précises, sans aucune trace de canicule. Digeste et pénétrant. **Cépages :** syrah, grenache, mourvèdre. **Alc./**14 %.

Servir entre 2006 et 2012, à 17 °C et oxygéné en carafe 15 minutes

Fettucine all'amatriciana « à ma façon » (*), magret de canard grillé parfumé de baies roses ou gigot d'agneau à l'ail et au romarin flanqué d'une ratatouille.

Chinon Bernard Baudry 2002

CHINON, DOMAINE BERNARD BAUDRY, FRANCE

22,35 $	SAQ **S** (10257571)	★★★ $$	**Modéré+** BIO

Invitant au possible, effluves ultra-raffinés, aux accents de framboise et de violette, tanins satinés, acidité fraîche mais discrète, texture veloutée et allonge persistante. Du cabernet franc à son meilleur. **Cépage :** cabernet franc. **Alc./**12 %. **www.chinon.com/vignoble/bernard-baudry**

Servir entre 2006 et 2010, à 16 °C

Saumon grillé beurré de pesto de tomates séchées, linguine aux tomates séchées, poulet indien au Patak's, poitrines de poulet farcies au fromage brie et à la sauge ou brochettes de foie de veau et de poivrons rouges.

Dehesa La Granja

VINO DE MESA, ALEJANDRO FERNÁNDEZ, ESPAGNE

22,40 $	SAQ **S** (928036)	★★★ $$	**Corsé**

Comme tous les vins signés Alejandro Fernández (Tinto Pesquera, Condado de Haza et El Vinculo), ce cru de la zone d'appellation Toro, vendu en vin de table – Monsieur Fernández préférant faire cavalier seul –, compte désormais parmi les *musts* d'Espagne. Acheté au printemps 1998, cet ancien ranch d'élevage de taureaux a été transformé en un domaine viticole de plus de 210 hectares d'anciens clones de tempranillo provenant de Pesquera. Ce 2000 – la loi provinciale interdisant l'identification du millésime chez les vins de table, aucune mention n'est inscrite sur l'étiquette –, dégusté en juin 2006, se montrait passablement coloré, richement aromatique, au bouquet on ne peut plus espagnol, à la bouche à la fois ample, serrée, pleine et très fraîche, laissant deviner des notes d'épices, de café et de prune. Le vignoble ayant été planté en 1998, ce millésime, aussi dégusté en juin 2006, a été élaboré avec des achats de raisins. Il a formidablement bien évolué et étonne par sa fraîcheur et sa persistance. **Cépage :** tempranillo. **Alc./**13,5 %. **www.grupopesquera.com**

☛ *Servir entre 2006 et 2012, à 18 °C*

Gigot d'agneau à l'ail et au romarin ou rôti de bœuf aux champignons.

Valdifalco 2003

MORELLINO DI SCANSANO, LOACKER, ITALIE

NOUVEAUTÉ!

22,40 $	SAQ **S** (10223806)	★★★?☆ $$	**Corsé**

Gourmand, enveloppant, généreux et cacaoté à souhait, voilà un très beau sangiovese de la très inspirante zone de production toscane, Morelino di Scansano, située au sud-ouest, sur la côte. Il est élaboré par l'une des bonnes maisons du Trentino-Haut-Adige. **Cépages :** 87 % sangiovese + cabernet sauvignon, syrah. **Alc./**14 %. **www.loacker.net**

☛ *Servir entre 2006 et 2013, à 17 °C et oxygéné en carafe 30 minutes*

Côtes d'agneau sauce au vin rouge et polenta crémeuse au parmigiano ou osso buco au fenouil et gremolata.

Château du Courlat 2003

LUSSAC-SAINT-ÉMILION, P. BOUROTTE, FRANCE

22,45 $	SAQ **S** (858704)	★★★?☆ $$	**Corsé**

J'ai un faible pour ce satellite de Saint-Émilion qui, millésime après millésime, nous offre un rouge dodu, parfumé et engageant. Ce qu'il réitère avec brio en 2003 avec un rouge charnu et détendu, aux tanins tendres, à l'acidité discrète et aux saveurs cacaotées et compotées à souhait. Il vous permettra de saisir la sensualité des plus dispendieux rouges de Saint-Émilion, mais à un prix plus que correct. **Cépages :** 70 % merlot, 20 % cabernet franc, 10 % cabernet sauvignon. **Alc./**13 %.

☛ *Servir entre 2006 et 2013, à 17 °C et oxygéné en carafe 15 minutes*

Filet d'agneau en croûte et jus de cuisson naturel, ragoût de bœuf et de champignons ou filet de porc au café noir (voir Filets de bœuf au café noir) (*).

Château Reysson 2003

HAUT-MÉDOC, CHÂTEAU REYSSON, FRANCE

22,45 $ SAQ **S*** (10273387) ★★★?☆ **$$** **Corsé**

Belle réussite que ce 2003 du Haut-Médoc, présentant une forte coloration, un nez richement fruité, au boisé très discret, ainsi qu'à la bouche gourmande, ample, charnue et juteuse, aux tanins enrobés et aux saveurs expressives de fruits noirs, de violette et de cèdre. **Cépages :** 60 % merlot, 40 % cabernet sauvignon. **Alc./**13,5 %. **www.dourthe.com**

☛ *Servir entre 2006 et 2013, à 17 °C et oxygéné en carafe 15 minutes*

Carré d'agneau, filet de bœuf et lanières de poivrons verts et rouges légèrement confits ou rôti de bœuf aux champignons.

Château Grand Launay « Réserve Lion Noir » 2001

CÔTES-DE-BOURG, M. COSYNS & FILS, FRANCE

22,55 $ SAQ **S*** (851386) ★★★ **$$** **Corsé**

De nouveau l'un des bons achats dans le bordelais, chez les vins offerts sous la barre des trente dollars. Tout y est : coloration soutenue, complexité aromatique (cuir neuf, sous-bois, café et cerise noire), corps dense, tanins solides, saveurs expansives et persistantes, coffre généreux et harmonie d'ensemble. **Cépages :** 70 % merlot, 5 % malbec, 25 % cabernet sauvignon et cabernet franc. **Alc./**12,5 %.

☛ *Servir entre 2006 et 2012, à 17 °C et aéré en carafe 30 minutes*

Côtes de veau et purée de pois à la menthe (*), filets de bœuf grillés et coulis de poivrons verts (*) ou filets de bœuf au café noir (*).

La Gloire de Mon Père Château Tour des Gendres 2004

CÔTES-DE-BERGERAC, FAMILLE DE CONTI, FRANCE

22,55 $ SAQ **S*** (10268887) ★★★?☆ **$$** **Corsé** BIO

Robe très foncée et violacée. Nez très aromatique, passablement riche, cacaoté, fumé et fruité à fond, mais avec fraîcheur et distinction. Bouche qui semble un brin charnue et fraîche, au corps presque modéré, mais cachant dans son actuel retenue une matière passablement dense et pleine, aux saveurs de cassis, de violette et de café qui perdurent longuement en fin de bouche. Sera franchement plus enveloppant d'ici 2008-2009. **Cépages :** 50 % cabernet sauvignon, 50 % merlot. **Alc.**/13 %.

☛ *Servir entre 2008 et 2014, à 17 °C et oxygéné en carafe 45 minutes*

Magret de canard au vin rouge et aux baies de sureau (*) ou filets de bœuf aux champignons et au vin rouge.

El Albar 2002

TORO, J. & F. LURTON, ESPAGNE

22,70 $ SAQ **S** (10358006) ★★★ **$$** **Corsé+**

Salué dans l'édition précédente, ce 2002 était de retour au début septembre, en attendant l'aussi bon 2003 (aussi commenté dans ce guide). Élaboré à partir de très vieilles vignes de tempranillo, provenant de Toro, l'une des appellations les plus en vue actuellement en Espagne. Il en résulte un vin coloré, parfumé, riche, aux effluves de fruits noirs, de vanille et de cacao, à la bouche charnue, généreuse, passablement tannique et persistante, laissant des traces de cassis, de mûre et de cuir neuf, ainsi qu'un grain de tanins plus serré en fin de bouche. **Cépage :** tinto de Toro (tempranillo). **Alc.**/14,5 %. **www.jflurton.com**

☛ *Servir entre 2006 et 2012, à 17 °C et oxygéné en carafe 30 minutes*

Carré d'agneau rôti à la pommade d'olives noires (olives noires dénoyautées et huile d'olive passées au robot), filets de bœuf au café noir (*) ou cassoulet et cuisses de canard confites.

El Albar 2003

TORO, J. & F. LURTON, ESPAGNE ***(DISP. AUTOMNE 06)***

NOUVEAUTÉ!

22,70 $ SAQ **S** (10358006) ★★★?☆ **$$** **Puissant**

Contrairement au 2002, salué en primeur dans l'édition précédente, ce El Albar 2003 – disponible après l'écoulement des stocks du 2002 – se montre profondément coloré, puissamment aromatique, aux pénétrants effluves balsamiques de cacao, de vanille, de café, de fruits noirs et de pruneaux, rappelant l'amarone. Capiteuse, au coffre imposant et aux tanins fermes, la bouche est un véritable oxymoron, réunissant une certaine fraîcheur et une imposante générosité solaire! Chose certaine, il y a à boire et à manger. **Cépage :** tinto de Toro (tempranillo). **Alc.**/14,5 %. **www.jflurton.com**

☛ *Servir entre 2006 et 2013, à 17 °C et oxygéné en carafe 1 heure*

Filets de bœuf au fromage bleu et sauce au porto LBV, rognons de veau aux champignons et aux baies de genévrier ou côtes de cerf sauce aux griottes et au chocolat noir Valrhona Guanaja (*).

La Terrasse de La Garde 2003

PESSAC-LÉOGNAN, VINS ET VIGNOBLES DOURTHE, FRANCE

22,75 $	SAQ **C** (018234)	★★★ $$	**Modéré+**

Avec cet élégant et relevé 2003, ce rouge de Dourthe se positionne à nouveau parmi les références en matière de bordeaux offerts chez les produits courants de la SAQ. Le nez, passablement riche, est d'une finesse exquise, sans boisé et sans note végétale, exprimant un fruité frais. La bouche, quant à elle, suit avec fraîcheur, élan et distinction, sans lourdeur et sans aucune fermeté. Harmonie et plaisir sont au rendez-vous, pour les amateurs de bordeaux classiques. **Cépages :** 60 % cabernet sauvignon, 40 % merlot. **Alc.**/13 %. **www.dourthe.com**

☛ *Servir entre 2006 et 2012, à 17 °C et oxygéné en carafe 5 minutes*

Tourte de dinde et de canard, dindon de Noël rôti et jus de cuisson réduit, carré de porc en croûte de moutarde et d'épices ou côtes de veau grillées et champignons portabello grillés.

Les Christins 2004 ♥

VACQUEYRAS, PERRIN ET FILS, FRANCE

22,75 $	SAQ **S** (872937)	★★★ $$	**Corsé**

Superbe rapport qualité-prix que ce vacqueyras 2004 de la famille Perrin. De la couleur, du fruit (bleuet, framboise, cacao), de la richesse, du détail, des tanins solides mais bien enveloppés, de la fraîcheur, du corps et de la persistance, sans aucune lourdeur. **Cépages :** 75 % grenache, 25 % syrah. **Alc.**/14,5 %. **www.perrin-et-fils.com**

☛ *Servir entre 2006 et 2012, à 17 °C et oxygéné en carafe 15 minutes*

Jarret d'agneau confit parfumé à l'huile de truffes, filets de bœuf Angus aux champignons sauvages ou ragoût de bœuf au vin rouge et polenta crémeuse au parmesan.

Porca de Murça Reserva 2001 ♥

DOURO, REAL COMPANHIA VELHA, PORTUGAL

22,85 $	SAQ **S** (902338)	★★★?☆ $$	**Corsé**

Un portugais des plus enchanteurs, représentant l'une des belles aubaines de l'année émanant du Douro, au nez ultra-raffiné, d'une belle intensité, mais avec fraîcheur et précision, exhalant des notes de violette, de rose, de cassis et de cerise, à la bouche ample et veloutée, aux tanins très fins et soyeux, et aux saveurs très longues et belles, laissant des traces de cèdre, de cerise noire et de tabac. **Cépages :** touriga nacional, tinta roriz, tinta barroca, tinta cão. **Alc.**/13,5 %. **www.realcompanhiavelha.pt**

Servir entre 2006 et 2016, à 17 °C et oxygéné en carafe 15 minutes

Magret de canard fumé aux feuilles de thé, filets de bœuf grillés en croûte de fines herbes ou jarret de veau confit et jus de cuisson naturel.

Château le Puy 2001

BORDEAUX-CÔTES-DE-FRANCS, J.P. & P. AMOREAU, FRANCE

22,90 $	SAQ **S*** (709469)	★★★?☆ **$$**	**Modéré+**	BIO

Aussi disponible en format 500 ml (16,70 $ SAQ **S** 896399), le 2001 de ce domaine unique se montre passablement coloré, richement aromatique (violette, framboise, prune et champignon de Paris), mûr et d'une belle profondeur, à la bouche à la fois ample et élancée, ronde et ramassée, marquée par des tanins extra-fins et des saveurs précises qui ont de l'éclat et de la prestance. Il faut savoir que, depuis 1610 (!), les vins du Château le Puy sont issus de raisins de culture biologique, et maintenant en biodynamie. Un terroir d'exception, magnifié par la dynamique, sympathique et inspirante famille Amoreau. **Cépages :** 85 % merlot, 14 % cabernet sauvignon, 1 % carmenère. **Alc./**12 %. **www.chateau-le-puy.com**

Servir entre 2006 et 2013, à 17 °C et oxygéné en carafe 30 minutes

Champvallon (oignons, cubes d'agneau ou de porc et pommes de terre), ragoût d'agneau aux quatre-épices (poivre, muscade, gingembre en poudre et clous de girofle) ou foie de veau sauce à l'estragon.

Château Ramafort 2000

MÉDOC, CHÂTEAU RAMAFORT, FRANCE

23 $	SAQ **S*** (608596)	★★★?☆ **$$**	**Corsé**

Une aubaine bordelaise, provenant du grand millésime 2000, offrant richesse aromatique, maturité de fruits, tendreté des tanins, texture, ampleur et expression de saveurs, laissant deviner des notes de graphite, de prune, de café et de tabac. Un régal, à un prix plus doux, ce qui devient une denrée rare à Bordeaux. Si vous avez un seul médoc à moins de 35 $ à acheter cette année, c'est ce Ramafort 2000 qu'il faut choisir. **Cépages :** 63 % merlot, 37 % cabernet sauvignon. **Alc./**13 %. **www.chateau-ramafort.com**

Servir entre 2006 et 2012, à 17 °C et oxygéné en carafe 5 minutes

Brochettes de bœuf au café noir (voir Filets de bœuf au café noir) (*), cailles sautées à la poêle et riz sauvage aux champignons (*), filet d'agneau en croûte et jus de cuisson naturel ou rôti de bœuf aux champignons.

Petalos 2005

BIERZO, DESCENDIENTES DE J. PALACIOS, ESPAGNE ***(DISP. NOV./DÉC. 06)***

NOUVEAUTÉ!

23 $	**SAQ S** (10551471)	★★★☆ **$$**	**Corsé+**	BIO

Petit frère du Corullón, l'une des grandes cuvées de ce domaine phare qui a participé à la renaissance de cette appellation. Il en résulte un 2005 à la robe presque noire et intensément violacée, au nez certes gorgé de fruits mais aussi d'une belle minéralité et fort distingué, à la bouche généreuse et très fraîche, aux tanins ramassés, avec un grain séveux et réglissé, aux saveurs très longues, laissant des traces de bleuet et de cerise noire. La finale est ferme et le boisé est subtilement intégré au cœur du vin, donc pratiquement absent. Une fois assouplis, dans 3 à 5 ans, les tanins se révéleront d'une race évidente, rappelant le profil des grands saumur-champigny des frères Foucault du Clos Rougeard. À cause de sa filiation avec le cabernet franc, le cépage mencia engendre des rouges d'un satiné de texture hors norme, surtout lorsque cultivé en biodynamie par Ricardo Palacios, le neveu du talentueux Álvaro Palacios, qui vinifie ce vin avec doigté et élabore de très grands vins dans le Priorat (voir commentaire dans ce guide). **Cépage :** mencia.

☛ *Servir entre 2006 et 2013, à 17 °C et oxygéné en carafe 1 heure*

Gratin de confit de canard, magret de canard rôti à la nigelle, côtes de veau de lait poêlées et réduction de vin rouge à l'estragon (*) ou côtelettes d'agneau en croûte d'épices et aubergines grillées.

Château Croix-Mouton 2004

BORDEAUX-SUPÉRIEUR, JEAN-PHILIPPE JANOUEIX, FRANCE

23,10 $	**SAQ S** (10520481)	★★★?☆ **$$**	**Corsé**

Avec un nouveau nom – pour éviter la poursuite de Mouton Rothschild, la famille Janoueix a décidé d'ajouter le nom de Croix à Mouton, question de « défroisser » la baronne Philippine... –, et un prix revu à la baisse de six dollars, le talentueux et inventif vinificateur Jean-Philippe Janoueix a réussi à nouveau à atteindre le sommet dans cette appellation. Il en résulte un bordeaux passablement coloré, au nez riche et mûr à point, au boisé intégré, à la bouche fraîche, pleine, juteuse et tannique, au corps plein et joufflu, égrainant de longues saveurs de cassis, de fraise, de poivre et de torréfaction. Achetée en 1997, cette propriété de 19 hectares, plantée de vieilles vignes d'un âge moyen de 38 ans, jouissait d'une grande réputation à la fin de XIXe siècle. **Cépages :** 92 % merlot, 8 % cabernet franc. **Alc./**13 %. **www.j-janoueix-bordeaux.com**

☛ *Servir entre 2006 et 2013, à 17 °C et oxygéné en carafe 15 minutes*

Carré d'agneau et jus au café expresso (*), magret de canard rôti à la nigelle ou entrecôte sauce au poivre vert.

Château de Sarpe 2004

SAINT-ÉMILION, J.-F. JANOUEIX, FRANCE

23,10 $	SAQ **S** (896191)	★★★ **$$**	**Modéré+**

Un saint-émilion coloré, aux parfums invitants et au fruité jeune, d'une belle maturité, à la bouche compacte, aux tanins fins, qui ont un beau grain, aux saveurs élégantes et à la texture presque soyeuse. Sera encore plus détendu et plus velouté dans 2 ans. **Cépages :** 60 % merlot, 40 % cabernet franc. **Alc./**13 %. **www.j-janoueix-bordeaux.com**

☛ *Servir entre 2006 et 2012, à 17 °C et oxygéné en carafe 45 minutes*

Côtelettes de porc aux poivrons rouges confits ou côtes de veau et purée de pois à la menthe (*).

Tenuta Santedame 2004

CHIANTI CLASSICO, TENIMENTI RUFFINO, ITALIE

23,15 $	SAQ **S** (523076)	★★★?☆ **$$**	**Corsé**

D'une couleur très foncée et violacée. D'un nez élégant et assez concentré, marqué par un très beau fruité. D'une bouche ramassée, compacte, fraîche et élancée, aux tanins serrés et au corps longiligne, exprimant des saveurs de fruits rouges et de café. Un vin superbement architecturé. Il faut dire qu'un énorme travail de restructuration, tant dans les vignes que dans les chais, permet désormais à la Tenimenti Ruffino d'élaborer d'excellents vins, spécialement ceux provenant de ses vignobles. **Cépage :** sangiovese. **Alc./**13,5 %. **www.ruffino.com**

☛ *Servir entre 2006 et 2014, à 17 °C et oxygéné en carafe 30 minutes*

Filets de bœuf aux champignons et au vin rouge, rôti de bœuf aux champignons café ou côtes d'agneau au vin et polenta.

Château Haut-Castelot 2003 ♥

SAINT-ÉMILION, J. JANOUEIX, FRANCE

23,30 $	SAQ **S*** (905232)	★★★?☆ **$$**	**Corsé**

Une réussite, aux arômes de truffe, de sous-bois et de fruits rouges compotés, on ne peut plus saint-émilion, à la bouche pleine, veloutée et texturée à souhait, aux tanins présents et à l'acidité discrète, marqué par une générosité solaire. Ce second vin du Château Castelot sera encore plus pénétrant d'ici 2009-2011. **Cépages :** 70 % merlot, 20 % cabernet franc, 10 % cabernet sauvignon. **Alc./**13 %. **www.j-janoueix-bordeaux.com**

☛ *Servir entre 2006 et 2013, à 17 °C et oxygéné en carafe 30 minutes*

Côtes de veau grillées et champignons portabello grillés, burger de bœuf au foie gras de canard et aux champignons ou rôti de bœuf aux champignons.

Hochar Père et Fils 2000

BEKAA VALLEY, CHÂTEAU MUSAR, GASTON HOCHAR, LIBAN

23,55 $ SAQ **S** (484964) ★★★ $$ **Corsé**

Second vin du remarquable Château Musar, dont le 1998 est commenté dans ce guide, cette cuvée 2000 est tout à fait étonnante de complexité et de richesse pour un deuxième vin. Le nez enivre par ses arômes de fruits compotés, d'épices, de figue séchée et de notes balsamiques. La bouche suit avec une texture presque dense mais détendue, dotée de chair et de courbes sensuelles, aux tanins présents mais enveloppés et aux saveurs persistantes. Dans la lignée du grand vin, à un prix plus que doux. **Cépages :** cinsault + cabernet sauvignon, carignan, grenache. **Alc./**13,5 %. **www.chateaumusar.com**

☛ *Servir entre 2006 et 2014, à 17 °C et oxygéné en carafe 15 minutes*

Bavette de bœuf déglacée au vinaigre balsamique et porto LBV ou tranches d'épaule d'agneau grillées au poivre noir, accompagnées de poivrons verts et rouges sautés à l'huile d'olive et au paprika.

Pèppoli 2004

CHIANTI CLASSICO, MARCHESI P. ANTINORI, ITALIE

23,90 $ SAQ **S*** (10270928) ★★★ $$ **Modéré+**

Un 2004 de Pèppoli des plus engageants, richement coloré, intensément parfumé, aux effluves de prune, de cassis et de café, aux tanins enveloppés d'une gangue veloutée, à l'acidité discrète et au corps presque dense, tout en étant bien détendu. Votre osso buco préféré ne vous aura jamais paru aussi bon! **Cépages :** 90 % sangiovese, 10 % merlot et syrah. **Alc./**13 %. **www.antinori.it**

☛ *Servir entre 2006 et 2010, à 17 °C et oxygéné en carafe 5 minutes*

Osso buco, fettucine all'amatriciana « à ma façon » (*), bœuf bourguignon et polenta crémeuse au parmigiano et aux oignons caramélisés ou sauté de porc aux poivrons rouges confits et au paprika.

Villa Antinori 2003

TOSCANA, MARCHESI P. ANTINORI, ITALIE

23,90 $ SAQ **C** (10251348) ★★★ $$ **Corsé**

Ce célèbre rouge toscan se montre hyper aromatique et charnu à souhait. De riches effluves de poivre, d'olive noire et de cassis donnent le ton, tandis que des tanins tissés serrés, très fins, ainsi qu'un corps dense et ramassé, signent une bouche des plus gourmandes, un brin plus nourrie que le délectable Pèppoli 2004 (aussi commenté dans ce guide). La famille Antinori a décidé de ne plus revendiquer l'appellation Chianti Classico pour ce vin. Comme elle possède maintenant plus de 800 hectares de nouveaux vignobles toscans, plantés il y a 10 ans, dans les zones de Chianti Classico, Montalcino, Montepulciano et Bolgheri, elle peut désormais produire ce vin avec uniquement des vignes du domaine familial – jusqu'ici, près de la moitié de la production nécessaire pour ce vin était achetée.

Cépages : sangiovese, cabernet sauvignon, merlot. **Alc./**13 %. **www.antinori.it**

☛ *Servir entre 2006 et 2010, à 17 °C et oxygéné en carafe 15 minutes*

Osso buco à la gremolatta, bavette de bœuf grillée et ratatouille épicée de longue cuisson ou filets de bœuf au café noir (*).

Château Lousteauneuf 2003

MÉDOC, VIGNOBLES SEGOND & FILS, FRANCE

23,95 $	SAQ **S*** (913368)	★★★?☆ $$	Corsé

Bonne nouvelle, ce 2003 est le quatrième millésime consécutif à être de nouveau réussi avec brio par le talentueux Bruno Segond, dont les vins ont été salués à plusieurs reprises dans ce guide. Vérifiez par vous-même en admirant la profonde coloration, en humant la richesse et l'élégance du nez, exprimant des notes de violette, de fruits noirs et de chêne neuf, ainsi qu'en vous sustentant de la texture détendue, des tanins tendres mais bien assis, et des saveurs éclatantes que la bouche offre. Du bien beau jus pour un prix si doux. **Cépages :** 48 % cabernet sauvignon, 36 % merlot, 10 % cabernet franc, 6 % petit verdot. **Alc./**13 %. **www.chateau-lousteauneuf.com**

☛ *Servir entre 2006 et 2012, à 17 °C et oxygéné en carafe 30 minutes*

Carré d'agneau au poivre vert et à la cannelle ou filets de bœuf Angus aux champignons sauvages.

Château Lagrezette 2003

CAHORS, ALAIN-DOMINIQUE PERRIN, FRANCE ***(DISP. FÉVR. 07)***

24 $	SAQ **S*** (972612)	★★★?☆ $$$	Corsé

Le millésime 2003 signale le 500e anniversaire de ce château, devenu l'une des références préférées des amateurs de vin de Cahors du Québec. La robe est foncée, sans être opaque, le nez est actuellement sur sa réserve, la bouche suit avec un corps voluptueux, plein, sans être dense, aux tanins mûrs et bien « travaillés » par un élevage ambitieux, laissant des traces d'épices et de torréfaction. Un 2003 qui semble moins relevé et moins complet que le précédent 2002 (commenté dans le *Répertoire additionnel*), mais charmeur dès maintenant. **Cépages :** 77 % malbec, 21 % merlot, 2 % tannat. **Alc./**14,5 %. **www.chateau-lagrezette.tm.fr**

☛ *Servir entre 2006 et 2013, à 17 °C et oxygéné en carafe 15 minutes*

Magret de canard grillé parfumé de baies roses ou carré d'agneau et jus au café expresso (*). Fromage : saint-nectaire (surmonté de quelques très fines tranches de champignons de Paris frais ou de bolets crus).

Foradori 2003

TEROLDEGO ROTALIANO, AZIENDA AGRICOLA FORADORI, ITALIE

24 $ SAQ **S** (712695) ★★★☆ $$ **Corsé**

Avec ce remarquable 2003, Elisabeta Foradori nous propose l'une des plus belles originalités du vieux continent, élaborée à partir de vieilles vignes de teroldego, l'un des multiples nobles cépages rouges que recèle l'Italie, cultivées dans une vallée caillouteuse du Haut-Adige. Il en résulte un vin coloré, au nez enchanteur, d'une belle richesse et d'une haute définition, sans aucune trace de bois, exprimant des notes de violette et de prune, à la bouche d'une bonne ampleur, aux tanins veloutés, au corps plein et aux saveurs d'une grande allonge. Harmonie suprême. **Cépage :** teroldego. **Alc./**12,5 %.

☛ *Servir entre 2006 et 2012, à 17 °C et oxygéné en carafe 15 minutes*

Côtes de veau grillées et champignons portabello grillés ou magret de canard grillé parfumé de baies roses accompagné d'une purée de patates douces aux olives noires et au romarin frais.

Château Saint-Martin de la Garrigue 2003

COTEAUX-DU-LANGUEDOC, CHÂTEAU SAINT-MARTIN DE LA GARRIGUE, FRANCE

24,10 $ SAQ **S** (10268828) ★★★☆ $$ **Corsé**

Jean-Claude Zabalia vinifie avec justesse et instinct plusieurs cuvées de référence (voir les commentaires du rouge Bronzinelle 2004 et du blanc Château Saint-Martin de la Garrigue 2005). Celle-ci, dont l'assise est centrée sur l'épicé mourvèdre, se montre colorée, très aromatique, passablement concentrée, aux tonalités de réglisse et de fruits noirs, à la bouche dense et enveloppante, d'un bon volume, aux tanins mûrs et bien travaillés, et aux saveurs d'une bonne allonge. Les bordelais devraient prendre exemple! **Cépages :** 67 % mourvèdre (vieilles vignes), 20 % syrah, 13 % grenache. **www.stmartingarrigue.com**

☛ *Servir entre 2006 et 2013, à 17 °C et oxygéné en carafe 15 minutes*

Jarret d'agneau confit et son jus de cuisson ou braisé de bœuf à l'anis étoilé.

Condado de Haza « Crianza » 2003

RIBERA DEL DUERO, ALEJANDRO FERNÁNDEZ, ESPAGNE

24,15 $ SAQ **S** (978866) ★★★?☆ $$ **Corsé+**

Après l'écoulement des stocks de cet excellent 2003, le musclé et très riche 2004 (dégusté en juin 2006 avec M. Fernández), né d'un millésime espagnol d'exception, prendra la relève. Avec ce 2003, Alejandro Fernández, à l'origine des incontournables Tinto Pesquera, Dehesa La Granja (voir commentaires dans ce guide pour ces deux derniers) et El Vinculo, présente un Condado au fruité pulpeux et très expressif, un brin animal et réglissé, rappelant les meilleurs malbecs argentins, à la bouche à la fois juteuse et tannique, éclatante et enveloppante, dense et charmeuse, et d'une grande allonge. Le Condado 1996, aussi dégusté en juin 2006, étonne par sa grande fraîcheur et sa jeunesse vivifiante. Osez donc laisser quelques flacons du 2003 en cave une bonne dizaine d'années. **Cépage :** tempranillo. **Alc.**/13 %. **www.grupopesquera.com**

☛ *Servir entre 2006 et 2016, à 17 °C et oxygéné en carafe 30 minutes*

Brochettes de bœuf sauce au fromage bleu (*) ou magret de canard au poivre vert.

Château Couronneau « Cuvée Pierre de Cartier » 2002

BORDEAUX-SUPÉRIEUR, CHÂTEAU COURONNEAU, FRANCE

24,30 $	SAQ **S** (10218003)	★★★?☆ **$$**	**Corsé**	BIO

Couleur soutenue, charme aromatique prenant, exhalant de riches effluves de prune, de cerise noire, de violette et de café, à la bouche généreuse, pleine et sphérique, aux tanins passablement tendres, au moelleux omniprésent et aux saveurs éclatantes de fruits noirs, de vanille et de torréfaction. Un bordeaux tendant vers le style pulpeux des vins du Nouveau Monde, mais avec tenue et raffinement. **Cépage :** merlot. **Alc.**/14 %. **www.chateau-couronneau.fr**

☛ *Servir entre 2006 et 2014, à 17 °C et oxygéné en carafe 30 minutes*

Burger de bœuf au foie gras de canard et aux champignons, filets mignons sauce aux champignons et au porto, carré d'agneau et jus au café expresso (*) ou magret de canard et crevettes à la saveur du Nouveau Monde (*).

Château de Rochemorin 2001 ♥

PESSAC-LÉOGNAN, ANDRÉ LURTON, FRANCE

24,35 $	SAQ **S*** (743005)	★★★?☆ **$$$**	**Corsé**

Un excellent Rochemorin 2001 – dont un nouvel arrivage est attendu au courant de l'automne 2006 –, richement coloré, intensément aromatique et généreusement structuré, aux tanins mûrs, aux saveurs soutenues, presque imposantes, laissant des traces de café, de cacao, de framboise et de mine de crayon. Du coffre, de la profondeur et de la complexité à bon prix. Vous auriez tort de lever le nez sur les bordeaux 2001, car ils se goûtent tellement bien en ce moment. **Cépages :** 60 % cabernet sauvignon, 40 % merlot. **Alc.**/13 %. **www.andrelurton.com**

☛ *Servir entre 2006 et 2012, à 17 °C et oxygéné en carafe 15 minutes*

Filet de porc au café noir (voir Filets de bœuf au café noir) (*), côtelettes et tranches d'épaule d'agneau grillées au poivre noir, accompagnées de poivrons verts et rouges sautés à l'huile d'olive et au paprika ou filets de bœuf au concassé de poivre et patates douces rôties au romarin.

Château de Lancyre Grande Cuvée 2001 ♥

COTEAUX-DU-LANGUEDOC PIC SAINT-LOUP, DURAND ET VALENTIN, FRANCE

24,40 $	SAQ **S** (864942)	★★★☆ **$$$**	**Corsé**

Le retour d'une réussite à ne pas manquer. Vous y dénicherez de la couleur, de la richesse et de l'expression aromatique, allant des épices à la garrigue, en passant par la réglisse et les fruits confiturés, ainsi que de la chair, du coffre, de la longueur et de l'expansion en bouche. Actuellement à son meilleur. **Cépages :** 75 % syrah, 15 % grenache, 10 % mourvèdre. **Alc./**14 %.
www.chateaudelancyre.com

☛ *Servir entre 2006 et 2011, à 17 °C*

Carré d'agneau farci aux olives noires et au romarin, sauce au porto LBV, filets de bœuf grillés et sauté de poivrons rouges au curcuma ou magret de canard et crevettes à la saveur du Nouveau Monde (*).

Brancaia « Tre » 2004

TOSCANA, PODERE LA BRANCAIA, ITALIE ***(DISP. NOV. 06)***

NOUVEAUTÉ!

24,45 $	SAQ **S** (10503963)	★★★ **$$$**	**Modéré+**

Un 2004 provenant de l'un des domaines les plus en vue actuellement en Toscane, que le deuxième numéro du nouveau magazine *Cellier* de la SAQ mettra sur le marché en novembre. Passablement coloré, au nez actuellement discret mais riche de promesses, à la bouche plus bavarde, charnue et généreuse, tout en étant fraîche et ramassée, compacte et élancée. Le fruit est d'une jeunesse et d'une précision remarquables. Les tanins sont tissés serrés. L'ensemble est invitant et persistant. Cette cuvée est née d'un assemblage de trois parcelles du domaine : Castellina et Radda, toutes deux situées dans la zone du Chianti Classico, et Morelino di Scansano. Élevé à 50 % en barriques neuves, le reste en barriques d'un an d'âge. **Cépages :** sangiovese (dominant) + merlot, cabernet sauvignon. **Alc./**13,5 %.
www.brancaia.com

☛ *Servir entre 2006 et 2011, à 17 °C et oxygéné en carafe 30 minutes*

Osso buco au fenouil et gremolata ou magret de canard grillé parfumé de baies roses accompagné d'une purée de patates douces aux olives noires et au romarin frais.

Château Cap de Haut 2000

HAUT-MÉDOC, COMTESSE DE FUMEL, FRANCE

24,45 $	SAQ **S** (914226)	★★★☆ **$$**	**Corsé**

Généreux et pulpeux haut-médoc, au nez et à la bouche engageants au possible, plein, sphérique et dodu, aux tanins tendres, mais ayant du grain, et aux saveurs plus que persistantes. Sérieux et satisfaisant. **Cépages :** 50 % cabernet sauvignon, 30 % merlot, 15 % cabernet franc, 5 % petit verdot. **Alc./**13 %.

☛ *Servir entre 2006 et 2012, à 17 °C et oxygéné en carafe 15 minutes*

Côtelettes d'agneau au café noir (voir Filets de bœuf au café noir) (*), filets de bœuf grillés et sauté de poivrons rouges au curcuma ou bifteck de contre-filet grillé au beurre d'estragon.

La Tota 2004

BARBERA D'ASTI, MARCHESI ALFIERI, ITALIE

24,55 $	SAQ S* (978692)	★★★☆ $$	Corsé

Ce 2004 de La Tota est à l'image des derniers millésimes de ce cru piémontais, tous réussis avec brio. C'est-à-dire fortement coloré, au nez passablement concentré, d'une très belle maturité des baies, aux effluves de fruits noirs (bleuet, mûre et cassis), à la bouche pleine et étonnamment dense pour un vin à base de barbera, aux tanins fins, qui ont du grain, au corps joufflu et aux saveurs persistantes. **Cépage :** barbera. **Alc./**14 %. **www.marchesialfieri.it**

☛ *Servir entre 2006 et 2014, à 17 °C*

Pétoncles en civet (*), cailles sautées à la poêle et riz sauvage aux champignons (*) ou boudin noir et poivrons rouges confits.

Céleste 2003

RIBERA DEL DUERO, MIGUEL TORRES, ESPAGNE

NOUVEAUTÉ!

24,75 $	SAQ S (10461679)	★★★?☆ $$$	Corsé

Découvert dans un restaurant de Barcelone, au printemps 2006, un nouvel arrivage du résultat de la nouvelle aventure, hors Catalogne, de la famille Torres, était attendu au moment d'aller sous presse. Il en résulte un rouge de style international, c'est-à-dire coloré et richement fruité, sans le boisé torréfié habituel de multiples vins de cette appellation, aux tanins mûrs et nobles, arrondis par un judicieux et subtil élevage en barriques, au corps plein et aux saveurs très longues. Une introduction avec panache dans cette vallée devenue l'Eldorado du vin espagnol. **Cépage :** tempranillo. **Alc./**13,5 %. **www.torreswines.com**

☛ *Servir entre 2006 et 2015, à 17 °C et oxygéné en carafe 45 minutes*

Côtes de veau de lait poêlées et réduction de vin rouge à l'estragon (*), jarret d'agneau confit accompagné d'une poêlée de champignons sauvages ou côtelettes d'agneau grillées à la nigelle.

Fonterutoli 2003

CHIANTI CLASSICO, MAZZEI IN FONTERUTOLI, ITALIE

24,85 $	SAQ S (856484)	★★★?☆ $$	Corsé

Vous cherchez l'exemple sur mesure du chianti du XXIe siècle? Alors dégustez ce 2003 à la robe très colorée, presque noire, au nez riche et compact, aux notes de fruits noirs passablement concentrées, à la bouche charnue, pleine et presque sphérique, mais retenue par une bonne assise tannique et rehaussée par des saveurs expressives de cassis, de mûre et de violette. Cette grande maison toscane, appartenant à la famille Mazzei depuis 1435, profite de superbes terroirs et de la grande dextérité du réputé œnologue Carlo Ferrini, ce qui lui permet d'engendrer parmi les meilleurs vins de la zone « classico » du Chianti. **Cépage :** sangiovese. **Alc.**/13,5 %. **www.fonterutoli.com**

☛ *Servir entre 2006 et 2012 à 17 °C, et oxygéné en carafe 30 minutes*

Carré d'agneau farci aux olives noires et au romarin, sauce au porto LBV, filets de bœuf à la fourme d'Ambert et au romarin (*) ou magret de canard grillé parfumé de baies roses accompagné d'une purée de patates douces aux olives noires et au romarin frais.

Capçanes « Costers del Gravet » 2001

MONTSANT, CELLER DE CAPÇANES, ESPAGNE

24,90 $	SAQ **S** (898551)	★★★?☆ **$$**	**Corsé+**

Tout à fait typique de la récente appellation Montsant, qui entoure celle plus prestigieuse de Priorat, situées au sud de Bracelone. Donc, coloré, aromatique, torréfié et cacaoté, généreux, charnu, boisé, plein et persistant. **Cépages :** garnacha, carignan, cabernet sauvignon, tempranillo. **Alc.**/14 %. **www.cellercapcanes.com**

☛ *Servir entre 2006 et 2012, à 17 °C et oxygéné en carafe 15 minutes*

Tajine d'agneau au curry, filets de bœuf à la fourme d'Ambert et au romarin (*) ou magret de canard et crevettes à la saveur du Nouveau Monde (*).

Capoverso 2003

TOSCANA, ADRIANA AVIGNONESI, ITALIE

NOUVEAUTÉ!

24,90 $	SAQ **S** (10442603)	★★★?☆ **$$$**	**Corsé**

Une nouveauté toscane au fruité pulpeux très engageant, lui procurant un profil presque Nouveau Monde tant le fruit est mûr et les parfums expressifs. La bouche suit avec rondeur, sensualité, texture et chair. Fruits rouges compotés, figue séchée et notes balsamiques donnent le ton, tandis que les tanins se montrent un brin fermes en finale. Caractère classique des rouges nés de la canicule européenne de 2003. **Cépages :** sangiovese, syrah, canaiolo. **Alc.**/13 %. **www.vinicapoverso.com**

☛ *Servir entre 2006 et 2010, à 17 °C*

Hachis Parmentier au canard, osso buco au fenouil et gremolata ou bœuf bourguignon et polenta crémeuse au parmigiano et aux oignons caramélisés.

Castell de Falset « Old Vines Selection » 2000 ♥

MONTSANT, AGRICOLA FALSET-MARÇÀ, ESPAGNE ***(DISP. OCT. 06)***

NOUVEAUTÉ!

25 $	SAQ **S** (10358364)	★★★?☆ **$$**	**Puissant**

L'Espagne est le pays de la Vieille Europe ayant réussi à engendrer les rouges qui se rapprochent le plus du style pulpeux et extraverti des vins du Nouveau Monde. Ce à quoi répondent souvent avec aplomb les vins de l'appellation Montsant – une zone récente située au pourtour de celle plus ancienne de Priorat. Pour preuve, cette nouveauté, composée de vieilles vignes, ultra-colorée, au nez rappelant les généreux rouges australiens, donc très concentré, au boisé généreusement torréfié, à la bouche explosive, tannique et vivifiante, au style dense et longiligne, au fruité mûr, non dénué de fraîcheur. La finale est d'une grande allonge et permet d'apprécier un fruité très frais et pur, ainsi qu'une trame tannique solide et ferme. **Cépages :** 45 % garnacha, 35 % carignan, 20 % cabernet sauvignon. **Alc./**14 %. **www.falsetmarca.com**

☛ *Servir entre 2006 et 2011, à 17 °C et oxygéné en carafe 15 minutes*

Carré d'agneau farci aux olives noires et au romarin, sauce au porto LBV, tajine d'agneau au curry, filets de bœuf à la fourme d'Ambert et au romarin (*) ou magret de canard et crevettes à la saveur du Nouveau Monde (*).

Copa Santa 2003

COTEAUX-DU-LANGUEDOC, DOMAINE CLAVEL, FRANCE

25 $	SAQ **S** (10282857)	★★★☆ **$$$**	**Corsé+**

Provenant du terroir de la Méjanelle, tout comme son *alter ego* Les Garrigues (voir commentaires), Copa Santa est la grande cuvée de Pierre Clavel, vigneron inspiré à la recherche du Graal languedocien. Contrairement à la précédente Copa Santa 2002, saluée dans l'édition 2006, cette 2003 – disponible au cours de l'automne 2006 – est marquée par le sceau caniculaire qui a prévalu en France durant la saison de maturation. Forte coloration, richesse aromatique, fruité très mûr, sans excès, agrémenté de pointes de tabac, de réglisse et de lys odorant. Puissance et générosité en bouche, tout en étant bien ramassé et structuré, dévoilant d'intenses saveurs de fruits noirs et d'épices. **Cépages :** syrah (majoritaire) + grenache, mourvèdre. **www.vins-clavel.fr**

☛ *Servir entre 2006 et 2015, à 17 °C et oxygéné en carafe 15 minutes*

Filets de bœuf au fromage bleu et sauce au porto LBV, magret de canard grillé parfumé de baies roses accompagné d'une purée de patates douces aux olives noires et au romarin frais ou rognons de veau au roquefort.

Altano Reserva 2003

DOURO, SYMINGTON FAMILY ESTATES, PORTUGAL

25,05 $	SAQ **S** (10370814)	★★★☆ **$$$**	**Corsé+**

Cet excellent 2003, qui fait suite au très bon 2001 (commenté dans le *Répertoire additionnel*), se montre ultra-coloré, richement aromatique, laissant échapper des notes de fruits noirs confiturés, de café, de tabac et de vanille, à la bouche dense, pleine et très serrée, plus ramassée que ne l'est le 2001, mais aussi plus nourrie et plus persistante. Le boisé, certes présent, est noblement intégré. **Cépages :** touriga franca, touriga nacional. **Alc./**14 %. **www.symington.com**

☛ *Servir entre 2006 et 2016, à 17 °C et oxygéné en carafe 45 minutes*

Carré d'agneau au poivre vert et à la cannelle ou entrecôte grillée à la pommade d'olives noires (olives noires dénoyautées et huile d'olive passées au robot).

Château du Cèdre « Le Prestige » 2002

CAHORS, VERHAEGHE & FILS, FRANCE

25,25 $	SAQ S* (972463)	★★★?☆ $$$	Corsé+

Ce 2002 représente une ixième réussite de Pascal Verhaeghe, dont les vins sont devenus des incontournables au Québec. La robe est noire et violine. Le nez est très aromatique, au fruité à la fois mûr et très frais, au boisé modéré. La bouche est enveloppante, presque dense et tannique mais marquée par de beaux tanins enrobés, et par un corps presque voluptueux pour l'appellation, égrainant de longues et intenses saveurs de bleuet, de cassis, de violette et d'épices douces. **Cépages :** 90 % malbec, 5 % tannat, 5 % merlot. **Alc./**14,1 %.

☛ *Servir entre 2006 et 2016, à 17 °C et oxygéné en carafe 30 minutes*

Braisé de bœuf à l'anis étoilé, magret de canard rôti et réduction du porto LBV ou carré d'agneau et jus au café expresso (*).

Château Nakad 1998

BEKAA VALLEY, CAVE NAKAD, LIBAN

25,50 $	SAQ S (741637)	★★★☆ $$$	Corsé+

L'une des rares médailles d'or des Sélections mondiales 2002 de Montréal franchement méritée. Un vin de type bordelais, donc très coloré, violacé, richement aromatique, au boisé présent, au fruité concentré, passablement jeune, rappelant la pomme grenade, le cassis, la mûre et le cèdre, à la bouche dense, pleine et savoureuse, aux tanins solides mais bien polis par un élevage ambitieux, aux saveurs intenses et persistantes. Un vin qui est loin d'avoir tout dit. **Cépages :** cabernet sauvignon, syrah, grenache, merlot. **Alc./**14,5 %. **www.winenakad.com**

☛ *Servir entre 2006 et 2018, à 17 °C et oxygéné en carafe 1 heure*

Carré d'agneau au poivre vert et à la cannelle ou magret de canard grillé parfumé de baies roses.

Toar Masi 2001

ROSSO DEL VERONESE, MASI AGRICOLA, ITALIE ***(DISP. DÉC. 06)***

25,50 $	SAQ S* (342444)	★★★☆ $$$	Corsé

Depuis le millésime 1999, la maison Masi a atteint son niveau de croisière avec cet excellent et original vin vénitien que l'on pourrait qualifier de valpolicella moderne. La couleur de ce 2001 est soutenue. Le nez est intrigant, libérant ses effluves seulement après une bonne oxygénation en carafe, dévoilant ainsi richesse et précision. La bouche suit avec des saveurs débordantes, pleines et fraîches, et des tanins tissés serrés mais bien enveloppés. Confiture de fraises, prune, violette et notes balsamiques participent à dépayser le dégustateur, pour son plus grand plaisir. Sachez que Toar origine de tufs, des sols volcaniques, en rapport avec le terroir où sont cultivées les trois variétés de vignes qui composent ce vin, dont l'oseleta, un cépage ancien ressuscité à la suite des travaux ampélographiques menés par la maison Masi. **Cépages :** corvina, rondinella, oseleta. **Alc./**13 %. **www.masi.it**

☛ *Servir entre 2006 et 2016, à 17 °C et oxygéné en carafe 45 minutes*

Carré d'agneau et jus au café expresso (*), rosace d'agneau grillé et jus de poivrons rouges ou tournedos de bœuf sauce au vin rouge accompagné de ratatouille de haricots.

Réserve du Domaine de Champ de Cour 2003

MOULIN-À-VENT, MOMMESSIN, FRANCE

25,70 $	SAQ **S** (557421)	★★★☆ $$$	**Corsé**

Un beaujolais superlatif! De la couleur, des fruits confits, des épices et des fleurs, dans un ensemble d'une étonnante richesse et d'une surprenante ouverture – il faut savoir que les moulin-à-vent demandent habituellement quelques années pour se révéler pleinement –, de la matière en bouche, de l'ampleur, du gras et de la chair. Remettra les détracteurs du beaujolais dans le droit chemin... **Cépage :** gamay. **Alc./**13 %. **www.mommessin.com**

☛ *Servir entre 2006 et 2011, à 17 °C*

Filet de saumon au pinot noir (*), pâtes aux tomates séchées, veau marengo (de longue cuisson) et pâtes aux œufs ou poulet grillé au pesto de tomates séchées.

Domaine du Silène des Peyrals 2001

COTEAUX-DU-LANGUEDOC, SILÈNE DES PEYRALS, FRANCE

25,90 $	SAQ **S*** (10327980)	★★★?☆ $$$	**Corsé**

Un autre retour à ne pas manquer chez les vins salués en primeur dans l'édition précédente. Coloré, richement aromatique, fleurs, fumée et fruits noirs donnent la note au bouquet, le boisé est bien présent, la bouche est dense, pleine et tannique, les tanins sont enveloppés d'une gangue veloutée, les saveurs généreuses et pulpeuses, aux notes de cassis, de mûre, de vanille, de cacao et de noix de coco. Un vin boisé, au style évidemment plus proche des vins du Nouveau Monde que de la Vieille Europe. Gagnera probablement une demi-étoile une fois que le vin aura réussi à digérer le bois. **Cépages :** 70 % syrah, 30 % grenache.
www.silenedespeyrals.com

☛ *Servir entre 2006 et 2010, à 17 °C*

Entrecôte (ou brochettes de bœuf) sauce au fromage bleu (*) ou carré d'agneau farci aux olives noires et au romarin, sauce au porto LBV.

Rocca Guicciarda Riserva 2001

CHIANTI CLASSICO, BARONE RICASOLI, ITALIE

25,90 $ SAQ **S** (10253440) ★★★☆ **$$$** **Corsé**

Cette maison s'est littéralement transformée depuis l'arrivée aux commandes, en 1990, du barone Francesco Ricasoli – le 32e depuis la création de ce domaine au XIIe siècle –, qui a magnifié cette maison historique, riche de 1200 hectares de vignes. Ce 2001 exprime très bien les progrès accomplis. Un classico qui a du fruit à revendre, richement aromatique, aux tonalités de prune, de framboise et de violette, à la bouche pulpeuse, ample et charnue, aux tanins fins mais dotés d'un grain serré, aux saveurs expansives mais aussi très fraîches, laissant des traces de poivre blanc et de chanvre. **Cépage :** sangiovese. **Alc.**/13,5 %. **www.ricasoli.it**

☛ *Servir entre 2006 et 2013 à 17 °C, et oxygéné en carafe 15 minutes*

Osso buco au fenouil et gremolata, magret de canard rôti à la nigelle ou filets de bœuf grillés et sauté de poivrons rouges au curcuma.

Argiano Rosso di Montalcino 2003

ROSSO DI MONTALCINO, ARGIANO, ITALIE

26,05 $ SAQ **S** (10252869) ★★★?☆ **$$$** **Corsé**

Couleur modérée, aux reflets orangés. Nez retenu, ayant besoin d'une bonne oxygénation pour être plus loquace. Bouche pleine, sphérique et juteuse, mais sans la densité ni la générosité des vins toscans d'aujourd'hui, dont le style tend de plus en plus vers celui des vins des pays du Nouveau Monde. Plutôt à l'ancienne, au nez balsamique et à la bouche séveuse et tannique, avec du grain et du coffre, d'une grande allonge, égrainant des notes de café, de sous-bois, de chanvre et de cerise noire. **Cépage :** sangiovese. **Alc.**/14 %. **www.argiano.net**

☛ *Servir entre 2006 et 2012, à 17 °C et oxygéné en carafe 30 minutes*

Veau marengo (de longue cuisson) et pâtes aux œufs à l'huile de truffes italiennes, jarret de veau confit et jus de cuisson naturel ou carré d'agneau et jus au café expresso (*).

Tinto Pesquera Crianza 2003

RIBERA DEL DUERO, BODEGAS ALEJANDRO FERNÁNDEZ, ESPAGNE

26,05 $ SAQ **S** (10273109) ★★★☆?☆ **$$** **Corsé+**

Cette icône hispanique connaît un succès important au Québec, positionnant notre marché aux premiers rangs de cette entreprise familiale. Comme tous les vins d'Alejandro Fernández, septuagénaire d'une force et d'une vivacité d'esprit uniques, le Pesquera est élevé dans un savant assemblage de barriques de chêne de diverses origines, surtout américaines, d'Europe de l'Est et de France, dont une faible proportion de fûts neufs. « La qualité de la récolte » comme philosophie et le travail minutieux dans la vigne, depuis 1972 – particulièrement avec l'achat, en 1982, de vignes qui entraient jusque-là dans la composition des grandissimes rouges de Vega Sicilia –, résultent en un vin d'une plénitude et d'une profondeur uniques, sans aucune note boisée dominante, aux saveurs complexes et d'une fraîcheur exceptionnelle pour ce coin de pays plutôt torride. Un grand vin, qui évolue admirablement, tel que constaté lors d'une récente dégustation, chez des amis, d'un Tinto Pesquera Crianza 1989, nourri et richement aromatique. Rares sont, de nos jours, les vins de ce niveau offert à un prix aussi doux. **Cépage :** tempranillo. **www.grupopesquera.com**

☛ *Servir entre 2006 et 2023, à 17 °C et oxygéné en carafe 1 heure*

Carré d'agneau et jus au café expresso (*), filets mignons sauce aux champignons et au porto ou jarret d'agneau confit parfumé à l'huile de truffes.

Château Garraud 2003

LALANDE-DE-POMEROL, VIGNOBLES LÉON NONY, FRANCE

26,60 $ SAQ **S*** (978072) ★★★☆ **$$$** **Corsé**

Tout comme pour son petit frère, le Château Treytins 2003 (aussi commenté dans ce guide), le prix de Garraud a été revu à la baisse de cinq dollars, ce qui fait de son 2003 une remarquable aubaine bordelaise. Découvrez ce millésime très aromatique, passablement riche, plein, généreux et velouté, tout en étant nourri et persistant, laissant deviner des notes de prune, de torréfaction et de graphite. **Cépages :** 75 % merlot, 19 % cabernet franc, 6 % cabernet sauvignon.

☛ *Servir entre 2006 et 2014, à 17 °C et oxygéné en carafe 15 minutes*

Jarret de veau confit et jus de cuisson naturel ou magret de canard rôti et jus de cuisson naturel.

Brolo di Campofiorin Masi 2001

ROSSO DEL VERONESE, MASI AGRICOLA, ITALIE

26,85 $ SAQ **S*** (583369) ★★★?☆ **$$$** **Corsé**

Son prix ayant été abaissé de cinq dollars au cours des dernières années, ce Brolo 2001 devient ainsi un excellent rapport qualité-prix. Vous y dénicherez un rouge très coloré, au nez pur et précis, d'une certaine richesse, aux effluves de fruits rouges passablement mûrs, à la bouche charnue, fraîche et tannique, aux tanins enveloppés qui ont du grain, aux saveurs longues et au corps dense et ramassé. Donc, un ripasso de haut vol, produit avec une sélection sévère des meilleurs raisins provenant d'un brolo (clos), situé en plein cœur de la Valpolicella. **Cépages :** 75 % corvina, 25 % rondinella. **Alc./**14 %. **www.masi.it**

☛ *Servir entre 2006 et 2014, à 17 °C et oxygéné en carafe 45 minutes*

Joues de veau braisées aux tomates confites, fettucine all'amatriciana « à ma façon » (*) ou filets de bœuf sauce balsamique et poêlée de champignons sauvages.

Quinta do Vale da Raposa Grande Escolha 2003 ♥

DOURO, QUINTA DO VALE DA RAPOSA, DOMINGOS ALVES DE SOUSA, PORTUGAL

26,85 $	SAQ **S** (902296)	★★★☆?☆	$$$	**Modéré+**

Après d'excellents 2000 et 2001, salués dans les précédentes éditions, cette *quinta* de haut niveau récidive avec un 2003 d'une race et d'une distinction uniques. Avec ce millésime, monsieur de Sousa a atteint un niveau de raffinement et d'élégance inégalé. La couleur est foncée, mais sans excès. Le nez est subtilement parfumé, requérant de l'oxygène pour révéler son fruité pur et précis. La bouche suit, mais surtout étonne par sa grande fraîcheur et son harmonie, sans parler de son toucher des plus soyeux et son fruité des plus fins et détaillés, laissant de très longues traces de cerise, de framboise, de cannelle et de muscade. Le profil n'est pas sans rappeler les grands bourgognes! Provenant de très vieilles vignes de 60 ans, cultivées sur des coteaux schisteux très pentus, ceci explique cela. **Cépages :** 30 % tinta cão, 20 % touriga nacional + tinta roriz, tinta barroca + autres cépages autochtones portugais. **Alc./**13,5 %. **www.alvesdesousa.com**

☛ *Servir entre 2006 et 2018, à 17 °C et oxygéné en carafe 15 minutes*

Côtes de veau de lait poêlées et réduction de vin rouge à l'estragon (*), ris de veau sauce aux champignons ou magret de canard caramélisé aux épices (*).

Bricco del Drago 2003

LANGHE, PODERI COLLA CASCINE DRAGO, ITALIE ***(DISP. DÉC. 06)***

27,15 $	SAQ **S*** (927590)	★★★?☆	$$$	**Corsé+**

Un piémontais à prédominance de dolcetto, rappelant vaguement les barolos, mais en plus gourmand. Donc, coloré, au nez passablement concentré, ayant besoin d'un bon coup de carafe pour s'exprimer pleinement, à la bouche généreuse, charnue, assez dense et fraîche. Cacao, réglisse et fruits rouges s'articulent avec intensité. **Cépages :** 85 % dolcetto, 15 % nebbiolo. **Alc./**14 %. **www.podericolla.it**

☛ *Servir entre 2006 et 2014, à 17 °C et oxygéné en carafe 1 heure*

Côtes d'agneau sauce au vin rouge et polenta crémeuse au parmigiano, braisé de bœuf à l'anis étoilé ou jarret de veau confit et jus de cuisson naturel.

Pinot Noir Domaine des Perdrix 2004

BOURGOGNE, B. ET C. DEVILLARD, FRANCE

27,20 $	SAQ **S** (917674)	★★★?☆	$$$	**Modéré+**

Malgré sa simple appellation régionale Bourgogne, ce vin provient d'une parcelle de 1,4 hectare, située à Prémeaux, dans le sud de la Côte de Nuits. Plus de 90 % des 650 caisses produites annuellement trouvent le chemin du Québec. À nouveau en 2004, il a tout d'un bourgogne moderne : couleur assez soutenue; nez parfumé et passablement riche; effluves de cerise, de muscade et de rose; bouche ample, compacte et d'une bonne densité; tanins présents, avec du grain, tout en étant bien enveloppés dans une gangue moelleuse; acidité fraîche et naturelle; allonge persistante et saisissante. **Cépage :** pinot noir. **Alc./**12,8 %.

Servir entre 2006 et 2012, à 17 °C

Thon rouge aux tomates confites et à l'huile d'olive épicée, pâtes aux tomates séchées ou carré de porc aux tomates confites.

Monte Real Reserva 1999

RIOJA, BODEGAS RIOJANAS, ESPAGNE

27,40 $	SAQ **S*** (856005)	★★★ $$$	**Modéré+**

Grenat foncé, mi-orangé. Très aromatique, torréfié à souhait – il a séjourné plus de deux ans en barriques de chêne américain –, au fruité assez riche. Ample et suave, aux tanins tendres et aux saveurs cacaotées, vanillées, et toasté à souhait, pour ceux qui apprécient ce style. Un profil qui exprime très bien cette célèbre maison de Cinecero, ville située au cœur de la Rioja. **Cépages :** tempranillo + mazuelo et graciano. **Alc./**13 %. **www.bodegasriojanas.com**

Servir entre 2006 et 2011, à 17 °C

Bavette de bœuf en sauce teriyaki, filets de bœuf au café noir (*), magret de canard et crevettes à la saveur du Nouveau Monde (*) ou lapin à la toscane (*).

Montaperto 2004

TOSCANA, FATTORIA CARPINETA FONTALPINO, ITALIE

NOUVEAUTÉ!

27,50 $	SAQ **S** (10379245)	★★★☆ $$$	**Corsé**

Très belle nouveauté que ce Montaperto de cette excellente *fattoria* toscane, qui élabore le remarquable Do Ut Des 2003 (coup de cœur dans ce guide). Un exercice de pureté et de fraîcheur, auquel furent ajoutés du gamay et de l'alicante, au classique sangiovese, question de lui donner de l'élan. Le fruité est rafraîchissant, tout en étant riche, laissant des traces de cerise noire, de prune et de violette, et la bouche est pleine et dense, tout en étant harmonieuse et digeste. La Vieille Europe à son meilleur. **Cépages :** 60 % sangiovese, 20 % gamay, 20 % alicante. **Alc./**13,5 %. **www.carpinetafontalpino.it**

Servir entre 2006 et 2013, à 17 °C et oxygéné en carafe 30 minutes

Gigot d'agneau à l'ail et au romarin flanqué d'une ratatouille, fettucine all'amatriciana « à ma façon » (*) ou lapin à la toscane (*).

Château La Tour de Bessan 2003

MARGAUX, MARIE-LAURE LURTON, FRANCE

27,80 $	SAQ **S** (10522873)	★★★☆ $$$	**Modéré+**

Bonne coloration, nez soutenu, tout en étant raffiné et intriguant, bouche généreuse, pleine, d'une certaine densité, aux tanins enveloppés et murs, aux saveurs pulpeuses de fruits rouges et de café. Du bien beau margaux, élaboré avec instinct par Marie-Laure

Lurton, tout comme le délicieux Château de Villegeorge (aussi commenté dans ce guide), à boire dès maintenant tant le fruit est expressif et les tanins tendres. Assurément LE rapport qualité-prix de l'heure chez les margaux. **Cépages :** 85 % merlot, 15 % cabernet sauvignon. **Alc./**12,5 %. **www.vignobles-marielaurelurton.com**

☛ *Servir entre 2006 et 2013, à 17 °C et oxygéné en carafe 15 minutes*

Hachis Parmentier au canard, carré d'agneau sauce au porto LBV ou burger de bœuf au foie gras de canard et aux champignons.

Château Les Jonqueyres 2002

BLAYE, ISABELLE ET PASCAL MONTAUT, FRANCE

28 $	SAQ S (10217975)	★★★ $$$	**Corsé**

Forte coloration, sans excès. Très beau nez, épuré de tous artifices, subtil, distingué, retenu et passablement riche, un brin minéral. Élégante trame tannique en bouche, avec du grain et de la finesse, saveurs fraîches et précises, sans être éclatantes, mûres à point. Finale serrée et très fraîche, au profil élancé et ramassé. Pour amateur de bordeaux classique, prêt à attendre deux à trois ans. À mille lieues des bordeaux « nouveau mondiste » gonflés aux hormones. **Cépages :** 90 % merlot, 5 % malbec, 5 % cabernet franc. **Alc./**13,5 %. **www.chateaulesjonqueyres.com**

☛ *Servir entre 2006 et 2012, à 17 °C et oxygéné en carafe 1 heure*

Côtelettes d'agneau grillées à la nigelle ou filets de bœuf au café noir (*).

Château Loudenne 2003

MÉDOC, DOMAINES LAFRAGETTE, FRANCE

28,25 $	SAQ S (00102210)	★★★☆ $$$	**Corsé+**

Une ixième réussite de cet excellent cru bourgeois, s'exprimant avec fracas dans ce millésime solaire au possible. Il offre couleur, parfums, complexité aromatique, plénitude en bouche, texture enveloppante, tanins civilisés et tissés très serrés, ainsi qu'une finale allongée à souhait. Le tout dans un ensemble passablement concentré et compact. **Cépages :** 48 % merlot, 45 % cabernet sauvignon, 6 % cabernet franc, 1 % malbec. **Alc./**13,5 %. **www.lafragette.com**

☛ *Servir entre 2008 et 2016, à 17 °C et oxygéné en carafe 30 minutes*

Filets de bœuf grillés et coulis de poivrons verts (*) ou carré d'agneau et réduction de jus de cuisson naturel.

La Massa 2003 ♥

TOSCANA, GIAMPAOLO MOTTA, FATTORIA LA MASSA, ITALIE

28,50 $	SAQ S (10517759)	★★★☆?☆ $$$	**Corsé**

Ce cru est en fait le deuxième vin de cette remarquable *fattoria* toscane, contiguë au célèbre Castello di Rampolla et installée dans la Conca d'Oro, le meilleur secteur de la zone du Chianti Classico –

appellation que Giampaolo Motta a longtemps défendue avec ardeur, mais à laquelle il ne souscrit plus pour son grand vin, le Giorgio Primo (voir *Livre de cave* sur **www.francoischartier.ca**) depuis le millésime 2003. Élaboré à partir de jeunes vignes plantées entre 1997 et 1998, La Massa 2003 étonne par sa densité, sa richesse, son harmonie d'ensemble ainsi que par la persistance de son fruité intense. Difficile de trouver mieux à ce prix en Toscane. **Alc./**13,5 %. **Cépages :** 55 % merlot, 40 % sangiovese, 5 % cabernet sauvignon.

☛ *Servir entre 2006 et 2013, à 17 °C et oxygéné en carafe 15 minutes*

Carré d'agneau et jus au café expresso (*), osso buco au fenouil et gremolata ou magret de canard grillé parfumé de baies roses.

Jean-Pierre Moueix Pomerol 2004

POMEROL, ETS JEAN-PIERRE MOUEIX, FRANCE ***(DISP. AUTOMNE 06)***

28,55 $ SAQ **S*** (739623) ★★★☆ **$$$** **Corsé**

Un 2004 au charme aromatique des plus engageants, dévoilant des notes florales de violette, ainsi qu'un fruité pulpeux, jouant dans la sphère de la cerise noire et de la prune, à la bouche tout aussi invitante, à la texture classique de l'appellation, c'est-à-dire charnelle et veloutée, d'une bonne plénitude, aux saveurs persistantes de graphite et de café. Difficile de ne pas succomber, surtout au prix demandé pour un pomerol. **Cépages :** 90 % merlot, 10 % cabernet franc. **Alc./**13,5 %.

☛ *Servir entre 2006 et 2013, à 17 °C et oxygéné en carafe 15 minutes*

Burger de bœuf au foie gras de canard et aux champignons, filets de bœuf grillés en croûte de fines herbes, magret de canard rôti et réduction du porto LBV ou saumon teriyaki.

Lumière « Gérard Depardieu » 2002

GUERROUANE, BERNARD MAGREZ GRANDS VIGNOBLES, MAROC

28,85 $ SAQ **S** (10438794) ★★★?☆ **$$$** **Corsé**

Le retour de la cuvée Lumière, à cinq dollars de moins que l'an dernier, cette luminescente et sensuelle cuvée marocaine de Gérard Depardieu. *La Sélection Chartier 2006* a été le seul guide à saluer en primeur tous les vins de Depardieu (voir dossier sur Depardieu dans le chapitre *Le Blogue de Chartier*). Un rouge coloré, richement parfumé, au fruité confit, rappelant certains portos vintages, aux notes de bleuet, de griotte, de confiture de framboises et de gâteau aux fruits confits, à la bouche capiteuse, pleine et sensuelle, aux tanins mûrs, aux saveurs éclatantes et kirschées, terminant dans une finale balsamique et cacaotée à souhait. Jamais un vin du Maroc n'aura été aussi réussi. **Cépages :** syrah, grenache, carignan. **www.bernard-magrez.com**

☛ *Servir entre 2006 et 2012, à 17 °C*

Filets de bœuf à la fourme d'Ambert et au romarin (*), queue de bœuf au vin de grenache (*) ou magret de canard et crevettes à la saveur du Nouveau Monde (*).

Château Le Thil Comte Clary 2003

PESSAC-LÉOGNAN, BARONS DE LAITRE, FRANCE

28,90 $ SAQ **S** (10521416) ★★★?☆ $$$ **Corsé**

Un bordeaux raffiné et profondément fruité, aux tanins racés, tissés très serrés, au corps compact et aux saveurs d'une belle allonge. Le boisé est noblement intégré, la trame est élancée et la matière est ample. Un rouge aristocratique, à prix plutôt doux pour son rang. **Cépages :** 70 % merlot, 30 % cabernet sauvignon. **Alc./**13 %. **www.chateau-le-thil.com**

☛ *Servir entre 2006 et 2014, à 17 °C et oxygéné en carafe 45 minutes*

Cuisses de lapin braisées longuement et baignées d'une réduction de jus de cuisson parfumé à l'estragon, thon rouge mi-cuit au poivre concassé ou filets de bœuf grillés et coulis de poivrons verts (*).

Grándárellá « Appassimento » Masi 2002

ROSSO DEL VENEZIE, MASI AGRICOLA, ITALIE

28,90 $ SAQ **S*** (10431306) ★★★☆ $$$ **Corsé**

Contrairement aux différents crus d'appellation Amarone della Valpolicella de cette maison, ce Grándárellá provient d'une propriété de Masi située dans le Frioul et est à base de deux cépages, le refosco et la carmenère, qui ne sont pas utilisés en Vénétie dans l'élaboration de l'amarone. Comme pour l'amarone, ils ont été soumis, avant la fermentation, à une période de séchage (méthode nommée *appassimento*) de plus ou moins 50 jours. D'une durée de 24 mois, l'élevage a été effectué dans des fûts de chêne de 600 litres, provenant de France et de Slavonie. Il en résulte un 2002 ultra-coloré et violacé, au nez riche et très ouvert de fruits rouges et noirs passablement mûrs, presque confiturés, à la bouche ronde, sensuelle, veloutée, fraîche et pleine, aux tanins d'une tendreté rare chez ce style de vin. **Cépages :** 75 % refosco, 25 % carmenère. **Alc./**14,5 %. **www.masi.it**

☛ *Servir entre 2006 et 2012, à 17 °C*

Braisé de bœuf à l'anis étoilé, ragoût d'agneau aux quatre-épices (poivre, muscade, gingembre en poudre et clous de girofle), filets de bœuf au fromage bleu et sauce au porto LBV ou foie de veau accompagné d'un confit de betteraves et d'oignons rouges (avec une pointe de vinaigre balsamique).

Marqués de Cáceres Reserva 2000

RIOJA, BODEGAS MARQUÉS DE CÁCERES, ESPAGNE

29,75 $ SAQ **S*** (897983) ★★★☆ $$$ **Corsé**

Cette réputée bodega de la Rioja Alta a réussi en 2000, pour une ixième fois, une excellente réserve. Le boisé est toujours aussi discret, pour le style, et formidablement intégré au cœur du vin. Donc, un modèle de la Rioja moderne, au nez richement parfumé, où s'entremêlent des notes de fraise, de framboise, d'épices et de chêne, à la bouche presque dense et gourmande, aux tanins mûrs et enveloppés, au corps plein et aux saveurs longues et expressives. **Cépages :** 85 % tempranillo, 15 % garnacha tinta et graciano. **Alc./**13,5 %. **www.marquesdecaceres.com**

Servir entre 2006 et 2016, à 17 °C et oxygéné en carafe 30 minutes

Lapin à la toscane (*) ou tranches d'épaule d'agneau grillées sauce au porto LBV.

Coudoulet de Beaucastel 2004 ♥

CÔTES-DU-RHÔNE, VIGNOBLES PIERRE PERRIN, FRANCE ***(DISP. AUTOMNE 06)***

29,85 $	SAQ **S*** (973222)	★★★☆ **$$$**	**Corsé**	BIO

Ce 2004 démontre une robe passablement soutenue, un nez résineux, plein et assez riche, aux notes balsamiques, et une bouche harmonieuse à souhait, à la fois généreuse et très fraîche, aux tanins charnus, qui ont du grain, sans être fermes, à l'acidité fraîche et aux saveurs longues, éclatantes et précises. S'y ajoutent, en fin de bouche, des notes de fruits noirs, de réglisse et de torréfaction. Faut-il le rappeler, ce vin est élaboré avec doigté par la famille Perrin, propriétaire du remarquable Château de Beaucastel, dont le vignoble, qui possède une grande similitude morphologique avec celui du Coudoulet, est situé juste à l'est de ce dernier, en dehors des limites de l'appellation Châteauneuf-du-Pape. **Cépages :** 30 % mourvèdre, 30 % grenache, 20 % syrah, 20 % cinsault. **Alc./**13,5 %. **www.perrin-et-fils.com**

Servir entre 2006 et 2014, à 17 °C et oxygéné en carafe 30 minutes

Carré d'agneau rôti à la pommade d'olives noires (olives noires dénoyautées et huile d'olive passées au robot), filets de bœuf au café noir (*) ou filets de bœuf à la fourme d'Ambert et au romarin (*).

La Grola 2001

VERONESE, ALLEGRINI, ITALIE

29,95 $	SAQ **S** (858753)	★★★☆ **$$$**	**Corsé+**

Élevé pour une période de 17 mois en fûts de chêne, ce 2001 dévoile une bonne coloration, un nez riche et profond, plus dense que chez le Palazzo della Torre 2001, aux effluves de garrigue et de fruits noirs, un brin boisés, mais nécessitant de l'oxygène pour se révéler pleinement, à la bouche compacte, fraîche, tannique et tissée très serrée. Un vin certes moderne, mais ayant les deux pieds dans le terroir. Émane du domaine La Grola, situé au cœur du Valpolicella, composé de sols calcaires rocailleux, plantés de vieilles vignes et vinifié avec doigté par l'un des trois meilleurs domaines de la Vénétie, avec Dal Forno et Maculan. **Cépages :** 70 % corvina, 15 % rondinella, 10 % syrah, 5 % sangiovese. **www.allegrini.it**

Servir entre 2006 et 2013, à 17 °C et oxygéné en carafe 90 minutes

Carré d'agneau sauce au porto LBV ou magret de canard rôti à la nigelle.

Château de Villegeorge 2002

HAUT-MÉDOC, MARIE-LAURE LURTON, FRANCE

30 $ SAQ **S** (715938) ★★★?☆ **$$$** **Modéré+** BIO

Un 2002 tout en fruit et en souplesse, aux tanins enveloppés, à la texture veloutée, à l'acidité discrète et aux saveurs subtiles et persistantes de fruits rouges, de mine de crayon et d'épices douces. Le profil des vins de Margaux en mille! **Cépages :** 61 % cabernet sauvignon, 39 % merlot. **Alc./**12,5 %. **www.vignobles-marielaurelurton.com**

☛ *Servir entre 2006 et 2012, à 17 °C et oxygéné en carafe 30 minutes.*

Côtes de veau grillées et champignons portabello grillés, lapin aux poivrons verts ou magret de canard grillé parfumé de baies roses.

La Gille 2004

GIGONDAS, PERRIN ET FILS, FRANCE ***(DISP. AUTOMNE 06)***

NOUVEAUTÉ!

30,50 $ SAQ **S** (10267905) ★★★?☆ **$$$** **Puissant**

Un gigondas qui présentait une certaine retenue en juillet 2006, mais riche de promesses. Plein, ramassé, longiligne, généreux, tannique, aux tanins mûrs et tissés très serrés, au fruité dense et mûr, sans trop, et au boisé intégré, comme tous les vins signés Perrin. À souligner : la très grande qualité des bouchons de liège utilisés par la famille Perrin pour tous ses vins. En cette période où nombreux sont les bouchons défectueux, il est bon de voir d'aussi impeccables lièges, compacts, fermes et sans aucune lenticelle apparente. **Cépages :** 80 % grenache, 20 % syrah. **Alc./**14 %. **www.perrin-et-fils.com**

☛ *Servir entre 2006 et 2016, à 17 °C et oxygéné en carafe 2 heures*

Carré d'agneau au poivre vert et à la cannelle ou magret de canard grillé parfumé de baies roses accompagné d'une purée de patates douces aux olives noires et au romarin frais.

Quinta Quietud 2001

TORO, QUINTA DE LA QUIETUD, ESPAGNE

NOUVEAUTÉ!

30,50 $ SAQ **S** (10254979) ★★★☆?☆ **$$$** **Puissant**

À l'image des grands vins de la réputée zone d'appellation Ribera del Duero, les vins de Toro sont généreux et denses. Vérifiez par vous-même avec ce Quinta Quietud, élaboré avec les conseils de la famille Hébrard de Saint-Émilion (autrefois liée au Château Cheval-Blanc), fortement coloré, richement aromatique, au fruité confit et au boisé modéré mais présent, aux tanins solides et aux saveurs pulpeuses, laissant deviner des notes de prune, de cassis, de cuir neuf et de café. Un vin moderne, qui a du coffre et de la mâche, tout en étant ramassé et très frais. **Cépage :** tinta de Toro (tempranillo). **Alc./**14,5 %. **www.quintaquietud.com**

☛ *Servir entre 2008 et 2015, à 17 °C et oxygéné en carafe 2 heures*

Carré d'agneau et jus au café expresso (*) ou jarret d'agneau confit et lentilles du Puy au jus d'agneau parfumé à la réglisse.

Domaine de Thalabert 2003 ♥

CROZES-HERMITAGE, PAUL JABOULET AÎNÉ, FRANCE

30,75 $	SAQ S (176115)	★★★☆ $$$	Corsé

Le retour du Thalabert, qui avait fléchi au cours des derniers millésimes. Donc, un 2003 ultra-coloré, presque noir, au nez explosif et mûr, exprimant de riches effluves d'olive noire, de fumée, de crème de cassis et de poivre, avec un accent mentholé, à la bouche gourmande, dodue, pleine et sphérique, aux tanins très mûrs et enveloppés, à l'acidité discrète et au volume généreux. Il se donne à merveille actuellement. **Cépage :** syrah. **Alc.**/13,5 %. **www.jaboulet.com**

☛ *Servir entre 2006 et 2016, à 17 °C et oxygéné en carafe 15 minutes*

Carré d'agneau rôti farci d'une purée d'olives noires et de romarin, sauce au porto LBV, filets de bœuf à la fourme d'Ambert et au romarin (*) ou (dans quelques années) côtes de cerf sauce aux griottes et au chocolat noir Valrhona Guanaja (*).

Relais de Durfort Vivens 2003

MARGAUX, GONZAGUE LURTON, FRANCE

31,50 $	SAQ S (900001)	★★★☆ $$$	Modéré+

Deuxième vin du Château Durfort-Vivens, géré avec talent depuis 1992 par Gonzague Lurton, voici un margaux à la couleur plutôt modérée, un brin orangée, au nez torréfié, passablement aromatique, d'une richesse moyenne, à la bouche presque pulpeuse, enveloppante et texturée à souhait. Charme immédiat, tanins gommés et saveurs mûres et persistantes. Un deuxième vin réussi, à boire dès maintenant. **Cépages :** 65 % cabernet sauvignon, 20 % merlot, 15 % cabernet franc. **Alc.**/12,5 %.

☛ *Servir entre 2006 et 2010, à 17 °C*

Filets mignons sauce aux champignons et au porto ou magret de canard au vin rouge et aux baies de sureau (*).

François Gay Chorey-les Beaune 2002

CHOREY-LES BEAUNE, FRANÇOIS GAY & FILS, FRANCE

31,75 $	SAQ S (917138)	★★★☆ $$$	Modéré+

Un chorey qui pinote à fond, c'est-à-dire qui exprime l'essence même du pinot noir charmeur, avec des effluves de cannelle, de muscade et de pivoine. En bouche, il se montre encore plus engageant et même enjôleur, dévoilant des parfums de poivre et de cerise au marasquin, ainsi que des tanins ultra-soyeux et un corps longiligne. Plus qu'un simple pinot plaisir! **Cépage :** pinot noir. **Alc.**/13 %.

☛ *Servir entre 2006 et 2010, à 16 °C*

Quesadillas (*wraps*) au bifteck et aux champignons, cailles sautées à la poêle et riz sauvage aux champignons (*) ou pétoncles en civet (*).

Nicolas Potel Santenay Vieilles Vignes 2002

SANTENAY, NICOLAS POTEL, FRANCE

32 $	SAQ **S** (725564)	★★★☆ **$$$**	**Corsé**

Nicolas Potel vinifie des bourgognes passablement modernes, c'est-à-dire colorés, parfumés et mûrs, ce à quoi répond ce santenay vieilles vignes à la robe soutenue, au nez très ouvert et richement fruité (framboise), épicé (poivre et muscade) et floral (giroflé), à la bouche à la fois ferme et fraîche, pleine et texturée, au boisé modéré, qui se fondera rapidement. Du bien bel ouvrage. **Cépage :** pinot noir. **Alc./**13 %. **www.nicolas-potel.fr**

☛ *Servir entre 2006 et 2014, à 17 °C*

Magret de canard et crevettes à la saveur du Nouveau Monde (*), filets mignons sauce aux champignons et au porto ou joues de veau braisées aux tomates confites.

Château Gaillard 2001

SAINT-ÉMILION GRAND CRU, VIGNOBLES J.J. NOUVEL, FRANCE

32,75 $	SAQ **S** (919316)	★★★☆ **$$**	**Corsé**

Un 2001 fortement coloré et violacé, au nez assez concentré, d'une bonne profondeur, à la bouche dense, charnue, d'un bon volume, aux tanins mûrs et serrés, au corps plein et aux saveurs de fruits noirs et de torréfaction, légèrement boisé. **Cépages :** 70 % merlot, 30 % cabernet franc. **Alc./**13 %. **www.vins-saint-emilion.com**

☛ *Servir entre 2006 et 2013, à 17 °C et oxygéné en carafe 1 heure*

Côtes de veau grillées et champignons portabello grillés ou magret de canard fumé aux feuilles de thé.

Clos du Chêne Vert 2004

CHINON, DOMAINE CHARLES JOGUET, FRANCE

33 $	SAQ **S** (892182)	★★★☆?☆ **$$$**	**Corsé**

Finesse aromatique, détail et précision des parfums, tanins tissés serrés et bien ramassés, acidité fraîche, bonne densité de matière, fraîcheur exemplaire et allonge de grand terroir et de vieilles vignes. Une référence de l'appellation, floral au possible, au grain de tanins racé. Ira loin dans le temps. Découvrez les autres crus de ce domaine aussi commentés dans ce guide. **Cépage :** cabernet franc. **Alc./**12,5 %. **www.charlesjoguet.com**

☛ *Servir entre 2006 et 2018, à 17 °C et oxygéné en carafe 45 minutes*

Filets de bœuf grillés et coulis de poivrons verts (*), côtes de veau et purée de pois à la menthe (*) ou cuisses de poulet grillées au pesto de tomates séchées.

Don Antonio 2003

SICILIA, MORGANTE, ITALIE ***(DISP. NOV. 06)***

NOUVEAUTÉ!

33,50 $ SAQ **S** (10542903) ★★★☆?☆ **$$$** **Corsé+**

L'une des grandes pointures de la Sicile, à base du noble nero d'avola, dont j'espérais la venue au Québec depuis longtemps (voir section Italie dans le chapitre *Vingt ans autour du Monde* dans *La Sélection Chartier 2006*), qui sera mise en marché en novembre 2006, dans le deuxième numéro de *Cellier*, le nouveau magazine de la SAQ. Élaboré avec l'aide du grand œnologue italien Riccardo Cotarella – à l'origine de certains des plus grands vins d'Italie –, voici un rouge certes solaire, plein et généreux, mais aussi formidablement dense, ramassé et tendu, sans lourdeur, d'une riche complexité (fruits noirs, prune, réglisse, cacao, café, balsamique) et d'un coffre imposant. **Cépage :** nero d'avola. **Alc./**14 %. **www.morgantevini.it**

☛ *Servir entre 2006 et 2016, à 17 °C et oxygéné en carafe 30 minutes*

Côtes de veau de lait poêlées et réduction de vin rouge à l'estragon (*) ou carré d'agneau farci aux olives noires et au romarin, sauce au porto LBV.

Château de la Gardine 2003

CHÂTEAUNEUF-DU-PAPE, CHÂTEAU DE LA GARDINE, FRANCE

35,25 $ SAQ **C** (022889) ★★★☆ **$$$** **Corsé+**

Belle coloration, beau nez engageant, raffiné, d'une belle concentration et très frais pour 2003. Bouche soutenue, presque dense, mais d'une fraîcheur exemplaire. Tanins serrés, corps élancé et saveurs expressives. Un régal qui évoluera en beauté. **Cépages :** 60 % grenache, 15 % syrah, 12 % mourvèdre + 13 % picpoul, terret noir, counoise, muscardin, vaccarèse, picardan, cinsaut. **Alc./**14 %. **www.gardine.com**

☛ *Servir entre 2006 et 2016, à 17 °C*

Gigot d'agneau à l'ail et au romarin, bœuf à la Stroganov ou entrecôte grillée à la pommade d'olives noires (olives noires dénoyautées et huile d'olive passées au robot).

Château Moulin Pey-Labrie 2000

CANON-FRONSAC, B. & G. HUBAU-RENARD, FRANCE

35,50 $ SAQ **S** (869925) ★★★☆ **$$$** **Corsé**

Un 2000 au charme immédiat, floral à souhait, texturé, velouté et voluptueux, tout en possédant une certaine assise tannique qui lui permettra d'évoluer en beauté. Pas la grande concentration, plutôt l'élégance et le toucher velouté. **Cépages :** 70 % merlot, 20 % cabernet sauvignon, 10 % cabernet franc. **Alc./**13 %.

☛ *Servir entre 2006 et 2016, à 17 °C et oxygéné en carafe 30 minutes*

Terrine de foie gras de canard au naturel (*), magret de canard rôti et jus de cuisson naturel ou jarret d'agneau confit accompagné d'une poêlée de champignons sauvages.

Farnito Cabernet Sauvignon 2000

TOSCANA, CASA VINICOLA CARPINETO, ITALIE

36,25 $	SAQ S* (963389)	★★★★ $$$$	Puissant

Le réputé Farnito provient de cabernet cultivé dans des parcelles situées près de Florence, dans le Chianti Classico, ainsi que dans la zone d'appellation de Brunelo di Montalcino. Le 2000, qui a très bien évolué depuis l'an dernier, offre plus que jamais un vin au nez explosif et très riche, au boisé qui commence à se fondre et au fruité qui prend de l'expansion (café, crème de cassis, violette et épices douces), à la bouche sphérique, dense, aux tanins plus enveloppés, et aux saveurs qui ont de l'éclat et de l'allonge. **Cépage :** cabernet sauvignon. **Alc./**13 %. **www.carpineto.com**

☛ *Servir entre 2006 et 2015, à 17 °C et oxygéné en carafe 15 minutes*

Magret de canard grillé parfumé de baies roses accompagné d'une purée de patates douces aux olives noires et au romarin frais ou carré d'agneau et jus au café expresso (*).

Les Terrasses 2003

PRIORAT, ÁLVARO PALACIOS, ESPAGNE

36,25 $	SAQ S (10253618)	★★★☆?☆ $$$	Corsé+

Au moment d'aller sous presse, il restait quelques caisses de ce 2003, et l'étonnant 2004 (aussi commenté dans le *Livre de cave* sur **www.francoischartier.ca**) était attendu sous peu. Un priorat, signé Álvaro Palacios, viticulteur et vinificateur doué et inspiré – voir commentaires de ses autres vins d'appellations Priorat, Bierzo et Rioja. Un vin coloré, intensément aromatique – surtout après un séjour de deux heures en carafe –, presque crémeux, mais aussi très frais et élancé, à la trame tannique serrée, et aux saveurs désopilantes de fruits rouges, de zeste d'orange et de poivre. Actuellement LE meilleur rapport qualité-prix du Priorat, qui ne fera qu'un avec une viande rouge rehaussée d'épices. **Cépages :** 55 % carignan, 45 % cabernet sauvignon. **Alc./**14 %. **www.alvaropalacios.com**

☛ *Servir entre 2006 et 2013, à 17 °C et oxygéné en carafe 2 heures*

Ragoût d'agneau aux quatre-épices (poivre, muscade, gingembre en poudre et clous de girofle) ou magret de canard grillé et rehaussé de poivre rose et vert, escorté d'une purée de pommes de terre sucrées aux olives noires.

Doudet-Naudin « Vielles Vignes » 2003

SAVIGNY-LES-BEAUNE, DOUDET-NAUDIN, FRANCE

37,25 $	SAQ S (526715)	★★★☆ $$$	Corsé

Un pinot noir coloré, richement aromatique, d'une bonne concentration, à la bouche charnue, pleine et passablement dense pour l'appellation, aux très longues saveurs de fruits noirs et d'épices douces. Du corps et de l'élan, à bon prix. **Cépage :** pinot noir. **Alc./**13 %. **www.doudet-naudin.com**

Servir entre 2006 et 2015, à 17 °C et oxygéné en carafe 15 minutes

Côtes de veau grillées et champignons portabello grillés, thon rouge aux tomates confites et à l'huile d'olive épicée ou magret de canard et crevettes à la saveur du Nouveau Monde (*).

Quinta do Crasto Reserva « Old Vines » 2003

DOURO, QUINTA DO CRASTO, PORTUGAL

37,75 $	SAQ **S** (904383)	★★★☆ **$$$**	**Corsé+**

Un excellent 2003, élaboré sous l'œil attentif de l'œnologue australien David Baverstock, qui a collaboré pendant onze ans à la vinification des portos de la famille Symington, et qui vinifie aussi les excellents vins d'Esporão, dans l'Alentejo. Le profil de ce 2003 est plus européen que ne l'était jusqu'ici les vins de Crasto. Vous y dénicherez un rouge à la couleur profonde et violacée, au nez riche et élégant, complexe et subtilement boisé, à la bouche pleine, joufflue, charnue, tannique et dense, avec la présence de cette fraîche acidité qui signe avec maestria les vins du Douro comme des autres régions portugaises. Violette, épices douces, bleuet, mûre et framboise participent au détail de cet incontournable cru de la vallée du Douro. **Cépages :** tinta roriz, touriga nacional, touriga francesa. **Alc./**14,5 %. **www.quintadocrasto.pt**

Servir entre 2006 et 2018, à 17 °C et oxygéné en carafe 45 minutes

Carré d'agneau sauce au porto LBV, tajine de ragoût d'agneau aux cinq-épices et aux oignons cipollini caramélisés ou filets de bœuf au fromage bleu et sauce au porto LBV.

Château Malescasse 2001

HAUT-MÉDOC, CHÂTEAU MALESCASSE, FRANCE

38 $	SAQ **S** (10333407)	★★★☆ **$$$$**	**Corsé**

À nouveau disponible, l'excellent 2001 de ce château médocain est un classique, c'est-à-dire un vin coloré, compact, minéral, profond, sans esbroufe, ayant besoin d'oxygène pour libérer ses parfums, à la bouche charnue, tannique, d'une certaine densité, aux tanins qui ont du grain, un brin ferme, mais parfaitement équilibré par un beau moelleux. **Cépages :** 55 % cabernet sauvignon, 35 % merlot, 10 % cabernet franc. **www.chateau-malescasse.com**

Servir entre 2006 et 2012, à 17 °C et oxygéné en carafe 30 minutes

Carré d'agneau et jus au café expresso (*), braisé de bœuf à l'anis étoilé ou hachis Parmentier au canard.

Propriedad H. Remondo 2003

RIOJA, BODEGAS PALACIOS REMONDO, ESPAGNE

38,25 $	SAQ **S** (10256131)	★★★★ $$$$	Corsé+

Un 2003 qui suit avec brio l'excellent 2001, salué dans l'édition précédente. De la couleur, du fruit, de la maturité, de la retenue, de la profondeur, de la race, des tanins tissés très serrés, de la fraîcheur et de la persistance. S'y ajoutent des notes de cacao, de café, de prune et de zan. Un vin compact et dense, taillé pour une longue garde. Il faut dire que depuis le retour en 2000 du fils prodige, l'étoile hispanique Álvaro Palacios, qui élabore de grandissimes vins dans le Bierzo et le Priorat, dont L'Ermita, les vins de Remondo se positionnent à nouveau au sommet de la Rioja. **Cépages :** 45 % grenache, 40 % tempranillo, 15 % graciano et mazuelo. **Alc./**13,5 %. **www.vinosherenciaremondo.com**

☛ *Servir entre 2006 et 2019, à 18 °C et oxygéné en carafe 2 heures*

Côtelettes d'agneau grillées à la nigelle ou magret de canard et crevettes à la saveur du Nouveau Monde (*).

Bolla Amarone 2003

AMARONE DELLA VALPOLICELLA, FRATELLI BOLLA, ITALIE

38,50 $	SAQ **S*** (352757)	★★★☆?☆ $$$$	Corsé

Très bel amarone que ce 2003 de Bolla, fortement coloré, richement aromatique, profondément fruité, compact, plein, dense, ramassé et sans lourdeur. Harmonie parfaite et persistante qui le propulse dans le temps. Prix très avantageux pour son rang. **Cépages :** corvina, rondinella, molinara. **Alc./**15 %. **www.bolla.it**

☛ *Servir entre 2006 et 2018, à 17 °C et oxygéné en carafe 1 heure*

Pâtes aux champignons et au fond de veau, médaillons de porc en sauce aux canneberges et au porto LBV ou côte de veau grillée au fromage bleu et réduction de porto (avec balsamique et miel). Fromages : kénogami, parmigiano reggiano (plus de 24 mois d'affinage) ou saint-marcelin (sec).

Quinta da Leda 2003

DOURO, CASA FERREIRINHA, A.A. FERREIRA, PORTUGAL

39,25 $	SAQ **S** (10273213)	★★★☆?☆ $$$$	Corsé

Avec ce remarquable 2003, cette *quinta* nous présente un douro au profil franchement international, contrairement au millésime 2000 (salué dans l'édition précédente) qui exprimait un style passablement plus portugais. La robe est noire et violine. Le nez est richement aromatique et complexe, détaillant des effluves de fruits noirs, de violette et de chêne neuf, sans excès de notes boisées, à la bouche pleine, joufflue et enveloppante, aux tanins mûrs, presque tendres, à l'acidité très discrète et aux saveurs de fruits confits et de vanille, un brin cacaotées, donc laissant parler le boisé de jeunesse. Sera des plus pénétrants lorsqu'il aura digéré son élevage, soit dans 2 à 4 ans. **Cépages :** touriga nacional, touriga franca, tinta roriz. **Alc./**14 %. **www.sogrape.pt**

☛ Servir entre 2008 et 2015, à 17 °C et oxygéné en carafe 30 minutes

Côtes de veau de lait poêlées et réduction de vin rouge à l'estragon (*) ou côtelettes d'agneau sauce au porto LBV et polenta crémeuse aux champignons.

Tinto Pesquera Reserva 2002

RIBERA DEL DUERO, BODEGAS ALEJANDRO FERNÁNDEZ, ESPAGNE

39,25 $ SAQ **S** (10273088) ★★★☆?☆ **$$$$** **Corsé+**

Ixième réussite de ce domaine phare de l'appellation Ribera del Duero (voir les autres crus commentés dans ce guide), ce Reserva 2002 se montre très coloré, au nez à la fois parfumé et subtil, très riche et racé, au boisé modéré et aux effluves d'épices douces, de café et de fruits noirs, à la bouche dense et fraîche, enveloppante et tendue, pleine et élancée, d'une harmonie parfaite, égrainant de longues saveurs de torréfaction, rappelant celles du complexe vinaigre balsamique. **Cépage :** tempranillo. **Alc.**/13,5 %.
www.grupopesquera.com

☛ Servir entre 2006 et 2022, à 17 °C et oxygéné en carafe 30 minutes

Rognons de veau aux champignons et aux baies de genévrier, côte de veau grillée au fromage bleu et réduction de porto (avec balsamique et miel).

Clos des Fées « Vielles Vignes » 2004 ♥

CÔTES-DU-ROUSSILLON-VILLAGES, HERVÉ BIZEUL & ASSOCIÉS, FRANCE

NOUVEAUTÉ!

40,25 $ SAQ **S** (10516393) ★★★★ **$$$$** **Corsé+**

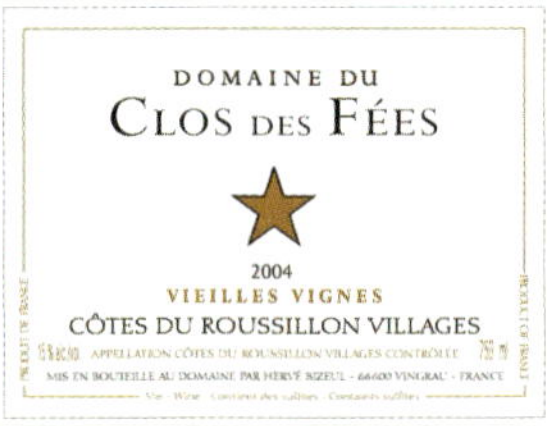

À l'image de l'élégante, digeste et délicieuse cuvée Les Sorcières 2005 (aussi commentée dans ce guide), ce 2004, né de vieilles vignes âgées entre 50 et 100 ans, sait conserver fraîcheur et élan dans son ensemble plutôt concentré, profondément fruité et large. Un vin d'un très grand raffinement aromatique, épuré de tout artifice, aux tanins noblement extraits et réglissés à souhait, aux saveurs percutantes, mais avec retenue et raffinement. Et c'est sans parler de l'équilibre naturel qu'Hervé Bizeul a su donner à ce rouge à 15 % d'alcool, mais qui ne présente aucune chaleur et aucune lourdeur. Un modèle à suivre. Ne manquez pas le blogue de cet ex-sommelier, c'est l'un des plus inspirants de la communauté (**www.closdesfees.com/dotclear/**). **Cépages :** 35 % grenache, 35 % carignan, 15 % lladoner pelut, 15 % syrah. **Alc.**/15 %.
www.closdesfees.com

☛ *Servir entre 2006 et 2012, à 17 °C et oxygéné en carafe 15 minutes*

Jarret d'agneau confit et lentilles du Puy au jus d'agneau parfumé à la réglisse.

Duas Quintas Reserva 2001

DOURO, ADRIANO RAMOS PINTO, PORTUGAL

40,75 $	SAQ S (10276596)	★★★☆?☆ $$$$	Corsé+

Superbe cuvée de réserve, provenant du millésime 2001, au profil très bordelais, donc ultra-colorée, richement parfumée, dense et compacte, aux tanins serrés et très fins, au boisé remarquablement intégré, aux saveurs puissantes, laissant des traces de mûre, de cerise noire, de prune, de café et de violette, qui perdurent longuement. Texture noble et profonde, pour un cru qui ira loin dans le temps. Cette propriété, gérée avec maestria par João Nicolau de Almeida, appartient à la maison de champagne française Roederer. **Cépages :** touriga francesa, tinta roriz, touriga nacional. **Alc./**14 %. **www.ramospinto.pt**

☛ *Servir entre 2006 et 2020, à 17 °C et oxygéné en carafe 45 minutes*

Magret de canard rôti et réduction du porto LBV ou jarret d'agneau confit accompagné d'une poêlée de champignons sauvages.

Mas La Plana Cabernet Sauvignon 2000

PENEDÈS, MIGUEL TORRES, ESPAGNE

41,25 $	SAQ S (741397)	★★★★ $$$$	Corsé+

Le retour du 2000 du Mas la Plana, qui a désormais retiré de son nom les mentions « Gran Coronas » et « Gran Reserva » – que l'on peut lire, par exemple, sur l'étiquette du 1991 (voir commentaire dans le *Répertoire additionnel* de ce guide) –, qui se montre dans ce millésime sous un nouveau jour. Plus coloré, plus profond, plus frais, plus concentré et moins exotique que par le passé. Tout en conservant ses qualités premières et son identité, qui ont fait son succès planétaire, il se montre plus moderne, au profil proche des bordelais d'aujourd'hui. Vous y dénicherez du fruit à revendre, de la matière, de la générosité, de la fraîcheur, de l'élan, un boisé noble et épicé, et des tanins fermes et ramassés. Une nouvelle étape dans l'évolution de ce cru catalan historique, offert encore aujourd'hui à un prix beaucoup plus doux que ses compétiteurs de Bordeaux et de Californie. **Cépage :** cabernet sauvignon. **Alc./**14 %. **www.torreswines.com**

☛ *Servir entre 2006, à 2018, à 17 °C et oxygéné en carafe 90 minutes*

Filets de bœuf Angus aux champignons sauvages, jarret d'agneau confit et lentilles du Puy au jus d'agneau parfumé à la réglisse ou, dans quelques années, rôtisson de biche aux griottes (*).

Podere Il Palazzino « Grosso Sanese » 2003

CHIANTI CLASSICO, ALESSANDRO E ANDREA SDERCI, ITALIE

NOUVEAUTÉ!

42,50 $	SAQ **SS** (10533716)	★★★☆?☆	**$$$$**	**Corsé**

Excellent chianti classico, assurément l'une des belles nouveautés italiennes de l'année, ultra-coloré, richement aromatique, sans excès, plein, dense et bien ramassé, aux tanins enveloppés et aux saveurs d'une bonne allonge. Boisé intégré et texture raffinée. Du sangiovese à son meilleur. Un second arrivage est attendu au courant de l'automne 2006. **Cépage :** sangiovese. **Alc./**14 %.

☛ *Servir entre 2006 et 2014, à 17 °C et oxygéné en carafe 45 minutes*

Filets de bœuf au café noir (*) ou carré d'agneau à la gremolata.

Château Bel-Air La Royère 2003

BLAYE, CORINNE ET XAVIER LORIAUD, FRANCE

NOUVEAUTÉ!

43 $	SAQ **S** (10272886)	★★★☆?☆	**$$$$**	**Corsé+**

Un deuxième arrivage de cet excellent bordeaux était attendu au début de l'automne 2006. Un rouge sérieux, qui joue dans la cour des grands du Médoc, s'exprimant par une forte coloration, un nez très riche, au fruité concentré et au boisé racé, à la bouche pleine, sphérique et voluptueuse, aux tanins certes enveloppés, mais démontrant à l'arrière-scène un grain très serré, à l'acidité discrète et aux saveurs pulpeuses de cassis, de mûre, de violette, de café et de muscade. Découvrez aussi le deuxième vin de ce domaine, le délicieux Château Les Ricards 2004 (aussi commenté dans ce guide). **Cépages :** 70 % merlot, 30 % malbec. **Alc./**14 %.

☛ *Servir entre 2006 et 2018, à 17 °C et oxygéné en carafe 30 minutes*

Filets de bœuf Angus aux champignons sauvages ou côtelettes et tranches d'épaule d'agneau grillées au poivre noir, accompagnées de poivrons verts et rouges sautés à l'huile d'olive et au paprika.

Clos Marion 2002

FIXIN, DOMAINE FOUGERAY DE BEAUCLAIR, FRANCE

43,75 $	SAQ **S** (872952)	★★★☆?☆	**$$$$**	**Modéré+**

Du beau et du bon bourgogne, au fruité très aromatique et à la fois riche et très frais, exprimant des pointes de cassis et de pamplemousse rose, à la bouche serrée, élancée et compacte, marquée par une expression aromatique rappelant les fleurs et la cerise. Harmonie et singularité, pour un pinot *bench mark.* **Cépage :** pinot noir. **Alc./**13 %. **www.fougeraydebeauclair.fr**

☛ *Servir entre 2006 et 2012, à 17 °C*

Côtes de veau grillées et champignons portabello grillés, rôti de porc farci aux canneberges ou magret de canard sauce aux canneberges.

Domaine Borie de Maurel « Cuvée Sylla » 2003 ♥

MINERVOIS, SYLVIE ET MICHEL ESCANDE, FRANCE

43,75 $	SAQ **S** (735324)	★★★☆?☆	**$$$$**	**Corsé**

Référence languedocienne en matière de syrah de haut niveau, la Cuvée Sylla se montre étonnamment fraîche au nez dans ce millésime solaire, mais, comme toujours, gourmande, ronde et texturée comme il se doit en bouche. Des tanins d'une rare tendreté chez ce cépage, ainsi que des saveurs percutantes de cassis, de fraise, d'épices et de pommade d'olives noires. Un remarquable rouge, à la fois sensuel et pénétrant. **Cépage :** syrah. **www.boriedemaurel.fr**

☛ *Servir entre 2006 et 2014, à 17 °C et oxygéné en carafe 15 minutes*

Entrecôte grillée à la pommade d'olives noires (olives noires dénoyautées et huile d'olive passées au robot), carré d'agneau farci aux olives noires et au romarin, sauce au porto LBV ou tajine de ragoût d'agneau aux cinq-épices et aux oignons cipollini caramélisés.

Les Laquets 2002

CAHORS, COSSE MAISONNEUVE, FRANCE

NOUVEAUTÉ!

44 $	SAQ **S** (10328587)	★★★☆?☆	**$$$$**	**Corsé+**	BIO

Un cahors qui se situe à cheval entre la modernité texturée et pulpeuse et le classicisme plus serré et plus compact. La robe est noire. Le nez est dense et retenu, exprimant le terroir cadurcien par des notes minérales de suie et de mine de crayon. La bouche est ramassée dans un ensemble qui tend à être joufflu, mais subtilement tissé dans une gaine d'une grande densité, équilibrée par une fraîche acidité et des tanins qui ont du grain, sans être puissants. Un vin très bien architecturé, provenant de raisins de culture biodynamique, élaboré avec maestria par Matthieu Cosse (aussi œnologue-conseil pour les vins de Francis Cabrel) et Catherine Maisonneuve. **Cépage :** 100 % malbec. **Alc./**13 %.

☛ *Servir entre 2006 et 2018, à 17 °C et oxygéné en carafe 1 heure*

Côtelettes d'agneau grillées à la nigelle ou filets de bœuf grillés et sauté de poivrons rouges au curcuma.

Confiance « Gérard Depardieu » 2003

PREMIÈRES-CÔTES-DE-BLAYE, BERNARD MAGREZ GRANDS VIGNOBLES, FRANCE

44,25 $	SAQ **S** (10438701)	★★★☆?☆	**$$$$**	**Corsé+**

Commenté en primeur dans *La Sélection Chartier 2006*, voici le retour de l'un des vins signés par l'acteur Gérard Depardieu – à sept dollars de moins, taux de change oblige! L'œnologue Michel Rolland y livre un vin ultra-coloré, au nez alternant entre l'élégance borde-

laise et l'exubérance du Nouveau Monde, exhalant des notes de fruits très mûrs (prune, cerise noire), de chêne neuf, de violette, de vanille et de cacao, à la bouche tout aussi raffinée et juteuse que le profil aromatique, aux tanins réglissés et mûrs à point, au grain racé et au boisé intégré, sans oublier l'allonge qui se fait très longue. **Cépages :** 95 % merlot, 5 % malbec. **Alc./**14,5 %.
www.bernard-magrez.com

☛ *Servir entre 2006 et 2016, à 17 °C et oxygéné en carafe 45 minutes*

Côtes de cerf sauce aux griottes et au chocolat noir Valrhona Guanaja (*), poitrines de volaille à la crème d'estragon (*) ou poulet sauce molé (sauce mexicaine au chocolat épicé).

Stradivario 1997

BARBERA D'ASTI SUPERIORE, CANTINA BAVA, ITALIE

48,25 $	SAQ **S** (519066)	★★★★ $$$$	Corsé

Le retour de ce grand barbera qui, tout comme un Stradivarius, est dynamisé par son origine et par l'artisan qui n'a utilisé que des matériaux nobles pour parachever cette œuvre d'art, inspirée par le son unique d'un Stradivarius. Bois santal, épices d'Orient, fleurs et cerises noires s'entremêlent dans un ensemble à la texture de taffetas, marqué par des tanins remarquablement patinés par un judicieux élevage et complexifié par une finale au toucher velouté et d'une très grande allonge. **Cépage :** barbera. **Alc./**13,5 %.
www.bava.com

☛ *Servir entre 2006 et 2012, à 17 °C et oxygéné en carafe 30 minutes*

Poitrines de volaille à la crème d'estragon (*), côtes de veau au vin rouge servies avec une polenta crémeuse au parmigiano ou steak de saumon au café noir et aux cinq-épices chinoises (*).

Do Ut Des 2003

TOSCANA, FATTORIA CARPINETA FONTALPINO, ITALIE

49 $	SAQ **S** (10214441)	★★★★ $$$$	Corsé+

Avec ce remarquable Do Ut Des, cette *fattoria* a trouvé à nouveau le la du diapason, la positionnant comme nouvelle étoile toscane, éclipsant ainsi de nombreuses autres grosses pointures dont la réputation a porté leur prix à plus du double, quand ce n'est pas le triple de cet excellent vin. Vous y dénicherez un 2003 au nez d'une fraîcheur, d'une précision et d'une richesse qui étonnent en 2003, sans boisé apparent et sans l'habituelle surmaturité de fruit dans ce millésime, à la bouche dense, ramassée, aux tanins tissés très serrés, d'une remarquable finesse, aux saveurs de fruits noirs et de fleurs d'une grande allonge. **Cépages :** 1/3 sangiovese, 1/3 merlot, 1/3 cabernet sauvignon. **Alc./**14 %.
www.carpinetafontalpino.it

☛ *Servir entre 2006 et 2020, à 17 °C et oxygéné en carafe 30 minutes*

Magret de canard grillé parfumé de baies roses ou jarret d'agneau confit et son jus de cuisson.

Comte de M 2001

VALLÉE DE LA BEKAA, CHÂTEAU KEFRAYA, LIBAN

49,25 $	SAQ S (722413)	★★★☆?☆	$$$$	Corsé+

Robe très colorée, nez raffiné et concentré, au boisé très fin, tout en étant présent, exprimant de riches effluves de violette, de fraise et de cassis, avec une arrière-scène subtilement épicée, à la bouche dense, compacte et ramassée, mais presque juteuse, débordante de fruits, aux tanins ciselés avec précision, aux saveurs très longue. Sera encore plus beau à partir 2009, pour avoir dégusté en 2006, au grandissime restaurant Anise, un 1997 tout simplement stupéfiant. **Cépages :** cabernet sauvignon, syrah. **Alc./**14 %. **www.chateaukefraya.com**

☛ *Servir entre 2006 et 2019, à 17 °C et oxygéné en carafe 45 minutes*

Magret de canard rôti à la nigelle ou pot-au-feu d'agneau au thé et aux épices (anis étoilé, réglisse, cannelle, grains de cardamome et feuilles de thé noir).

Château Saint-Brice 2000

SAINT-ÉMILION GRAND CRU, ETS JEAN-PIERRE MOUEIX, FRANCE

49,75 $	SAQ S (10536917)	★★★☆?☆	$$$$	Corsé

Second vin du Château Magdelaine, provenant d'une sélection à la cuve, Saint-Brice se montre très réussi en 2000. La robe est très foncée et violacée. Le nez est profondément racé et marqué par de riches effluves de torréfaction, de réglisse et de graphite. La bouche est étonnamment compacte, pleine et persistante, démontrant un grain de tanins très serré et un moelleux qui commence à prendre place. Deux ou trois autres années de bouteilles et il méritera sa quatrième étoile. **Cépages :** 90 % merlot, 10 % cabernet franc.

☛ *Servir entre 2008 et 2016, à 17 °C et oxygéné en carafe 45 minutes*

Carré d'agneau et jus au café expresso (*) ou filets de bœuf Angus aux champignons sauvages.

Château Musar 1998 ♥

BEKAA VALLEY, GASTON HOCHAR, LIBAN

NOUVEAUTÉ!

51 $	SAQ S (10429142)	★★★★	$$$$	Corsé

Située à une cinquantaine de kilomètres à l'est de Beyrouth, la vallée de la Bekaa, à plus de mille mètres d'altitude, est une plaine fertile aux sols argilo-calcaires et graveleux, rappelant ceux du Médoc. Reconnu mondialement, le Château Musar en est l'illustre représentant. Il en résulte en 1998 un vin hors norme, certes moins dense que ne l'était le 1997, mais tout aussi envoûtant et engageant. Robe presque foncée et aux reflets orangés. Nez intrigant qui exhale, après une longue oxygénation en carafe, de subtils effluves d'épices orientales et de fruits rouges presque confits, rappelant la pomme grenade, se magnifiant en des tonalités de rose séchée, de café, de zeste d'orange, de cuir neuf et de chanvre. Une subtile pointe de volatile (acide acétique) participe au charme de ce cru singulier. Bouche à la fois joufflue et très fraîche, aux tanins racés et fins, dotés d'un grain serré, au corps généreux et aux saveurs expansives, tapissant le palais de notes de café, d'épices douces et de figue séchée, ainsi que d'une touche balsamique, d'une grande allonge. Les tanins se montrent un brin plus fermes en finale, ce qui souligne le grand potentiel de conservation de ce vin chargé d'histoire. **Cépages :** 34 % cabernet sauvignon, 33 % cinsault, 33 % carignan. **Alc./**13,5 %. **www.chateaumusar.com**

☛ *Servir entre 2006 et 2022, à 17 °C et oxygéné en carafe 2 heures*

Pot-au-feu d'agneau au thé et aux épices (anis étoilé, réglisse, cannelle, grains de cardamome et feuilles de thé noir), tajine de ragoût d'agneau aux cinq-épices et aux oignons cipollini caramélisés ou braisé de bœuf à l'anis étoilé.

La Louvière 2003

PESSAC-LÉOGNAN, ANDRÉ LURTON, FRANCE

53 $	SAQ **S** (133835)	★★★☆?☆ **$$$$**	**Corsé**

S'il y a une propriété qui représente l'esprit des graves de Pessac-Léognan plus que tout autre, c'est bien celle du château La Louvière. En ardent défenseur du terroir français, André Lurton, qui a acquis ce château en 1965, a réussi à hisser ses vins parmi les plus constants et les plus renommés de l'appellation. Ce personnage novateur a même osé proposer ses vins affublés d'une ingénieuse capsule à vis (voir dossier *La capsule à vis selon Michel Laroche & André Lurton*, dans le chapitre *Le Blogue à Chartier*). Les vins blancs et rouges de La Louvière portent l'empreinte du terroir de graves profondes, avec une dominante calcaire sur une petite partie en bas de pente. Il en résulte un 2003 classique, malgré la canicule : robe rouge foncé, nez actuellement retenu, bouche tannique et serrée, au grain fin, au fruité débordant et à la minéralité soutenue, s'exprimant par des effluves de suie et de mine de crayon. **Cépages :** 64 % cabernet sauvignon, 30 % merlot, 3 % cabernet franc, 3 % petit verdot. **Alc./**13 %. **www.andrelurton.com**

☛ *Servir entre 2010 et 2020, à 17 °C et oxygéné en carafe 45 minutes*

Côte de veau rôtie aux morilles ou magret de canard fumé aux feuilles de thé.

Mormoreto Castello di Nipozzano 2003

TOSCANA, MARCHESI DE'FRESCOBALDI, ITALIE

54 $	SAQ **S** (864512)	★★★☆?☆ **$$$$**	**Puissant**

Un 2003 superlatif, ultra-coloré, intensément aromatique, au fruité exubérant, au boisé expressif, au corps dense, aux tanins solides et aux saveurs percutantes, laissant d'imposantes traces de bleuet, de cassis, de cèdre, de chêne neuf, de café et de violette. Presque californien par son profil solaire, mais bel et bien italien par sa fermeté et sa fraîcheur. Ira loin et plaira beaucoup aux amateurs de vins extraits qui offrent à boire et à manger. **Cépages :** 60 % cabernet sauvignon, 25 % merlot, 15 % cabernet franc. **Alc./**13 %.

☛ *Servir entre 2006 et 2016, à 17 °C et oxygéné en carafe 15 minutes*

Carré d'agneau farci aux olives noires et au romarin, sauce au porto LBV, filets de bœuf à la fourme d'Ambert et au romarin (*) ou magret de canard grillé parfumé de baies roses accompagné d'une purée de patates douces aux olives noires et au romarin frais.

Malleolus 2003

RIBERA DEL DUERO, BODEGAS EMILIO MORO, ESPAGNE

56 $ SAQ **S** (10297629) ★★★★ $$$$ **Corsé+**

Avec un 2003 presque aussi éclatant que le sensationnel 2001 – l'une de mes 10 révélations de l'année dans le millésime 2001, coup de cœur de *La Sélection Chartier 2006* –, ce vigneron de grand talent récidive. Ce cru d'Emilio Moro, de la Ribera del Duero, provient d'une parcelle argilo-calcaire et graveleuse qui donne de très petits rendements de tempranillo. Il en résulte, en 2003, un rouge fortement coloré, intensément aromatique, sans être aussi détaillé et frais que le 2001, au boisé parfaitement intégré, aux tanins mûrs et enrobés, au corps plein et voluptueux, aux saveurs expansives, sans être explosives, et à l'allonge des grands. **Cépage :** tempranillo (vignes de 20 à 75 ans). **Alc./**14,5 %.
www.emiliomoro.com

☛ *Servir entre 2006 et 2023, à 18 °C et oxygéné en carafe 90 minutes*

Carré d'agneau farci aux olives noires et au romarin, sauce au porto LBV ou magret de canard rôti et réduction du porto LBV.

Château Tour Boisée « Jardin Secret » 2000

MINERVOIS, DOMAINE LA TOUR BOISÉE, FRANCE

58 $ SAQ **S*** (10222432) ★★★☆?☆ $$$$ **Corsé+**

À l'exemple des cuvées Marielle & Frédérique et À Marie-Claude, Jean-Louis Poudou s'exprime haut et fort, tant en paroles qu'en actes. Ce qui se traduit par cet excellent Jardin Secret 2000, né d'une sélection draconienne des meilleures cuves, donc sélectionné à coups de nez! Il en résulte un impressionnant rouge aux allures d'un porto *vintage*, sans le sucre bien sûr, au profil exacerbé, laissant échapper des notes de lys, de bleuet et de mûre, se montrant dense, compact et ramassé, tout en étant doté d'un soyeux de texture unique, sans parler de l'allonge qui n'en finit plus de finir. Du beau travail. Surveillez l'arrivée du Jardin Secret 2001, il m'a semblé plus complet et plus engageant encore. **Cépages :** 40 % syrah, 40 % grenache, + 10 % mourvèdre, carignan. **Alc./**14 %.
www.domainelatourboisee.com

☛ *Servir entre 2008 et 2016, à 17 °C et oxygéné en carafe 1 heure*

Carré d'agneau farci aux olives noires et au romarin, sauce au porto LBV ou filets de bœuf à la fourme d'Ambert et au romarin (*).

Corullón 2001

BIERZO, DESCENDIENTES DE J. PALACIOS, ESPAGNE

58 $ SAQ **S** (701854) ★★★★ $$$$ Corsé BIO

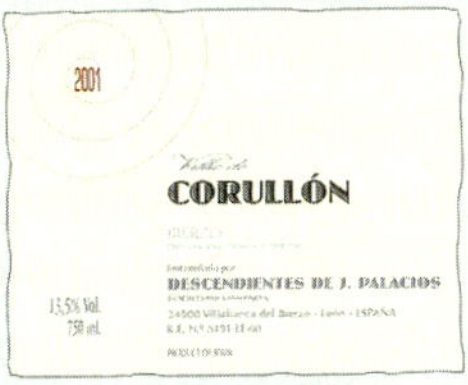

L'été 2006 aura vu débarquer un nouvel arrivage de l'excellent et singulier Corullón 2001, offert cette fois à dix dollars de moins. Avec l'arrivée de son petit frère, le bierzo coup de cœur Pétalos 2005 (aussi commenté), ces deux vins représentent un duo novateur choc! Le mencia, qui aurait une filiation avec le cabernet franc, engendre des rouges d'un satiné de texture hors norme, surtout lorsqu'il est vinifié par le talentueux Álvaro Palacios qui élabore aussi de grands vins dans la Rioja et dans le Priorat (voir commentaire dans ce guide). Après avoir passé 30 minutes en carafe, vous serez mystifié par ce 2001, dont les effluves de fruits noirs et de prune d'une grande profondeur et d'une race évidente rappellent certains grands vins de la Côte de Nuit, et vous serez conquis par le toucher de bouche soyeux, texturé, ramassé et doté d'un fruit d'une grande précision, non sans rappeler le profil des grands saumur-champigny des frères Foucault du Clos Rougeard. **Cépage :** mencia. **Alc./**13,5 %.

☛ *Servir entre 2006 et 2011, à 18 °C et oxygéné en carafe 1 heure*

Burger de bœuf au foie gras de canard et aux champignons, hachis Parmentier au canard ou magret de canard et crevettes à la saveur du Nouveau Monde (*).

Château des Erles 2003

FITOU, J. & F. LURTON, FRANCE ***(DISP. DÉC. 06)***

NOUVEAUTÉ!

60 $ SAQ **SS** (10664337) ★★★☆?☆ $$$$ Corsé

Un cru languedocien d'exception, provenant d'un sol schisteux, rappelant ceux du Douro et du Priorat, résultant en un vin au nez complexe, riche et détaillé, exprimant des notes de violette, de fruits noirs, de réglisse et de zeste d'orange, comme chez les rouges du Priorat, à la bouche éclatante de fruits, passablement concentrée, aux tanins très fins et remarquablement bien ciselés, au boisé discret et à l'allonge de grand terroir, terminant sur une note cacaotée. Sera encore plus invitant dans 2 à 3 ans. **Cépages :** 50 % syrah 25 % grenache, 25 % carignan (vieilles vignes de 30 à 50 ans pour ces deux derniers). **Alc./**13 %. **www.jflurton.com**

☛ *Servir entre 2008 et 2016, à 17 °C et oxygéné en carafe 1 heure*

Carré d'agneau farci aux olives noires et au romarin, sauce au porto LBV ou osso buco de cerf aux parfums de mûres et de réglisse (*).

Sérafin Gevrey-Chambertin 2002

GEVREY-CHAMBERTIN, SÉRAFIN PÈRE & FILS, FRANCE

67 $ SAQ **S** (864504) ★★★★ $$$$ Corsé

Un gevrey moderne et engageant au possible, au nez boisé et richement fruité, marqué par de belles tonalités épicées, à la bouche ample et compacte, tannique et enrobée, aux saveurs éclatantes, sans être puissantes, laissant des traces de giroflée, de cannelle, de muscade, de cerise au marasquin et de chêne neuf. **Cépage :** pinot noir. **Alc./**13 %.

☛ *Servir entre 2006 et 2014, à 18 °C et oxygéné en carafe 1 heure*

Magret de canard grillé parfumé de baies roses ou côtes de veau de lait poêlées et réduction de vin rouge à l'estragon (*).

Terra d'Hom 2001

PRIORAT, CELLER ARDÈVOL, ESPAGNE

NOUVEAUTÉ!

67 $	SAQ **SS** (10350160)	★★★★ $$$$	**Corsé**

Chez les belles découvertes du Priorat, il y a le sensuel Terra d'Hom, ultra-coloré, richement parfumé, aux effluves de violette, de prune, de bleuet et de fumée, à la structure veloutée, presque crémeuse et aux tanins tendres. Harmonie d'ensemble, boisé discret et intégré au cœur du vin et époustouflante persistance! Déjà bon et se magnifiera au cours des prochaines années. **Cépages :** 35 % syrah, 35 % merlot, 20 % cabernet sauvignon, 10 % grenache. **Alc./**14,5 %. **www.cellerardevol.com**

☛ *Servir entre 2006 et 2013, à 17 °C et oxygéné en carafe 1 heure*

Jarret d'agneau confit parfumé à l'huile de truffes. Fromage : parmigiano reggiano (plus de 24 mois d'affinage).

Cerequio 2001

BAROLO, MICHELE CHIARLO, ITALIE

68 $	SAQ **S** (10221579)	★★★★ $$$$	**Corsé**

Exprime un profil élégant, d'un charme immédiat, aux tanins modérés et très fins, tout en étant présents, aux saveurs expressives et persistantes. Un Cerequio plus souple et plus raffiné que dans les précédents millésimes, doté d'une belle matière et d'une remarquable trame, égrainant des notes de fruits rouges et de torréfaction. Grandissime cru, le Cerequio est contigu aux tout aussi renommés crus Brunate et Cannubi. Le terroir argilo-calcaire y engendre habituellement des vins liant l'élégance aromatique à la structure physique. **Cépage :** 100 % nebbiolo. **Alc./**14 %. **www.chiarlo.it**

☛ *Servir entre 2006 et 2016, à 18 °C et oxygéné en carafe 1 heure*

Jarret d'agneau confit parfumé à l'huile de truffes. Fromage : parmigiano reggiano (plus de 24 mois d'affinage).

Domaine des Perdrix Vosne-Romanée 2003 ♥

VOSNE-ROMANÉE, B. ET C. DEVILLARD, FRANCE

68 $	SAQ **S** (862862)	★★★★ $$$$	**Corsé**

Deux arrivages de 130 caisses de 6 bouteilles sont attendus au début de l'automne et en fin d'année 2006. Vous y dénicherez, si vous avez de bons contacts en succursales, l'un des beaux bourgognes de l'année. Un vin coloré, richement aromatique, aux notes de cassis, d'épices douces et de fleurs, à la bouche dense, texturée, éclatante et généreuse, aux saveurs passablement concentrées de fruits noirs et de café. Un vin qui offre un immense plaisir immédiat, mais qui cache une structure imposante qui lui permettra de magnifiquement évoluer dans le temps. Après quelques heures d'aération en carafe, les effluves expriment des notes de crème de cassis, de bleuets confits, de bois de santal et d'épices orientales. **Cépage :** pinot noir.

☛ *Servir entre 2006 et 2018, à 17 °C*

Risotto aux tomates séchées et au parmesan, côte de veau rôtie aux morilles ou magret de canard grillé parfumé de baies roses.

Brancaia « Il Blu » 2001

TOSCANA, PODERE LA BRANCAIA, ITALIE

69 $	SAQ **S** (10256510)	★★★★?☆	$$$$$	**Corsé+**

Le retour de cet unique Il Blu 2001 – offert cette fois à quinze dollars de moins –, grand vin de ce domaine de pointe, qui, comme je le prévoyais dans l'édition précédente de ce guide, fait désormais des vagues chez les amateurs de super-toscans de haute voltige. Les *aficionados* québécois de vins toscans sont renversés par sa robe noir violine, par son nez d'une grande profondeur et d'une distinction unique, ainsi que par sa bouche à la fois large et élancée, dense et ramassée, explosive et racée, égrainant d'intenses saveurs de cassis, de mûre, de violette et de chêne neuf. L'impact émotif est de même niveau avec tous les vins signés Brancaia. **Cépages :** 55 % sangiovese, 40 % merlot, 5 % cabernet sauvignon.
www.brancaia.com

☛ *Servir entre 2006 et 2018, à 17 °C et oxygéné en carafe 90 minutes*

Côtelettes d'agneau au café noir (voir Filets de bœuf au café noir) (*) ou magret de canard rôti à la nigelle.

Brancaia « Ilatraia » 2004

MAREMMA TOSCANA, PODERE LA BRANCAIA, ITALIE ***(DISP. NOV. 06)***

NOUVEAUTÉ!

69 $	SAQ **S** (10483317)	★★★★	$$$$	**Corsé+**

Un autre excellent 2004, provenant de l'un des domaines les plus en vue actuellement en Toscane, que le deuxième numéro du nouveau magazine *Cellier* de la SAQ mettra sur le marché en novembre. Dégusté en primeur en septembre 2006, il se montre d'une grande noblesse aromatique, d'un boisé racé et intégré, ainsi que d'une texture compacte et veloutée, aux tanins magnifiquement enrobés par une gangue moelleuse, tout en laissant deviner un grain très serré, à l'acidité fraîche et aux saveurs percutantes de bleuet, de mûre, de violette, de café et de cacao. **Cépages :** 60 % cabernet sauvignon, 30 % sangiovese, 10 % petit verdot. **Alc./**14 %.
www.brancaia.com

☛ *Servir entre 2006 et 2016, à 17 °C et oxygéné en carafe 45 minutes*

Carré d'agneau et jus au café espresso (*) ou magret de canard rôti à la nigelle.

Château le Puy « Cuvée Barthélemy » 2003

BORDEAUX-CÔTES-DE-FRANCS, J.P. & P. AMOREAU, FRANCE ***(DISP. DÉC. 06)***

70 $	SAQ **SS** (code non disp.)	★★★★	**$$$$**	**Corsé**	BIO

Après un passage en carafe de 5 heures, cette cuvée haute couture, vinifiée avec doigté – petits rendements, sans levurage, collage, filtration ou addition de sulfites – par Jean-Pierre Amoreau et son fils Pascal, démontrait en juin 2006 une robe très foncée, presque opaque, un nez d'une très grande définition, à la fois profond et très riche, au fruité parfaitement mûr – sans la surmaturité habituelle des vins de 2003 –, d'un très grand raffinement, exhalant des notes de violette, de cacao, de chanvre, de bleuet et de griotte, sans aucune trace de bois à l'horizon, à la bouche expansive, aux tanins présents mais enveloppés d'une gangue veloutée, au volume imposant d'une fraîcheur et d'une élégance rarissime chez les cuvées prestige nées sous l'emprise de la canicule de 2003. Cultivées en biodynamie, les très vieilles vignes du château n'ont pas subi le stress hydrique dû aux chaleurs « préménopausiques » de dame Nature. **Cépages :** 85 % merlot, 14 % cabernet sauvignon, 1 % carmenère. **Alc./**13,1 %. **www.chateau-le-puy.com**

☛ *Servir entre 2006 et 2028, à 17 °C et oxygéné en carafe de 3 à 5 heures*

Magret de canard au vin rouge et aux baies de sureau (*) ou carré d'agneau et jus au café expresso (*).

Cuvée Dame Honneur du Château Lagrezette 2002

CAHORS, ALAIN-DOMINIQUE PERRIN, FRANCE ***(DISP. HIVER 06-07)***

74 $	SAQ **S** (739516)	★★★★?☆	**$$$$**	**Puissant**

Les vins de Lagrezette sont devenus, au fil des 11 ans de *La Sélection Chartier*, l'une des références françaises les plus appréciées au Québec. Ce à quoi répond avec maestria ce 2002, richement aromatique, d'une concentration inouïe, d'un boisé certes présent mais d'une noble signature, avec plénitude et densité en bouche, doté d'un toucher de tanins au grain fin et de saveurs percutantes, laissant des traces de bleuet, de mûre, de réglisse, de chêne neuf, de violette et de tabac. Élevé 24 mois en barriques de chêne neuves, ce vin provient des plus vieilles vignes du domaine, offrant de très petits rendements de 27 hectolitres à l'hectare. **Cépages :** 91 % auxerrois (malbec), 9 % merlot. **www.chateau-lagrezette.tm.fr**

☛ *Servir entre 2009 et 2027, à 18 °C et oxygéné en carafe 2 heures*

Filets de bœuf Angus aux champignons sauvages ou osso buco de cerf aux parfums de mûres et de réglisse (*).

Jarno 2002

COLLINE PESCARESI, PODERE CASTORANI, ITALIE

78 $	SAQ **S** (10463025)	★★★★	**$$$$$**	**Corsé+**

Cet excellent vin provient d'une propriété appartenant au réputé pilote de F1, Jarno Trulli, dont les autres vins avaient été commentés en primeur l'an dernier, dans ma chronique hebdomadaire de

La Presse et dans *La Sélection Chartier 2006*. Voici son grand vin, ultra-coloré, très aromatique, riche et puissant, tout en étant très européen de style, donc sans tomber dans la caricature californienne, aux saveurs pleines et puissantes, aux tanins mûrs et au corps voluptueux et frais. Grande allonge et persistance étonnante. Ira loin. **Cépage :** montepulciano. **Alc./**14,5 %. **www.poderecastorani.it**

☛ *Servir entre 2006 et 2016, à 17 °C et oxygéné en carafe 15 minutes*

Côtes de cerf sauce aux griottes et au chocolat noir Valrhona Guanaja (*).

Clos Fontà 2001

PRIORAT, MAS D'EN GIL, ESPAGNE

79 $ SAQ **SS** (10358760) ★★★★?☆ **$$$$$** **Corsé+**

Remarquable priorat 2001, à la robe profonde, au nez d'une fraîcheur et d'une élégance rarissimes chez les puissants vins de cette appellation étoile. De l'ampleur, du velouté, de la richesse, de la largeur et du fruit à revendre (cassis, prune, violette et café), dans un ensemble remarquablement harmonieux. L'élégant 2004 de ce cru est aussi commenté en primeur au chapitre Priorat 2004 dans *Livre de cave* sur **www.francoischartier.ca**). **Cépages :** 30 % garnacha peluda, 25 % garnacha pais, 25 % cabernet sauvignon, 10 % cariñena. **Alc./**15 %. **www.masdengil.com**

☛ *Servir entre 2006 et 2018, à 17 °C et oxygéné en carafe 45 minutes*

Magret de canard rôti et réduction du porto LBV ou osso buco de cerf aux parfums de mûres et de réglisse (*).

Château de Beaucastel 2004

CHÂTEAUNEUF-DU-PAPE, VIGNOBLES PIERRE PERRIN, FRANCE ***(DISP. AUTOMNE 06)***

81 $ SAQ **S** (520189) ★★★★?☆ **$$$$** **Puissant** BIO

Reconnu comme ce qui pourrait bien s'avérer le meilleur millésime du Châteauneuf depuis 1990, le 2004 de Beaucastel donne le ton avec un vin qui fera date dans quelques années. Un rouge rubis très foncé, au nez racé, richement fruité, condensé et retenu, d'une belle profondeur et d'une élégance suprême, à la bouche tout aussi compacte, ramassée, imposante, charnue et tannique, avec du coffre, mais tout aussi fraîche et distinguée dans sa richesse. Le vin a grandement besoin de temps, ou d'oxygène, pour pleinement se révéler. Mûre, bleuet, balsamiques et épices douces participent au cocktail de saveurs. **Cépages :** 30 % mourvèdre, 30 % grenache, 10 % syrah, 10 % counoise, 5 % cinsault + 15 % vaccarèse, terret noir, muscardin, clairette, picpoul, picardan, bourboulenc, roussanne. **Alc./**13,5 %. **www.perrin-et-fils.com**

☛ *Servir entre 2009 et 2022, à 17 °C et oxygéné en carafe 2 heures*

Jarret d'agneau confit parfumé à l'huile de truffes. Dans quelques années : côtes de cerf sauce aux griottes et au chocolat noir Valrhona Guanaja (*) ou lièvre (ou lapin) à l'aigre-doux (*).

Finca Dofí 2003

PRIORAT, ÁLVARO PALACIOS, ESPAGNE

84 $	SAQ S (705764)	★★★★?☆	$$$$$	Puissant	BIO

Assurément l'un des meilleurs rapports qualité-prix chez les grandes cuvées de prestige du Priorat, le prix ayant été revu à la baisse de plus de trente dollars. Il est élaboré par Álvaro Palacios, vigneron inspiré (voir dossier sur ses vins dans *Livre de cave* sur www.francoischartier.ca). Ce remarquable Finca Dofí 2003 est à nouveau proche de la quintessence de L'Ermita, le grandissime vin de ce viticulteur de génie. La robe est fortement colorée, le nez est actuellement sur une certaine réserve, ce qu'un gros coup de carafe transforme, mais d'une grande profondeur, exhalant des notes de graphite, de framboise et de violette, sans aucune note boisée, la bouche est à la fois juteuse et élancée, dense et sphérique, d'une fraîcheur unique en Priorat, aux tanins tissés très serrés et raffinés, ainsi qu'aux saveurs d'une interminable allonge. Assurément l'une des grandes pointures de l'Espagne et du vieux continent. **Cépages :** 60 % vieux grenache, très vieux carignan, cabernet sauvignon, merlot et syrah. **Alc./**14 %.

☛ *Servir entre 2006 et 2026, à 17 °C et oxygéné en carafe 2 heures*

Carré d'agneau et jus au café espresso (*) ou osso buco de cerf aux parfums de mûres et de réglisse (*).

Clos des Lambrays 2001

CLOS DES LAMBRAYS GRAND CRU, DOMAINE DES LAMBRAYS, FRANCE

112 $	SAQ S (10545750)	★★★★☆	$$$$$	Corsé

Ce cru bourguignon, promu au rang de grand cru en 1981, provient de l'un des domaines phares du village de Morey-Saint-Denis et de la Côte de Nuits, le Domaine des Lambrays (voir verticale sur plusieurs millésimes dans le *Livre de cave* de l'édition 2005 de ce guide). Vinifié sans rafles, en cuves inox, à froid, avec utilisation de glace carbonique pour maintenir la température fraîche et protéger le vin de l'oxygène. Suivi d'un élevage de 18 mois en barriques, dont 50 % étaient neuves. Le vin est passablement coloré, très aromatique, engageant et ultra-raffiné, laissant deviner des notes de rose, de cerise et de fraise des champs, au boisé pratiquement indicible, aux tanins ayant du grain et déposés dans une gangue soyeuse, terminant sur une grande allonge où le fruit rouge domine. **Cépage :** pinot noir. **Alc./**13,5 %. **www.lambrays.com**

☛ *Servir entre 2006 et 2021, à 17 °C et oxygéné en carafe 1 heure*

Magret de canard fumé aux feuilles de thé ou thon rouge aux tomates confites et à l'huile d'olive épicée.

GC du Château du Cèdre 2002

CAHORS, VERHAEGHE & FILS, FRANCE ***(DISP. FÉVR./MARS 07)***

NOUVEAUTÉ!

114 $ SAQ **S** (10675010) ★★★★?☆ **$$$$$** **Corsé+**

Du très grand cahors, qui n'a rien à envier aux grandes pointures bordelaises. La robe est noire et violine. Le nez est concentré, très riche et raffiné, sans esbroufe et sans maquillage par le bois. La bouche est à la fois généreuse et très fraîche, sphérique et ramassée, pleine et longiligne. Grande harmonie d'ensemble et saveurs percutantes (cassis, bleuet, violette et cèdre) complètent le tableau de cette cuvée haute couture d'un domaine devenu une référence au Québec en matière de cahors. **Cépages :** 90 % malbec, 5 % tannat, 5 % merlot. **Alc./**14 %.

☛ *Servir entre 2008 et 2020, à 17 °C et oxygéné en carafe 1 heure*

Carré d'agneau sauce au porto LBV ou carré de cerf aux sucs de bleuets.

La Chapelle 2003

HERMITAGE, PAUL JABOULET AÎNÉ, FRANCE

156 $ SAQ **S** (872234) ★★★★☆ **$$$$$** **Corsé+**

Une stupéfiante « chapelle » 2003 qui, comme le Domaine de Thalabert 2003 (aussi commenté dans ce guide), présente l'une de ses plus belles réussites des dix dernières années. Nez enivrant, à la fois très frais et concentré, formidablement détaillé, laissant deviner des notes de violette, de poivre, de lavande, d'olive noire, d'épices douces, de cassis et de pomme grenade. Bouche ramassée, fraîche, dense, profonde et longiligne, sans esbroufe, branchée sur le terroir d'exception de ce cru de renommée mondiale, exprimant le granite dans toute sa splendeur, par des tanins d'un grain unique et une texture d'un grand raffinement. Ira très loin et entrera dans la légende, au même titre que les vibrants 1961, 1978 et 1990. **Cépage :** syrah. **Alc./**14,5 %. **www.jaboulet.com**

☛ *Servir entre 2009 et 2031, à 17 °C et oxygéné en carafe 1 heure*

Osso buco de cerf aux parfums de mûres et de réglisse (*).

La Vina de Andres Romeo 2001

RIOJA, VINOS DE BENJAMIN ROMEO, ESPAGNE

177 $ SAQ **SS** (10237669) ★★★★☆ **$$$$$** **Corsé+** BIO

Tout comme son petit frère, le grandissime Contador (voir commentaires dans *La Sélection Chartier 2006*), La Vina de Andres Romeo est un rouge d'exception, vinifié avec maestria par l'un des viticulteurs espagnols les plus doués, autrefois aux commandes de la grande maison Artadi, de 1985 à 2000. Il origine de très vieilles vignes de tempranillo, appartenant au grand-père de Benjamin Romeo, et greffé par son père Andres. Il en résulte un vin à la couleur noir bleuté, qui, après une longue oxygénation en carafe de plus de trois heures, exulte un profil enivrant, au fruité puissant et concentré, d'une grande race et d'une fraîcheur exemplaire, égrainant des notes de bleuet, de cassis, de cuir neuf, et démontrant un boisé noble, certes présent, mais intégré au cœur du vin, à la bouche volumineuse et compacte, aux tanins extra-fins, et aux saveurs d'une très grande allonge. Ira loin. **Cépage :** tempranillo. **Alc./**14 %.

☛ *Servir entre 2006 et 2018, à 17 °C et oxygéné en carafe 3 heures*

Carré d'agneau et jus au café expresso (*), magret de canard rôti à la nigelle ou, dans quatre ans, côtes de cerf sauce aux griottes et au chocolat noir Valrhona Guanaja (*).

RÉPERTOIRE ADDITIONNEL

Secco-Bertani « Ripasso » 2003
VALPOLICELLA VALPANTENA, BERTANI, ITALIE
9,50 $ SAQ **C** (907766) ☆ **$** **Modéré**
Nez absent et bouche modérée, sans plus. **Alc./**13 %.

Sangiovese Terre del Sol 2004
SANGIOVESE DI PUGLIA, PASQUA VIGNETI E CANTINE, ITALIE
10,05 $ SAQ **C** (545772) ★★ **$** **Corsé**
Coloré, passablement soutenu, invitant, plein, frais et tannique, aux tanins presque enveloppés et aux saveurs juteuses. **Alc./**12,5 %.

Nero d'Avola Primula 2004
SICILIA, FIRRIATO, ITALIE
10,25 $ SAQ **C** (606368) ★★ **$** **Modéré+**
Un sicilien 2004 sur le fruit, jeune, pimpant, rafraîchissant et persistant. **Alc./**13,5 %.

Charamba 2004
DOURO, QUINTA DA AVELEDA, PORTUGAL
10,60 $ SAQ **C** (554667) ★☆ **$** **Léger+**
Un rouge portugais, à prix doux, pour le ballon de rouge du quotidien, au nez parfumé, à la bouche fraîche et modérée, aux tanins fins et aux saveurs agréables. **Alc./**13 %.

Merlot Réservé Maison Nicolas 2004
VIN DE PAYS D'OC, MAISON NICOLAS, FRANCE
10,75 $ SAQ **C** (434993) ★★ **$** **Modéré**
Difficile de dénicher un merlot à si bas prix, aussi coloré, parfumé et dodu. Vraiment agréable, ce 2004 languedocien! **Alc./**12,5 %.

Oppoul 2004
CÔTES-DU-ROUSSILLON-VILLAGES, DOMAINE VIRGINIE, FRANCE
10,75 $ SAQ **C** (10324201) ★☆ **$** **Léger**
Un vin de soif simple, frais et parfumé, sur le fruit rouge, au corps soyeux et léger. **Alc./**12,5 %.

Château Mauléon 2004
CÔTES-DU-ROUSSILLON-VILLAGES CARAMANY, VIGNERONS CATALANS, FRANCE
10,90 $ SAQ **C** (455972) ★★ **$** **Corsé**
Un rouge du Midi coloré, aromatique, tannique, un brin ferme, aux saveurs mûres, à la finale généreuse et intense. **Alc./**13 %.

La Médina
MEKNÈS, CASTEL FRÈRES, MAROC
11,05 $ SAQ **C** (642405) ★☆ **$** **Modéré+**

Château de Lastours « Arnaud de Berre » 2003
CORBIÈRES, CHÂTEAU DE LASTOURS, FRANCE
12,30 $ SAQ **C** (506295) ★★ $ **Modéré**
Invitant et souple, voici un corbières plaisir, sur le fruit. Un bel achat. **Alc./**13 %.

Solaz « Tempranillo/Cabernet Sauvignon » 2004
VINO DE LA TIERRA DE CASTILLA, BODEGAS OSBORNE, ESPAGNE
12,35 $ SAQ **C** (610188) ★☆ $ **Modéré**
Un Solaz 2004 moins épicé et moins gourmand que dans les millésimes précédents. **Alc./**13,5 %.

Shiraz Lou Black 2003
VIN DE PAYS D'OC, LES CAVES DU SIEUR D'ARQUES, FRANCE
12,70 $ SAQ **C** (10506339) ★ $ **Modéré**
Un vin languedocien plutôt commercial, qui se veut à la fois moderne et branché, en réponse aux vins de marque du Nouveau Monde. Mais l'expression débordante du fruit et la gourmandise des saveurs perçues chez certains envahisseurs australiens ne signalent pas leur présence dans cet essai qui manque d'éclat. **Alc./**13 %.

Château La Lieue 2005
COTEAUX VAROIS-EN-PROVENCE, FAMILLE VIAL, FRANCE
12,75 $ SAQ **C** (605287) ★ $ **Modéré+** BIO
Un 2005 actuellement un brin carré, à l'acidité « verte ». **Alc./**12,6 %.

Naoussa Boutari 2003
NAOUSSA, JOHN BOUTARI AND SON, GRÈCE
12,75 $ SAQ **S** (023218) ☆ $ **Modéré**
Ce 2003, à base de xynomavro, se montre moins aromatique et moins harmonieux que dans le millésime 2001. Léger et asséchant. **Alc./**12 %.

Héritiers Galhaud 2004
BORDEAUX, LE CELLIER DES VIGNOBLES BORDELAIS, FRANCE
12,85 $ SAQ **C** (551267) ☆ $ **Léger+**
Peu loquace, au corps passablement léger, manquant de chair, comme trop de vins blancs et rouges d'appellation Bordeaux. **Alc./**12 %.

Labriole 2003
CÔTES-DE-SAINT-MONT VDQS, PRODUCTEURS PLAIMONT, FRANCE
12,90 $ SAQ **C** (516781) ★★ $ **Modéré+**
Très bel achat que ce rouge du sud-ouest, aux allures de madiran, avec un fruité débordant et un corps nourri. **Alc./**13 %.

Estola Reserva 2001
LA MANCHA, BODEGAS AYUSO, ESPAGNE
12,95 $ SAQ **C** (10471009) ★ $ **Modéré**
Un espagnol plutôt simple, au corps modéré et aux saveurs peu expressives. **Alc./**13 %.

Laguna de la Nava Reserva 2000
VALDEPEÑAS, BODEGAS NAVARRO LÓPEZ, ESPAGNE
12,95 $ SAQ **C** (902973) ★ $ **Modéré**
Un tempranillo peu expressif en 2000, souple, frais et coulant, mais pas vraiment excitant. **Alc./**12,5 %.

Fontanario de Pegões 2003
PALMELA, COOPERATIVA AGRICOLA DE STO ISIDRO DE PEGÕES, PORTUGAL
13,35 $ SAQ **S*** (10432376) ★★ $ **Corsé**
Rouge portugais classique, au nez passablement mûr et même résineux, à la bouche à la fois tannique et fraîche, généreuse et élancée, aux tanins un brin fermes et aux saveurs longues et rafraîchissantes. **Alc./**13,5 %.

Les Terres Rouges « Dom Brial » 2004
CÔTES-DU-ROUSSILLON-VILLAGES, CAVE DES VIGNERONS DE BAIXAS, FRANCE
13,50 $ SAQ **C** (614040) ★☆ $ **Modéré**
Un 2004 moins nourri et moins invitant que ne l'était le délectable 2003 commenté dans *La Sélection 2006*. **Alc./**13,5 %.

Odyssée Cabernet/Syrah 2003
VIN DE PAYS DES CÉVENNES, DOMAINE DU LYS, FRANCE
13,95 $ SAQ **S** (10531382) ★ $$ **Corsé**
Vin manquant d'expression aromatique et marqué par des tanins un brin asséchants en finale. Le vinificateur m'ayant assuré d'une très belle qualité, j'ai vérifié avec une deuxième bouteille, au cas où le premier échantillon aurait été perturbé par un liège défectueux. Rien n'y fait, même en dégustation à l'aveugle, ce vin manque d'éclat et se montre asséchant. Est-ce qu'il y aurait un manque de constance dans la qualité des lièges? **Alc./**13,5 %.

Raimat Tempranillo/Syrah 2003
COSTERS DEL SEGRE, RAIMAT, ESPAGNE
13,95 $ SAQ **S** (10463658) ★★ $ **Modéré+**
Un assemblage sur le fruit, au corps modéré, d'une belle fraîcheur. La syrah y joue les rôles d'équilibriste et de parfumeur. **Alc./**13,3 %.

Shiraz La Baume 2004
VIN DE PAYS D'OC, LA BAUME, FRANCE
14 $ SAQ **C** (535112) ★★ $ **Modéré+**
Cette shiraz 2004, commentée en primeur dans l'édition précédente, se montrait plus expressive et plus détaillée l'année passée. **Alc./**13,5 %.

Château de Clapier 2003
CÔTES-DU-LUBERON, T. MONTAGNE, FRANCE
14,15 $ SAQ **S** (10269396) ★★☆ $ **Modéré+**
Une belle référence à un prix plus que doux, au fruité engageant et très frais (pomme grenade, cacao et cannelle), à la bouche sensuelle et généreuse. **Alc./**14 %.

Château de Clapier 2004
CÔTES-DU-LUBERON, T. MONTAGNE, FRANCE
14,15 $ SAQ **S** (10269396) ★☆?☆ $$ **Corsé**
Un luberon actuellement fermé et carré, passablement costaud, marqué par des tanins fermes. À suivre. **Alc./**14 %.

Maître d'Estournel 2004
BORDEAUX, PRATS FRÈRES, FRANCE
14,20 $ SAQ **C** (238188) ★ $ **Léger+**
Un 2004 simple, souple et coulant, dont la qualité unique est de désaltérer. **Alc./**12 %.

Magellan « Ponant » 2003
VIN DE PAYS DES CÔTES-DE-THONGUE, DOMAINE MAGELLAN, FRANCE
14,35 $ SAQ **C** (914218) ★★☆ $$ **Modéré+**
(Voir commentaire détaillé dans l'édition 2006)

Tommasi Valpolicella Classico 2004
VALPOLICELLA CLASSICO, TOMMASI VITICOLTORI, ITALIE
14,40 $ SAQ **C** (560797) ★★☆ $$ **Modéré+**
Un « valpo » étonnant riche, au fruité mûr et aux tanins souples. Un vin presque généreux pour l'appellation. **Alc./**12 %.

Château de Nages 2003
COSTIÈRES-DE-NÎMES, R. GRASSIER, FRANCE
14,50 $ SAQ **C** (427617) ★★☆ $$ **Corsé+**
Un 2003 solaire, donc passablement coloré, modérément parfumé, plein, très généreux et tannique. Il ne lui manque que la fraîcheur des années au climat plus tempéré, ce qui lui apporterait une plus grande complexité aromatique. Il n'en demeure pas moins une belle gourmandise solaire pour son prix. **Alc./**14 %.

Monasterio de Las Viñas Reserva 1998
CARIÑENA, GRANDES VINOS Y VIÑEDOS, ESPAGNE
14,65 $ SAQ **S*** (854422) ★★☆ $$ **Corsé**
(Voir commentaire détaillé dans l'édition 2006)

Riscal Tempranillo 2003
VINO DE LA TIERRA DE CASTILLA Y LEON, RISCAL, ESPAGNE
14,75 $ SAQ **C** (10362435) ★★☆ $ **Corsé**
Un espagnol moderne, coloré, aromatique, boisé, enveloppant, plein et juteux. **Alc./**13,5 %.

A-Mano 2003
PUGLIA, FUSIONE SRL, ITALIE
14,90 $ SAQ **S** (908079) ★★☆ $$ **Corsé**
Très généreux primitivo, mais aussi d'une belle finesse aromatique, ample, sans lourdeur, aux tanins raffinés, tout en étant bien présents. **Alc./**14 %.

Zweigelt Strehn 2003
MITTELBURGENLAND, WEINGUT FAMILIE STREHN, AUTRICHE
14,90 $ SAQ **S** (904441) ★★☆ $$ **Léger+**
Un original et satisfaisant rouge autrichien, à base de zweigelt, au nez aguicheur, à la bouche souple, fraîche et coulante, aux tanins fondus et aux saveurs vivifiantes. **Alc./**12,5 %.

Fontella 2004
CHIANTI, CASA GIRELLI, ITALIE
15 $ SAQ **C** (10382081) ★ $$ **Léger+**
Simple, sur le fruit, mais pas très convaincant. **Alc./**12,5 %.

Primitivo Canaletto 2003
PUGLIA, CASA GIRELLI, ITALIE
15 $ SAQ **S*** (597021) ★☆ $$ **Modéré+**
Un beau rouge de primitivo, sans être éclatant, mais d'une bonne tenue. À quatre dollars de moins, il représenterait une aubaine. **Alc./**13 %.

Château Puy-Landry 2001
CÔTES-DE-CASTILLON, RÉGIS ET SÉBASTIEN MORO, FRANCE
15,10 $ SAQ **S*** (852129) ★★★ $$ **Modéré+**
(Voir commentaire détaillé dans l'édition 2006)

Rasteau Tradition 2004
CÔTES-DU-RHÔNE VILLAGES, CAVE DE RASTEAU, FRANCE
15,10 $ SAQ **C** (113407) ★★☆ $$ **Corsé**
Généreux, extrait, un brin chaud, tanins fermes et pris dans un bloc. À suivre. **Alc./**14 %.

Sangiovese Pater 2004
TOSCANA, MARCHESI DE'FRESCOBALDI, ITALIE
15,10 $ SAQ **C** (409896) ★★ $$ **Modéré+**
Corps modéré, fruité présent, sans être riche, tanins un brin secs et fraîcheur correcte, pour un Pater 2004 agréable, sans être engageant. **Alc./**12,5 %.

Laguna de la Nava Gran Reserva 1999
VALDEPEÑAS, BODEGAS NAVARRO LÓPEZ, ESPAGNE
15,15 $ SAQ **S*** (902965) ★ $$ **Modéré**
Tout comme le Reserva 2000 du même producteur, un Gran Reserva 1999 plutôt commercial, pas très relevé et peu démonstratif. **Alc./**12,5 %.

Le Monache Rosso 2004
MONFERRATO, MICHELE CHIARLO, ITALIE
15,35 $ SAQ **S** (10390583) ★★☆ $$ **Modéré**
(Voir commentaire détaillé dans l'édition 2006)

Barbera Fontanafredda 2004
BARBERA D'ALBA, FONTANAFREDDA, ITALIE
15,55 $ SAQ **C** (038174) ★★ $ **Modéré**
Ce barbera est légèrement soufré au nez, mais se rattrape en bouche avec un vin au charme immédiat. **Alc./**12,5 %.

Cabernet Sauvignon/Merlot Enate 2004
SOMONTANO, VINEDOS Y CRIANZAS ALTO ARAGON, ESPAGNE
15,55 $ SAQ **C** (504316) ★★ $$ **Modéré+**
Un assemblage espagnol sur le fruit et la fraîcheur, au nez discret, mais à la bouche juteuse et ample, tout en demeurant fraîche et longiligne. **Alc./**13 %.

Château La Grange Clinet 2003
PREMIÈRES-CÔTES-DE-BORDEAUX, MICHEL HAURY, FRANCE
15,60 $ SAQ **S** (10258937) ★☆ $$ **Corsé**
Un 2003 au nez absent, aux tanins fermes, un brin secs, au corps assez relevé, mais obstrué par les tanins anguleux. **Alc./**13 %.

Château Sainte-Eulalie « Tradition » 2004
MINERVOIS, ISABELLE COUSTAL, FRANCE
15,75 $ SAQ **S** (488171) ★★☆ $$ **Modéré**
Excellent rapport qualité-prix que ce 2004 coloré, aromatique, passablement riche, à la bouche gourmande, fraîche, pleine et joufflue, aux tanins soyeux et aux saveurs hautement fruitées. **Alc./**13,5 %.

Taurino Rosso Riserva 2001
SALICE SALENTINO, TAURINO COSIMO, ITALIE
15,80 $ SAQ **S** (411892) ★★☆ $$ **Modéré+**
Un vin hors norme, qui va à l'encontre du style actuellement en vogue. Fraîcheur, herbes séchées et zeste d'orange participent au profil singulier de ce cru au corps modéré, longiligne, un brin rustique. **Alc./**13 %.

Aliança Foral « Grande Escolha » 2000
DOURO, CAVES ALIANÇA, PORTUGAL
15,85 $ SAQ **S** (883728) ★★ $$ **Modéré+**
Un *douro* à prix doux, de style passablement traditionnel, c'est-à-dire au nez subtilement torréfié, au fruité de richesse moyenne, au corps modéré et aux tanins présents, sans être durs. **Alc./**13 %.

Château de Gaudou « Tradition » 2002
CAHORS, DUROU & FILS, FRANCE
15,85 $ SAQ **S** (919324) ★★★ $$ **Modéré+**
Juillet 2006 a vu sonner le retour de 900 caisses de ce 2002, remarquable rapport qualité-prix. Un rouge au nez compact, d'une très belle finesse, à la bouche à la fois pleine, tannique, fraîche et élégante (voir commentaire du 2003 dans le chapitre *Vins rouges de la Vieille Europe*). **Alc./**13 %.

Château de Jau 2002
CÔTES-DU-ROUSSILLON-VILLAGES, ESTELLE DAURÉ, FRANCE
15,95 $ SAQ **S*** (972661) ★★☆ $$ **Modéré+**
(Voir commentaire détaillé dans l'édition 2006)

Barone Cornacchia 2004
MONTEPULCIANO D'ABRUZZO, DOTT. PIERO CORNACCHIA, ITALIE
16,10 $ SAQ **S** (979039) ★★☆ $$ **Modéré+**
Nez légèrement soufré, ayant besoin d'oxygène. Bouche juteuse et fraîche, aux tanins presque dodus et aux saveurs éclatantes. **Alc./**13 %.

Vitiano 2004
ROSSO UMBRIA, FALESCO MONTEFIASCONE, ITALIE
16,15 $ SAQ **C** (466029) ★★☆ $$ **Modéré+**
Un 2004 légèrement moins parfumé et moins engageant que dans les cinq derniers millésimes, où ce vin a été d'une régularité sans faille. Il n'en demeure pas moins un très bon achat, gorgé de fruits, charnu et frais. **Alc./**13 %.

Château Petit Bidou « Les Sables » 2002
CÔTES-DE-BOURG, CHÂTEAU SAINT-GERMAIN, BORIE-MANOUX, FRANCE
16,20 $ SAQ **S** (912576) ★ $$ **Modéré**
Difficile de croire que des bordeaux aussi insipides puissent encore aujourd'hui être acceptés par le comité d'achat et de mise en marché de la SAQ... **Alc./**12 %.

Syrah Domaine de Petit Roubié 2003
VIN DE PAYS DE L'HÉRAULT, LES DOMAINES DE PETIT ROUBIÉ, FRANCE
16,20 $ SAQ **S*** (913491) ★★☆ $$ **Modéré+** BIO
(Voir commentaire détaillé dans l'édition 2006)

Gamay Marionnet 2005
TOURAINE, DOMAINE DE LA CHARMOISE, HENRY MARIONNET, FRANCE
16,25 $ SAQ **C** (329532) ★★☆ $$ **Modéré** BIO
Une excellente réussite pour ce gamay 2005, au nez on ne peut plus expressif, fin et débordant de fruits, et à la bouche avec autant d'éclat. **Alc./**12 %.

Torus 2003
MADIRAN, DOMAINES ET CHÂTEAUX D'ALAIN BRUMONT, FRANCE
16,25 $ SAQ **C** (466656) ★★☆ $$ **Corsé**
(Voir commentaire détaillé dans l'édition 2006)

Domaine de la Brune 2004
CÔTES-DU-RHÔNE VILLAGES BEAUMES-DE-VENISE, CAVE DES VIGNERONS DE VACQUEYRAS, FRANCE
16,30 $ SAQ **C** (637892) ★★☆ $$ **Corsé+**
Le nez de ce vin est malheureusement éteint par la présence du sulfite. Dommage, car la bouche est engageante. **Alc./**14 %.

Domaine Bertrand-Bergé 2003
FITOU, JÉRÔME BERTRAND, FRANCE
16,40 $ SAQ **S** (899310) ★★☆?☆ $$ **Corsé**
En 2003, cette cuvée se montre discrète au nez, mais généreuse en bouche, dotée d'une trame tannique enveloppée, au grain réglissé. **Alc./**13,5 %.

Combe aux Jacques « Jadot » 2005
BEAUJOLAIS-VILLAGES, MAISON LOUIS JADOT, FRANCE
16,45 $ SAQ **C** (365924) ★★☆?☆ $$ **Modéré**
De la couleur, du fruit et du plaisir à revendre! Quel beau beaujolais-villages, vinifié avec doigté, à la bouche ample et gourmande. **Alc./**12,5 %.

Les Galets Rouges 2004
COSTIÈRES-DE-NÎMES, CHÂTEAU MOURGUES DU GRÈS, FRANCE
16,55 $ SAQ **S** (10259753) ★★☆ $$ **Corsé**
(Voir commentaire détaillé dans l'édition 2006)

Aliança Particular 2004
PALMELA, CAVES ALIANÇA, PORTUGAL
16,70 $ SAQ **S** (865386) ★☆ $$ **Modéré+**
À base de cépage castelão, ce rouge un brin carré et sec manque quelque peu de définition aromatique, de chair et d'harmonie d'ensemble. **Alc./**14 %.

Domaine Les Fines Graves 2005
CHÉNAS, JACKY JANODET, FRANCE
16,75 $ SAQ **S** (854943) ★★☆?☆ $$ **Modéré+**
À nouveau un très beau chénas, au nez ultra-raffiné, à la bouche à la fois fraîche et pleine, aux tanins tissés très serrés, à l'acidité harmonieuse et aux saveurs longues et précises. Gagnera en texture d'ici 2 ou 3 ans. **Alc./**13 %.

Monte Antico 2003
TOSCANA, SANTA LUCIA EMPSON & CO., ITALIE
16,75 $ SAQ **S** (907519) ★★ $$ **Modéré**
Un 2003 de type chianti de la fin des années 80, c'est-à-dire sur le mode vivacité et corps léger. **Alc./**12,5 %.

Syrah Tsantali 2000
VIN DE PAYS ISMARIKOS, EVANGELOS TSANTALIS, GRÈCE
16,75 $ SAQ **S*** (10249125) ★★★ $$ **Corsé**
(Voir commentaire détaillé dans l'édition 2006)

Nero d'Avola Regaleali 2003
SICILIA, CONTE TASCA D'ALMARITA, ITALIE
16,80 $ SAQ **S** (482604) ★★☆ $$ **Modéré+**
Agréable rouge sicilien, au nez subtilement épicé et passablement riche en fruits rouges, à la bouche fraîche et coulante, aux tanins assez souples, tout en ayant du grain. **Alc./**13 %.

Merlot Brentino 2003
BREGANZE ROSSO, MACULAN, ITALIE
16,85 $ SAQ **C** (430512) ★★★ $$ **Corsé**
De l'un des plus grands vignerons de Vénétie, voici ce qui a été l'une des aubaines de l'année chez les rouges de la péninsule italienne. Couleur, parfums (cerise noire, café et violette), maturité de fruits, ampleur, moelle, densité et sensualité sont au rendez-vous. **Alc./**14 %.

Quinta do Vale da Raposa 2002
DOURO, QUINTA DO VALE DA RAPOSA, DOMINGOS ALVES DE SOUSA, PORTUGAL
16,85 $ SAQ **S** (883454) ★★★ $$ **Modéré+**
À nouveau l'un des *best buy* du Portugal. Un excellent vin du Douro, provenant de vieilles vignes de 35 ans, cultivées sur des coteaux schisteux passablement pentus. Un vin de plaisir, au charme immédiat, texturé à souhait, aux tanins soyeux et aux saveurs pulpeuses. **Alc./**12 %.

Poggio Alla Badiola 2004
TOSCANA, MAZZEI IN FONTERUTOLI, ITALIE
16,90 $ SAQ **S*** (897553) ★★ $$ **Corsé**
Ce rouge toscan qui, millésime après millésime, offrait un des plus irrésistibles rouges à prix doux, se montre moins engageant en 2004, et surtout un brin ferme. **Alc./**13 %.

Pozuelo Reserva 2000
YECLA, BODEGAS CASTAÑO, ESPAGNE
16,95 $ SAQ **S*** (725150) ★★☆ $$ **Corsé**
(Voir commentaire détaillé dans l'édition 2006)

Serego Alighieri Possessioni Rosso 2004
ROSSO DEL VERONESE, MASI, ITALIE
16,95 $ SAQ **C** (10202095) ★☆ $$ **Modéré**
Un 2004 moins inspirant que ne l'était le très engageant 2002. Corps léger et nez timide. Sa fraîcheur est sa qualité première. **Alc./**13 %.

Domaine Lerys Cuvée Prestige 2001
FITOU, MAGUY & ALAIN IZARD, FRANCE
17 $ SAQ **S*** (976852) ★★★ $$ **Corsé+**
(Voir commentaire détaillé dans l'édition 2006)

Fuentespina « Roble » 2003
RIBERA DEL DUERO, BODEGAS FUENTESPINA, ESPAGNE
17,05 $ SAQ **S** (10461311) ★★★ $$ **Corsé**
Une nouveauté hispanique richement parfumée, pas vraiment boisée, à la bouche ample, serrée et fraîche, au corps presque dense, tout à fait savoureux et persistant. **Alc./**13,5 %.

La Segreta 2004
SICILIA, PLANETA, ITALIE
17,10 $ SAQ **S*** (898296) ★★☆ $$ **Modéré+**
(Voir commentaire détaillé dans l'édition 2006)

L'Ancestral Tautavel 2003
CÔTES-DU-ROUSSILLON-VILLAGES TAUTAVEL, SCV VINGRAU, FRANCE
17,20 $ SAQ **S*** (864017) ★★★ $$ **Corsé+**
Un vin solaire ultra-généreux, confit, plein, dense, tannique, solide et tout en chair. On ne peut plus marqué par la canicule de 2003. **Alc./**13,5 %.

Montecillo Crianza 2001
RIOJA, MONTECILLO, ESPAGNE
17,30 $ SAQ **S*** (144493) ★★☆ $$ **Modéré+**
Un rioja classique, c'est-à-dire très expressif et richement torréfié, à la bouche ample, sans excès, texturée, fraîche et longue, aux tanins fins mais bien présents, et aux saveurs cacaotées. **Alc./**13 %.

Château de Parsac 2002
MONTAGNE-SAINT-ÉMILION, CHÂTEAU DES LAURETS, FRANCE
17,40 $ SAQ **S** (892307) ★★☆ $$ **Modéré+**
Nez très fin, bouche soyeuse, aux tanins fondus et aux saveurs élégantes, corps modéré et bonne longueur. Harmonie et velouté sont au rendez-vous. **Alc./**13,5 %.

Lesquerde 2001
CÔTES-DU-ROUSSILLON-VILLAGES, DOMAINE MATEMALE, FRANCE
17,40 $ SAQ **S** (912881) ★★★ $$ **Modéré+**
(Voir commentaire détaillé dans l'édition 2006)

Château Pelan Bellevue 2000
BORDEAUX-CÔTES-DE-FRANCS, RÉGIS ET SÉBASTIEN MORO, FRANCE
17,45 $ SAQ **S*** (710848) ★★☆ $$ **Modéré+**
À nouveau une réussite de la famille Moro, offrant parfums détaillés, ampleur des saveurs et maturité des tanins. Du sérieux. **Alc./**12,5 %.

La Vendimia 2003
RIOJA, BODEGAS PALACIOS REMONDO, ESPAGNE
17,45 $ SAQ **S** (10360317) ★★★ $$ **Corsé**
(Voir commentaire détaillé dans l'édition 2006)

La Cuvée dell'Abate 2004
MONTEPULCIANO D'ABRUZZO, CANTINA ZACCAGNINI, ITALIE
17,50 $ SAQ **S*** (908954) ★★☆ $$ **Modéré+**
Un 2004 moins dense et moins soutenu que ne l'était le 2003, salué dans l'édition précédente, mais tout de même engageant, frais et tannique. **Alc./**12,5 %.

Les Terrages 2004
SAUMUR-CHAMPIGNY, RENÉ-NOËL LEGRAND, FRANCE
17,70 $ SAQ **S** (852442) ★★★ $$ **Corsé** BIO
Un 2004 actuellement sur sa retenue, mais riche de promesses, plein, dense et tissé très serré, aux saveurs très fraîches, persistant longuement. **Alc./**13,5 %.

Nouvelle France 1999
ANJOU, CHÂTEAU DE TIGNÉ, GÉRARD DEPARDIEU, FRANCE
17,70 $ SAQ **C** (10451438) ★★☆ $$ **Modéré**
(Voir commentaire détaillé dans l'édition 2006)

Château Baudare « Cuvée Prestige » 2001
FRONTON, CLAUDE & DAVID VIGOUROUX, FRANCE
17,80 $ SAQ **S** (10259841) ★★?☆ $$ **Modéré+**
Bonne intensité de couleur. Nez assez riche, mais retenu, ayant besoin d'un coup de carafe. Bouche à la fois soutenue et ferme, tanins un brin verts. Manque d'harmonie et de chair. **Alc./**12,5 %.

Château Cap de Merle 2003
LUSSAC-SAINT-ÉMILION, VINS BEL, FRANCE
17,90 $ SAQ **C** (276683) ★☆ $$ **Modéré**
Vin sans âme, souple, coulant, au nez plus que discret et aux saveurs ténues. Je n'ai jamais compris la place que ce vin a prise sur le marché québécois. **Alc./**12,5 %.

Château Les Hauts d'Aglan 2000
CAHORS, ISABELLE REY-AURIAT, FRANCE
17,90 $ SAQ **S*** (734244) ★★★ $$ **Corsé+**
(Voir commentaire détaillé dans l'édition 2006)

Domaine de Beaurenard 2003
CÔTES-DU-RHÔNE, PAUL COULON ET FILS, FRANCE
17,95 $ SAQ **S** (873018) ★★☆ $$ **Corsé**
Belle référence rhodanienne, au style classique, à la fois riche et enveloppant, plein et fin, à l'acidité discrète et aux saveurs de fruits macérés à l'eau-de-vie. **Alc./**13,5 %.

Les Charmes 2004
MORGON, LOUIS TÊTE, FRANCE
17,95 $ SAQ **S** (961185) ★★☆ $$ **Modéré**
Un morgon sur le fruit, très jeune, au corps modéré et aux tanins qui ont du grain. **Alc./**13 %.

Château Leret Monpezat 1999
CAHORS, COMTE JEAN-BAPTISTE DE MONPEZAT, FRANCE
18,10 $ SAQ **S** (912865) ★★★ $$ **Corsé**
Ce très bon cahors de six ans de bouteille dévoile un nez passablement riche et compact, et une bouche d'une densité modérée, aux tanins très fins, à l'acidité fraîche et aux saveurs très expressives. **Alc./**12,5 %.

Palacio de Ibor Reserva 2000
VALDEPEÑAS, BODEGAS REAL, ESPAGNE
18,10 $ SAQ **S** (927749) ★★★ $$ **Corsé+**
Difficile d'être plus espagnol que ce rouge on ne peut plus sanguin, coloré, richement boisé, tannique, généreux et enveloppant à souhait. **Alc./**13,5 %.

Château Rouquette sur Mer 2001
COTEAUX-DU-LANGUEDOC LA CLAPE, JACQUES BOSCARY, FRANCE
18,20 $ SAQ **S*** (713263) ★★★ $$ **Corsé**
(Voir commentaire détaillé dans l'édition 2006)

La Madura Classic 2002
SAINT-CHINIAN, DOMAINE LA MADURA, NADIA ET CYRIL BOURGNE, FRANCE
18,25 $ SAQ **S** (914358) ★★★ $$ **Modéré+**
(Voir commentaire détaillé dans l'édition 2006)

Pinot Noir Rodet 2004
BOURGOGNE, A. RODET, FRANCE
18,25 $ SAQ **C** (358606) ★★☆ $$ **Modéré**
Un 2004 à la robe très pâle et au nez discret, mais à la bouche d'une fraîcheur et d'un éclat de fruit inattendu, aux tanins soyeux et au corps souple et élancé. **Alc./**12,3 %.

Château L'Escart « Julien » 2001
BORDEAUX-SUPÉRIEUR, GÉRARD LAURENT, FRANCE
18,40 $ SAQ **S** (896282) ★★★ $$ **Corsé**
(Voir commentaire détaillé dans l'édition 2006)

Château La Gordonne « Les Maronniers » 2002
CÔTES-DE-PROVENCE, DOMAINES LISTEL, FRANCE
18,45 $ SAQ **S*** (10269177) ★★★ $$ **Modéré+**
Belle réussite que ce 2002 provençal, d'un nez engageant, assez riche et détaillé, d'une bouche aux saveurs gourmandes, aux tanins fins et d'une belle fraîcheur. **Alc./**12,5 %.

Château Pech-Redon « L'Épervier » 2003
COTEAUX-DU-LANGUEDOC LA CLAPE, CHÂTEAU PECH-REDON, FRANCE
18,45 $ SAQ **S*** (10507286) ★★☆?☆ $$ **Corsé+**
Propriété vedette du Languedoc, sur le massif de La Clape, ce 2003 se montre actuellement sur sa réserve. Passablement riche, compact, dense et tannique. **Alc./**13,5 %.

Domaine des Ouches 2004
BOURGUEIL, PAUL GAMBIER & FILS, FRANCE
18,45 $ SAQ **S** (964700) ★★☆?☆ $$ **Corsé**
Un bourgueil on ne peut plus classique, au corps longiligne, aux tanins tissés très serrés et aux saveurs d'une fraîcheur typique des rouges de Loire. **Alc./**12,5 %.

Château Saint-Roch 2003
LIRAC, BRUNEL FRÈRES, FRANCE
18,50 $ SAQ **C** (574137) ★★☆?☆ $$ **Corsé**
Un 2003 coloré, richement parfumé, un brin évolué, à la bouche généreuse, pulpeuse et expressive, aux tanins marqués, à l'acidité discrète et aux saveurs longues. **Alc./**13,8 %.

Aux Anges 2004
SAINT-AMOUR, PAUL BEAUDET, FRANCE
18,60 $ SAQ **S** (10367893) ★★☆?☆ $$ **Modéré+**
Un cru floral à souhait, à la bouche ample et compacte, aux tanins fins mais présents, à l'acidité discrète et aux saveurs longues. **Alc./**13 %.

Château La Raz Caman 1999
PREMIÈRES-CÔTES-DE-BLAYE, JEAN-FRANÇOIS POMMERAUD, FRANCE
18,85 $ SAQ **S*** (888578) ★★★ $$ **Corsé**
(Voir commentaire détaillé dans l'édition 2006)

Campofiorin Masi « Ripasso » 2003
ROSSO DEL VERONESE, MASI, ITALIE
18,95 $ SAQ **C** (155051) ★★ $$ **Modéré**
Juteux et confit, le désormais classique Campofiorin semble un brin moins profond en 2003. Mais son charme opère toujours. **Alc./**13 %.

Château Pesquié « Prestige » 2003
CÔTES-DU-VENTOUX, CHÂTEAU PESQUIÉ, FRANCE
18,95 $ SAQ **S*** (743922) ★★☆?☆ $$ **Corsé**
À nouveau un ventoux parmi les meilleurs de son appellation. Coloré, nez mûr et passablement concentré, au boisé racé et subtil, bouche à la fois pleine, fraîche et dodue. **Alc./**14 %.

Domaine du Lys « Pénélope » 2003
VIN DE PAYS DES CÉVENNES, DOMAINE DU LYS, FRANCE
18,95 $ SAQ **S** (912105) ★★☆?☆ $$ **Modéré+**
Actuellement marqué par un boisé amitieux. Bouche presque juteuse et ample, aux tanins très serrés. Devrait bien évoluer – à preuve, le 1998, provenant de mon cellier de travail, dégusté en juin 2006, étonnait par sa fougue et sa jeunesse. **Alc./**13,5 %.

Dolcetto Fontanazza 2004
DOLCETTO D'ALBA, PODERI MARCARINI, ITALIE
19,05 $ SAQ **S** (898387) ★★☆ $$ **Modéré+**
Après un bon gros coup de carafe, il se montre frais, élégant, vif, serré et élancé. **Alc./**12,5 %.

Campomaccione 2004
MORELLINO DI SCANSANO, ROCCA DELLE MACÌE, ITALIE
19,40 $ SAQ **S** (10324607) ★★★ $$ **Corsé**
Un 2004 au nez très mûr et passablement riche, à la bouche charnue, juteuse et tannique, aux tanins enveloppés, à l'acidité fraîche, au corps ample et aux saveurs persistantes. **Alc./**13 %.

La Chair et le Fer 2004
CÔTE-DE-BROUILLY, DOMAINE JEAN-CHARLES PIVOT, FRANCE
19,40 $ SAQ **S** (486449) ★★☆ $$ **Modéré**
Très beau vin de plaisir et de texture. Nez attrayant et festif. Bouche très fraîche, aux tanins fins et à l'acidité discrète. **Alc./**12,5 %.

Quartz 2003
CHÉNAS, DOMAINE PIRON & LAFONT, FRANCE
19,45 $ SAQ **S** (10367412) ★★★?☆ $$ **Corsé**
(Voir commentaire détaillé dans l'édition 2006)

Quartz 2004
CHÉNAS, DOMAINE PIRON & LAFONT, FRANCE
19,45 $ SAQ **S** (10367412) ★★★?☆ $$ **Corsé**
Un 2004 d'une rare minéralité, subtil et raffiné comme rarement le sont les vins du Beaujolais, à la bouche ample et tendue, aux tanins fins et tissés très serrés. **Alc./**12,5 %.

Domaine de la Perrière Vieilles Vignes 2004
CHINON, CHRISTOPHE BAUDRY & JEAN-MARTIN DUTOUR, FRANCE
19,55 $ SAQ **S** (917351) ★★☆?☆ $$ **Modéré+**
Un chinon d'une extrême finesse, sur le fruit, aux tanins serrés, au corps longiligne et aux saveurs persistantes. De l'élan, du grain et des notes de craie on ne peut plus typiques de ce terroir. **Alc./**12,5 %.

Cabernet Sauvignon Fazio 2001
SICILIA, FAZIO WINES, ITALIE
19,60 $ SAQ **S** (741561) ★★★ $$ **Corsé**
Un cabernet vinifié avec soin et élevé en barriques, pour 30 % de fûts neufs, résultant en un rouge expressif, charnu et complet. **Alc./**13,5 %.

Tuffeau 2004
BOURGUEIL, CHRISTOPHE CHASLE ET HERVÉ MÉNARD, FRANCE
19,60 $ SAQ **S** (872481) ★★★ $$ **Modéré+** BIO
(Voir commentaire détaillé dans l'édition 2006)

Baron de Ley Reserva 2000
RIOJA, BARON DE LEY, ESPAGNE
19,65 $ SAQ **S** (868729) ★★☆ $$ **Modéré+**
Un reserva classique, c'est-à-dire aromatique (lard fumé, café et épices), marqué par un boisé d'origine américaine, à la bouche juteuse, ronde, fraîche et persistante. **Alc./**13 %.

Domaine des Clos des Godeaux « Les Coteaux » 2003
CHINON, BROCOURT, FRANCE
19,75 $ SAQ **S** (917427) ★★★ $$ **Modéré+**
Cette cuvée Les Coteaux 2003 représente l'archétype du chinon moderne. Un nez aromatique et raffiné, ainsi qu'une bouche à la fois débordante de saveurs et ramassée, ample et compacte. **Alc./**13 %.

Château Langoiran « Cuvée Prestige » 2001
PREMIÈRES-CÔTES-DE-BORDEAUX, NICOLAS ET FLORENCE FILOU, FRANCE
19,80 $ SAQ **S** (743591) ★★☆ $$ **Modéré** BIO
Un bordeaux sur le mode de l'élégance et de la finesse, à la texture soyeuse et aux saveurs épurées de fraise et de poivre. **Alc./**12,5 %.

Cordier Prestige 2002
BORDEAUX, CORDIER, FRANCE
19,80 $ SAQ **S*** (10499811) ★★☆ $$ **Corsé**
Un bordeaux dans la mouvance des vins du Nouveau Monde, c'est-à-dire richement coloré, intensément boisé et fruité, au corps plein, aux tanins présents, mais bien enveloppés, et aux saveurs torréfiées et confites. **Alc./**12,5 %.

Domaine de la Chanaise 2004
MORGON, DOMINIQUE PIRON, FRANCE
19,80 $ SAQ **S** (10272966) ★★★?☆ $$ **Modéré+**
Un grand cru qui a besoin d'oxygène pour livrer ses parfums subtils et précis, ainsi que pour détendre sa bouche passablement ramassée, compacte et dense. **Alc./**12,5 %.

Sous les Balloquets 2002
BROUILLY, LOUIS JADOT, FRANCE
19,80 $ SAQ **S** (515841) ★★ $$$ **Modéré+**
Un gamay nerveux, compact et serré, au profil longiligne et tendu. **Alc./**12,5 %.

Georges Dubœuf 2003
MOULIN-À-VENT, GEORGES DUBŒUF, FRANCE
19,90 $ SAQ **S** (154864) ★★★ $$ **Corsé**
Belle maturité de fruits, richesse étonnante, tanins mûrs et enveloppés dans une gangue veloutée, acidité discrète et saveurs persistantes. **Alc./**12,8 %.

Le Régal du Loup 2004
MINERVOIS, VIGNOBLE DU LOUP BLANC, FRANCE
19,90 $ SAQ **S** (10405010) ★★★ $$ **Corsé**
Deuxième millésime de l'une des cuvées de ce nouveau domaine, des propriétaires du bistro montréalais *Le Continental*. Il en résulte un 2004 plus fin et moins généreux que ne l'était le sphérique et gourmand 2003. Presque aussi bon, mais dans un style qui plaira plus aux amateurs de vins moins pulpeux et moins puissants. **Alc./**13,5 %.

Campo Ai Sassi 2003
ROSSO DI MONTALCINO, MARCHESI DE'FRESCOBALDI, ITALIE
20 $ SAQ **C** (201855) ★★★ $$ **Corsé**
Un 2003 des plus gourmands, sphérique, frais, tannique et persistant. Belle matière, étonnante ampleur et harmonie parfaite. **Alc./**13 %.

Carpineto 2003
CHIANTI CLASSICO, CASA VINICOLA CARPINETO, ITALIE
20,15 $ SAQ **C** (478891) ★★☆ $$ **Modéré**
Un 2003 d'une belle matière, avec charme, courbes sensuelles et tanins soyeux. **Alc./**13 %.

Carpineto 2004
CHIANTI CLASSICO, CASA VINICOLA CARPINETO, ITALIE
20,15 $ SAQ **C** (478891) ★★☆ $$ **Modéré+**
Un 2004 sur le fruit, au nez discret mais à la bouche fraîche et invitante, au corps modéré et à l'acidité à l'avant-plan, donc moins généreux que par le passé. **Alc./**13 %.

Château de Cazeneuve « Les Calcaires » 2004
COTEAUX-DU-LANGUEDOC PIC SAINT-LOUP, ANDRÉ LEENHARDT, FRANCE
20,15 $ SAQ **S** (881656) ★★☆?☆ $$ **Modéré**
Un 2004 moins exubérant, moins sauvage et moins joufflu que dans les précédents millésimes. Un vin plus fin, plus retenu et moins généreux, manquant actuellement d'expression. **Alc./**13,5 %.

Barbera Superiore 2003
BARBERA D'ASTI, AZIENDA AGRICOLA VILLA FIORITA, ITALIE
20,20 $ SAQ **S** (10394007) ★★★ $$ **Modéré+**
Une barbera au nez mûr, torréfié et assez riche, à la bouche éclatante, très fraîche, aux tanins soyeux et aux saveurs d'une grande allonge. **Alc./**13 %.

Les Mauguerets-La Contrie 2003
SAINT-NICOLAS-DE-BOURGUEIL, PASCAL & ALAIN LORIEUX, FRANCE
20,25 $ SAQ **S** (875280) ★★★ $$ **Corsé**
(Voir commentaire détaillé dans l'édition 2006)

Domaine Lassagne « Vieilles Vignes » 2005
SAINT-AMOUR, DOMAINE LASSAGNE, FRANCE
20,30 $ SAQ **S** (10367906) ★★★ $$ **Modéré+**
Belle réussite, offrant couleur, parfums et corps, dotée de tanins qui ont du grain, d'une belle fraîcheur et de saveurs persistantes. **Alc./**13 %.

Quinta do Crasto 2003
DOURO, QUINTA DO CRASTO, PORTUGAL
20,35 $ SAQ **S** (10486921) ★★☆?☆ $$ **Modéré+**
Ce 2003 dévoile une robe très foncée, un nez richement poivré et fruité, une bouche charnue, d'une richesse modérée, aux tanins présents, bien arrondis par un boisé parfumé. **Alc./**14 %.

Baillides 2001
CÔTES-DU-ROUSSILLON, DOMAINE PUIG-PARAHY, FRANCE
20,40 $ SAQ **S** (10507358) ★★★?☆ $$ **Corsé+**
Du fruit à revendre, des tanins qui ont du grain, de la mâche et de l'extraction, mais avec une fraîcheur inhabituelle chez ce style de vin moderne et concentré. **Alc./**14,5 %.

Mas Neuf « Compostelle » 2003
COSTIÈRES-DE-NÎMES, CHÂTEAU MAS NEUF, FRANCE
20,50 $ SAQ **S** (914325) ★★★ $$ **Corsé+**
Un languedocien moderne, richement aromatique, à la bouche juteuse, pleine, tannique et généreuse, marquée par une longue finale. **Alc./**14 %.

Château Coupe Rose Cuvée Granaxa 2003
MONTAGNY, FRANÇOISE FRISSANT-LE CALVEZ, FRANCE
20,85 $ SAQ **S** (862326) ★★★?☆ $$ **Corsé+**
(Voir commentaire détaillé dans l'édition 2006)

Réserve de la Closerie 2004
SAINT-AMOUR, COLLIN-BOURISSET, FRANCE
20,85 $ SAQ **S** (10368191) ★☆ $$ **Modéré**
Jeune, pimpant, sur le fruit, mais aussi vivace, maigre et pointu. **Alc./**12,5 %.

Château Tayac « Cuvée Réservée » 2000
CÔTES-DE-BOURG, CHÂTEAU TAYAC, FRANCE
20,90 $ SAQ **S*** (500108) ★★★☆ $$ **Corsé+**
(Voir commentaire détaillé dans l'édition 2006)

Domaine d'Aupilhac 2002
COTEAUX-DU-LANGUEDOC MONTPEYROUX, SYLVAIN FADAT, FRANCE
21,10 $ SAQ **S** (856070) ★★★☆ $$$ **Corsé** BIO
(Voir commentaire détaillé dans l'édition 2006)

Château Lamartine « Cuvée Particulière » 2002
CAHORS, GAYRAUD & FILS, FRANCE
21,15 $ SAQ **S** (862904) ★★★ $$ **Corsé**
Un 2002 presque noir, aromatique, compact, riche et profondément fruité. Éclatant en bouche, sans excès, charnu, voluptueux, aux tanins tendres et aux saveurs persistantes. **Alc./**12,5 %.

San Felice 2002
CHIANTI CLASSICO, SAN FELICE, ITALIE
21,20 $ SAQ **C** (245241) ★★☆ $$ **Modéré+**
Ce fut une belle réussite pour le difficile millésime 2002. De la couleur, du fruit, de l'expression et de l'ampleur. Un régal! **Alc./**12,5 %.

Château Fougas « Cuvée Prestige » 2003
CÔTES-DE-BOURG, JEAN-YVES BÉCHET, FRANCE
21,25 $ SAQ **S** (10392896) ★★★ $$ **Corsé**
Un bordeaux de « côtes » d'une texture soyeuse, d'un fruité pur et précis, aux tanins fins, au corps modéré et aux saveurs longues. **Alc./**12,5 %.

Château de Gaudou « Renaissance » 2001
CAHORS, DUROU & FILS, FRANCE
21,60 $ SAQ **S** (10272093) ★★★☆ $$$ **Corsé**
Ultra-coloré, profondément aromatique, à la bouche charnue, étonnamment enveloppante, aux tanins serrés et mûrs à point (voir commentaire du 2002, dans le chapitre *Vins rouges de la Vieille Europe*).

Château de Targé 2003
SAUMUR-CHAMPIGNY, CHÂTEAU DE TARGÉ, FRANCE
21,60 $ SAQ **S*** (967224) ★★☆ $$ **Modéré+**
Un rouge moyennement parfumé, au corps d'une structure tout aussi modérée, mais tout de même engageant, aux tanins un brin asséchants. **Alc./**13,5 %.

Antique Senimaros 2001
CÔTES-DU-RHÔNE-VILLAGES CAIRANNE, CAVE DE CAIRANNE, FRANCE
21,65 $ SAQ **S** (726984) ★★★ $$ **Modéré+**
Une cuvée 2001 moins engageante que ne l'était la très bonne 2000 (voir *La Sélection Chartier 2006*). Le nez se montre évanescent. La bouche suit avec plus de plaisir, sans toutefois être vraiment joufflue. **Alc./**13,5 %.

Solane « Ripasso » 2003
VALPOLICELLA CLASSICO SUPERIORE, SANTI, ITALIE
21,65 $ SAQ **S** (726687) ★★ $$$ **Modéré**
Un ripasso manquant d'expression aromatique et de corps, tout en étant velouté et agréable. **Alc./**14 %.

Les Trois P'tits C 2003
VIN DE PAYS DU VAL DE CESSE, VIGNOBLE DU LOUP BLANC, FRANCE
21,70 $ SAQ **S** (10528239) ★★★ $$ **Corsé+**
Petits rendements de vieilles vignes jusqu'à 100 ans. Il en résulte un rouge au nez ayant besoin d'oxygène pour se donner, à la bouche à la fois pleine et serrée, dense et presque gourmande. Une à deux années de bouteille devraient lui permettre de se détendre la couenne un brin. **Alc./**14,5 %.

Pinot Noir Daniel Rion 2004
BOURGOGNE, DOMAINE DANIEL RION & FILS, FRANCE
21,75 $ SAQ **S** (715094) ★★☆ $$ **Modéré**
Un 2004 au nez très épicé et fumé, assez riche et engageant, à la bouche à la fois fraîche, compacte, élancée et tannique, aux tanins fins, mais qui ont du grain, et au corps modéré, moins généreux que ne l'était le très bon 2003. **Alc./**13 %.

Conde de Valdemar Reserva 1999
RIOJA, BODEGAS VALDEMAR-MARTINEZ BUJANDA, ESPAGNE
21,85 $ SAQ **S** (882761) ★★★ $$ **Modéré+**
(Voir commentaire détaillé dans l'édition 2006)

Vieux Château Champs de Mars 2000
CÔTES-DE-CASTILLON, RÉGIS ET SÉBASTIEN MORO, FRANCE
21,90 $ SAQ **S*** (10264860) ★★★ $$ **Corsé**
(Voir commentaire détaillé dans l'édition 2006)

Coste delle Plaie Rosso 2003
MONTEPULCIANO D'ABRUZZO, PODERE CASTORANI, JARNO TRULI, ITALIE
21,95 $ SAQ **S** (10383105) ★★★ $$ **Corsé**
(Voir commentaire détaillé dans l'édition 2006)

Garnacha Tres Picos 2003
CAMPO DE BORJA, BODEGAS BORSAO, ESPAGNE
21,95 $ SAQ **S** (10362380) ★★★ $$ **Corsé**
(Voir commentaire détaillé dans l'édition 2006)

Château Grand Moulin « Terres Rouges » 2003
CORBIÈRES, JEAN-NOËL BOUSQUET, FRANCE ***(DISP. AUTOMNE 06)***
22 $ SAQ **S** (873653) ★★☆?☆ $$ **Corsé**
Ce 2003 se montre passablement riche et aromatique, aux tanins fermes et un brin secs, assez dense, mais ferme et longiligne. Il faudra suivre son évolution à son arrivée (voir commentaire du 2001 dans le chapitre *Vins rouges de la Vieille Europe*). **Alc./**13,5 %.

Château Triguedina 1999
CAHORS, BALDES ET FILS, FRANCE
22 $ SAQ **S** (746412) ★★★?☆ $$ **Corsé**
(Voir commentaire détaillé dans l'édition 2006)

Pinot Noir Maison de Dieu « Vieilles Vignes » 2003
BOURGOGNE, NICOLAS POTEL, FRANCE ***(DISP. AUTOMNE 06)***
22 $ SAQ **S** (719104) ★★★ $$ **Modéré+**
Le talentueux vinificateur Nicolas Potel propose un 2003 à la fois très frais et kirsché, vivace et plein, élancé et compact. Il se montrera assurément plus détendu dans un an ou deux. **Alc./**13 %.

Château de Pierreux 2004
BROUILLY, MOMMESSIN, FRANCE
22,05 $ SAQ **S** (10368028) ★★☆?☆ $$ **Modéré+**
Un brouilly à la fois sur le fruit rouge jeune et frais ainsi que sur une certaine austérité typique aux vins jeunes de ce cru. Les tanins sont fermes, tout en étant fins, l'acidité est fraîche et le corps modéré. **Alc./**13 %.

Château Montaiguillon 2002
MONTAGNE-SAINT-ÉMILION, CHANTAL AMART, FRANCE
22,05 $ SAQ **S*** (864249) ★★★ $$ **Corsé**
(Voir commentaire détaillé dans l'édition 2006)

Muga Reserva 2001
RIOJA, BODEGAS MUGA, ESPAGNE
22,05 $ SAQ **S*** (855007) ★★★ $$ **Corsé**
(Voir commentaire détaillé dans l'édition 2006)

Mont Tauch Prestige « T » 2003
FITOU, MONT TAUCH, FRANCE
22,10 $ SAQ **S** (872093) ★★★ $$ **Corsé**
Un sudiste très aromatique, épicé et fruité à fond, à la bouche éclatante, sans excès, plutôt harmonieuse, tannique, charnue et persistante. **Alc./**14 %.

Marques de Riscal Reserva 2000
RIOJA, HEREDEROS DEL MARQUÉS DE RISCAL, ESPAGNE
22,15 $ SAQ **S** (10270881) ★★★ $$ **Corsé+**
(Voir commentaire détaillé dans l'édition 2006)

Mas Cal Demoura « L'Infidèle » 2001
COTEAUX-DU-LANGUEDOC, JEAN-PIERRE JULIEN, FRANCE
22,20 $ SAQ **S** (973255) ★★★☆ $$$ **Corsé+**
(Voir commentaire détaillé dans l'édition 2006)

Château Les Cèdres 2002
VALLÉE DE LA BEKAA, DOMAINE WARDY, LIBAN
22,25 $ SAQ **S** (927806) ★★?★ $$ **Corsé**
Un assemblage un brin exotique et actuellement carré, ferme et longiligne. Devrait gagner en texture au cours des trois prochaines années. **Alc./**13,5 %.

Domaine Saint Antonin « Magnoux » 2003
FAUGÈRES, FRÉDÉRIC ALBARET, FRANCE
22,25 $ SAQ **S*** (10507315) ★★★?☆ $$ **Corsé+**
Un 2003 richement poivré, dense, tannique, ferme et savoureux. Actuellement un brin carré, mais possède la chair nécessaire pour gagner en courbes et en texture. **Alc./**14,5 %.

Château Laffitte-Teston « Vieilles Vignes » 2002
MADIRAN, JEAN-MARC LAFFITTE, FRANCE
22,30 $ SAQ **S** (747816) ★★★☆ $$ **Corsé+**
(Voir commentaire détaillé dans l'édition 2006)

Château Signac « Cuvée Terra Amata » 2001
CÔTES-DU-RHÔNE VILLAGES, CHÂTEAU SIGNAC, FRANCE
22,60 $ SAQ **S** (917815) ★★★☆ $$$ **Corsé** BIO
(Voir commentaire détaillé dans l'édition 2006)

La Terrasse de La Garde 2002
PESSAC-LÉOGNAN, VINS ET VIGNOBLES DOURTHE, FRANCE
22,75 $ SAQ **C** (018234) ★★★ $$ **Corsé**
(Voir commentaire détaillé dans l'édition 2006)

Château des Lumières 2003
MORGON, MAISON LOUIS JADOT, FRANCE
22,95 $ SAQ **S** (10368749) ★★★?☆ $$$ **Corsé**
(Voir commentaire détaillé dans l'édition 2006)

Moulin d'Issan 2003
BORDEAUX-SUPÉRIEUR, CHÂTEAU D'ISSAN, FRANCE
23,30 $ SAQ **S** (10388723) ★★★ $$ **Modéré+**
Élaboré par le Château d'Issan, excellente propriété de Margaux, ce 2003 se montre très coloré, parfumé à souhait, d'une certaine richesse, ample, texturée, aux tanins tendres, à l'acidité fraîche et au corps voluptueux. **Alc./**12,5 %.

La Petite Chardonne 2000
CÔTES-DE-BOURG, VIGNOBLES LOUIS MARINIER, FRANCE
23,40 $ SAQ S (919068) ★★ $$$ Modéré+
Style classique bordelais, c'est-à-dire coloré, retenu, ferme, au corps modéré. Manque un brin de matière et de profondeur. **Alc.**/12,5 %.

Mansenoble « Réserve du Château » 2002
CORBIÈRES, CHÂTEAU MANSENOBLE, FRANCE
23,50 $ SAQ S (974469) ★★★?☆ $$$ Corsé
(Voir commentaire détaillé dans l'édition 2006)

Quinta da Ponte Pedrinha 2001
DÃO, MARIA DE LOURDES MENDES OLIVA NUNES OSÓRIO, PORTUGAL
23,60 $ SAQ S (883645) ★★★ $$ Modéré+
(Voir commentaire détaillé dans l'édition 2006)

Santagostino 2002
SICILIA, CASA VINICOLA FIRRIATO, ITALIE
23,80 $ SAQ S (10327605) ★★★?☆ $$ Corsé
(Voir commentaire détaillé dans l'édition 2006)

Château Lagrezette 2002
CAHORS, ALAIN-DOMINIQUE PERRIN, FRANCE
24 $ SAQ S* (972612) ★★★☆ $$ Puissant
(Voir commentaire détaillé dans l'édition 2006)

Foradori 2002
TEROLDEGO ROTALIANO, AZIENDA AGRICOLA FORADORI, ITALIE
24 $ SAQ S (712695) ★★★ $$$ Corsé
(Voir commentaire détaillé dans l'édition 2006)

Bererdenga 2003
CHIANTI CLASSICO, FATTORIA DI FELSINA, ITALIE
24,05 $ SAQ S (898122) ★★★ $$ Corsé
Un 2003 coloré, aromatique, ample et dodu, tout en étant charnu et tannique, avec un certain corps et une bonne persistance. **Alc.**/13,5 %.

Domaine Gallety 2001
CÔTES-DU-VIVARAIS, ALAIN GALLETY, FRANCE
24,20 $ SAQ S (918615) ★★★?☆ $$$ Corsé BIO
(Voir commentaire détaillé dans l'édition 2006)

Domaine de la Butte « Le Haut de la Butte » 2003
BOURGUEIL, JACKY BLOT, FRANCE
NOUVEAUTÉ!
24,40 $ SAQ S (10516967) ★★★ $$ Corsé
Belle nouveauté, au nez enchanteur, on ne peut plus classique, exhalant de riches effluves de craie, à la bouche expressive, d'une bonne ampleur, aux tanins très fins, mais aussi avec un grain bien présent. **Alc.**/13 %.

La Tota 2003
BARBERA D'ASTI, MARCHESI ALFIERI, ITALIE
24,55 $ SAQ S* (978692) ★★★ $$$ Corsé
(Voir commentaire détaillé dans l'édition 2006)

Oda 2002
COSTERS DEL SEGRE, CASTELL DEL REMEI, ESPAGNE
24,55 $ SAQ S (899013) ★★★ $$ Corsé
(Voir commentaire détaillé dans l'édition 2006)

Château Pesquié « Quintessence » 2003
CÔTES-DU-VENTOUX, CHÂTEAU PESQUIÉ, FRANCE
24,80 $ SAQ S (969303) ★★★?☆ $$ Corsé+
Un 2003 qui se présente comme une belle syrah poivrée et fumée à souhait, sans boisé apparent, à la bouche charnue, dense et ramassée, aux tanins tissés très serrés, marqués par l'élevage en barriques, aux saveurs longues et précises. **Alc.**/14 %.

Côte de Py « Monternot » 2003
MORGON, MOMMESSIN, FRANCE
24,80 $ SAQ **S** (10407832) ★★★☆ **$$** **Corsé**
(Voir commentaire détaillé dans l'édition 2006)

Terre d'Argile 2002
CÔTES-DU-RHÔNE VILLAGES, DOMAINE DE LA JANASSE, FRANCE
24,85 $ SAQ **S** (873661) ★★★?☆ **$$$** **Corsé**
(Voir commentaire détaillé dans l'édition 2006)

Copa Santa 2002
COTEAUX-DU-LANGUEDOC, DOMAINE CLAVEL, FRANCE
25 $ SAQ **S** (10282857) ★★★☆ **$$$** **Corsé**
(Voir commentaire détaillé dans l'édition 2006)

Altano Reserva 2001
DOURO, SYMINGTON FAMILY ESTATES, PORTUGAL
25,05 $ SAQ **S** (10370814) ★★★?☆ **$$$** **Corsé**
Un rouge coloré, au nez passablement riche et détaillé, sans boisé dominant, marqué par des notes de fruits rouges et noirs, à la bouche généreuse, ample et charnue, aux tanins serrés, mais équilibrés par un moelleux assez soutenu. **Alc./**14 %.

Casanova di Neri 2003
ROSSO DI MONTALCINO, CASANOVA DI NERI, ITALIE
25,30 $ SAQ **S** (10335226) ★★★?☆ **$$$** **Corsé**
Un 2003 d'un fruité d'une très belle précision, parfumé et invitant à souhait, au corps charnu et plein, assez détendu, mais aussi tannique et profond. **Alc./**14,5 %.

Domaine Saint-André de Figuière « Vieilles Vignes » 2004
CÔTES-DE-PROVENCE, SAINT-ANDRÉ DE FIGUIÈRE, FRANCE
25,75 $ SAQ **S** (894659) ★★★ **$$** **Corsé** BIO
(Voir commentaire détaillé dans l'édition 2006)

Capitelle de Centeilles 1999
MINERVOIS, P. BOYER-DOMERGUE, FRANCE
25,80 $ SAQ **S** (10328051) ★★★☆ **$$$** **Corsé**
(Voir commentaire détaillé dans l'édition 2006)

Riecine 2002
CHIANTI CLASSICO, RIECINE, ITALIE
25,85 $ SAQ **S** (134833) ★★★ **$$$** **Modéré+**
Un 2002 d'une belle élégance, au fruité épuré, de richesse moyenne, aux tanins soyeux, au corps voluptueux et aux saveurs longues. **Alc./**13,5 %.

Château des Jacques 2002
MOULIN-À-VENT, DOMAINE LOUIS JADOT, FRANCE
25,95 $ SAQ **S** (507970) ★★★?☆ **$$$** **Corsé**
Parmi les références de l'appellation, ce 2002 se montre charmeur et engageant au possible, avec des parfums subtils et riches, ainsi qu'avec une bouche fraîche, élancée et longiligne. Évoluera en beauté. **Alc./**13 %.

Château Reynon 2002
PREMIÈRES-CÔTES-DE-BORDEAUX, DENIS ET FLORENCE DUBOURDIEU, FRANCE
26,30 $ SAQ **S** (941187) ★★★☆ **$$$** **Corsé**
(Voir commentaire détaillé dans l'édition 2006)

Il Bruciato 2002
BOLGHERI, TENUTA GUADO AL TASSO, ITALIE
26,35 $ SAQ **S** (10468141) ★★★☆ **$$$** **Corsé+**
(Voir commentaire détaillé dans l'édition 2006)

Monternot « 3 Terroirs » 2004
SAINT-AMOUR, MOMMESSIN, FRANCE
26,35 $ SAQ **S** (10368327) ★★☆ **$$$** **Modéré**
Ce cru se montre franchement moins convaincant en 2004 qu'en 2003, mais tout de même d'une certaine élégance, aux tanins très fins, manquant légèrement de chair autour de l'os. **Alc./**13 %.

Monternot « 6 Terroirs » 2003
SAINT-AMOUR, MOMMESSIN, FRANCE
26,35 $ SAQ **S** (10368327) ★★★ $$$ **Modéré+**
(Voir commentaire détaillé dans l'édition 2006)

Château de Rully 2002
RULLY, A. RODET, FRANCE
26,40 $ SAQ **S** (703892) ★★★☆ $$$ **Modéré+**
(Voir commentaire détaillé dans l'édition 2006)

Château de Rully 2003
RULLY, A. RODET, FRANCE
26,40 $ SAQ **S** (703892) ★★★☆ $$$ **Modéré+**
Un pinot noir 2003 actuellement sur sa réserve, mais qui semble passablement riche, enveloppant et texturé. À suivre dans six mois à un an. **Alc./**13 %.

Le Volte 2003
TOSCANA, TENUTA DELL'ORNELLAIA, ITALIE
26,45 $ SAQ **S** (878322) ★★★?☆ $$$ **Corsé**
(Voir commentaire détaillé dans l'édition 2006)

Castello di Pomino 2001
POMINO ROSSO, MARCHESI DE'FRESCOBALDI, ITALIE
26,65 $ SAQ **S** (729608) ★☆ $$$ **Corsé**
Un pinot noir toscan d'une belle maturité de fruit, mais aux tanins asséchants, un brin trop fermes, manquant de chair et de relief pour équilibrer l'ensemble. **Alc./**13 %.

Château de Parenchère « Cuvée Raphaël » 2002
BORDEAUX-SUPÉRIEUR, CHÂTEAU DE PARENCHÈRE, FRANCE
26,95 $ SAQ **S** (975631) ★★★☆ $$$ **Corsé**
(Voir commentaire détaillé dans l'édition 2006)

Vigneti Le Sassine « Ripasso » 2000
VALPOLICELLA CLASSICO SUPERIORE, LE RAGOSE, ITALIE
27 $ SAQ **S** (860569) ★★★ $$$ **Modéré+**
(Voir commentaire détaillé dans l'édition 2006)

Liano 2003
RUBICONE, UMBERTO CESARI, ITALIE
27,20 $ SAQ **S*** (927707) ★★☆?☆ $$$ **Corsé+**
Il se montrait un brin discret au nez en juillet 2006, mais passablement gourmand en bouche. Le boisé est beaucoup moins appuyé que par le passé, tout comme l'extraction. Il présente aussi moins de chair. Les tanins sont légèrement asséchants, situant ce cru un cran en dessous des millésimes précédents. **Alc./**13,5 %.

Vega Real « Crianza » 2001
RIBERA DEL DUERO, BODEGAS Y VIÑEDOS VEGA REAL, ESPAGNE
27,50 $ SAQ **S** (10357151) ★★★ $$$ **Modéré+**
Une autre réussite provenant de l'Eldorado espagnol. De la couleur, du fruit (fraise, framboise), sans trop de maturité, un boisé plus que discret, une bouche passablement détendue, aux tanins fins, à l'acidité fraîche, au corps modéré et aux saveurs longues. **Alc./**13,5 %.

Château Larose-Trintaudon 2002
HAUT-MÉDOC, CHÂTEAU LAROSE-TRINTAUDON, FRANCE
27,55 $ SAQ **S*** (700633) ★★★?☆ $$$ **Corsé**
Grand classique, Trintaudon a beau être archiconnu au Québec, ce n'est pas une raison pour l'ignorer, surtout quand il est réussi comme en 2002. Fruité des plus engageants, tanins civilisés, corps ample et texturé, acidité discrète et saveurs persistantes. **Alc./**13 %.

Louis Latour Côte-de-Beaune-Villages 2002
CÔTE-DE-BEAUNE VILLAGES, LOUIS LATOUR, FRANCE
27,65 $ SAQ **C** (10376520) ★★★ $$$ **Modéré+**
Très beau pinot, tout en fruit et en fraîcheur, aux tanins fins mais présents, aux saveurs passablement relevées et persistantes. **Alc./**13 %.

Château de Cazeneuve « Le Roc des Mates » 2003
COTEAUX-DU-LANGUEDOC PIC SAINT-LOUP, ANDRÉ LEENHARDT, FRANCE
27,70 $ SAQ S (881193) ★★★☆ $$$ Corsé
Avec ce 2003, la cuvée Le Roc des Mattes est à nouveau une solide syrah languedocienne, d'une forte coloration, d'un nez richement parfumé, et d'une bouche pulpeuse, pleine, sphérique et giboyeuse. **Alc./**13,5 %.

Palazzo della Torre 2001
VERONESE, ALLEGRINI, ITALIE
27,75 $ SAQ S (907477) ★★★?☆ $$$ Corsé
Nez résineux et concentré. Bouche pulpeuse, généreuse et enveloppante, mais non dénuée de fraîcheur et de tonus. **Alc./**13,5 %.

Clos de l'Écho 1998
CHINON, COULY-DUTHEIL, FRANCE
28,15 $ SAQ S (710418) ★★★?☆ $$$ Corsé BIO
(Voir commentaire détaillé dans l'édition 2006)

Château Loudenne 2000
MÉDOC, DOMAINES LAFRAGETTE, FRANCE
28,25 $ SAQ S (00102210) ★★★☆ $$$ Corsé
Un médocain moderne, coloré, richement aromatique, au boisé présent mais bien dosé, au corps à la fois large et élancé, aux tanins fins et tissés serrés, sans trop, aux saveurs classiques de mine de crayon. Long, complet, séduisant, réussi avec brio et offert à un prix plus qu'abordable. **Alc./**13 %.

Réserve Spéciale Barons de Rothschild 2003
PAUILLAC, LES DOMAINES BARONS DE ROTHSCHILD (LAFITE), FRANCE
28,25 $ SAQ S (869651) ★★★ $$$ Corsé
Avec une baisse de prix de quatre dollars, ce pauillac est plus que jamais une référence médocaine. Nez à la fois d'une belle maturité et d'une surprenante élégance. Bouche d'une texture compacte, aux tanins tissés serrés, avec du grain. Sera plus détendue dans deux à trois ans. **Alc./**12,4 %.

Rocca delle Macìe Riserva 2001
CHIANTI CLASSICO, ROCCA DELLE MACÌE, ITALIE
28,40 $ SAQ S (10324543) ★★★ $$$ Corsé
(Voir commentaire détaillé dans l'édition 2006)

Château de Chamirey 2003
MERCUREY, MARQUIS DE JOUENNES D'HERVILLE, FRANCE
28,95 $ SAQ S* (962589) ★★★☆ $$$ Corsé
(Voir commentaire détaillé dans l'édition 2006)

Jaen « Quinta das Maias » 2000
DÃO, SOCIEDADE AGRICOLA FALDAS DA SERRA, PORTUGAL
29,05 $ SAQ S (894139) ★★★☆ $$$ Corsé
(Voir commentaire détaillé dans l'édition 2006)

Château Rollan de By 2002
MÉDOC, JEAN GUYON, FRANCE
29,75 $ SAQ S (10223048) ★★★☆?☆ $$$ Corsé+
(Voir commentaire détaillé dans l'édition 2006)

Marqués de Cáceres Reserva 1996
RIOJA, BODEGAS MARQUÉS DE CÁCERES, ESPAGNE
29,75 $ SAQ S* (897983) ★★★☆ $$$ Corsé
(Voir commentaire détaillé dans l'édition 2006)

Coudoulet de Beaucastel 2003
CÔTES-DU-RHÔNE, VIGNOBLES PIERRE PERRIN, FRANCE
29,85 $ SAQ S* (973222) ★★★?☆ $$$ Corsé+ BIO
Nez retenu, semble marqué par des notes de musc, rappelant la présence du mourvèdre. Bouche presque sphérique, large, généreuse, prenante, mais avec une fraîcheur et une finesse rarissimes dans ce millésime caniculaire. La finale est passablement solide et tannique, signalant que quelques années de bouteilles seraient souhaitables pour atteindre l'harmonie d'ensemble. **Alc./**13,5 %.

Guigal Gigondas 2001
GIGONDAS, E. GUIGAL, FRANCE
29,90 $ SAQ **S*** (334615) ★★★☆ **$$$** **Corsé+**
(Voir commentaire détaillé dans l'édition 2006)

San Leonino Riserva 2001
CHIANTI CLASSICO, TENIMENTI ANGELINI, ITALIE
29,90 $ SAQ **S** (10533492) ★★★☆ **$$$** **Corsé**
Excellent Riserva 2001, au nez très aromatique, passablement riche, séveux et balsamique, à la bouche fraîche et ramassée, aux tanins fins, plutôt classique et longiligne que volumineuse et généreuse. **Alc./**13,5 %.

Château Le Castelot 2002
SAINT-ÉMILION GRAND CRU, J. JANOUEIX, FRANCE
30,50 $ SAQ **S** (967356) ★★★☆ **$$$** **Corsé**
Très belle réussite en 2002. Nez torréfié et passablement soutenu, bouche charnue, presque dodue, aux tanins qui ont du grain, et aux saveurs expressives. **Alc./**12,5 %.

Fontanafredda Barolo 2000
BAROLO, FONTANAFREDDA, ITALIE
30,75 $ SAQ **C** (020214) ★★★ **$$$** **Corsé**
(Voir commentaire détaillé dans l'édition 2006)

Le Pied du Clou 2004
GIVRY, DOMAINE FRANÇOIS LUMPP, FRANCE
31 $ SAQ **S** (10219962) ★★★☆ **$$$** **Corsé**
Nez compact et minéral, semble passablement riche, bouche presque dense, fraîche, tannique et tout en chair. Un pinot moderne, qui offre du plaisir à boire. **Alc./**13 %.

Les Favières 2002
MARSANNAY, DOMAINE FOUGERAY DE BEAUCLAIR, FRANCE
31,75 $ SAQ **S** (736314) ★★★?☆ **$$$** **Modéré+**
Actuellement sur une certaine réserve, ce marsannay, d'une invitante subtilité, est riche de promesses, avec un fruité épuré et très frais, ainsi qu'avec des tanins mûrs et soyeux. **Alc./**13 %.

Les Vaudenelles 2001
MARSANNAY, DOMAINE BRUNO CLAIR, FRANCE
31,75 $ SAQ **S** (925644) ★★★☆ **$$$** **Modéré+**
(Voir commentaire détaillé dans l'édition 2006)

Solanes 2002
PRIORAT, CIMS DE PORRERA, ESPAGNE
31,75 $ SAQ **S** (10358604) ★★★ **$$$** **Modéré+**
Aromatique à souhait, bouche à la fois suave et dense, au corps voluptueux et aux saveurs persistantes. Un priorat de charme, déjà très agréable. **Alc./**13,5 %.

Berthaut Fixin 2003
FIXIN, VINCENT ET DENIS BERTHAUT, FRANCE
32 $ SAQ **S*** (880500) ★★★☆?☆ **$$** **Corsé+**
Un fixin classique, c'est-à-dire très expressif, richement épicé, aux tanins fermes et tissés serrés, lui donnant un profil un brin carré, au corps compact et dense, et aux saveurs persistantes. **Alc./**13 %.

Gourt de Mautens « Rasteau » 2002
CÔTES-DU-RHÔNE VILLAGES, DOMAINE GOURT DE MAUTENS, FRANCE
32,25 $ SAQ **S** (10454031) ★★?★ **$$$** **Corsé**
Nez ayant besoin d'oxygène. Semble riche, mais moins profond que par le passé. Bouche compacte, difficile à cerner actuellement. Manque d'éclat et désassemblé. À suivre. **Alc./**14 %.

Bertrand Ambroise Côtes-de-Nuits Villages 2004
CÔTES-DE-NUITS VILLAGES, DOMAINE BERTRAND AMBROISE, FRANCE
32,75 $ SAQ **S** (918987) ★★★?☆ **$$$** **Modéré+**
Un 2004 moins boisé que par le passé, plus compact, aux tanins fermes, aux saveurs expressives et au corps modéré. Du beau bourgogne. **Alc./**13 %.

Fa 206 Mas Igneus 2001
PRIORAT, MAS IGNEUS, ESPAGNE
32,75 $ SAQ **S** (10358671) ★★★☆?☆ **$$$** **Corsé+** BIO
Une aubaine en matière de priorat. Un vin passablement extrait, au fruité très mûr et au boisé engageant, à la bouche sphérique, au style résolument moderne. **Alc./**14 %.

Clos de la Dioterie 2004
CHINON, DOMAINE CHARLES JOGUET, FRANCE
33 $ SAQ **S** (854505) ★★★★ **$$$** **Corsé+**
Vieilles vignes du domaine, ce clos est devenu au fil du temps un vin mythique. Après quelques millésimes en dessous de sa valeur réelle, le voici de retour au sommet avec un 2004 à la fois pur et profond, raffiné et intense, harmonieux et dense, aux tanins d'une finesse extrême. Un vin qui se donnera pleinement à partir de 2010-2012. **Alc./**12,5 %.

Cum Laude 2002
SANT'ANTIMO, CASTELLO BANFI, ITALIE
33,25 $ SAQ **S** (701938) ★★★ **$$$** **Corsé**
Un toscan structuré et concentré, mais un brin ferme et sec, sans la chair des grandes années. **Alc./**13 %.

Doudet Naudin Mercurey 2003
MERCUREY, DOUDET-NAUDIN, FRANCE
33,25 $ SAQ **S** (10273053) ★★★ **$$$** **Modéré+**
Très beau 2003, sans être transcendant, au nez discret mais à la bouche ample et soyeuse, au corps modéré et aux saveurs épicées à souhait. **Alc./**13 %.

Conde de Valdemar Gran Reserva 1996
RIOJA, BODEGAS VALDEMAR, ESPAGNE
33,50 $ SAQ **S** (325084) ★★★☆ **$$$** **Corsé**
(Voir commentaire détaillé dans l'édition 2006)

Conde de Valdemar Gran Reserva 1997
RIOJA, BODEGAS VALDEMAR, ESPAGNE
33,50 $ SAQ **S** (325084) ★★★?☆ **$$$** **Corsé**
Un 1997 au nez d'une belle évolution, tout en demeurant dense et compact, à la bouche pleine et fraîche, mais étonnamment élancée et longiligne pour un gran reserva. **Alc./**13,5 %.

Emilio Moro 2003
RIBERA DEL DUERO, BODEGAS EMILIO MORO, ESPAGNE
33,50 $ SAQ **S** (10510021) ★★★☆?☆ **$$$$** **Corsé+**
Emilio Moro, désormais parmi l'élite des grands vins d'Europe (voir commentaire de son remarquable Malleolus), présente un rouge très riche et fruité à souhait, au boisé noble et intégré, à la bouche dense et compacte, d'une belle fraîcheur, aux tanins serrés et enveloppés par une gangue moelleuse. **Alc./**14,5 %.

Azelia « Vigneto Punta » 2001
BARBERA D'ALBA, AZIENDA AGRICOLA AZELIA LUIGI SCAVINO, ITALIE
34 $ SAQ **S** (10386470) ★★★★ **$$$$** **Corsé+**
Une barbera presque noire et opaque, au nez boisé, d'un remarquable fruité et d'une grande de profondeur pour ce cépage. La bouche suit avec éclat, fraîcheur, largeur, longueur et distinction. **Alc./**14 %.

Quinta dos Roques Reserva 2000
DÃO, QUINTA DOS ROQUES, PORTUGAL
34 $ SAQ **S** (894121) ★★★☆ **$$$** **Corsé**
(Voir commentaire détaillé dans l'édition 2006)

Carpineto Vino Nobile Riserva 2000
VINO NOBILE DI MONTEPULCIANO, CASA VINICOLA CARPINETO, ITALIE
34,25 $ SAQ **S*** (10319912) ★★★☆ **$$$** **Corsé**
Ce 2000 se montre actuellement sur une certaine retenue, tout en étant riche de promesses, sans toutefois posséder la complexité et la densité du 1999. **Alc./**13,5 %.

Santa Cecilia Planeta 2003
SICILIA, PLANETA, ITALIE
34,50 $ SAQ **S*** (705947) ★★★☆ **$$$** **Corsé+**
Couleur profonde, nez subtil, tout en étant profondément riche, bouche généreuse, pleine et sphérique, aux tanins racés et à l'acidité très fraîche, au corps voluptueux et dense, aux saveurs d'une grande allonge. Le boisé est remarquablement intégré au cœur du vin. Un modèle d'équilibre pour le noble cépage sicilien qu'est le nero d'avola. **Alc./**14,5 %.

Clos Barraults 2000
MERCUREY 1ER CRU, DOMAINE MICHEL JUILLOT, FRANCE
35 $ SAQ **S** (917237) ★★★?☆ **$$$** **Corsé+**
Un pinot difficile d'accès, droit, très serré, élancé, ferme et presque agressif. Prix revu à la baisse de 46 $ à 35 $. À suivre. **Alc./**12,5 %.

Podere Castorani 2001
MONTEPULCIANO D'ABRUZZO, PODERE CASTORANI, JARNO TRULI, ITALIE
35,25 $ SAQ **S** (10383113) ★★★☆?☆ **$$$$** **Corsé+**
(Voir commentaire détaillé dans l'édition 2006)

Le Grand Rouge de Revelette 2001
COTEAUX D'AIX-EN-PROVENCE, PETER FISCHER, FRANCE
35,75 $ SAQ **S** (10259745) ★★★☆?☆ **$$$** **Corsé+** BIO
(Voir commentaire détaillé dans l'édition 2006)

Merlot Planeta 2003
SICILIA, PLANETA, ITALIE
35,75 $ SAQ **S** (705962) ★★★ **$$$** **Puissant**
Du très gros merlot, au nez séveux, à la bouche capiteuse, aux saveurs balsamiques, aux tanins enveloppés mais bien présents, terminant sur une longue finale cacaotée. Pour ceux qui aiment les vins qui en mettent plein la « gueule ». **Alc./**15 %.

Syrah Planeta 2003
SICILIA, PLANETA, ITALIE
35,75 $ SAQ **S*** (747097) ★★★☆ **$$$** **Puissant**
Une syrah italienne de style Nouveau Monde, c'est-à-dire profondément aromatique, au fruité confituré, sans excès, au boisé torréfié, sans être dominant, à la bouche pleine, généreuse et explosive, débordante de saveurs et de fraîcheur. **Alc./**14,5 %.

Château Clarke 1999
LISTRAC-MÉDOC, BARONS EDMOND & BENJAMIN DE ROSTHCHILD, FRANCE
36 $ SAQ **S*** (480095) ★★★☆ **$$$** **Corsé+**
(Voir commentaire détaillé dans l'édition 2006)

Crausot 2004
GIVRY 1ER CRU, DOMAINE FRANÇOIS LUMPP, FRANCE
36,25 $ SAQ **S** (880450) ★★★☆ **$$$** **Corsé**
Ce premier cru de Lumpp, maître ès givry, pinote à fond, c'est-à-dire exprime des notes aromatiques de pinot noir, un brin mûres. La bouche suit avec droiture, fraîcheur, compacité et trame très serrée. **Alc./**13 %.

Les Terrasses 2002
PRIORAT, ÁLVARO PALACIOS, ESPAGNE
36,25 $ SAQ **S** (10253618) ★★★★?☆ **$$$$** **Corsé+** BIO
(Voir commentaire détaillé dans l'édition 2006)

Guigal Côtes-du-Rhône « rouge » 2003
CÔTES-DU-RHÔNE, E. GUIGAL, FRANCE
36,75 $ SAQ **S** (10449178) ★★★ $$ **Corsé**
Salué, en format 750 ml, dans l'édition précédente de ce guide, ce 2003, offert en magnum, est toujours aussi sur le fruit et les épices, aux tanins enveloppés et mûrs. **Alc./**13 %.

Château Les Graves de Cantereau
POMEROL, VINS BEL, FRANCE
37 $ SAQ **S** (875492) ★★★☆ $$$$ **Corsé**
Élaboré par les frères Bel, du Château Cap de Merle. Il en résulte un pomerol des plus charmeurs, ample, velouté, joufflu et engageant, sans être très profond, mais tout de même long. Rien à voir avec les grandes pointures de l'appellation, mais au prix demandé... **Alc./**12,5 %.

Château Vannières 2003
BANDOL, COLETTE ET ÉRIC BOISSEAUX, FRANCE
37 $ SAQ **S** (855189) ★★★?★ $$$$ **Corsé+**
Un 2003 au nez retenu, mais d'une grande distinction, à la bouche carrée, ferme et difficile d'accès actuellement. À suivre. **Alc./**13,5 %.

Creso 2000
CABERNET SAUVIGNON DELLE VENEZIE, BOLLA, ITALIE
37 $ SAQ **S** (962175) ★★★☆ $$$$ **Corsé**
Un cabernet moderne, passablement riche et soutenu, au boisé marqué, à la bouche veloutée et texturée, aux tanins presque ronds, aux saveurs longues et juteuses. **Alc./**13,5 %.

Riserva di Fizzano 2001
CHIANTI CLASSICO, ROCCA DELLE MACÌE, ITALIE
37 $ SAQ **S** (10324746) ★★★☆ $$$$ **Corsé**
(Voir commentaire détaillé dans l'édition 2006)

Prado Rey Reserva 2001
RIBERA DEL DUERO, REAL SITIO DE VENTOSILLA, ESPAGNE
37,75 $ (10463797) ★★★ $$$$ **Corsé**
Vous aimez les rouges au boisé chocolaté et torréfié, à la bouche joufflue et généreuse, aux courbes sensuelles et aux saveurs exubérantes? **Alc./**14,5 %.

La Marginale 2003
SAUMUR-CHAMPIGNY, THIERRY GERMAIN, DOMAINE DES ROCHES NEUVES, FRANCE
NOUVEAUTÉ!
38 $ SAQ **S** (10514304) ★★★?☆ $$ **Corsé+**
Thierry Germain fait partie de la nouvelle garde, pour ne pas dire de l'élite moderne de la Loire. Sa cuvée La Marginale exprime haut et fort sa quête qualitative. Donc, un rouge ultra-coloré, au nez à la fois richement aromatique et profondément fruité, à la bouche charnue, tannique et dense. **Alc./**13 %.

Propriedad H. Remondo 2001
RIOJA, BODEGAS PALACIOS REMONDO, ESPAGNE
38,25 $ SAQ **SS** (10256131) ★★★★ $$$$ **Corsé+** BIO
(Voir commentaire détaillé dans l'édition 2006)

Savigny Rodet 2002
SAVIGNY-LES-BEAUNE, ANTONIN RODET, FRANCE
38,50 $ SAQ **S** (10376386) ★★★☆ $$$ **Corsé**
La fraîche expression du pinot bourguignon à son meilleur. Tanins fins et tricotés serrés, acidité minérale rafraîchissante et saveurs aériennes. **Alc./**13 %.

Cornas 2002
CORNAS, RENÉ BALTHAZAR, FRANCE
38,75 $ SAQ **S** (480277) ★★★★ $$$$ **Corsé**
(Voir commentaire détaillé dans l'édition 2006)

Quinta da Leda 2000
DOURO, CASA FERREIRINHA, A.A. FERREIRA, PORTUGAL
39,25 $ SAQ **S** (10273213) ★★★☆?☆ $$$$ **Corsé+**
(Voir commentaire détaillé dans l'édition 2006)

Château Maucaillou 2002
MOULIS, CHÂTEAU MAUCAILLOU, FRANCE
39,75 $ SAQ **C** (043091) ★★★☆ $$$$ **Corsé**
Un 2002 coloré et d'une richesse étonnante, à la bouche joufflue, voluptueuse et sensuelle, aux tanins tendres, mais tissés serrés, d'un bon volume. **Alc./**13 %.

Srü 2003
ROERO, MONCHIERO CARBONE, ITALIE
39,75 $ SAQ **S** (10253896) ★★★☆?☆ $$$$ **Corsé+**
Ce 2003 est passablement plein, compact, dense, tannique, harmonieux et d'une grande allonge. Déjà bon, il se complexifiera grandement d'ici 10 ans. **Alc./**14 %.

Clos La Gaffelière 2001
SAINT-ÉMILION GRAND CRU, COMTE DE MALET ROQUEFORT, FRANCE
40,75 $ SAQ **S** (900142) ★★★☆ $$$$ **Modéré+**
Très beau vin au profil raffiné, aux tanins qui ont du grain, au corps élancé et compact, aux saveurs subtiles et persistantes. Se révélera vers 2009. **Alc./**12,5 %.

La Gloire de Mon Père Clos Bagatelle 2002
SAINT-CHINIAN, CLOS BAGATELLE, H. SIMON, FRANCE
40,75 $ SAQ **S** (10259796) ★★★☆ $$$$ **Corsé**
Dispendieuse cuvée haute couture, au toucher sensuel, au nez de garrigue, ainsi qu'au fruité mûr et concentré, à la bouche sphérique et veloutée. **Alc./**13 %.

Château Lamartine « Cuvée Expression » 2000
CAHORS, GAYRAUD & FILS, FRANCE
41,25 $ SAQ **S** (854661) ★★★★ $$$$ **Corsé+**
Voir commentaire détaillé dans l'édition 2006)

Le Clou d'Orge 2002
LADOIX 1ER CRU, DOMAINE CHEVALIER, FRANCE
41,75 $ SAQ **S** (728824) ★★★ $$$$ **Modéré**
Un premier cru tout en fruit, en fraîcheur, en élégance, donc un pinot digeste de plaisirs purs. **Alc./**13 %.

Barbera « Vigna Gattere » Mauro Molino 2001
BARBERA D'ALBA, AZIENDA AGRICOLA MAURO MOLINO, ITALIE
43 $ SAQ **S** (10386445) ★★★★ $$$$ **Modéré+**
(Voir commentaire détaillé dans l'édition 2006)

Brancaia 2001
CHIANTI CLASSICO, PODERE LA BRANCAIA, ITALIE
43 $ SAQ **S** (10256368) ★★★★ $$$$ **Corsé**
(Voir commentaire détaillé dans l'édition 2006)

Primamateria 2003
TOSCANA, FATTORIA POGGERINO DI PIERO E BENEDETTA LANZA, ITALIE
43 $ SAQ **S** (741280) ★★★☆?☆ $$$$ **Corsé+**
De l'une des meilleures *fattoria* toscanes, ce 2003 se montre d'un équilibre unique, malgré sa richesse, sa concentration et son expansion. Le nez exhale une superbe retenue dans ce contexte de surmaturité et d'expression. **Alc./**14,5 %.

Rosso del Conte 2002
CONTEA DI SCALFANI, TASCA D'ALMERITA, ITALIE
43 $ SAQ **S** (741124) ★★★☆?☆ $$$$ **Corsé+**
Robe noire. Nez très riche, profond, racé et concentré (cassis, mûre, violette, café, chêne). Boisé noblement intégré. Bouche pleine, compacte, large et tendue, aux tanins serrés, d'une maturité parfaite, au corps voluptueux, à l'acidité fraîche et aux saveurs d'une grande allonge.

Il faut dire que le Rosso del Conte, à base du noble nero d'avola, est depuis le début des années 1990 le parrain des grandes pointures siciliennes. **Alc./**13,5 %.

Riserva Ducale Oro 2001
CHIANTI CLASSICO, RUFFINO, ITALIE
44,50 $ SAQ **S** (10254063) ★★★☆?☆ $$$$ **Corsé**
Un 2001 actuellement difficile d'accès, comme pris dans un bloc. La bouche est ramassée, racée et élancée, avec une grande complexité de saveurs à l'arrière-scène. Ira loin. **Alc./**13,5 %.

Château Phélan Ségur 2002
SAINT-ESTÈPHE, X. GARDINIER & FILS, FRANCE
45 $ SAQ **S** (10257475) ★★★☆?☆ $$$$ **Corsé+**
Nez engageant, compact et d'une belle définition, tout en étant actuellement retenu. Bouche dense, élancée, fraîche, aux tanins fins et au corps relevé, sans être puissant. **Alc./**13 %.

Pago de Los Capellanes « Crianza » 2002
RIBERA DEL DUERO, PAGO DE LOS CAPELLANES, ESPAGNE
45,25 $ SAQ **SS** (10449160) ★★★★ $$$$ **Corsé+**
Superbe rouge espagnol, au nez profond et très frais, à la bouche dense, tannique, ramassée, expansive et sans boisé apparent. Du fruit à revendre, mais avec distinction et raffinement, dans un ensemble élancé au style médocain. **Alc./**13,5 %.

Controbbasso 1999
BAROLO, CANTINA BAVA, ITALIE
47 $ SAQ **S** (521567) ★★★★ $$$$ **Corsé**
Engageant au possible, à la fois volumineux et longiligne, avec du coffre, de solides tanins tissés très serrés et de la complexité (prune, bois de santal, rose). S'ouvre beaucoup à l'oxygénation. **Alc./**13,5 %.

Cornas 2001
CORNAS, ERIC ET JOËL DURAND, FRANCE
47 $ SAQ **S** (10272798) ★★★☆?☆ $$$$ **Corsé**
(Voir commentaire détaillé dans l'édition 2006)

Les Marconnets 2001
SAVIGNY-LES-BEAUNE 1ER CRU, DOMAINE DE LA VOUGERAIE, FRANCE
47 $ SAQ **S** (728311) ★★★☆?☆ $$$$ **Modéré+** BIO
(Voir commentaire détaillé dans l'édition 2006)

Prado Enea Gran Reserva 1996
RIOJA, BODEGAS MUGA, ESPAGNE
47,25 $ SAQ **S** (10268449) ★★★★ $$$$ **Corsé+**
Une grande pointure de la Rioja, d'une maturité unique, au nez pénétrant et puissamment aromatique, exhalant des notes balsamiques, à la bouche juteuse, pleine, charnue, intense et d'une fraîcheur unique. **Alc./**13,5 %.

Arzuaga Reserva 1999
RIBERA DEL DUERO, BODEGAS ARZUAGA NAVARRO, ESPAGNE
47,50 $ SAQ **S** (902841) ★★★★ $$$$ **Corsé**
(Voir commentaire détaillé dans l'édition 2006)

Poggerino « Bugialla Riserva » 2000
CHIANTI CLASSICO, FATTORIA POGGERINO, ITALIE
47,75 $ SAQ **S** (898163) ★★★☆?☆ $$$$ **Corsé**
Une cuvée moderne, passablement extraite, richement aromatique, boisée et dense. Le fruité est très beau et concentré. Les tanins sont assez mûrs et bien travaillés. **Alc./**13,5 %.

Le Macchiole 2000
TOSCANA, AZIENDA AGRICOLA LE MACCHIOLE, ITALIE
48,50 $ SAQ **SS** (739458) ★★★☆?☆ $$$$ **Corsé+**
Un assemblage de sangiovese et de cabernet sauvignon fortement extrait, très riche, boisé, mûr, plantureux, très tannique et tout en chair. Ira loin. **Alc./**13 %.

Château Lilian Ladouys 1996
SAINT-ESTÈPHE, CHÂTEAU LILIAN LADOUYS, FRANCE
48,75 $ SAQ **S** (10333327) ★★★☆ $$$$ **Corsé**
Nez très ouvert, à la fois très fin et mûr. Bouche tannique, aux tanins réglissés, d'un bon volume, longue et presque dodue, mais avec une finale aux tanins un brin secs. **Alc./**12,5 %.

Viña Lanciano Reserva 1998
RIOJA, BODEGAS LAN, ESPAGNE
48,75 $ SAQ **S** (865451) ★★★★ $$$$ **Corsé+**
(Voir commentaire détaillé dans l'édition 2006)

Do Ut Des 2002
TOSCANA, FATTORIA CARPINETA FONTALPINO, ITALIE
49 $ SAQ **S** (10214441) ★★★★ $$$$ **Puissant**
(Voir commentaire détaillé dans l'édition 2006)

Ser Gioveto 2000
TOSCANA, ROCCA DELLE MACÌE, ITALIE
49 $ SAQ **S** (10254688) ★★★★ $$$$ **Corsé+**
(Voir commentaire détaillé dans l'édition 2006)

Domaine Chevalier Aloxe-Corton 2002
ALOXE-CORTON, DOMAINE CHEVALIER, FRANCE
52 $ SAQ **S** (10289493) ★★★☆ $$$$ **Modéré+**
2002 marque une nouvelle étape dans l'évolution qualitative des vins de ce domaine. Nez invitant et passablement riche, sur le fruit et les épices douces. Bouche presque vineuse et gourmande. **Alc./**13 %.

Zonchera Ceretto 1999
BAROLO, CERETTO, ITALIE
54 $ SAQ **S** (879643) ★★★★ $$$$ **Corsé**
(Voir commentaire détaillé dans l'édition 2006)

Mas La Plana Gran Coronas Gran Reserva 1991
PENEDÈS, MIGUEL TORRES, ESPAGNE
55 $ SAQ **S** (10456360) ★★★★ $$$$ **Corsé**
Dégusté à quelques reprises, spécialement depuis 2004, ce 1991, salué par un coup de cœur dans le chapitre *Livre de cave* de l'édition 2005, surprend encore aujourd'hui par sa concentration et sa jeunesse, tout en étant mûr et très riche (réglisse, fruits macérés à l'eau-de-vie, havane et truffe). La bouche expose une grande fraîcheur, des tanins fins, tissés très serrés, un corps tendu et élancé. Se complexifiera jusqu'en 2015. **Alc./**13 %.

Malleolus 2001
RIBERA DEL DUERO, BODEGAS EMILIO MORO, ESPAGNE
56 $ SAQ **S** (10297629) ★★★★☆ $$$$ **Corsé+**
(Voir commentaire détaillé dans l'édition 2006)

Le Serre Nuove dell'Ornellaia 2003
BOLGHERI, TENUTA DELL'ORNELLAIA, ITALIE
56,95 $ SAQ **S** (10223574) ★★★★ $$$$ **Corsé+**
(Voir commentaire détaillé dans l'édition 2006)

La Sarrasine 2001
CÔTE-RÔTIE, DOMAINE DE BONSERINE, FRANCE
57 $ SAQ **S** (871582) ★★★★ $$$$ **Corsé**
(Voir commentaire détaillé dans l'édition 2006)

Roccato 2000
TOSCANA, ROCCA DELLE MACÌE, ITALIE
57 $ SAQ **S** (10254514) ★★★★ $$$$ **Puissant**
(Voir commentaire détaillé dans l'édition 2006)

Mas La Plana 1989
PENEDÈS, MIGUEL TORRES, ESPAGNE
59 $ SAQ **S** (928788) ★★★☆ $$$$ **Modéré+**
(Voir commentaire détaillé dans l'édition 2006)

Argiano Brunello 1998
BRUNELLO DI MONTALCINO, ARGIANO, ITALIE
60 $ SAQ **S** (10252658) ★★★★ **$$$$** **Corsé**
(Voir commentaire détaillé dans l'édition 2006)

La Fleur de Boüard 2002
LALANDE-DE-POMEROL, HUBERT DE BOÜARD DE LAFOREST, FRANCE
62 $ SAQ **S** (713164) ★★★☆?☆ **$$$$** **Corsé+**
Rares sont les vins d'appellation secondaire aussi complets. Nez à la fois mûr et boisé, très torréfié, on ne peut plus barriques bordelaises. Bouche dense, texturée et solide. S'exprime haut et fort dans un ensemble volumineux et allongé. **Alc./**13,5 %.

Miserere 2002
PRIORAT, COSTERS DEL SIURANA, ESPAGNE
63 $ SAQ **S** (962852) ★★★☆?☆ **$$$$** **Puissant**
Excellente réussite pour le millésime 2002. Du fruit à revendre, de la richesse, un boisé modéré et racé, une bouche pleine et solide, de la mâche et de la persistance. **Alc./**14 %.

Champs Pimont 2001
BEAUNE 1ER CRU, DOMAINE JACQUES PRIEUR, FRANCE
64 $ SAQ **S** (907006) ★★★☆?☆ **$$$$** **Corsé**
Un brin sauvage, épicé à souhait, du grain et de l'éclat pour un excellent 1er cru de Beaune qui se révélera totalement à partir de 2009. **Alc./**13 %.

Château Roc de Cambes 2002
CÔTES-DE-BOURG, F. ET E. MITJAVILE, FRANCE
64 $ SAQ **S** (10242935) ★★★☆?☆ **$$$$** **Corsé**
Du même vigneron que le grand saint-émilion grand cru Château Tertre-Roteboeuf, Roc de Cambes est à mille lieues des autres vins de son appellation. En 2002, il se montre coloré, flatteur, torréfié, passablement riche, plein, assez dense, très frais et élégant. Ira loin. **Alc./**13,5 %.

Ambrosan 2000
AMARONE DELLA VALPOLICELLA CLASSICO, AZIENDA AGRICOLA NICOLAS ANGELO E FIGLI, ITALIE
65 $ SAQ **S** (896860) ★★★★?☆ **$$$$** **Corsé+**
(Voir commentaire détaillé dans l'édition 2006)

Les Vaucrains 2002
NUITS-SAINT-GEORGES 1ER CRU, NICOLAS POTEL, FRANCE
69 $ SAQ **S** (10220120) ★★★★ **$$$$** **Corsé+**
Un 1er cru dense et profond, requérant oxygène ou temps pour livrer sa complexité sous-jacente. Richesse aromatique et bouche aux tanins tissés très serrés, tout en étant fins, saveurs expansives et acidité intégrée. **Alc./**13 %.

Torre Muga 2001
RIOJA, BODEGAS MUGA, ESPAGNE
69 $ SAQ **S** (904185) ★★★★?☆ **$$$$** **Corsé+**
Ce 2001 résulte en un vin au nez d'une grande richesse, profondément fruité, marqué par un fruité pulpeux et par des notes de torréfaction, à la bouche pleine, sphérique et pénétrante, sans aucune lourdeur, marquée par des tanins nobles ainsi que dotée d'une grande allonge. **Alc./**14 %.

Corale 2000
LANGHE, PAOLO SCAVINO, ITALIE
70 $ SAQ **SS** (10334813) ★★★★ **$$$$** **Corsé**
Un nebbiolo enjôleur d'une remarquable pureté, à la bouche ample, d'une race et d'une élégance suprême, aux tanins civilisés, égrainant des saveurs persistantes de fraise et de cerise. **Alc./**14 %.

La Villa Paiagallo Fontanafredda 2000
BAROLO, FONTANAFREDDA, ITALIE
71 $ SAQ **S** (10399060) ★★★★ $$$$ **Puissant**
Un cru de barolo à mi-chemin entre le moderniste plein et fruité, et le classicisme ferme et longiligne des vins de cette appellation. Le nez est tout à fait enivrant, intrigant et éthéré comme seuls peuvent l'être les barolos. La bouche suit avec fermeté, ampleur, race et saveurs pénétrantes. Les tanins sont richement réglissés. Seuls les barolos *aficionados* sauront apprécier ses subtilités de texture et de saveurs. **Alc./**14 %.

Cerequio 1998
BAROLO, MICHELE CHIARLO, ITALIE
73 $ SAQ **S** (10221579) ★★★★?☆ $$$$$ **Corsé+**
(Voir commentaire détaillé dans l'édition 2006)

Clos du Prieuré 2001
VOUGEOT, DOMAINE DE LA VOUGERAIE, FRANCE
73 $ SAQ **S** (918011) ★★★★?☆ $$$$$ **Modéré+** BIO
(Voir commentaire détaillé dans l'édition 2006)

Les Évocelles 2001
GEVREY-CHAMBERTIN, DOMAINE DE LA VOUGERAIE, FRANCE
73 $ SAQ **S** (10221018) ★★★★?☆ $$$$$ **Corsé** BIO
(Voir commentaire détaillé dans l'édition 2006)

Clos de la Féguine 2001
BEAUNE 1ER CRU, DOMAINE JACQUES PRIEUR, FRANCE
75 $ SAQ **S** (919639) ★★★★ $$$$ **Modéré+**
(Voir commentaire détaillé dans l'édition 2006)

Poggio Alle Mura 1998
BRUNELLO DI MONTALCINO, CASTELLO BANFI, ITALIE
76 $ SAQ **S** (701920) ★★★★?☆ $$$$$ **Corsé+**
(Voir commentaire détaillé dans l'édition 2006)

Azelia « San Rocco » 2000
BAROLO, AZIENDA AGRICOLA AZELIA LUIGI SCAVINO, ITALIE
79 $ SAQ **S** (10394103) ★★★★?☆ $$$$$ **Corsé+**
(Voir commentaire détaillé dans l'édition 2006)

Azelia « Bricco Fiasco » 2000
BAROLO, AZIENDA AGRICOLA AZELIA LUIGI SCAVINO, ITALIE
82 $ SAQ **SS** (10394111) ★★★★☆ $$$$$ **Puissant**
Un barolo moderne qui résulte en un vin au nez intrigant, très riche et détaillé, à la bouche puissante, capiteuse, profonde, dense et intense, sans être dure. Vin multidimensionnel d'une très grande allonge. **Alc./**14,5 %.

Clape « Cornas » 2002
CORNAS, A. CLAPE, FRANCE
82 $ SAQ **S** (708339) ★★★★ $$$$ **Corsé+**
Un 2002 très coloré, au nez très riche, intense et mûr, à la bouche charnue, pleine, généreuse, volumineuse, d'une grande persistance, avec une finale aux tanins fermes, presque secs. **Alc./**13 %.

Gloria de Ostatu 2000
RIOJA, BODEGAS OSTATU, ESPAGNE
82 $ SAQ **SS** (10408501) ★★★★ $$$$$ **Corsé+**
Grâce aux conseils d'Hubert de Boüard, du Château Angélus, voici un rioja moderne, richement aromatique, concentré, au boisé noble, à la bouche pleine et éclatante, d'une fraîcheur exemplaire et d'une très grande allonge. **Alc./**14 %.

La Croix de Peyrolie « Gérard Depardieu » 2003
LUSSAC-SAINT-ÉMILION, BERNARD MAGREZ GRANDS VIGNOBLES, FRANCE
83 $ SAQ **S** (10438698) ★★★★?☆ $$$$$ **Corsé**
(Voir commentaire détaillé dans l'édition 2006)

Barbi Riserva 1999
BRUNELLO DI MONTALCINO, FATTORIA DEI BARBI, ITALIE
84 $ SAQ **S** (10215793) ★★★★ $$$$$ **Corsé+**
Un riserva séveux et compact, ayant besoin d'oxygène pour révéler son bouquet d'une grande profondeur. Serré et dense, aux tannins nobles et aux saveurs épicées et torréfiées. **Alc./**13 %.

Combe d'Orveau 2002
CHAMBOLLE-MUSIGNY 1ER CRU, DOMAINE TAUPENOT-MERME, FRANCE
89 $ SAQ **S** (10279421) ★★★☆?☆ $$$$$ **Modéré+**
Fruits éclatants, fraîcheur, finesse et intensité sont au rendez-vous dans ce cru situé juste en dessous du grand cru Musigny. **Alc./**13,5 %.

Château Quinault L'Enclos 2002
SAINT-ÉMILION GRAND CRU, ALAIN & FRANÇOIS RAYNAUD, FRANCE
91 $ SAQ **S** (10223072) ★★★★ $$$$$ **Corsé+**
Très coloré, richement aromatique et profondément fruité. Un 2002 à la bouche expansive, tannique, charnue, racée et persistante à souhait. Ira loin. **Alc./**13 %.

Solengo 2002
TOSCANA, ARGIANO, ITALIE
92 $ SAQ **S** (10252640) ★★★☆?☆ $$$$$ **Corsé+**
Un Solengo 2002 de type Nouveau Monde, c'est-à-dire boisé, torréfié et confit, à la bouche pulpeuse, pleine, sphérique, tannique, aux tanins un brin fermes, mais « travaillés » par un ambitieux élevage en barriques. Semble avoir été pensé pour charmer les dégustateurs américains du magazine *Wine Spectator*... **Alc./**13,5 %.

Vigna d'la Roul 1999
BAROLO, PODERE ROCCHE DEI MANZONI, ITALIE
95 $ SAQ **SS** (10386883) ★★★★?☆ $$$$$ **Puissant**
Nez plus dense, plus séveux et plus résineux que le Vigna Capella di S. Stephano 1999, tout en étant moins charmeur. Bouche extravertie, pleine, très fraîche, compacte, élancée et très longue. **Alc./**14 %.

Champans 2002
VOLNAY 1ER CRU, DOMAINE JACQUES PRIEUR, FRANCE
97 $ SAQ **S** (10295287) ★★★★ $$$$$ **Corsé**
Un volnay d'une mâche étonnante, très épicé et minéral, avec du grain. Il faut dire que le sol à prédominance d'argile rouge de ce climat participe au coffre et à l'expression de ce rouge. **Alc./**13,1 %.

Montevetrano 2001
COLLI DI SALERNO, SILVIA IMPARATO, ITALIE
97 $ SAQ **SS** (10324156) ★★★★ $$$$$ **Corsé+**
(Voir commentaire détaillé dans l'édition 2006)

Château Monbousquet 2002
SAINT-ÉMILION GRAND CRU, GÉRARD PERSE, FRANCE
104 $ SAQ **SS** (731182) ★★★★?☆ $$$$$ **Corsé+**
Superbe réussite, au panthéon des bordeaux modernes, c'est-à-dire presque noir, éclatant, expressif, frais, avec du grain, de la race, une présence de fruit de grande qualité et un boisé intégré. Jouissif! **Alc./**13,5 %.

Vigne de l'Enfant Jésus « Beaune Grèves » 2003
BEAUNE 1ER CRU, BOUCHARD PÈRE ET FILS, FRANCE
105 $ SAQ **S** (10525071) ★★★★?☆ $$$$$ **Corsé+**
Excellent 2003, d'une forte coloration, au nez riche et complet, au fruité pur et précis, à la bouche volumineuse, fraîche et charnue, aux tanins serrés, au corps voluptueux et aux saveurs d'une grande allonge. **Alc./**13 %.

Vigna Capella di S. Stephano 1999
BAROLO, PODERE ROCCHE DEI MANZONI, ITALIE
110 $ SAQ **SS** (10386867) ★★★★?☆ **$$$$$** **Corsé+**
Nez d'une remarquable fraîcheur et d'une grande complexité. Bouche explosive, très riche et intense, aux tanins très serrés. Finale remarquablement expansive. **Alc./**14 %.

Carobric 1999
BAROLO, PAOLO SCAVINO, ITALIE
113 $ SAQ **SS** (10334901) ★★★★☆ **$$$$$** **Corsé+**
L'une des références absolues en matière de barolos. Le nez est très riche, compact et profond. Grande explosion de saveurs en bouche (fruits noirs, fruits confits, figue séchée, tabac, réglisse). Volume, plénitude, densité, tanins noblement travaillés et mûrs, et persistance renversante. Ira très loin. **Alc./**13 %.

Charmes-Chambertin 2000
CHARMES-CHAMBERTIN GRAND CRU, DOMAINE TAUPENOT-MERME, FRANCE
113 $ SAQ **S** (720169) ★★★★ **$$$$$** **Corsé**
Belle évolution aromatique, exhalant des notes de kirsch d'épices douces et de fumée, un brin animal, d'un bon volume en bouche, aux tanins tendres et à la texture voluptueuse. **Alc./**13,5 %.

Ma Vérité « Gérard Depardieu » 2002
HAUT-MÉDOC, BERNARD MAGREZ GRANDS VIGNOBLES, FRANCE
119 $ SAQ **S** (10438719) ★★★★?☆ **$$$$$** **Corsé+**
(Voir commentaire détaillé dans l'édition 2006)

Château La Fleur de Gay 2002
POMEROL, CHÂTEAU CROIX DE GAY, FRANCE
161 $ SAQ **SS** (10223056) ★★★★ **$$$$$** **Modéré+**
Un pomerol classique, à la fois subtil, détaillé, velouté, raffiné et d'une grande allonge. Une ode à l'élégance. **Alc./**13 %.

Château Pavie-Decesse 2002
SAINT-ÉMILION GRAND CRU, GÉRARD PERSE, FRANCE
173 $ SAQ **SS** (10243137) ★★★★ **$$$$$** **Corsé+**
Robe presque noire et opaque. Bouche juteuse, mais avec élégance et fraîcheur. Tanins serrés. Explosion de saveurs longues et précises. Boisé intégré et harmonie d'ensemble. **Alc./**13,5 %.

Château Tertre Roteboeuf 2002
SAINT-ÉMILION GRAND CRU, F. ET E. MITJAVILE, FRANCE
173 $ SAQ **S** (10204285) ★★★★?☆ **$$$$$** **Corsé**
Rubis foncé violacé. Nez très expressif et riche, du fruit à revendre, une pointe de poivron rouge confit, torréfié à souhait. Bouche pleine, joufflue, moelleuse et texturée, sous l'emprise envoûtante du merlot, d'une très grande allonge et d'un charme fou. Grand vin. **Alc./**13,5 %.

Château Pavie 2002
SAINT-ÉMILION GRAND CRU, GÉRARD PERSE, FRANCE
233 $ SAQ **S** (10204154) ★★★★☆ **$$$$$** **Puissant**
Noir et violacé. Nez profondément concentré, boisé torréfié, fermé et compact. Un bouquet de race, distingué et raffiné, malgré l'emprise actuelle du bois. Attaque pleine, joufflue et tannique, avec du coffre et de l'extraction, mais pas à l'excès. Dense, compact et complet. Volume, intensité, expression et maturité quasi parfaite. Ira très loin. **Alc./**13,5 %.

CAROLE

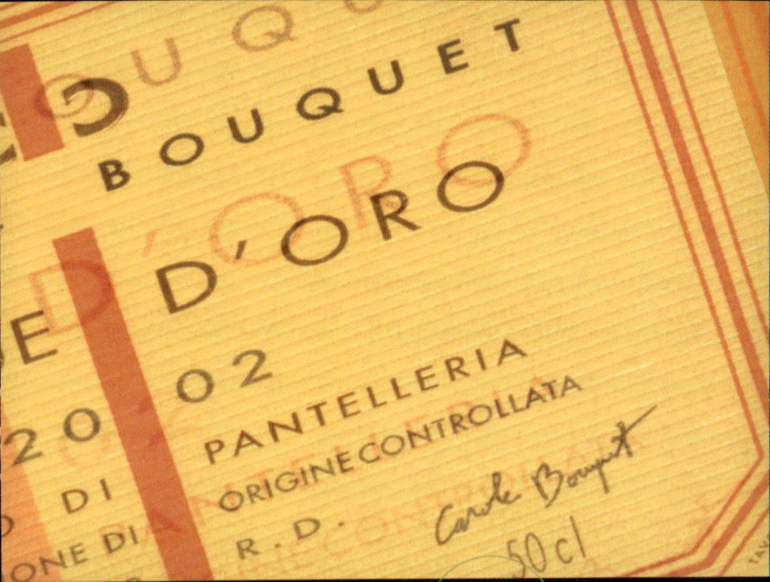

Vins de Desserts & Apéritifs de la Vieille Europe

Dindarello 2005

VENETO MOSCATO, FAUSTO MACULAN, ITALIE

15,70 $ (375 ml) SAQ **S** (927442) ★★★ $$ **Modéré**

Un muscat italien d'une remarquable finesse et d'une certaine retenue qui lui procure une noblesse vénitienne. Il se montre modérément sucré en bouche, très frais et parfumé, exprimant des notes de fleurs et de melon, avec une pointe de pâtisserie. Fausto Maculan est passé maître dans l'art de magnifier ses blancs doux et liquoreux. Que ce soit avec l'Acininobili, qui se rapproche de la grâce des plus grands, ou avec ce Torcolato (commenté dans ce guide), son style fait école. **Cépage :** moscato fior d'arancio. **Alc./**11 %. **www.maculan.net**

☛ *Servir entre 2006 et 2009, à 10 °C*

Figues rôties au miel et à la ricotta, gratin de litchis, jardinière de fruits à la crème pâtissière ou bonbons d'abricots secs, de pistaches parfumées à l'eau de fleur d'oranger et de crème Chantilly à la badiane (*).

Château d'Aydie 2004 ♥

PACHERENC-DU-VIC-BILH, VIGNOBLES LAPLACE, FRANCE

17,35 $ (500 ml) SAQ **S** (857193) ★★★?☆ $$ **Corsé**

Un liquoreux vivifiant et électrisant, exhalant des effluves d'une remarquable fraîcheur, alternant entre la papaye, le zeste d'orange et la racine de gentiane, à la bouche tendue et élancée, remarquablement équilibrée. L'une des plus belles réussites des derniers millésimes pour ce vin. **Cépage :** 100 % petit manseng. **Alc./**13,5 %.

☛ *Servir entre 2006 et 2016, à 10 °C*

Panna cotta aux agrumes, litchis au gingembre et salsa d'agrumes, millefeuille de pain d'épices à l'ananas (*) ou salade de fruits exotiques à la menthe fraîche.

Domaine du Tariquet « Les Premières Grives » 2005

VIN DE PAYS DES CÔTES DE GASCOGNE, CHÂTEAU DU TARIQUET, FRANCE

17,35 $ SAQ **S*** (561274) ★★★ $$ **Modéré+**

Cette vendange tardive est à nouveau d'un remarquable rapport qualité-prix, comparativement aux vins de même niveau souvent vendus plus cher. Donc, ici, une pleine bouteille de fruits exotiques et de racine de gentiane, ainsi que de saveurs explosives, fraîches et moelleuses, perdurant longuement en fin de bouche, sans aucune lourdeur. Un vin plutôt doux que liquoreux, donc qui ne chargera pas trop l'estomac, qu'il soit servi à l'apéritif, tout comme au dessert. **Cépage :** gros manseng. **Alc./**11 %. **www.tariquet.com**

☛ *Servir entre 2006 et 2012, à 12 °C*

Apéritif, minibrochettes de prosciutto et melon, sushis américanisés aux fruits et aux épices, soupe de poulet à la citronnelle et à la noix de coco ou curry de poulet à la noix de coco (*). Fromages : chabichou du Poitou ou sainte-maure (mi-sec). Desserts : salade de fruits exotiques à la menthe fraîche ou bonbons d'abricots secs, de pistaches parfumées à l'eau de fleur d'oranger et de crème Chantilly à la badiane (*).

Amontillado Carlos VII

MONTILLA-MORILES, ALVEAR, ESPAGNE

17,45 $ (500 ml) SAQ **S** (884866) ★★★☆ **$$** **Corsé**

L'appellation Montilla-Moriles, près de Cordoba, est située à l'est de la zone d'élaboration du xérès, produit duquel elle se différencie par son encépagement composé uniquement du pedro ximénez. Ne pas profiter de l'occasion de déguster ce grand vin, offert à un prix ridiculement bas, serait dommage pour quiconque désire ouvrir ses horizons gustatifs. Un vin sec, aux saveurs pénétrantes de noix de muscade, de beurre de noisette, de cacao, de havane, avec une petite pointe fraîche d'olive verte. La texture est à la fois suave et aérienne. La finale est d'une longueur inouïe; on y décèle des pointes de curry indien ainsi qu'un noble rancio. Tous les vins de cette maison sont à ranger parmi les meilleurs rapports qualité-prix, tous styles et toutes catégories confondus. **Cépage :** pedro ximénez. **Alc.**/19 %. **www.alvear.es**

☛ *Servir dès sa mise en marché, à 14 °C*

Magret de canard caramélisé aux épices (*). Desserts : gâteau Davidoff (*), truffes au chocolat et au café (*) ou millefeuille de pain d'épices aux figues (*). Cigares : double corona Punch ou robusto de Hoyo de Monterrey.

Solera Cream Alvear

MONTILLA-MORILES, ALVEAR, ESPAGNE

17,45 $ (500 ml) SAQ **S** (884874) ★★★ $$ **Corsé**

Ce vin est élaboré avec une base d'oloroso à laquelle on a ajouté un concentré de pedro ximénez. Dix ans d'élevage en barriques à peaufiner l'ensemble d'une robe brun pâle, d'un nez puissamment aromatique et résineux, d'une bouche ample, presque onctueuse mais fraîche et équilibrée à la perfection par une douce amertume. Réglisse, raisins de Corinthe, épices, cumin et boîte à cigares composent l'essence de ce nectar. **Cépage :** pedro ximénez. **Alc.**/18 %. **www.alvear.es**

☛ *Servir dès sa mise en marché, à 12 °C*

Desserts : tiramisu (*), truffes au chocolat et à la vanille (*) ou glace au café saupoudrée de raisins de Corinthe macérés dans le Solera Cream. Cigare : figurados Arturo Fuente Don Carlos Nº 2.

Château du Tariquet

FLOC-DE-GASCOGNE, P. GRASSA FILLE ET FILS, FRANCE

19,05 $ SAQ **S** (966598) ★★★ **$$** **Modéré**

Ce floc-de-gascogne vole à nouveau littéralement au-dessus de nombreux Pineaux des charentes. Yves Grassa met depuis belle lurette ses talents d'alchimiste au service de son floc, pour obtenir cette petite perle de la région, au nez charmeur de mirabelle, d'abricot, de fleurs séchées, de vanille et de zeste d'agrumes. La bouche est tout aussi invitante, sucrée à souhait, sans trop, élégante et riche d'un fruité pur et rafraîchissant. Sachez que tout comme le Pineau des charentes, le floc-de-gascogne est né de l'assemblage de jus de raisin frais non fermenté et d'eau-de-vie, de l'armagnac dans ce cas-ci. **Cépages :** 40 % gros manseng, 30 % ugni blanc, 30 % colombard. **Alc.**/17 %. **www.tariquet.com**

☛ *Servir dès sa mise en marché, à 12 °C (sans glaçons)*

Antipasto de melon, de figues fraîches et de prosciutto, crostini aux figues et au gorgonzola, croûtons de pain grillés surmontés de foie gras de canard et de compote de mangues ou mousse de foies de volaille aux figues. Dessert : tarte à l'ananas et aux zestes d'orange confits (*).

Château Peybrun 2001

CADILLAC, MME C. DE LOZE, FRANCE

21,05 $	SAQ **S** (979823)	★★★ **$$**	**Modéré+**

Amateurs de sauternes, vous n'aurez pas besoin de briser votre tirelire avec ce délectable liquoreux, voisin de la célèbre appellation Sauternes, offert à bon prix. Vous serez enchanté par son nez subtil, riche de promesses, un brin botrytisien, ainsi que par sa bouche moelleuse, ronde et patinée, sans être puissante, mais persistante et engageante, spécialement pour son prix plutôt doux. Du miel et des fruits confits à volonté. **Cépages :** 70 % sémillon, 20 % sauvignon, 10 % muscadelle. **Alc.**/13,5 %.

☛ *Servir entre 2006 et 2010, à 14 °C*

Dattes chaudes dénoyautées et farcies au roquefort (au four, à 350 °F, 5 minutes), crème brûlée, millefeuille de pain d'épices aux pêches (*), panna cotta aux pêches fraîches ou shortcake aux fraises.

Pedro Ximénez Solera

MONTILLA-MORILES, ALVEAR, ESPAGNE

21,95 $ (500 ml)	SAQ **S*** (10261141)	★★★★ **$$$**	**Puissant**

Ne manquez surtout pas le retour de cette grandissime solera, dont le long et savant assemblage a débuté en 1927. Le nez, intense et ultra-complexe, laisse échapper de puissants effluves de raisins de Corinthe, de mélasse, de très vieux vinaigre balsamique de Modène, de café, de cacao, de caramel, d'épices douces et de figue. La bouche, grasse et onctueuse, tapisse l'entièreté du palais d'une liqueur très sucrée, riche de saveurs éclatantes. Tout simplement époustouflant pour ce prix! N'hésitez pas à créer des harmonies inattendues, mais aussi à la servir seule, pour elle-même, en dessert ou en digestif. **Cépage :** pedro ximénez. **Alc.**/16 %. **www.alvear.es**

☛ *Servir entre 2006 et 2030, à 10 °C*

Desserts : tarte au chocolat noir parfumée au thé lapsang souchong (*), raviolis frits aux dattes et aux noix ou glace à la vanille saupoudrée de raisins de Corinthe macérés dans un doigt de Solera. Digestif : truffes au chocolat et aux parfums de havane (*). Cigare : figurados Arturo Fuente Don Carlos Nº 2.

Noé Pedro Ximénez Muy Viejo

XÉRÈS, GONZALEZ BYASS, ESPAGNE

25,65 $ (375 ml) SAQ **S** (744185) ★★★★☆ **$$$$** **Puissant**

Recherché mondialement par les *aficionados* de xérès, le Noé est né d'une très vieille solera, d'un âge moyen de 30 ans, dont 20 ans élevé comme un vintage, c'est-à-dire sans retraits ni ajouts de vin d'autres années, et 10 ans en méthode solera. Il vous faudra user d'audace gustative pour découvrir ce vin d'une complexité et d'un goût renversants, d'une liqueur dense et imposante. La robe est d'un brun très foncé. Le nez puissant est marqué par des effluves de réglisse, de mélasse et de torréfaction. La bouche sirupeuse exprime une texture proche de celle de la mélasse, mais néanmoins fraîche et élégante. Tel un sumotori, ce vin volumineux possède un prodigieux équilibre. L'allonge est interminable, laissant une kyrielle de saveurs allant des fruits confits à la figue séchée, en passant par le café et le cacao. À boire à petites doses en fin de soirée. **Cépage :** pedro ximénez. **Alc./**15,5 %. **www.gonzalezbyass.es**

☛ *Servir à partir de sa mise en marché, à 14 °C et se conserve quelques mois une fois ouvert*

Truffes au chocolat et au café (*) ou glace à la vanille saupoudrée de raisins de Corinthe macérés dans un doigt de pedro ximénez Noé. Cigares : churchill Bolivar Corona Gigante ou robusto Partagas Serie D Nº 4.

Jules Gautret « Vieux »

PINEAU-DES-CHARENTES, JULES GAUTRET, FRANCE

25,95 $ SAQ **S** (10327533) ★★★ **$$** **Modéré+**

Un très bon pineau mature aux saveurs pénétrantes, d'une fraîcheur unique, tout en exprimant des goûts de cacao, de café, de vanille et de raisin doré, au corps modéré et à l'attaque presque moelleuse mais sans être richement sucrée. **Cépages :** ugni blanc, folle blanche, colombard + autres variétés locales. **Alc./**18 %. **www.unicognac.com**

☛ *Servir dès sa mise en marché, à 12 °C (sans glaçons)*

Mousse de foies de volaille aux figues ou foie gras de canard poêlé aux figues. Desserts : raviolis frits aux dattes et aux noix, tiramisu (*) ou gâteau Davidoff (*). Cigare : corona Vegas Robaina Familiar.

Domaine La Tour Vieille Reserva

BANYULS, VINCENT CANTIE ET CHRISTINE CAMPADIEU, FRANCE

28,05 $ SAQ **S** (884916) ★★★?☆ **$$$** **Modéré+**

Un retour plus que bienvenu pour cette réserve, toujours d'une aussi belle pureté aromatique (kirsch, havane, noisette, cacao), possédant une texture raffinée, sans lourdeur, où s'harmonisent le grain fin des tanins et l'amplitude veloutée des saveurs, dans un style plutôt aérien, parfait pour méditer sur cette région bénie des Dieux. Le couple de passionnés qui élaborent ces banyuls magnifie aussi de très beaux vins rouges de Collioure. Leur pratique du mutage sur grains (ajout d'alcool dans le moût pour en arrêter la fermentation) place leurs banyuls parmi les plus purs et précis. **Cépage :** grenache noir. **Alc./**16,5 %.

Servir entre 2006 et 2012, à 15 °C

Desserts : dattes chaudes dénoyautées et farcies au cambozola (au four, à 350 degrés, 5 minutes), tarte au chocolat noir baignée d'une réduction de porto LBV (*). Digestif : truffes au chocolat et à la cardamome (*).

Torcolato 2003

BREGANZE, FAUSTO MACULAN, ITALIE

28,05 $ (375 ml) SAQ **S** (710368) ★★★★ $$$ **Puissant**

Fausto Maculan récidive à nouveau avec un grand Torcolato 2003. Après avoir passé une année en barriques, ce 2003, d'une couleur orangée et d'un nez exubérant, tapisse le palais de saveurs pénétrantes d'érable, de noisette, de miel, de pain d'épices et de vanille, avec une arrière-scène rappelant la présence du botrytis (pourriture noble). Liqueur imposante, saveurs gourmandes et d'une allonge qui n'en finit plus, et harmonie d'ensemble. **Cépages :** 85 % vespaiola, 10 % garganega, 5 % tocai friulano. **Alc./**13 %. **www.maculan.net**

Servir entre 2006 et 2016, à 10 °C

Pain au safran accompagné de terrine de foie gras de canard au torchon (*) ou foie gras de canard poêlé déglacé à l'hydromel. Fromage : époisses (accompagné de pain aux figues ou aux dattes). Desserts : gâteau à l'érable et aux pralines, millefeuille de pain d'épices aux mangues (*) ou pêche tiède sur son craquant aux noix de pacane, baignée d'un caramel de jus de pêche parfumé à l'anis étoilé, au girofle et à la cannelle (*).

Ben Ryé 2004

PASSITO DI PANTELLERIA, TENUTA DONNAFUGATA, ITALIE

32 $ (375 ml) SAQ **S** (10520309) ★★★☆?☆ $$$$ **Corsé**

Ce passito est encore une fois, avec ce remarquable 2004, à ranger parmi les meilleurs vins liquoreux d'Italie. Sa robe est d'un doré orangé lumineux. Son nez exhale d'exubérants parfums de raisin muscat gorgé de sucre, de rose séchée, de fleur d'oranger, de zeste d'orange, de miel et de pain d'épices. Sa bouche, d'une liqueur sirupeuse, dévoile une largeur considérable, ainsi qu'une discrète mais fraîche acidité, avec une finale relevant de beaux amers, ce qui harmonise l'ensemble en bridant légèrement la force du sucre. **Cépage :** zibibbo (muscat d'Alexandrie). **Alc./**14,5 %. **www.donnafugata.it**

Servir entre 2006 et 2016, à 12 °C

Fromage : gorgonzola accompagné de marmelade d'oranges. Desserts : millefeuille de pain d'épices aux pêches (*), mousse au chocolat noir et au parfum de Grand Marnier (*) ou tarte Tatin de pommes au curry rehaussée d'une escalope de foie gras de canard poêlé.

Mas Amiel Prestige 15 ans d'âge

MAURY, DOMAINE DU MAS AMIEL, FRANCE

39,50 $ SAQ **S** (884312) ★★★★ $$$$ **Corsé**

Si vous êtes à la recherche d'une alternative au porto, voici l'occasion de vous ouvrir de nouveaux horizons gustatifs. Ne manquez surtout pas le retour de cette référence chez les vins doux naturels en provenance du Roussillon, d'autant plus que le prix a été revu à la baisse de plus de cinq dollars. Après avoir passé une année à l'extérieur, dans des bonbonnes en verre, et 14 années en foudres de chêne, ce maury a acquis un nez aux parfums pénétrants de cacao, de caramel, d'abricot séché, de havane et de noix. Il a aussi développé une patine à la texture satinée et une amplitude de saveurs qui tapissent littéralement toute la surface du palais, et ce, pendant de longues secondes, y déposant ainsi des notes de brûlé et de Nutella. **Cépages :** 90 % grenache noir, 5 % carignan, 5 % maccabeu. **www.lesvinsdumasamiel.com**

☛ *Servir dès sa mise en marché, à 15 °C*

Fromages bleus : fourme d'Ambert ou geai bleu. Desserts : fudge au chocolat noir sauce au caramel, tarte au chocolat noir parfumée au thé lapsang souchong (*) ou truffes au chocolat et aux parfums de havane (*). **Cigare :** robusto de Hoyo de Monterrey ou double corona Punch.

Château d'Armajan des Ormes 2001

SAUTERNES, J. ET G. PERROMAT, FRANCE

40,75 $ SAQ **S** (949677) ★★★☆?☆ $$$$ **Corsé+**

Un 2001 à la robe orangée, au nez passablement riche mais ayant besoin d'oxygène pour se révéler, à la bouche très riche, onctueuse et liquoreuse à souhait, laissant deviner des saveurs de fleur d'oranger, de zeste d'orange, d'abricot confit, de miel et de pain d'épices. **Cépages :** 70 % sémillon, 25 % sauvignon, 5 % muscadelle. **Alc./**14 %.

☛ *Servir entre 2006 et 2019, à 10 °C*

Toast de foie gras de canard au torchon ou croustade de foie gras aux pommes (*). Desserts : millefeuille de pain d'épices aux poires (*), pêches rôties au caramel parfumé à l'orange (*) ou tarte à l'ananas et aux zestes d'orange confits (*).

Gewürztraminer Vendanges Tardives Beyer 2000

ALSACE, DOMAINE LÉON BEYER, FRANCE

49,25 $ SAQ **S** (10481629) ★★★★ $$$$ **Corsé+**

Une vendange tardive qui se distingue par sa grande fraîcheur – elle ne contient que 40 grammes de sucre résiduel par litre –, ainsi que par de très beaux amers en fin de bouche, ce qui bride la présence du sucre en créant une symbiose de saveurs des plus heureuses. Finesse aromatique, aux effluves de fleurs, de litchi et d'eau de Cologne, avec une vague présence de parfums botrytisiens, et texture enveloppante sont au rendez-vous. **Cépage :** gewürztraminer. **www.leonbeyer.fr**

☛ *Servir entre 2006 et 2014, à 14 °C*

Pain au safran accompagné de terrine de foie gras de canard au torchon (*), cuisine thaï ou cuisine cantonaise épicée. Desserts : figues rôties au miel et à la ricotta, litchis au gingembre et salsa d'agrumes ou poires au gingembre confit.

Sangue d'Oro « Carole Bouquet » 2002

PASSITO DI PANTELLERIA, AZIENDA AGRICOLA VALENZA, ITALIE

60 $	SAQ **S** (10438786)	★★★★ **$$$$**	**Corsé**

Salué en primeur dans l'édition précédente de ce guide, avec les vins de Gérard Depardieu, cet explosif passito était de retour, pour le plus grand bonheur des becs sucrés. Le nez est à la fois subtil et pénétrant, riche et détaillé, rappelant la rose séchée, l'eau de Cologne, les zestes d'agrumes confits, le bois de santal et la marmelade d'orange amère. La bouche est pleine, sphérique et liquoreuse à souhait, tout en étant équilibrée par une acidité jouant les funambules en tendant le vin, aux saveurs explosives, d'une étonnante allonge, laissant des traces de café, de cacao, de vanille, de pain d'épices, de miel et d'abricot sec. **Cépage :** zibibbo (muscat d'Alexandrie). **Alc.**/14 %.

☛ *Servir entre 2006 et 2013, à 12 °C*

Foie gras de canard poêlé et compote d'abricots aux zestes d'orange. Desserts : pêches rôties au caramel à l'orange (*), millefeuille de pain d'épices aux pêches (*), gâteau Davidoff (*) ou bonbons d'abricots secs, de pistaches parfumées à l'eau de fleur d'oranger et de crème Chantilly à la badiane (*). Cigares : corona grande Hoyo de Monterrey Le Hoyo des Dieux.

RÉPERTOIRE ADDITIONNEL

Château de Beaulon Rouge
PINEAU-DES-CHARENTES VIEUX 5 ANS, CHRISTIAN THOMAS, FRANCE
18,65 $ SAQ **S** (884247) ★★★ $$ **Modéré+**
(Voir commentaire détaillé dans l'édition 2006)

Blandy's Madeira Duke of Clarence
MADÈRE, MADEIRA WINE COMPANY, FAMILLE SYMINGTON, PORTUGAL
19,50 $ SAQ **S** (280982) ★★★ $$ **Modéré+**
(Voir commentaire détaillé dans l'édition 2006)

Château Les Roques 2001
LOUPIAC, A. & V. FERTAL, FRANCE
20 $ (375 ml) SAQ **S** (895417) ★★★☆ $$ **Corsé**
(Voir commentaire détaillé dans l'édition 2006)

Collection Royale « Premières Neiges » 2004
JURANÇON, ÉTIENNE BRANA, FRANCE
21,60 $ SAQ **S** (746271) ★★☆ $$ **Modéré+**
Nez de nougat, un brin exotique, de richesse modérée, mais très engageant. Un vin demi-sec, à l'acidité fraîche et au corps d'ampleur moyenne. **Alc.**/12,5 %.

Cazes « Muscat » 2003
MUSCAT DE RIVESALTES, DOMAINE ANDRÉ ET BERNARD CAZES, FRANCE
23,35 $ SAQ **S*** (961805) ★★☆ $$ **Corsé** BIO
Nez moins détaillé que par le passé. Bouche ronde et généreuse, mais unidimensionnelle. Cette maison nous a pourtant habitués avec ses muscats de haute voltige, purs, aromatiques et précis. Il faut dire que 2003 n'a pas été heureux pour le muscat. **Alc.**/15 %.

Château Bastor-Lamontagne 1998
SAUTERNES, DOMAINES VITICOLES DU CRÉDIT FONCIER, FRANCE
23,40 $ (375 ml) SAQ **S*** (231027) et
46,25 $ (750 ml) (225672) ★★★★ $$$$ **Corsé**
(Voir commentaire détaillé dans l'édition 2006)

Clos de la Guiberderie 2003
COTEAUX-DU-LAYON SAINT-AUBIN, DOMAINE PHILIPPE DELESVAUX, FRANCE
29,85 $ (500 ml) SAQ **S** (871822) ★★★☆ $$$ **Corsé**
(Voir commentaire détaillé dans l'édition 2006)

Extra Vieux Brillet
PINEAU-DES-CHARENTES, MAISON J. R. BRILLET, FRANCE
32,50 $ SAQ **S** (589739) ★★★☆ $$$ **Corsé**
(Voir commentaire détaillé dans l'édition 2006)

Scheurebe TBA Nº 4 « Zwischen den Seen » 2001
BURGENLAND, ALOIS KRACHER, AUTRICHE
59 $ SAQ **S** (903724) ★★★★?☆ $$$$ **Corsé**
(Voir commentaire détaillé dans l'édition 2006)

DEPUIS
VIN MOUSSEUX

Vins Mousseux & Champagnes de la Vieille Europe

Pour connaître les commentaires complets et les harmonies avec les mets des vins mousseux et champagnes de la Vieille Europe, visitez le nouveau site **www.francoischartier.ca**

Wolfberger

CRÉMANT D'ALSACE, WOLFBERGER, FRANCE

18,70 $	SAQ S (732099)	★★☆ $$	Modéré

Antech Cuvée Expression Brut 2003 ♥

CRÉMANT-DE-LIMOUX, GEORGES ET ROGER ANTECH, FRANCE *(DISP. NOV./DÉC. 06)*

NOUVEAUTÉ!

19,95 $	SAQ S (10660484)	★★★ $$	Modéré+

Laurens « Clos des Demoiselles » Brut 2003

CRÉMANT-DE-LIMOUX, DOMAINE J. LAURENS, FRANCE

21,20 $	SAQ S* (10498973)	★★★ $$	Modéré+

Pierre Sparr Réserve Brut

CRÉMANT D'ALSACE, PIERRE SPARR & SES FILS, FRANCE

21,25 $	SAQ S (10464651)	★★★ $$	Modéré

Cuvée Flamme Brut

SAUMUR, GRATIEN & MEYER, FRANCE

21,80 $	SAQ C (165100)	★★★ $$	Modéré+

Juvé y Camps Reserva de la Familia Brut Nature 2002 ♥

CAVA, JUVÉ Y CAMPS, ESPAGNE *(DISP. NOV./DÉC. 06)*

NOUVEAUTÉ!

22,55 $	SAQ S (10654948)	★★★?☆ $$	Corsé

Rosa Regale 2005

BRACHETTO D'ACQUI, BANFI, ITALIE

NOUVEAUTÉ!

28,10 $	SAQ S (10458488)	★★★ $$$	Modéré+

Nicolas Feuillatte Brut Réserve Particulière

CHAMPAGNE, LE CV CHAMPAGNE NICOLAS FEUILLATTE, FRANCE

47 $	SAQ S (578187)	★★★ $$$$	Modéré+

Paul Goerg Brut 2000

CHAMPAGNE, LA GOUTTE D'OR, FRANCE

48,50 $	SAQ C (439190)	★★★★ $$$$	Corsé

Piper-Heidsieck Brut

CHAMPAGNE, CHAMPAGNES P. & C. HEIDSIECK, FRANCE

55 $ SAQ **S** (462432) ★★★★ $$$$ **Modéré+**

Pol Roger Extra Cuvée de Réserve Brut

CHAMPAGNE, POL ROGER, FRANCE

56 $ SAQ **C** (051953) ★★★★ $$$$ **Modéré+**

Charles Heidsieck Brut Réserve

CHAMPAGNE, CHARLES HEIDSIECK, FRANCE

57 $ SAQ **C** (031286) ★★★☆?☆ $$$$ **Modéré+**

Première Cuvée Brut Bruno Paillard

CHAMPAGNE, BRUNO PAILLARD, FRANCE

57 $ SAQ **S** (411595) ★★★★ $$$$ **Modéré+**

Duval-Leroy « Rosé de Saignée » Brut

CHAMPAGNE, DUVAL-LEROY, FRANCE

NOUVEAUTÉ!

58 $ SAQ **S** (10472933) ★★★★ $$$$ **Modéré+**

Deutz Brut Classic

CHAMPAGNE, CHAMPAGNE DEUTZ, FRANCE ***(DISP. NOV. 06)***

NOUVEAUTÉ!

59 $ SAQ **S** (10654770) ★★★★ $$$$ **Corsé**

Taittinger Rosé Cuvée Prestige Brut

CHAMPAGNE ROSÉ, TAITTINGER, FRANCE

68 $ SAQ **S*** (372367) ★★★★ $$$$$ **Corsé**

Bruno Paillard Première Cuvée Brut Rosé

CHAMPAGNE, BRUNO PAILLARD, FRANCE

69 $ SAQ **S** (638494) ★★★★ $$$$ **Corsé**

Charles Heidsieck Blanc des Millénaires 1995

CHAMPAGNE, CHARLES HEIDSIECK, FRANCE

129 $ SAQ **S** (10276836) ★★★★☆ $$$$$ **Corsé**

QUINTA
INFANT

Portos de la Vieille Europe

Quinta do Infantado Ruby

PORTO RUBY, QUINTA DO INFANTADO, PORTUGAL

15,85 $	SAQ C (612325)	★★☆ $$	Modéré+	BIO

Avec une réduction de prix de plus deux dollars depuis l'an dernier, ainsi qu'un nouvel assemblage, ce porto ruby de cette excellente quinta devient plus que jamais l'aubaine avec un grand A chez les portos offerts sous la barre des vingt dollars. La robe est presque noire et violacée. Le nez est enjôleur et étonnamment riche, exprimant des notes de confiture de bleuets, de cerise noire et de violette. La bouche est à la fois généreuse et fraîche, ample et raffinée, sans aucune lourdeur, au sucré modéré et aux saveurs subtiles et persistantes. **Alc./**19,5 %. **www.quintadoinfantado.pt**

☛ *Servir dès sa mise en marché, à 16 °C*

Fromages : fondue suisse au geai bleu ou raclette au gorgonzola. Desserts : bleuets trempés dans le chocolat noir, clafoutis aux cerises, dattes chaudes dénoyautées et farcies au gorgonzola (au four, à 350 °F, 5 minutes) ou réduction de porto LBV sur crème glacée à la vanille (*).

Royal Oporto 10 ans

PORTO TAWNY 10 ANS, REAL COMPANHIA VELHA, PORTUGAL

16,20 $ (375 ml)	SAQ S (734624)	★★★☆ $$	Modéré+

Plus que jamais l'une des plus belles aubaines en matière de tawny de 10 ans d'âge. La couleur est orangée. Les effluves sont éclatants et passablement riches, se situant à mi-chemin entre les fruits séchés, tels les abricots secs, et les notes plus oxydatives, comme la cassonade, les noix et les épices douces. En bouche, il dévoile une patine des plus sensuelles, agrémentée de saveurs caramélisées et subtilement épicées. **www.realcompanhiavelha.pt**

☛ *Servir dès sa mise en marché, à 14 °C*

Jambon aux parfums d'Orient (*). Fromages : são jorge (portugais) et vieux cheddars accompagnés de *marmelada* (confiture de coings portugaise) et de noix de Grenoble (*). Dessert : mousse au chocolat noir et au parfum de Grand Marnier (*).

Noval Fine White

PORTO BLANC, QUINTA DO NOVAL, PORTUGAL

16,65 $	SAQ S* (10227399)	★★★ $$	Modéré+

Très bon porto blanc, d'un rapport qualité-prix imbattable. Du fruit à revendre (mirabelle, pêche, amande et noix de coco), de l'ampleur, du moelleux, une sucrosité enveloppante, une texture patinée et une finale fraîche. Parfait pour l'heure du fromage, comme du dessert. **Alc./**19 %. **www.quintadonoval.com**

☛ *Servir dès sa mise en marché, à 15 °C*

Fromages : fondue au fromage, picodon de l'Ardèche ou saint-marcelin (sec). Desserts : tarte à la mirabelle, tarte fine aux poires ou millefeuille de pain d'épices aux pommes et aux figues fraîches (*).

Dow's LBV 2000

PORTO LATE BOTTLED VINTAGE, SILVA & COSENS, PORTUGAL

19,95 $	SAQ **C** (533364)	★★★ $$	**Corsé**

Mis en bouteilles en 2005, ce LBV 2000 des plus charmeurs se montre très poivré et richement fruité, au corps ample et passablement détendu, aux tanins fins, aux saveurs longues et gourmandes de fruits confits, de cacao et d'épices douces. **Cépages :** tinta roriz, touriga nacional, touriga francesa. **Alc.**/20 %. **www.dows-port.com**

☛ *Servir entre 2006 et 2012, à 16 °C*

Fromage : cambozola accompagné de confiture de cerises noires. Desserts : mousse au chocolat noir et aux cerises ou tarte au chocolat noir baignée d'une réduction de porto LBV (*).

Fonseca LBV 2000

PORTO LATE BOTTLED VINTAGE, FONSECA GUIMARAENS VINHOS, PORTUGAL

20,95 $	SAQ **C** (046979)	★★★ $$	**Corsé**

Mis en bouteilles en 2005, ce LBV 2000 étonne par la richesse et la concentration de son fruit. La couleur est profonde et violacée, le nez est riche, la bouche est ample et enrobée, aux tanins souples et aux saveurs très réglissées et on ne peut plus cacaotées, avec une longue finale de *cherry blossom*. **Cépages :** touriga nacional, touriga francesa, tinta roriz, tinto cão, tinta barroca, tinta amarela. **Alc.**/20 %. **www.fonseca.pt**

☛ *Servir entre 2006 et 2010, à 16 °C*

Fromages : fourme d'Ambert et ossau-iraty accompagné de confiture de cerises noires. Desserts : gâteau forêt-noire ou tarte au chocolat noir baignée d'une réduction de porto LBV (*).

Graham's LBV 2000

PORTO LATE BOTTLED VINTAGE, W. & J. GRAHAM'S, PORTUGAL

20,95 $	SAQ **S** (191239)	★★★ $$	**Corsé**

Un LBV fougueux, épicé et floral, dans le ton des vintages, sans la profondeur et la densité de ces derniers, bien sûr, mais avec tenue et persistance. Fruits noirs et griotte complètent le tableau de cette belle réussite aux tanins qui ont du grain. Mis en bouteilles en 2005. **Cépages :** touriga nacional, tinta roriz, tinta barroca. **Alc.**/20 %. **www.symington.com**

☛ *Servir entre 2006 et 2012, à 16 °C*

Fromages : bleu de Gex, fourme d'Ambert, laracam ou pied-de-vent. Desserts : gâteau au fromage avec sauce au chocolat, glace au chocolat arrosée d'une réduction de porto LBV (*) ou truffes au chocolat noir Guanaja de Valrhona.

Niepoort LBV 1998

PORTO LATE BOTTLED VINTAGE, NIEPOORT, PORTUGAL

25,60 $	SAQ **S** (10253255)	★★★☆ $$$	Corsé

Depuis sa mise en marché en 2004, ce LBV a remarquablement évolué et se montre particulièrement attrayant à l'heure actuelle. Il présente un très léger dépôt, n'ayant séjourné que les quatre années minimum requises pour l'élevage des LBV. La robe est très foncée et violacée. Le nez est compact, retenu et assez profond, relevé de fruits noirs. La bouche est encore plus juteuse et enveloppante qu'il y a deux ans, tout en demeurant passablement dense et serrée pour un LBV. Ce qui lui vaut une demi-étoile supplémentaire. La finale est chocolatée et réglissée à souhait. **Cépages :** touriga nacional, touriga franca, tinto cão, tinta franscisca, tinta amarela, sousão, tinta roriz + autres cépages portugais. **Alc./**20 %. **www.niepoort-vinhos.com**

☛ *Servir entre 2006 et 2014, à 16 °C et décanté en carafe 15 minutes*

Fromages : bleu des Causses ou stilton. Desserts : dattes chaudes dénoyautées et farcies au roquefort (au four, à 350 °F, 5 minutes) ou tarte au chocolat noir baignée d'une réduction de porto LBV (*).

Noval LBV Unfiltred 1999 ♥

PORTO LATE BOTTLED VINTAGE, QUINTA DO NOVAL, PORTUGAL

25,95 $	SAQ **S*** (734657)	★★★☆ $$$	Corsé+

Noval présente un LBV 1999 au nez on ne peut plus rhodanien, c'est-à-dire rappelant les notes de fumée, de lys et de cassis du cépage syrah. Là s'arrête la comparaison, car la bouche se montre sucrée à souhait, pleine, pulpeuse, généreuse et volumineuse. Rares sont les LBV aussi nourris et aussi pleins, aux tanins aussi serrés et aux saveurs d'une telle allonge. **Cépages :** tinta roriz, touriga nacional, touriga francesa. **Alc./**19,5 %. **www.quintadonoval.com**

☛ *Servir entre 2006 et 2016, à 16 °C et oxygéné en carafe 5 minutes*

Fromage : bleu bénédictin. Desserts : réduction de porto LBV sur crème glacée à la vanille (*) ou truffes au chocolat et au café (*).

Smith Woodhouse 10 ans ♥

PORTO TAWNY, SMITH WOODHOUSE, PORTUGAL

28,85 $	SAQ **C** (575456)	★★★☆ $$$	Corsé

Mise en bouteilles en 2006, cette cuvée se montre plus soutenue et plus complexe que ne l'était la mise en bouteilles de 2003 (commentée dans *La Sélection 2005*). La couleur est ambrée-orangée, aux reflets brunâtres. Le nez est passablement riche et caramélisé à souhait, aux notes détaillées de figue séchée, de miel, de cassonade et d'épices douces. La bouche suit avec un moelleux plein, une texture patinée et des saveurs longues et précises, laissant des traces de figue rôtie, de havane et de pain d'épices. Assurément la meilleure mise en bouteilles depuis belle lurette. **Alc./**20 %. **www.smithwoodhouse.com**

Servir dès sa mise en marché, à 15 °C

Foie gras de canard poêlé déglacé au porto tawny et aux raisins de Corinthe. Fromages : laguiole accompagné de miel de sarrasin ou são jorge et vieux cheddars accompagnés de *marmelada* (confiture de coings portugaise) et de noix de Grenoble (*). Desserts : mousse au chocolat noir et au parfum de Grand Marnier (*) ou millefeuille de pain d'épices aux figues (*).

Quinta do Infantado LBV 2000

PORTO LATE BOTTLED VINTAGE, FAMILLE ROSEIRA, PORTUGAL

29,65 $	SAQ **S*** (884361)	★★★☆ $$$	**Corsé**	BIO

Cet excellent LBV 2000, salué en primeur dans l'édition précédente, a fait un retour en 2006. Il se montre toujours aussi étonnamment raffiné et profond pour un LBV, dévoilant des effluves de fumée, de lys, de cassis et de cerise noire, ainsi que compact, plein et persistant, égrainant des saveurs de bleuet, de cacao et de rose séchée. Cette cuvée a été mise en bouteilles en juillet 2004, donc un minimum requis de vieillissement en fûts, sans filtration, et obturé avec un bouchon de liège. Ne manquez surtout pas tous les autres portos de ce domaine de référence. **Cépages :** touriga nacional, touriga franca, tinta roriz, tinta barroca, tinta amarela, tinto cão, rufete, sousão. **www.quintadoinfantado.pt**

Servir entre 2006 et 2015, à 16 °C et oxygéné en carafe 15 minutes

Fromage : fourme d'Ambert accompagnée de confiture de cerises noires. Desserts : tarte au chocolat noir baignée d'une réduction de porto LBV (*), truffes au chocolat et à la cardamome (*) ou bleuets trempés dans le chocolat noir.

Feist 1995

PORTO TAWNY COLHEITA, H. & C.J. FEIST, PORTUGAL

32,25 $	SAQ **S** (734632)	★★★?☆ $$$	**Modéré+**

Mis en bouteilles en 2005, ce tawny colheita (millésimé) se montre d'une couleur rouge grenat modéré, aux reflets un brin orangés, au nez ayant besoin d'oxygène pour se donner, mais qui semble riche de promesses, à la bouche charnue, pleine et gourmande, aux saveurs jouant dans la sphère du torréfié et du fruité confit, passablement ronde et dodue, d'une bonne allonge. Pas la grande complexité, mais tout à fait suave et sensuel. **Alc./**20 %.

Servir entre 2006 et 2016, à 16 °C

Fromages : époisses (accompagné de pain aux figues ou aux dattes) ou maroilles (affiné). Desserts : dattes chaudes dénoyautées et farcies au gorgonzola (au four, à 350 °F, 5 minutes), gâteau Davidoff (*) ou tarte au chocolat noir baignée d'une réduction de porto tawny (*).

Barros Colheita 1996

PORTO TAWNY COLHEITA, BARROS, ALMEIDA & CA., PORTUGAL

32,50 $ SAQ **S*** (10328034) ★★★?☆ **$$$** **Corsé**

Un jeune tawny millésimé, à la robe encore rouge rubis modéré, au disque un brin orangé, au nez actuellement discret, à la bouche généreuse, presque pulpeuse et enveloppante, aux tanins fondus et aux saveurs expansives, laissant des traces de fruits confits, de caramel et de havane. **Cépages :** touriga nacional, touriga franca, tinta roriz, tinta barroca, tinta amarela, tinto cão, rufete, sousão + autres variétés portugaises. **Alc.**/20 %. **www.porto-barros.pt**

☛ *Servir entre 2006 et 2018, à 15 °C*

Poires pochées farcies au fromage bleu et coulis de caramel d'épices, tarte aux pommes et aux figues fraîches recouverte de fromage cheddar et baignée d'une réduction de porto tawny ou truffes au chocolat et au café (*).

Warre's LBV 1995

PORTO LATE BOTTLED VINTAGE, SYMINGTON FAMILY ESTATES, PORTUGAL

34,75 $ SAQ **S** (10474980) ★★★?☆ **$$$** **Corsé**

Mis en bouteille en 1999, ce LBV de type traditionnel exprime une belle maturité, c'est-à-dire une robe modérément soutenue, au disque légèrement orangé, un nez aromatique et raffiné, sans la puissance de la jeunesse, mais avec la précision et la subtilité du temps, à la bouche ample, presque juteuse, mais à la texture détendue, aux tanins souples et au corps voluptueux. N'atteint pas la plénitude et la profondeur du 1994 qui l'a précédé, mais demeure tout de même un excellent LBV mature, ce qui est plutôt rare sur le marché. **Cépages :** 68 % vinha velha, 22 % touriga franca, 10 % touriga nacional. **www.symington.com**

☛ *Servir entre 2006 et 2012, à 16 °C et décanté 15 minutes*

Fromages : ossau-iraty accompagné de confiture de cerises noires ou terrincho velho (portugais de plus ou moins 90 jours d'affinage). Cigare : churchill Bolivar Corona Gigante.

Warre's Otima 20 ans

PORTO TAWNY, WARRE & CA., PORTUGAL ***(DISP. DÉC. 06)***

NOUVEAUTÉ!

39,95 $ (500 ml) SAQ **C** (10667360) ★★★☆ **$$$$** **Corsé**

Mis en bouteilles en 2005, ce nouveau Otima 20 ans de Warre's, qui vient ainsi compléter le duo avec le populaire 10 ans, se montre subtilement aromatique, aux relents passablement riches et invitants de noisette, de havane et de sucre brun, à la bouche pénétrante et généreuse, avec une certaine retenue qui lui procure de la distinction, dévoilant des notes persistantes et chaudes de caramel, d'épices et de fruits confits. Méditation assurée! **Alc.**/20 %. **www.warre.com**

☛ *Servir dès sa mise en marché, à 15 °C*

Fromages : ossau-iraty accompagné de figues macérées au porto tawny ou terrincho velho (de plus ou moins 90 jours d'affinage) accompagnés de *marmelada* (confiture de coings portugaise) et de noix de Grenoble. Desserts : truffes au chocolat et au café (*) ou figues rôties au miel et glace à la vanille. Cigare : corona grande Hoyo de Monterrey Le Hoyo des Dieux.

Mackenzie's Vieux Porto Blanc ♥

PORTO BLANC, J.H. ANDRESEN, PORTUGAL

48,75 $	SAQ **S*** (733899)	★★★★ $$$$	**Corsé**

Un remarquable porto blanc de plus de 30 ans d'âge. La robe est ambrée et orangée. Le nez est d'une patine unique, s'ouvrant beaucoup à l'oxygénation. Ayant été élevé très longtemps en fûts et en bouteilles, ce porto a besoin d'un certain contact avec l'oxygène pour libérer ses puissants effluves. Érable, cacao, noisette, épices douces et figue séchée apparaissent à tour de rôle. La bouche est pleine, texturée, vaporeuse et fraîche, exprimant d'intenses saveurs de fruits secs et de cassonade, avec un arrière-plan de crème brûlée. Un vin de méditation, se suffisant à lui même, mais qui fera aussi de belles rencontres harmoniques avec les grands formats de havanes, les fromages matures, accompagnés de confiture, ainsi qu'avec les desserts caramélisés, tout comme ceux à base de noix. **Alc.**/20 %.

☛ *Servir dès sa mise en marché, à 15 °C*

Fromages : ossau-iraty (vieux) accompagné de confiture de poires au gingembre ou terrincho velho (de plus ou moins 90 jours d'affinage) accompagnés de *marmelada* (confiture de coings portugaise) et de noix de Grenoble. Desserts : crème brûlée, raviolis frits aux dattes et aux noix ou poires caramélisées aux épices. Cigares : churchill Bolivar Corona Gigante ou double corona Punch.

Feist 1983

PORTO TAWNY COLHEITA, H. & C.J. FEIST, PORTUGAL

52 $	SAQ **S** (884080)	★★★★ $$$$	**Modéré+**

Mis en bouteilles en 2006, ce 1983 se montre d'une robe ambrée, d'un nez éthéré, aux notes complexes de fruits secs, d'une bouche enivrante et sensuelle, tapissant le palais d'une patine texturée et de saveurs caramélisées, épicées et torréfiées, perdurant longuement en fin de bouche et laissant un imposant goût de Nutella. Difficile de résister au charme... **Alc.**/20 %.

☛ *Servir dès sa mise en marché, à 15 °C*

Fromages : gouda (très vieux) ou cheddars (vieux) accompagnés de *marmelada* (confiture de coings portugaise) et de noix de Grenoble. Desserts : figues au porto tawny et à la vanille, raviolis frits aux dattes et aux noix ou gâteau noisette et chocolat noir.

Warre's Colheita 1986

PORTO TAWNY COLHEITA, SYMINGTON FAMILY ESTATES, PORTUGAL ***(DISP. AUTOMNE 06)***
NOUVEAUTÉ!

58 $	SAQ **S** (10658471)	★★★☆?☆ $$$$	**Corsé**

Mis en bouteilles en 2006, après dix ans de maturation en cuves de chêne, ce tawny millésimé se montre d'une robe d'un brun ambré modéré, au nez retenu, ayant besoin d'oxygène pour se révéler, à la bouche ample, compacte et sensuelle, tapissant le palais d'une texture suave et de saveurs caramélisées, avec des notes de havane et d'épices douces. **Alc./**20 %. **www.symington.com**

☛ *Servir entre 2006 et 2018, à 16 °C et oxygéné en carafe 30 minutes*

Fromages : raclette au gorgonzola ou fondue au fromage bleu. Desserts : biscotti, truffes au chocolat et à la cardamome (*) ou tarte au chocolat noir (*).

Quinta do Crasto 2000

PORTO, QUINTA DO CRASTO, PORTUGAL

65 $	SAQ **S** (730341)	★★★★?☆ **$$$$**	**Corsé+**

Un porto ultra-coloré et violacé, au nez d'une grande élégance et d'un raffinement rare chez les aussi jeunes vintages, marqué par des notes on ne peut plus florales, à la bouche dense, ramassée et tannique, avec du grain à revendre et de la fraîcheur qui le propulsera dans le temps. Harmonie, plaisir et race pour un 2000 enchanteur, offert à un prix plus que doux et dont un nouvel arrivage était attendu au cours de l'automne 2006. **Cépages :** touriga franca, tinta roriz, tinta barroca, touriga nacional. **Alc./**20 %. **www.quintadocrasto.pt**

☛ *Servir entre 2010 et 2028, à 16 °C et oxygéné en carafe 30 minutes*

Fromage : gorgonzola accompagné de confiture de cerises noires.

Barros Colheita 1977

PORTO TAWNY COLHEITA, BARROS, ALMEIDA & CA., PORTUGAL

71 $	SAQ **S** (882894)	★★★★ **$$$$**	**Modéré+**

Un 1977 à la robe pâle orangée-ambrée, au nez éthéré et subtilement aromatique, s'ouvrant doucement sur des notes de bois de santal et de fruits secs, à la bouche aérienne, inspirée, prenante, longiligne, fraîche et des plus persistantes, laissant de longues traces de noisette, d'amande grillée, d'abricot sec, de caramel anglais et d'épices douces, dans un ensemble épuré et raffiné. Malheureusement pour le consommateur, les contre-étiquettes de cette maison ne mentionnent pas l'année de la mise en bouteilles, contrairement à ce que stipule la loi pour les portos tawnies colheitas, ce qui permettrait de connaître, comme il se doit, le temps passé en fûts de chaque cuvée... **Alc./**20 %. **www.porto-barros.pt**

☛ *Servir dès sa mise en marché, à 15 °C*

Fromages : picodon de l'Ardèche, saint-marcelin (sec) ou são jorge (portugais) et vieux cheddars accompagnés de *marmelada* (confiture de coings portugaise) et de noix de Grenoble (*). Desserts : truffes au chocolat et au café (*) ou tarte au chocolat noir baignée d'une réduction de porto tawny (*).

Taylor's Vintage 2003

PORTO VINTAGE, TAYLOR FLADGATE & YEATMAN, PORTUGAL

75 $ (375 ml) SAQ **S** (708982) ★★★★☆?☆ **$$$$$** **Corsé+**

Aussi disponible en format 750 ml (140 $ SAQ **S** 708966) et 1,5 litre (263 $ SAQ **S** 852483), ce grandissime 2003 se montre actuellement d'un charme inouï, très floral, jouant sur la violette et le lys, à la bouche dense, généreuse et remarquablement enveloppée, presque tendre tant la matière est pulpeuse. Un vintage très coloré, presque noir et violacé, aux saveurs percutantes (réglisse, bleuet, mûre, cacao) et aux tanins tissés serrés, qui ira très très loin dans le temps, même s'il se donne avec opulence en ce moment. **Alc.**/20 %. **www.taylor.pt**

☛ *Servir entre 2006 et 2036, à 16 °C et oxygéné en carafe 90 minutes*

Osso buco de cerf aux parfums de mûres et de réglisse (*). Fromages : gorgonzola ou stilton. Cigares : double corona Punch ou corona San Luis Rey.

Niepoort Vintage 2003

PORTO VINTAGE, NIEPOORT, PORTUGAL

96 $ SAQ **S** (10469291) ★★★★☆?☆ **$$$$$** **Puissant**

Avec cet exceptionnel vintage, Dirk van der Niepoort a magnifié l'un des dix plus grands portos de 2003. Il faut dire qu'il est né d'une sélection draconienne de très vieilles vignes de 60 ans et plus, dont certaines ont plus de 100 ans d'âge. Il en résulte un vin d'une robe noire, opaque et violacée, au nez d'une intensité et d'une richesse exponentielles, marquée par des notes concentrées de cassis, de bleuet et de violette, à la bouche à la fois profonde et élégante, dense et racée, d'une harmonie parfaite entre la puissance imposante et le raffinement des tanins, aux saveurs d'une très grande allonge. Se bonifiera pendant plusieurs décennies, même s'il est déjà très engageant. **Cépages :** touriga nacional, touriga franca, tinto cão, tinta franscisca, tinta amarela, sousão, tinta roriz. **Alc.**/20 %. **www.niepoort-vinhos.com**

☛ *Servir entre 2006 et 2035, à 17 °C et décanté en carafe 1 heure*

Dessert : tarte au chocolat noir parfumée au thé lapsang souchong (*). Fromages : gorgonzola ou stilton. Digestif : chocolat noir Domori Puro (100 % cacao). Cigare : torpedo Montecristo.

RÉPERTOIRE ADDITIONNEL

Noval LB «Finest Reserve»
PORTO LATE BOTTLED VINTAGE, QUINTA DO NOVAL, PORTUGAL
11 $ (375 ml) SAQ **S** (574921) ★★ $$ **Modéré**
Aussi disponible en bouteille de 750 ml, ce LB se montre souple, rond et chocolaté. **Alc.**/19,5 %.

Quinta de Santa Eufêmia
PORTO TAWNY, QUINTA DE SANTA EUFÊMIA, PORTUGAL
15,85 $ SAQ **S** (733378) ★★☆ $$ **Modéré**
(Voir commentaire détaillé dans l'édition 2006)

Quinta do Infantado Blanc Dry
PORTO BLANC DRY, QUINTA DO INFANTADO, PORTUGAL
16,70 $ SAQ **S** (884437) ★★★ $$ **Corsé** BIO
(Voir commentaire détaillé dans l'édition 2006)

Offley Cachucha
PORTO BLANC, FORRESTER, PORTUGAL
19,30 $ SAQ **C** (582064) ★★★ $$ **Modéré+**
(Voir commentaire détaillé dans l'édition 2006)

Taylor Fladgate 2000
PORTO LATE BOTTLED VINTAGE, TAYLOR FLADGATE & YEATMAN, PORTUGAL
20,55 $ SAQ **C** (046946) ★★★☆ $$ **Corsé**
(Voir commentaire détaillé dans l'édition 2006)

Ferreira LBV 1999
PORTO LATE BOTTLED VINTAGE, SOGRAPE, PORTUGAL
20,95 $ SAQ **C** (502443) ★★★?☆ $$ **Corsé+**
(Voir commentaire détaillé dans l'édition 2006)

Offley Boa Vista 1999
PORTO LATE BOTTLED VINTAGE, FORRESTER & CA., PORTUGAL
20,95 $ SAQ **C** (483024) ★★★?☆ $$ **Corsé**
(Voir commentaire détaillé dans l'édition 2006)

Graham's Six Grapes
PORTO RESERVE, SYMINGTON FAMILY ESTATES, PORTUGAL
22,75 $ SAQ **S** (208405) ★★ $$ **Corsé**
Classique de cette maison, cet ancien vintage character – cette mention est désormais interdite – exhale un profil rappelant le style des LBV, mais sans en avoir l'aplomb et la profondeur. **Alc.**/20 %.

Warre's Otima 10 ans
PORTO TAWNY, WARRE & CA., PORTUGAL
24,85 $ (500 ml) SAQ **C** (565705) ★★★ $ **Modéré+**
(Voir commentaire détaillé dans l'édition 2006)

Dow's 10 ans
PORTO TAWNY, SILVA & COSENS, PORTUGAL ***(DISP. AUTOMNE 06)***
NOUVEAUTÉ!
34 $ SAQ **S** (10658341) ★★★☆ $$$ **Modéré+**
Mis en bouteilles en 2005, ce nouveau 10 ans de Dow's se montre plus évolué que la majorité de ces collègues du même âge. Donc, sur les fruits secs, au corps plus sec et plus longiligne, moins voluptueux et moins sucré. Ceux qui apprécient les portos plus élégants, parfaits pour le moment du digestif, seront comblés. **Alc.**/20 %.

Noval 10 ans
PORTO TAWNY, QUINTA DO NOVAL, PORTUGAL
34,75 $ SAQ **S** (324137) ★★★☆ $$$ **Modéré+**
(Voir commentaire détaillé dans l'édition 2006)

Martinez 10 ans
PORTO TAWNY, MARTINEZ GASSIOT & CO., PORTUGAL
37 $ SAQ **S** (297127) ★★★★ $$$$ **Corsé**
(Voir commentaire détaillé dans l'édition 2006)

Barros Colheita 1983
PORTO TAWNY COLHEITA, BARROS, ALMEIDA & CA., PORTUGAL
52 $ SAQ **S** (618348) ★★★ $$$$ **Corsé**
Ce 1983, arrivé sur le marché en août 2006, exprime un nez plutôt timide, mais une bouche gourmande, généreuse, moelleuse et texturée. Engageant, sans être complexe. **Alc.**/20 %.

Poças Vintage 2001
PORTO VINTAGE, MANOEL D. POÇAS JUNIOR, PORTUGAL
54 $ SAQ **C** (718429) ★★★☆?☆ $$$$ **Corsé+**
Un vintage très compact, coloré et violacé, au nez actuellement retenu, aux tanins tissés très serrés, aux saveurs concentrées, au profil élancé, droit et minéral, qui aura besoin de temps. **Alc.**/20 %.

Quinta de Roriz Vintage 2003
PORTO VINTAGE, QUINTA DE RORIZ, PORTUGAL
68 $ SAQ **S** (10456511) ★★★★☆ $$$$ **Corsé+**
(Voir commentaire détaillé dans l'édition 2006)

Quinta de Vargellas 1995
PORTO SINGLE QUINTA VINTAGE, TAYLOR FLADGATE & YEATMAN, PORTUGAL
83 $ SAQ **S** (10325061) ★★★★ $$$$$ **Corsé+**
(Voir commentaire détaillé dans l'édition 2006)

Dow's Vintage 2003
PORTO VINTAGE, SYMINGTON FAMILY ESTATES, PORTUGAL
86 $ SAQ **S** (10456546) et
45,75 $ (375 ml) (10456538) ★★★★☆ $$$$$
(Voir commentaire détaillé dans l'édition 2006)

Quinta do Vesuvio Vintage 2003
PORTO VINTAGE, SYMINGTON FAMILY ESTATES, PORTUGAL
86 $ SAQ **S** (10456474) ★★★★☆?☆ $$$$$ **Puissant**
(Voir commentaire détaillé dans l'édition 2006)

Warre's Vintage 2003
PORTO VINTAGE, SYMINGTON FAMILY ESTATES, PORTUGAL
86 $ SAQ **S** (10456458) ★★★★?☆ $$$$$ **Corsé+**
(Voir commentaire détaillé dans l'édition 2006)

Graham's Vintage 2003
PORTO VINTAGE, SYMINGTON FAMILY ESTATES, PORTUGAL
98 $ SAQ **S** (10456503) et
51 $ (375 ml) (10456482) ★★★★☆?☆ $$$$$ **Corsé+**
(Voir commentaire détaillé dans l'édition 2006)

Taylor 30 ans
PORTO TAWNY, TAYLOR FLADGATE & YEATMAN, PORTUGAL
185 $ SAQ **S** (540252) ★★★★☆ $$$$$ **Corsé**
(Voir commentaire détaillé dans l'édition 2006)

Taylor 40 ans
PORTO TAWNY, TAYLOR FLADGATE & YEATMAN, PORTUGAL
242 $ SAQ **S** (540260) ★★★★★ $$$$$ **Modéré+**
(Voir commentaire détaillé dans l'édition 2006)

Vignobles D'OSOYOOS LAROSE, Okanagan Valley, Canada

Vins du Nouveau Monde

Depuis quelques années, le Québec a également vu apparaître, à côté de sa production de vins secs blancs et rouges, plus homogène que par le passé, une petite production de vins de glace, pas vraiment homogène, mais dont certaines cuvées, dans certains millésimes, réussissent à en surprendre plus d'un.

Au tournant du nouveau millénaire, plusieurs excellents vins du Niagara et de l'Okanagan Valley figuraient dans le répertoire de la SAQ. Depuis, la liste a beaucoup régressé. Qu'est-il arrivé? Est-ce notre fibre nationaliste qui a fait reculer les ventes ou tout simplement un manque d'information? Il faut oser mettre le nez dans les vins de nos voisins, tout comme dans ceux du ROC (*rest of Canada*). De surprenantes découvertes vous y attendent. (Pour de plus amples détails, voir le chapitre *Vingt ans autour du monde*, dans *La Sélection Chartier 2006*.)
www.winesofcanada.com
www.winesofontario.org

Coup d'œil sur le Chili

Après avoir débuté la culture de la vigne au XVIe siècle et vécu l'importation des vignes et des technologies bordelaises vers 1850, le Chili a atteint son âge d'or en 1990, pour ensuite vivre un important *boom* de plantations: ses surfaces de vignes ont doublé, passant de 54 392 ha en 1995 à 110 097 ha en 2003. De nouvelles régions se sont alors développées, particulièrement aux pieds des Andes, vers l'est, où les sols sont toutefois moins intéressants, ainsi que du côté ouest, où se trouvent les *Coastal Ranges*, avec des sols grandement plus variés, à quelques kilomètres seulement du Pacifique qui rafraîchit le climat au profit de vins plus aériens.

Pendant cette même période, les plantations de cabernet sauvignon ont triplé, passant de 11 112 ha à 39 731 ha, tout comme celles de l'originale carmenère – confondue avec le merlot, ce cépage n'était pas recensé en 1995 –, qui sont passées de 2 306 ha en 1999 à 6045 ha en 2003. Ces années de transformation pourraient amener de grandes surprises dans les prochains millésimes, tant en blanc qu'en rouge. Pinot noir, riesling, sauvignon blanc, syrah et, ce qui devrait devenir LE cépage signature du pays, la carmenère (d'origine bordelaise), engendrent plus que jamais de multiples cuvées de très bonne et, dans certains cas, d'excellente qualité. Amateurs du style Nouveau Monde, il vous faut donc flirter à nouveau avec les très expressifs vins chiliens. (Pour de plus amples détails, voir le chapitre *Vingt ans autour du monde*, dans *La Sélection Chartier 2006*.)
www.winesofchile.org

Coup d'œil sur les États-Unis

Les derniers millésimes ont vu apparaître des vins américains plus élégants, moins opulents et moins marqués que par le passé par les arômes de vanille et de noix de coco que l'élevage excessif (ou mal maîtrisé) en barriques de chêne neuf leur procurait. De nombreux vins trop maquillés subsistent encore, mais, lorsque la qualité est au rendez-vous, elle peut être stupéfiante, en particulier chez les rouges de pinot noir (régions de Carneros, Oregon, Russian River Valley et Santa Barbara), de cabernet (Napa et Washington), de sangiovese et de zinfandel (Sonoma). Avec le succès du film oscarisé *Sideways,* le pinot noir a subi une poussée incroyable, causant de multiples ruptures de stocks (voir dossier sur le pinot noir dans le chapitre *Le Blogue de Chartier*).

Avec 415 000 hectares de vignes, en 2003, les États-Unis se situent au sixième rang des surfaces mondiales. Quant à sa production, de l'ordre de 20,7 millions d'hl, elle place notre voisin du sud au quatrième rang des pays producteurs de vin, derrière l'Italie, la France et l'Espagne. D'ici 2007, ce pays devrait enregistrer une progression de sa production de l'ordre de 12,9 %, le double de la progression prévue de la moyenne mondiale. La consommation du vin aux États-Unis s'accroît sans cesse depuis le début des années 90. En 2005, les Américains ont consommé plus de 23 millions d'hl de vin. La même année, un sondage a démontré que le vin était leur boisson alcoolique préférée. Si cette tendance se poursuit, les Américains pourraient devenir très bientôt les plus grands consommateurs de vin au monde, avant la France et l'Italie. (Pour de plus amples détails, voir le chapitre *Vingt ans autour du monde,* dans *La Sélection Chartier 2006*.) **www.wineinstitute.org**

Coup d'œil sur la Nouvelle- Zélande

De 5000 ha en 1990, les surfaces cultivées de la Nouvelle-Zélande représentaient en 2005 plus de 20 500 ha. Une progression qui s'est surtout accélérée depuis 1998, dépassant ainsi les prévisions de plantation. Entre 1991 et 2004, le nombre de *wineries* est passé de 150 à 460. Le volume moyen des vendanges a presque triplé en une décennie. Alors que la production était de plus ou moins 70 000 tonnes par an entre 1995 et 2001, elle a atteint 170 000 tonnes en 2004. Les vins blancs représentent près de 80 % des exportations. Le marché du vin rouge continue à se développer doucement.

Depuis la fin des années 90, la Nouvelle-Zélande a acquis la réputation d'un pays exportateur de vins de qualité. Bien qu'elle ne fournisse que 0,3 % de la production mondiale de vin, elle a pris son véritable envol à la fin des années 80, après l'octroi, par le gouvernement, de subventions visant à détruire les cépages de qualité médiocre, laissant ainsi la place aux cépages nobles. Elle offre aujourd'hui aux consommateurs une gamme de vins d'une remarquable fraîcheur, grâce à son climat tempéré. Après avoir fait état, dans *La Sélection Chartier 2006,* de la pauvreté de l'offre des vins néo-zélandais à la SAQ, je suis heureux de constater qu'un an plus tard, la sélection de vins de ce pays de l'hémisphère Sud a été grandement revue et corrigée, et que la SAQ a fait des achats pertinents. Plusieurs de ces nouveaux vins sont commentés dans la présente édition. Amateurs de sancerres, de bourgognes blancs, de rouges de Bourgogne et de Bordeaux, osez la Nouvelle-Zélande, vous y serez en terrain connu, tout en ouvrant vos horizons de dégustateurs. (Pour de

plus amples détails, voir le chapitre *Vingt ans autour du monde*, dans *La Sélection Chartier 2006*.)
www.nzwine.com

Coup d'œil sur l'Uruguay

Depuis l'opération « charme » des acheteurs de la SAQ, au printemps 2005, avec l'introduction de plus ou moins 25 crus de ce petit pays sud-américain, d'autres nouveautés et de nouveaux millésimes des vins ayant ouvert le marché se sont ajoutés. La qualité d'ensemble des vins mis en marché au Québec, en 2005, n'était pas vraiment homogène, mais, depuis, les nouveaux venus et les changements de millésimes ont rendu l'offre plus alléchante. On y trouve encore quelques vins rustiques, mais aussi quelques belles découvertes offertes à prix doux. N'oublions pas que l'Uruguay est le seul pays, à part la France, où le tannat a su s'adapter avec brio. Ne vous attendez cependant pas à y dénicher des copies de madirans. Les rendements y sont souvent très élevés. De plus, le tannat requiert une longue et lente saison de maturation pour offrir le meilleur de lui-même, ce qu'il n'arrive pas à trouver tous les ans sous ce climat relativement pluvieux. Il offre donc des rouges au coffre généralement moins imposant qu'à Madiran. Mais des efforts louables, servis à un prix plus qu'acceptable, sont à souligner. (Pour de plus amples détails, voir le chapitre *Vingt ans autour du monde*, dans *La Sélection Chartier 2006*.)
www.winesofuruguay.com

WHITE WINE

Vins Blancs du Nouveau Monde

Chardonnay Trapiche 2006

MENDOZA, BODEGAS TRAPICHE, ARGENTINE *(DISP. AUTOMNE 06)*

10,35 $ SAQ **C** (588004) ★★ $ **Modéré**

Un 2006 d'une séduisante suavité, tout en étant très frais, qui vaut franchement plus que le prix demandé. Un brin exotique, croquant et digeste. **Cépage :** chardonnay. **Alc./**13 %. **www.trapichewinery.com**

☛ *Servir entre 2006 et 2007, à 12 °C*

Sandwich « pita » au poulet et au chutney à la mangue, salade de poulet à la vinaigrette au sésame, fettucine Alfredo, poulet rôti. Fromages : jaslberg ou casimir.

Chardonnay Santa Emiliana 2005

VALLE DEL MAIPO, VIÑEDOS EMILIANA, CHILI

11,05 $ SAQ **C** (172940) ★★ $ **Modéré**

Ce chardonnay est plus que jamais l'une des valeurs sûres chez les blancs secs du Chili offerts sous la barre des treize dollars. De la fraîcheur, du charme, de la finesse, de l'expression aromatique (pomme et agrumes) et de la digestibilité – ce qui fait d'ailleurs souvent défaut chez de nombreux chardonnays sud-américains – à un prix plus que doux. **Cépage :** chardonnay. **Alc./**13 %. **www.vinedosemiliana.cl**

☛ *Servir entre 2006 et 2007, à 12 °C*

Pâtes au poulet et à la crème, pizza au camembert, croquettes de pommes de terre et de saumon, filet de sole à la moutarde et au miel ou brochettes de poulet à l'ananas et au cumin.

Chardonnay Bin 65 Lindemans 2005

SOUTH EASTERN, LINDEMANS WINES, AUSTRALIE

12,45 $ SAQ **C** (142117) ★★ $ **Modéré+**

Cet indélogeable classique australien, dont le succès est quasi planétaire, se montre toujours aussi engageant, texturé, presque juteux, mais avec tenue et persistance. Des saveurs à revendre (ananas, pomme poire et vanille), et du moelleux à offrir. On ne peut plus australien. **Cépage :** chardonnay. **Alc./**13,5 %. **www.lindemans.com.au**

☛ *Servir entre 2006 et 2007, à 14 °C*

Pâtes sauce au fromage bleu (voir Entrecôte sauce au fromage bleu) (*), côtes levées sauce teriyaki, brochettes de poulet sauce moutarde et miel, poulet au gingembre et à l'ananas ou saumon grillé à la salsa d'ananas.

Chardonnay R. H. Phillips 2004

CALIFORNIA, THE R. H. PHILLIPS, ÉTATS-UNIS

13,85 $	SAQ **C** (594457)	★★ $	**Modéré+**

Amateurs de chardonnays californiens, gorgés de fruits (ananas, pomme golden), amples et moelleux à souhait, offerts à prix doux, ne cherchez plus et sustentez-vous de ce 2004 qui fera sensation avec pâtes et poulet en sauce crémeuse. **Cépage :** chardonnay. **Alc.**/13 %. **www.rhphillips.com**

Servir entre 2006 et 2007, à 14 °C

Salade tiède d'endives au fromage bleu cambozola (*), fettucine alla carbonara, pâtes sauce au fromage bleu (voir Entrecôte sauce au fromage bleu) (*), fricassée de poulet aux champignons ou poulet au gingembre et à l'ananas.

Sauvignon Blanc Porcupine Ridge 2005

COASTAL REGION, BOEKENHOUTSKLOOF WINES, AFRIQUE DU SUD

14,35 $	SAQ **S** (592881)	★★☆ $$	**Modéré**

Un sauvignon 2005 aussi expressif que l'était le surprenant 2003, qui avait positionné ce vin pour la première fois parmi les meilleurs rapports qualité-prix de *La Sélection Chartier*. Il semble que la SAQ ait enfin entendu mes récriminations formulées depuis quelques années dans ce guide, car, à la fin de l'année 2006, notre marché verra de nombreux nouveaux vins sud-africains. Quoi qu'il en soit, ce blanc sec, au nez saisissant d'agrumes et de pomme, à la bouche à la fois très fraîche et soutenue, élancée et suave, est de nouveau à prescrire. **Cépage :** sauvignon blanc. **Alc.**/12,5 %. **www.vinimark.co.za**

Servir entre 2006 et 2008, à 12 °C

Salade de demi-bulbes de fenouil grillés surmontés de fromage de chèvre chaud, frittata au basilic et au saumon ou spaghetti aux asperges et à la crème.

Chardonnay Stone Cellars 2004

CALIFORNIA, STONE CELLARS BY BERINGER, ÉTATS-UNIS

14,95 $	SAQ **C** (606806)	★★ $	**Modéré**

Un chardonnay certes commun, mais tout à fait invitant et désaltérant, grâce à une belle fraîcheur minérale en bouche et à des saveurs aussi franches que fraîches de pomme et d'agrumes. **Cépage :** chardonnay. **Alc.**/13 %. **www.beringer.com**

Servir entre 2006 et 2007, à 12 °C

Salade César au poulet épicé, panini au poulet et au fromage mozzarella, poitrines de poulet farcies au fromage brie et à la sauge ou brochettes de porc glacées à l'orange et au miel.

Fumé Blanc Stone Cellars 2004

CALIFORNIA, STONE CELLARS BY BERINGER, ÉTATS-UNIS

14,95 $ SAQ **C** (628099) ★★ $ **Léger+**

Tout ce qu'il y a de plus frais, souple, léger et festif. Un passe-partout difficile à battre. **Cépage :** sauvignon blanc. **Alc./**13,5 %. **www.beringer.com**

☛*Servir entre 2006 et 2007, à 12 °C*

Canapés de tranches de concombre rehaussées de crevettes et de mayonnaise à l'aneth, rouleaux printaniers, taboulé à la menthe fraîche, pâtes au pesto ou calmars frits.

Sauvignon Blanc Trio 2005

CASABLANCA VALLEY, CONCHA Y TORO, CHILI

15,30 $ SAQ **S*** (10327672) ★★★ $$ **Modéré**

Ce sauvignon blanc 2005 illustre très bien l'évolution qualitative qu'a connue le Chili depuis le début de nouvelles plantations, surtout celles de 1995. Il en résulte un blanc sec d'une pureté cristalline, sans aucune lourdeur, d'une fraîcheur saisissante, exhalant des notes de menthe fraîche, de pomme verte et de pamplemousse rose, sans artifices et sans boisé, au corps aérien et aux saveurs persistantes. Croquant et digeste. **Cépage :** sauvignon blanc. **Alc./**13 %. **www.conchaytoro.com**

☛*Servir entre 2006 et 2008, à 12 °C*

Salade de crevettes vinaigrette au jus de pamplemousse, salade d'épinards aux pommes, tempura de crevettes, calmars frits, filet de sole grillé au citron frais et aux herbes ou tartare de saumon.

Pinot Gris Bodega Lurton 2006

VALLE DE UCO-MENDOZA, BODEGAS J. & F. LURTON, ARGENTINE

15,50 $ SAQ **S*** (556746) ★★☆ $$ **Modéré+**

À l'heure du fromage, jouez d'audace gustative et couronnez ce moment convivial du repas d'un suave et enveloppant pinot gris. La texture à la fois dense et onctueuse des vins qu'il engendre surmonte avec brio le salé et l'amertume de la croûte de certains fromages, tout comme les saveurs on ne peut plus lactées. Pour vous en convaincre, optez pour ce pinot gris argentin 2006, au nez enchanteur de banane, de melon et de fleurs blanches, à la bouche ample et texturée, tout en étant fraîche et persistante, même un brin minéralisante. **Cépage :** pinot gris. **Alc./**12,5 %. **www.jflurton.com**

☛*Servir entre 2006 et 2008, à 14 °C*

Pâtes sauce au fromage bleu (voir Entrecôte sauce au fromage bleu) (*), salade tiède d'endives au fromage bleu Cambozola (*), poulet au gingembre et à l'ananas, sandwich « pita » au poulet et au chutney à la mangue, salade de nouilles au gingembre et thon au sésame noir. Fromages : chaource ou migneron.

Chardonnay Alamos 2005

MENDOZA, BODEGA CATENA ZAPATA, ARGENTINE

15,90 $	SAQ **S*** (467969)	★★☆ $$	**Modéré**

Avec ce rafraîchissant 2005, la famille Catena présente de nouveau un très réussi chardonnay Alamos, au profil européen, c'est-à-dire sans lourdeur et sans boisé apparent, que du fruit, de la fraîcheur et de l'élan, non dénué de corps et d'ampleur. Osez tous les vins blancs et rouges signés Catena et commentés dans ce guide, ils sont au sommet de la production argentine. **Cépage :** chardonnay. **Alc./**13,5 %. **www.nicolascatena.com**

☛ *Servir entre 2006 et 2008, à 14 °C*

Paella au poulet safranée, pizza aux fruits de mer sauce béchamel, fettucine au saumon fumé ou brochettes de poulet sauce moutarde et miel. Fromages : comté (12 mois d'affinage), douanier, migneron ou valbert.

Chardonnay Wolf Blass 2005

SOUTH EASTERN AUSTRALIA, WOLF BLASS WINES, AUSTRALIE

15,95 $	SAQ **C** (226860)	★★☆ $$	**Modéré+**

Pour moins de seize dollars, vous avez à nouveau un chardonnay expressif, très frais, texturé, sans lourdeur, aux saveurs expressives d'ananas frais et de pomme golden, au corps modéré. Il a le mérite de ne pas tomber dans la caricature burlesque que trop de chardonnays « nouveaux mondistes » expriment. **Cépage :** chardonnay. **Alc./**13,5 %. **www.wolfblass.com.au**

☛ *Servir entre 2006 et 2007, à 12 °C*

Pâtes aux fruits de mer et au Pernod, riz à l'ananas, pizza au camembert, filet de saumon bénédictin (*), côtelettes de porc au bourbon et compote de pommes volcanique ou brochettes de poulet et de crevettes sauce moutarde et miel. Fromages : casimir ou saint-basile.

Element Sandalford 2005

WESTERN AUSTRALIA, SANDALFORD WINES, AUSTRALIE

NOUVEAUTÉ!

16,35 $	SAQ **S** (10340842)	★★☆ $$	**Léger+**

Dégusté pour la première fois à Bali, en décembre 2004, quelques jours avant le tsunami, ce vivifiant blanc sec y était disponible sur presque toutes les cartes de vins de l'île « oubliée » des dieux... C'est le vin d'éveil des papilles par excellence. Il se montre très aromatique, sec, mordant et aérien, à la texture satinée et aux saveurs de lime, de pomme et de fleurs blanches. Croquant de vérité. **Cépages :** chenin blanc, verdelho et sémillon. **Alc./**12 %. **www.sandalford.com**

☛ *Servir entre 2006 et 2008, à 12 °C*

Apéritif, acras de morue, *fish and chips* sauce tartare, tartinade à la truite fumée, pâtes au pesto ou salade de crevettes au mojo (ail, huile d'olive, graines de cumin grillé, jus de lime et jus d'orange).

Sauvignon Blanc Canyon Road 2005

CALIFORNIA, CANYON ROAD WINERY, ÉTATS-UNIS
NOUVEAUTÉ!

16,40 $	SAQ **S** (439026)	★★☆ $$	**Léger+**

Un sauvignon californien sec et des plus crispy, aux parfums saisissants de pamplemousse rose, de lime et de chèvrefeuille, à la bouche aérienne, épurée et rafraîchissante. **Alc./**13 %. **www.canyonroadwinery.com**

☛ *Servir entre 2006 et 2008, à 12 °C*

Salade de crevettes à la vinaigrette au gingembre et au jus de lime, *fish and chips* et mayo-relish, frittata au basilic et au saumon, pâtes au pesto, moules marinière « à ma façon » (*), taboulé à la menthe fraîche ou ceviche de crevettes à la coriandre fraîche.

Chardonnay Liberty School 2004

CENTRAL COAST, LIBERTY SCHOOL WINERY, ÉTATS-UNIS

18,95 $	SAQ **S*** (719443)	★★★ $$	**Corsé**

Si vous êtes fana des chardonnays californiens surmûris et exotiques à fond, vous aurez des frissons juste à mettre votre nez dans celui-ci. Il donne l'impression d'être un chardonnay de vendanges tardives tant le fruité est confit. Donc, robe dorée, nez explosif, aux riches effluves d'ananas confit, de melon, de mangue, de miel et de fleur d'oranger, bouche ronde, généreuse, presque sucrée, enveloppante et racoleuse au possible. **Cépages :** 95 % chardonnay, 5 % viognier. **Alc./**13,5 %. **www.treana.com**

☛ *Servir entre 2006 et 2010, à 17 °C*

Riz à l'ananas, pétoncles poêlés et salade de champignons portabello sautés et de copeaux de parmesan (vinaigrette à la moutarde), paella au poulet safrané, fettucine alla morosana (cantaloup, huile d'olive, prosciutto et parmigiano reggiano) (*) ou mon lapin exotique pour amateurs de vins blancs (*).

Riesling « Thorn » Grant Burge 2005

EDEN VALLEY, GRANT BURGE WINES, AUSTRALIE
NOUVEAUTÉ!

18,95 $	SAQ **S** (10257070)	★★★ $$	**Modéré+**

Belle découverte que ce riesling sec australien, très floral, au nez invitant et marqué par des tonalités d'épinette, à la bouche tout aussi festive, à l'acidité crispy, aux saveurs rafraîchissantes de pomme verte, de citron et de fleurs, ainsi qu'au corps assez soutenu. Sa grande fraîcheur le rapproche plus du style des rieslings de l'Europe de l'Est que des généreux australiens. Un régal! **Cépage :** riesling. **Alc./**12 %. **www.grantburgewines.com.au**

☛ *Servir entre 2006 et 2009, à 12 °C*

Crevettes aux épices et aux légumes croquants (*), cuisine thaï, dim sum, sashimi sur salade de nouilles de cellophane au gingembre et au sésame ou truite et purée de céleri-rave.

Chardonnay Nativa 2005

VALLE DEL MAIPO, VIÑA CARMEN, CHILI

19,20 $ SAQ **S** (904656) ★★★ $$ **Corsé** BIO

Un chardonnay chilien bio on ne peut plus attrayant et inspirant, à la robe dorée, au nez extraverti, passablement riche, aux notes de cire d'abeille, de miel, de noisette et de poire chaude, à la bouche expressive, à la fois fraîche et généreuse, éclatante et ample, d'une longueur étonnante pour son rang. **Cépage :** chardonnay. **Alc./**14 %. **www.carmen.com**

Servir entre 2006 et 2010, à 14 °C et oxygéné en carafe 15 minutes

Salade de champignons portabello sautés et de copeaux de parmesan (vinaigrette à la moutarde), salade de poulet aux pêches, poulet au miel et à la moutarde, pétoncles poêlés au beurre de gingembre frais ou brochettes de poulet et de crevettes à la salsa d'ananas.

Chardonnay Oyster Bay 2005

MARLBOROUGH, OYSTER BAY WINES, NOUVELLE-ZÉLANDE

19,80 $ SAQ **S*** (10383691) ★★☆ $$ **Modéré+**

Un ixième savoureux blanc néo-zélandais, au profil plus français qu'australien, rappelant les électrisants blancs de Chablis, donc tout à fait frais, aromatique, ample, vivace et persistant, exprimant de longues notes de pomme poire et d'amande grillée. **Cépage :** sauvignon blanc. **Alc./**13,5 %. **www.oysterbaywines.com**

Servir entre 2006 et 2008, à 12 °C

Canapés d'asperges enroulées de saumon fumé, huîtres fraîches et jus de lime, poireaux rôtis à la menthe, fettucine au saumon fumé, crabe à carapace molle en tempura ou filet de truite saumonée grillée à l'huile de basilic.

Chardonnay Beringer Founder's Estate 2004

CALIFORNIA, BERINGER VINEYARDS, ÉTATS-UNIS

19,95 $ SAQ **S*** (534230) ★★☆ $$ **Corsé**

Vous êtes fana des gros chardonnays pulpeux, joufflus et généreux, aux saveurs exotiques de pina colada? Ne cherchez plus et sustentez-vous de ce plus que gourmand Founder's Estate de Beringer. **Cépage :** chardonnay. **Alc./**13,5 %. **www.beringer.com**

Servir entre 2006 et 2007, à 14 °C

Mignons de porc mangue-curry (*), curry de poulet à la noix de coco (*), rôti de porc aux abricots, satés malaisiens au poulet et aux crevettes, lapin à la crème moutardée (*) ou dinde de Noël farcie sauce aux pommes. Fromages : chaource ou migneron de Charlevoix.

Sauvignon Blanc Beringer Founder's Estate 2004

CALIFORNIA, BERINGER VINEYARDS, ÉTATS-UNIS

19,95 $	SAQ **S*** (534248)	★★☆ $$	**Modéré**

Un beau sauvignon qui se veut certes californien par son boisé invitant, des plus modérés et harmonieux, ainsi que par sa texture satinée, mais qui se veut aussi rafraîchissant par ses notes d'agrumes et par sa vivifiante acidité. **Cépage :** sauvignon blanc. **Alc.**/13,5 %. **www.beringer.com**

☛ *Servir entre 2006 et 2007, à 12 °C*

Trempette de légumes tzatziki à la menthe fraîche, ceviche de crevettes à la coriandre fraîche, filet de sole grillé au citron frais et aux herbes ou *fish and chips* et mayo-relish.

Sauvignon Blanc Oyster Bay 2006

MARLBOROUGH, OYSTER BAY WINES, NOUVELLE-ZÉLANDE

19,95 $	SAQ **S** (316570)	★★★ $$	**Corsé**

Un néo-zélandais, sous une efficace capsule à vis, expressif, quasi exotique, aux notes fraîches de lime, de pomme et de mandarine, a la bouche invitante au possible, vivifiante et dense, aux saveurs éclatantes d'une grande allonge. Sec, croquant et saisissant, à un très bon prix. **Cépage :** sauvignon blanc. **Alc.**/13 %. **www.oysterbaywines.com**

☛ *Servir entre 2006 et 2008, à 12 °C*

Avocats farcis aux crevettes et aux asperges, crêpes fines aux asperges et au saumon fumé, fusilli au saumon, saumon grillé à la cajun et salsa d'ananas ou salade de fromage Sainte-Maure tiède (*).

Malvoisie Ca'del Solo 2005

CALIFORNIA, BONNY DOON VINEYARD, ÉTATS-UNIS

20,40 $	SAQ **S*** (747931)	★★★ $$	**Modéré+**

Un blanc idiosyncrasique, toujours aussi désopilant et rafraîchissant. Sur la menthe et le pamplemousse rose, ainsi que sur des tonalités de chèvrefeuille et de *peppermint*. **Cépage :** malvasia bianca (moscato greco). **Alc.**/13,5 %. **www.bonnydoonvineyard.com**

☛ *Servir entre 2006 et 2008, à 12 °C*

Taboulé à la menthe fraîche, salade de cresson à l'orange, sandwich au thon garni d'avocat et de coriandre fraîche, ceviche de pétoncles à la coriandre fraîche ou brochettes de poissons blancs à l'huile de basilic.

Pastiche 2004

CALIFORNIA, JOSEPH PHELPS VINEYARDS, ÉTATS-UNIS

20,40 $ SAQ **S*** (880468) ★★★ $$ **Corsé**

Ce blanc californien, né d'un assemblage de plus en plus en vogue, entre le chardonnay et le sauvignon blanc, est loin d'être une « postiche »! Du fruit à revendre (poire, mangue, crème fraîche, amande et miel), des courbes sensuelles, pour ne pas dire charnelles, une acidité discrète et une texture moelleuse à souhait, sans lourdeur. Faites la paire avec le Pastiche rouge (aussi commenté dans ce guide). **Cépages :** 43 % chardonnay, 57 % sauvignon blanc. **Alc.**/13,8 %. **www.jpvwines.com**

☛ *Servir entre 2006 et 2009, à 14 °C et oxygéné en carafe 5 minutes*

Fricassée de poulet au gingembre et au sésame, brochettes de poulet et de crevettes sauce moutarde et miel, escalopes de porc à la salsa fruitée ou côtelettes de porc au bourbon et compote de pommes volcanique. Fromages : migneron de Charlevoix (jeune), saint-andré ou Sir Laurier (jeune).

Catena Chardonnay 2004

MENDOZA, BODEGA CATENA ZAPATA, ARGENTINE

21,15 $ SAQ **S** (865279) ★★★ $$ **Modéré+**

Plaisirs garantis avec ce blanc de la grande maison Catena. Vous y dénicherez du fruit à profusion, un brin exotique, un boisé modéré, de la rondeur, de la texture et de la fraîcheur. Ce vin est issu d'un vignoble situé dans la commune d'Agrelo, dont le sol argilo-sablonneux permet de produire aussi de superbes cabernets sauvignons (voir les commentaires du Catena Cabernet). Il provient de vignes de 22 ans d'âge, non greffées, c'est-à-dire sans porte-greffe américain résistant au phylloxéra. **Cépage :** 100 % chardonnay. **Alc.**/13,5 %. **www.catenawines.com**

☛ *Servir entre 2006 et 2009, à 14 °C*

Salade de champignons portabello sautés et de copeaux de parmesan (vinaigrette à la moutarde), poulet au miel et à la moutarde, filet de saumon bénédictin (*) ou lapin à la crème moutardée (*). Fromages : mi-carême de l'Île-aux-Grues ou saint-marcelin.

Chardonnay Bonterra 2004

MENDOCINO COUNTY, BONTERRA, ÉTATS-UNIS

22,75 $ SAQ **S*** (342436) ★★★ $$ **Modéré+** BIO

Un chardonnay coloré, sur la noisette et la pomme golden, démontrant une bouche à la fois texturée et fraîche, d'une bonne plénitude, sans lourdeur, sans boisé dominant et d'une excellente persistance. La finale se montre très rafraîchissante, laissant deviner des notes de nectarine et de pêche. **Cépage :** chardonnay. **Alc.**/13,5 %. **www.bonterra.com**

☛ *Servir entre 2006 et 2010, à 14 °C*

Mon lapin exotique pour amateurs de vins blancs (*), sauté de tofu aux légumes et aux épices, paella au poulet safrané ou pâtes sauce au fromage bleu (voir Entrecôte sauce au fromage bleu) (*). Fromages : kénogami, pomme tiède farcie au fromage migneron de Charlevoix ou saint-honoré.

Chardonnay Greg Norman 2004

VICTORIA, GREG NORMAN ESTATES, AUSTRALIE

22,75 $	SAQ **S*** (10329299)	★★★ **$$**	**Corsé**

Greg Norman présente un 2004 moins boisé et plus compact que dans les millésimes précédents. Le nez est d'une belle densité, laissant apparaître des notes de pâte d'amandes, de poire et de miel. La bouche suit avec une certaine richesse, une texture ramassée, tout en étant un brin détendue, une acidité fraîche mais discrète, et des saveurs longues et précises. Le millésime le plus accompli de ce vin à ce jour. **Cépage :** chardonnay. **Alc.**/13 %. **www.shark.com**

☛*Servir entre 2006 et 2009, à 14 °C*

Poulet au gingembre et à l'ananas, homard et salsa d'ananas, mon lapin exotique pour amateurs de vins blancs (*), paella aux crevettes safranées, pétoncles poêlés au beurre de gingembre frais. Fromages : comté (12 mois d'affinage) ou douanier.

Sauvignon Blanc Beringer 2004

NAPA VALLEY, BERINGER VINEYARDS, ÉTATS-UNIS

23,75 $	SAQ **S** (394353)	★★★ **$$**	**Modéré+**

Une réussite que ce sauvignon californien à l'allure à mi-chemin entre la fraîcheur expressive des sauvignons néo-zélandais et la finesse et la distinction de ceux de Sancerre. Boisé intégré et discret, acidité croquante, corps soyeux et persistance soutenue. Beringer, tout comme les vignerons californiens, devrait s'appuyer sur ce style de vin harmonieux pour séduire les amateurs plus éclairés dans cette gamme de prix. **Cépage :** sauvignon blanc. **Alc.**/13 %. **www.beringer.com**

☛*Servir entre 2006 et 2009, à 12 °C*

Pâtes au saumon fumé en sauce légèrement crémée et parfumée à l'aneth (*), pétoncles poêlés au jus de persil simple (*) ou bar grillé avec sauce yuzu miso (*).

Chardonnay Kumeu River 2004 ♥

KUMEU, KUMEU RIVER WINERY, NOUVELLE-ZÉLANDE

NOUVEAUTÉ!

28,80 $	SAQ **S** (10281184)	★★★☆ **$$$**	**Corsé**

Au moment d'aller sous presse, un nouvel arrivage était attendu de ce chardonnay néo-zélandais coup de cœur – la quatrième étoile n'était pas loin! Un vin sec à la fois très frais et mûr, expressif et boisé, à la bouche éclatante, vivifiante, pleine, sans excès, satinée, au fruité détaillé (poire, figue fraîche, citron) et saisissant, tendu par une acidité élancée et par une minéralité revitalisante. Rares sont les chardonnays du Nouveau Monde à être aussi électrisants, harmonieux et complets. Contrairement au liège, sa très efficace capsule à vis permet une meilleure étanchéité et une plus grande définition aromatique. **Cépage :** chardonnay. **Alc.**/13,5 %. **www.kumeuriver.co.nz**

Servir entre 2006 et 2014, à 14 °C

Gravlax de saumon mariné (*), risotto aux champignons sauvages (*) ou ris de veau saisis aux champignons sauvages à la crème et parfum de vermouth (*). Fromages : douanier ou Tour Saint-François (tomme de chèvre québécoise).

Enigma 2004

SIERRA FOOTHILLS, DOMAINE DE LA TERRE ROUGE, ÉTATS-UNIS ***(DISP. AUTOMNE 06)***

28,80 $	SAQ **S** (921593)	★★★?☆ $$$	**Corsé**

L'énigmatique et percutant Enigma *rides again* avec un 2004 au nez actuellement discret, riche de promesses une fois oxygéné en carafe, à la bouche d'une rare fraîcheur pour ce cru, tout en étant moelleuse, pleine et texturée, à l'acidité intégrée, mais qui tend et rafraîchit cette matière relevée. Donc, un 2004 plus sage que par les millésimes passés, mais toujours fait sur mesure pour des mets épicés, un brin salés sucrés, ainsi que pour l'heure du fromage. **Cépages :** 54 % marsanne, 23 % viognier, 23 % roussanne. **Alc.**/14,5 %. **www.terrerougewines.com**

Servir entre 2006 et 2012, à 14 °C et oxygéné en carafe 30 minutes

Salade tiède d'endives au fromage bleu Cambozola (*), côtelettes de porc au bourbon et compote de pommes volcanique, filet de porc au miel et aux poires. Fromages : maroilles (jeune), ossau-iraty accompagné de confiture de poires au gingembre ou saint-marcelin (sec).

Chardonnay Catena « Alta » 2003

MENDOZA, BODEGA CATENA ZAPATA, ARGENTINE

47,50 $	SAQ **S** (521856)	★★★★ $$$$	**Corsé**

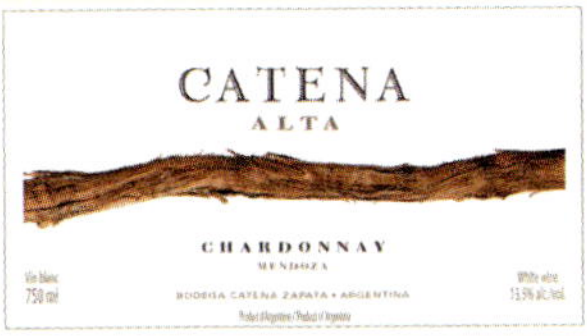

Catena a atteint, avec cette cuvée Alta 2003, un raffinement sans pareil chez les blancs sud-américains. Le nez est d'une grande subtilité, d'une fraîcheur et d'une précision étonnantes. La bouche est à la fois pleine, ample et juteuse, gorgée de fruits à souhait, tout en étant vivifiante et minérale, avec une superbe intégration du boisé. Ce chardonnay, de jeunes vignes, provient du district de Tupungato, une zone au climat frais, perchée à plus de 1500 mètres d'altitude. Utilisation de levures indigènes, vinification en barriques de chêne français, dont 60 % de fûts neufs, et élevage sur lies complètent le tableau. **Cépage :** 100 % chardonnay. **www.catenawines.com**

Servir entre 2006 et 2012, à 14 °C et oxygéné en carafe 15 minutes

Raviolis de ris de veau aux morilles, pain au safran accompagné de terrine de foie gras de canard au naturel (*), homard à la vanille ou risotto à la milanaise. Fromages : comté Fort des Rousses (18 mois d'affinage), parmigiano reggiano (12 mois d'affinage) ou saint-andré.

RÉPERTOIRE ADDITIONNEL

Chardonnay Lou Black 2003
VIN DE PAYS D'OC, LES CAVES DU SIEUR D'ARQUES, FRANCE ***(DISP. OCT./NOV. 06)***
NOUVEAUTÉ!
12,70 $ SAQ **C** (code non disp.) ★★ **$** **Modéré**
Cette nouveauté française est franchement plus agréable et plus invitante en blanc qu'en rouge (voir commentaire du Shiraz Lou Black). Pas d'esbroufe, que du chardonnay frais, subtil, élancé. **Alc./**13 %.

Chardonnay The Little Penguin 2005
SOUTH EASTERN, THE LITTLE PENGUIN, AUSTRALIE
12,95 $ SAQ **C** (10342311) ☆ **$** **Corsé**
Dégusté à deux reprises, dont une fois à l'aveugle avec une série de chardonnays australiens (question d'être objectif), ce vin reprend le goût des cocktails et des *coolers*. Plus « trafiqué » que ça tu... Des arômes artificiels, une texture rendue onctueuse par l'utilisation probable de copeaux de chêne et une finale aux notes sucrées et aux saveurs lourdes, qui finissent par écœurer après quelques gorgées. **Alc./**13,5 %.

Chardonnay Fleur du Cap 2005
COASTAL REGION, BERGKELDER, AFRIQUE DU SUD
14,60 $ SAQ **C** (340406) ★★☆ **$** **Modéré+**
Un 2005 moins extraverti et moins Nouveau Monde que par les millésimes passés. Donc, fraîcheur, élégance, plaisir à boire et harmonie. **Alc./**14 %.

Fumé Blanc Valley Oaks Fetzer 2005
CALIFORNIA, FETZER VINEYARDS, ÉTATS-UNIS
14,85 $ SAQ **S** (255488) ★☆ **$$** **Léger+**

Sauvignon Blanc Bay View 2005
WESTERN CAPE, LONGRIDGE WINERY, AFRIQUE DU SUD
15,05 $ SAQ **S** (928986) ★★☆ **$$** **Modéré+**
Des fruits (groseille, lime et fruit de la passion), de l'expression, de la fraîcheur, une certaine ampleur, de la présence, de la persistance et du plaisir à boire. **Alc./**12,5 %.

Chardonnay Alamos 2004
MENDOZA, BODEGA CATENA ZAPATA, ARGENTINE
15,90 $ SAQ **S*** (467969) ★★☆ **$$** **Modéré**
Un argentin au nez expressif, à la bouche ronde et fraîche. Du corps, de la présence et de la longueur, pour un prix dérisoire. Une ixième réussite de la famille Catena, dont les vins sont au sommet de la production argentine. **Alc./**13 %.

Chardonnay Diamond Label 2004
SOUTH AUSTRALIA, ROSEMOUNT ESTATE, AUSTRALIE
15,95 $ SAQ **C** (265132) ★★ **$$** **Modéré+**
Un chardonnay « sucré sans sucre ». Il n'en demeure pas moins agréable, souple, coulant et dodu. **Alc./**13 %.

Chardonnay Koonunga Hill 2004
SOUTH EASTERN AUSTRALIA, PENFOLDS WINES, AUSTRALIE
15,95 $ SAQ **C** (321943) ★★ **$$** **Modéré**
Ce 2004 est plutôt discret, simple et peu loquace. Étant plutôt aérien que gras, il étonne par sa fraîcheur. **Alc./**13 %.

Sauvignon Blanc Benziger 2004
NORTH COAST, BENZIGER FAMILY WINERY, ÉTATS-UNIS
16,40 $ SAQ **S** (859306) ★★ **$$** **Léger+**
Un sauvignon plutôt simple, tout en étant satiné et frais. **Alc./**13,5 %.

Chardonnay Stoneleigh 2004
MARLBOROUGH, STONELEIGH VINEYARDS, NOUVELLE-ZÉLANDE
17,05 $ SAQ **S** (288795) ★★☆ **$$** **Modéré+**
Un chardonnay néo-zélandais au profil boisé, à la robe dorée, au nez riche et très mûr, à la bouche à la fois fraîche et enveloppante, élancée et texturée, au moelleux assez dominant. **Alc./**14 %.

Chardonnay Toasted Head 2004
CALIFORNIA, THE R. H. PHILLIPS, ÉTATS-UNIS
17,95 $ SAQ **C** (594341) ★★☆ **$$** **Corsé+**
Fruité exotique, boisé omniprésent, texture moelleuse et pénétrante, acidité discrète et saveurs explosives, voilà un blanc on ne peut plus américain. **Alc./**14,5 %.

Riesling Pacific Rim 2003
WASHINGTON, BONNY DOON VINEYARD, ÉTATS-UNIS
19,65 $ SAQ **C** (10354419) ★★★ **$$** **Modéré**
Un assemblage de 75 % de riesling de l'État de Washington et de 25 % de riesling d'Allemagne (du domaine Selbach). Un vin expressif, à la fois coulant et vivifiant, avec une légère pointe de sucre (6 grammes). Parfait pour les cuisines asiatiques très épicées! **Alc./**12,5 %.

Chardonnay Esk Valley 2004
HAWKES BAY, ESK VALLEY ESTATE, NOUVELLE-ZÉLANDE
19,75 $ SAQ **S** (10383308) ★★★ **$$** **Corsé**
Un néo-zélandais au nez des plus accueillants, à la bouche fraîche et ample, droite et dense, égrainant des confites et pralinées, dans un ensemble passablement compact et persistant. **Alc./**14,5 %.

Chardonnay Vintners Blend Ravenswood 2004
CALIFORNIA, RAVENSWOOD WINERY, ÉTATS-UNIS
19,75 $ SAQ **S*** (862946) ★★★ **$$** **Modéré+**
(Voir commentaire détaillé dans l'édition 2006)

Sauvignon Blanc Klein Constantia 2005
CONSTANTIA, KLEIN CONSTANTIA ESTATE, AFRIQUE DU SUD
19,95 $ SAQ **S** (504183) ★★★ **$$** **Modéré+**
Un sauvignon au nez raffiné et distingué, sans l'exotisme facile déniché aujourd'hui chez trop de blancs de ce cépage. La bouche se montre tout aussi distinguée et ramassée, à la manière des beaux vins de Sancerre. **Alc./**13,5 %.

Chardonnay Rodney Strong 2004
SONOMA COUNTY, RODNEY STRONG VINEYARDS, ÉTATS-UNIS
21,25 $ SAQ **S*** (10544714) ★★☆?☆ **$$** **Modéré+**
Un chardonnay typiquement californien, au nez de fruits jaunes mûrs, à la bouche ronde, suave et moelleuse, au corps modéré et à l'acidité très discrète, ainsi qu'aux saveurs, de longueur moyenne, de pâte d'amandes et de crème pâtissière. **Alc./**13,8 %.

Chardonnay « Unwooded » Blackwood Ridge Plunkett 2005
CENTRAL VICTORIA, PLUNKETT WINES, AUSTRALIE
22,65 $ SAQ **S** (10339171) ★★★ **$$** **Modéré+**
Ce blanc non boisé présente un nez discret, ayant besoin d'une bonne oxygénation, ainsi qu'une bouche à la fois très fraîche et passablement ample, d'une certaine générosité, aux saveurs persistantes. Les amateurs las du goût boisé de 2X4, mais recherchant quand même le fruité solaire du Nouveau Monde, seront au comble. **Alc./**14 %.

Chardonnay Heggies Vineyard 2003
EDEN VALLEY, HEGGIES VINEYARD, YALUMBA EDEN VALLEY, AUSTRALIE
23,65 $ SAQ **S** (10344801) ★★★ **$$** **Corsé**
Compact, dense, retenu, profond et passablement riche, voilà un chardonnay australien au coffre imposant et sans aucune lourdeur, au boisé modéré et aux saveurs persistantes à souhait. Donnez-y un bon gros coup de carafe. **Alc./**14,5 %.

Fumé Blanc Robert Mondavi 2003
NAPA VALLEY, ROBERT MONDAVI WINERY, ÉTATS-UNIS
26,85 $ SAQ **S*** (221887) ★★★☆ **$$$** **Corsé**
(Voir commentaire détaillé dsans l'édition 2006)

Fumé Blanc Robert Mondavi 2004
NAPA VALLEY, ROBERT MONDAVI WINERY, ÉTATS-UNIS
26,85 $ SAQ **S*** (221887) ★★☆?☆ **$$$** **Corsé+**
Un généreux fumé blanc, au nez moins fin que dans les précédents millésimes – même un brin agressif –, mais à la bouche ample et satinée, sans être très complexe et détaillée. **Alc./**14,5 %.

Chardonnay Coldstream Hills 2003
YARRA VALLEY, COLDSTREAM HILLS VINEYARDS, AUSTRALIE
27,70 $ SAQ **S** (472605) ★★★☆ **$$$** **Corsé**
(Voir commentaire détaillé dans l'édition 2006)

Chardonnay Sanford 2003
SANTA BARBARA COUNTY, SANFORD WINERY, ÉTATS-UNIS
27,85 $ SAQ **S** (10298921) ★★★?☆ **$$$** **Corsé**
Très beau chardonnay californien, au boisé discret et aux saveurs fraîches et expressives, loin des caricatures que nous sert trop souvent le premier État viticole américain. Nez détaillé et fin. Bouche élancée, ample et persistante, d'une saisissante fraîcheur. **Alc./**14,5 %.

Chardonnay Robert Mondavi 2002
NAPA VALLEY, ROBERT MONDAVI WINERY, ÉTATS-UNIS
32,25 $ SAQ **S** (426627) ★★☆ **$$$** **Modéré**
Un 2002 étrangement marqué par un boisé plus dominant que d'habitude pour ce classique de cette grande maison. **Alc./**13,5 %.

Chardonnay Reserve Benziger 2002
CARNEROS, BENZIGER FAMILY WINERY, ÉTATS-UNIS
33,50 $ SAQ **S** (10323018) ★★★?☆ **$$$** **Corsé**
Issu des Sangiacomo Vineyards, cette cuvée réserve se montre très aromatique, passablement riche, à la bouche ronde, fraîche, compacte, presque dense et assez persistante, sans aucune lourdeur et au boisé modéré. **Alc./**14 %.

Chardonnay Roxburgh 2002
HUNTER VALLEY, ROSEMOUNT ESTATE, AUSTRALIE
44,50 $ SAQ **S** (324780) ★★★☆?☆ **$$$$** **Corsé**
Au fil des années, ce chardonnay est devenu l'un des *flagships* australiens de ce cépage reconnu aux quatre coins du monde. Nez très aromatique, passablement riche, au boisé présent. Bouche à la fois pleine et fraîche, ronde et texturée, sans aucune lourdeur, tout en étant généreuse et pénétrante. **Alc./**14,2 %.

Vins Rouges du Nouveau Monde

Fuzion Shiraz-Malbec 2005

MENDOZA, FAMILIA ZUCCARDI, ARGENTINE

NOUVEAUTÉ!

8,30 $	SAQ **C** (10394955)	★☆ $	**Modéré**

Un bel assemblage argentin, à dominante de shiraz, au corps modéré, aux tanins souples et aux saveurs fraîches de fruits rouges. Bel équilibre pour un vin de ce prix. **Cépages :** 70 % shiraz, 30 % malbec. **Alc./**13,5 %. **www.familiazuccardi.com**

☛ *Servir entre 2006 et 2007, à 16 °C*

Bruschetta à la tapenade de tomates séchées, foie de veau aux oignons caramélisés, poulet cacciatore, côtes levées à la sauce barbecue, burrito au bœuf haché ou fajitas au bifteck grillé.

Shiraz Astica 2005

SAN JUAN, BODEGAS TRAPICHE, ARGENTINE

NOUVEAUTÉ!

9,95 $	SAQ **C** (10394584)	★★ $	**Modéré+**

Assurément le meilleur achat en rouge chez les vins du Nouveau Monde à être offert sous la barre des 10 $. Il a tout pour vous convaincre que l'Argentine est le secret le mieux gardé des pays du Nouveau Monde. De la couleur, du nez, richement poivré et fruité à souhait, de l'ampleur et du tonus, dans un ensemble dodu et savoureux. La preuve en mille qu'il ne faut pas vous laisser aveugler par les infâmes « cocktails » que sont les French Rabbit et Little Penguins de ce monde... **Cépage :** shiraz. **Alc./**13,5 %. **www.trapiche.com.ar**

☛ *Servir entre 2006 et 2008, à 16 °C*

Pâtes aux olives noires (*), lasagne aux saucisses italiennes épicées, rôti de porc aux épices à steak ou poulet basquaise (version basque du poulet chasseur italien avec ajout de lanières de poivrons verts en fin de cuisson).

Marcus James Tempranillo 2005

MENDOZA, FECOVITA, ARGENTINE

NOUVEAUTÉ!

10,80 $	SAQ **C** (10398374)	★★ $	**Modéré+**

Un argentin, à base de tempranillo, le cépage noble de l'Espagne, offert ici à un prix très invitant. Il en résulte un vin soutenu, gorgé de fruits rouges, à la texture presque ronde et aux saveurs épicées. **Cépage :** tempranillo. **Alc./**13 %. **www.fecovita.com**

☛ *Servir entre 2006 et 2008, à 17 °C*

Burrito au bœuf haché, quesadillas (*wraps*) au poulet et au chorizo, filet de porc au café noir (voir Filets de bœuf au café noir) (*) ou spaghetti gratiné aux saucisses italiennes.

Merlot Santa Emiliana 2005

VALLE DE RAPPEL, VIÑEDOS EMILIANA, CHILI

11,05 $	SAQ **C** (227173)	★★ $	**Modéré+**

Les vins Santa Emiliana, de la maison Viñedos Emiliana, fondée en 1986, sont élaborés et distribués par la grande maison chilienne Concha y Toro. Grâce au savoir-faire de cette dernière, il vous sera difficile à nouveau de résister à ce merlot 2005 passablement coloré, au nez fin et étonnamment relevé pour son rang, à la bouche ronde, charnue et savoureuse, non dénuée de fraîcheur, aux tanins assez souples et tendres, ainsi qu'aux saveurs persistantes de framboise et de mûre. En fait, tous les vins blancs et rouges portant cette étiquette sont d'imbattables rapports qualité-prix chiliens. **Cépage :** merlot. **Alc./**13 %. **www.vinedosemiliana.cl**

Servir entre 2006 et 2008, à 16 °C

Brochettes souvlaki, côtes levées sauce barbecue épicée, quesadillas (*wraps*) au poulet et au chorizo, poulet aux olives noires et aux tomates, brochettes de poulet teriyaki, saumon grillé beurré de pesto de tomates séchées ou lasagne aux saucisses italiennes épicées.

Cabernet Sauvignon Santa Emiliana 2004

VALLE DE RAPPEL, VIÑEDOS EMILIANA, CHILI

11,25 $	SAQ **C** (047951)	★★ $	**Modéré+**

Un cabernet tout aussi juteux et concluant que le chardonnay et le merlot signés par cette maison, aussi recommandés dans ce guide. Difficile de trouver mieux à ce prix au Chili. De la couleur, du nez et de l'ampleur, ainsi que des saveurs de poivre, de fraise et de cassis, dans un ensemble assez généreux, non dénué de fraîcheur. **Cépage :** cabernet sauvignon. **Alc./**13 %. **www.vinedosemiliana.cl**

Servir entre 2006 et 2008, à 17 °C

Lasagne au four, brochettes de bœuf et de foie de veau aux poivrons rouges confits ou T-bone grillé aux épices à steak.

Petite Sirah L.A. Cetto 2003

VALLE DE GUADALUPE, BAJA CALIFORNIA, VINICOLA L.A. CETTO, MEXIQUE

11,65 $	SAQ **C** (429761)	★★☆ $	**Corsé+**

Retour de cette explosive Petite Sirah de la Baja California, péninsule située au sud de la Californie, faisant partie du vignoble mexicain. Elle se montre toujours aussi colorée, confite, aux relents de bleuet et de poivre, joufflue et capiteuse, aux solides tanins et aux riches saveurs de fruits noirs et d'épices, d'une étonnante allonge. Difficile de trouver mieux à ce prix. Ne manquez surtout pas l'étonnant Nebbiolo Reserva Privada 2001 (19,25 $ SAQ **S** 10390233) de la même maison. **Cépage :** petite syrah. **Alc./**13,5 %. **www.lacetto.com**

Servir entre 2006 et 2008, à 17 °C

Bavette de bœuf en sauce teriyaki, ragoût de bœuf à la bière, côtes levées sauce barbecue épicée ou brochettes de bœuf sauce au poivre vert.

Tannat Reserva Familiar « Tinto Roble » 2002

PAYSANDÚ, LEONARDO JOSE FALCONE, URUGUAY

12 $ SAQ **S** (10295359) ★★ $ **Corsé**

Les amateurs de vins boisés, marqués par des saveurs torréfiées, seront conquis par ce tannat sud-américain généreusement parfumé, aux notes de café, de cacao et de vanille, à la bouche charnue, ample et presque moelleuse, tout en étant tannique et soutenue. **Cépage :** tannat. **Alc./**13,2 %. **www.bodegaleonardofalcone.com.uy**

☛ *Servir entre 2006 et 2008, à 17 °C*

Bavette de bœuf en sauce teriyaki, bœuf à la bière, bœuf bourguignon et polenta crémeuse au parmigiano et aux oignons caramélisés ou souvlakis de porc mariné à l'origan et aux épices à steak.

Cabernet Sauvignon Tarapaca 2004

VALLE DEL MAIPO, VIÑA TARAPACÁ EX ZAVALA, CHILI

12,05 $ SAQ **C** (249599) ★★☆ $ **Corsé**

Une aubaine chilienne d'une bonne coloration, au nez passablement riche, marqué par des effluves de fruits rouges et noirs, à la bouche pleine, charnue et généreuse, aux tanins enrobés et aux saveurs pulpeuses de cerise noire, de cacao et de vanille. **Cépage :** cabernet sauvignon. **Alc./**13,5 %. **www.tarapaca.cl**

☛ *Servir entre 2006 et 2008, à 17 °C*

Bœuf à la bière brune et polenta crémeuse au parmesan, brochettes de bœuf sauce au poivre vert, chili con carne ou spaghetti bolognaise épicé.

Cabernet Sauvignon/Carmenère Mapu 2005 ♥

VALLE CENTRAL, BARON PHILIPPE DE ROTHSCHILD, CHILI

NOUVEAUTÉ!

12,55 $ SAQ **C** (10530283) ★★☆ $$ **Modéré+**

Une nouveauté chilienne, élaborée avec brio par l'équipe derrière le grandissime Mouton-Rothschild. Donc, un rouge coloré, au nez poivré et fruité à souhait, à la bouche à la fois dense et pleine, ce qui étonne pour son rang, tout en étant un brin veloutée. **Cépages :** 50 % cabernet sauvignon, 50 % carmenère. **Alc./**13,5 %. **www.bpdr.com**

☛ *Servir entre 2006 et 2009, à 17 °C*

Terrine de campagne au poivre, hamburgers d'agneau aux poivrons rouges confits et au paprika, côtelettes d'agneau grillées au poivre, bifteck de contre-filet grillé au beurre d'estragon ou souvlakis de porc mariné à l'origan et aux épices à steak.

Tannat Don Pascual Reserve 2005 ♥

VIN DE TABLE D'URUGUAY, ESTABLECIMENTO JUANICO, URUGUAY

12,70 $	SAQ **S** (10299122)	★★☆	**$**	**Modéré+**

Assurément l'un des meilleurs rapports qualité-prix d'Uruguay à être distribué au Québec depuis l'introduction, au printemps 2005, d'une gamme élargie de vins de ce petit pays sud-américain. De la couleur, des fruits noirs confits, une bouche généreuse et pulpeuse, à la fois ronde et tannique, pleine et compacte, d'une bonne persistance. Un style plus Nouveau Monde que madiranais, le cépage tannat qui le compose étant originaire de Madiran. **Cépage :** tannat. **Alc./**13 %. **www.juanico.com**

☛ *Servir entre 2006 et 2008, à 17 °C*

Côtes levées à l'ail et au romarin, bœuf à la Stroganov, chili au bœuf épicé ou entrecôte au fromage bleu.

Tannat Casa Filgueira 2004 ♥

CANELONES, VINEDOS Y BODEGA FILGUEIRA, URUGUAY

NOUVEAUTÉ!

12,75 $	SAQ **S** (10299481)	★★☆?☆	**$$**	**Corsé+**

L'un des meilleurs rapports qualité-prix chez les vins sud-américains. Vous y trouverez un vin très coloré, au nez richement épicé et au fruité passablement concentré et frais, à la bouche charnue, ample, généreuse et ferme, aux tanins qui ont du grain et aux saveurs longues et relevées, laissant des traces de fruits noirs, d'épices et de cèdre, comme si le vin avait été marqué par le bois. Les amateurs de vins qui ont de la mâche et des saveurs rappelant celles du chêne seront comblés - pourtant, selon l'étiquette, ce vin n'aurait pas séjourné en barriques. Aurait-il plutôt infusé dans les copeaux de chêne? Peu importe, à ce prix, c'est toute une aubaine! **Cépage :** tannat. **Alc./**13,5 %. **www.bodegafilgueira.com**

☛ *Servir entre 2006 et 2009, à 17 °C*

Tranches d'épaule d'agneau grillées sauce au poivre, bœuf à la bière et polenta crémeuse aux oignons caramélisés ou curry de bœuf à la noix de coco.

Shiraz Robertson Winery 2004

ROBERTSON, ROBERTSON WINERY, AFRIQUE DU SUD

13,90 $	SAQ **C** (586149)	★★☆	**$**	**Modéré+**

Après un 2003 moins complet, Robertson revient avec un 2004 au fruité fin et frais, à la bouche nourrie, presque pleine, harmonieuse, aux tanins mûrs et enrobés, aux saveurs longues et précises de fruits rouges et de café. **Cépage :** shiraz (syrah). **Alc./**14 %. **www.robertsonwinery.co.za**

☛ *Servir entre 2006 et 2009, à 17 °C*

Rouleaux de printemps au bœuf et au sésame, saumon grillé à l'harissa et pommes de terre crémeuses à la coriandre, bifteck à la tapenade d'olives ou foie de veau aux betteraves confites.

Shiraz Bin 50 Lindemans 2005

SOUTH EASTERN AUSTRALIA, LINDEMANS WINES, AUSTRALIE

13,95 $ SAQ **C** (145367) ★★ $ **Modéré+**

Cette shiraz 2005 se montre légèrement moins parfumée et moins engageante que ne l'était la débordante 2004 saluée dans l'édition 2006 de ce guide. Elle n'en demeure pas moins un bon achat, offrant une bouche gourmande, au fruité dodu et persistant, laissant des traces de fruits noirs et de fleurs. **Cépage :** shiraz (syrah). **Alc./**13,5 %. **www.lindemans.com.au**

☛ *Servir entre 2006 et 2007, à 17 °C*

Quesadillas (*wraps*) au poulet et au pesto de tomates séchées, côtes levées à l'ail et au romarin, rôti de porc farci aux canneberges, spaghetti bolognaise épicé ou bavette de bœuf en sauce teriyaki.

Shiraz Eaglehawk Wolf Blass 2005

SOUTH EASTERN AUSTRALIA, WOLF BLASS WINES, AUSTRALIE

NOUVEAUTÉ!

14 $ SAQ **C** (10496986) ★★ $ **Modéré+**

Déboursez un dollar de plus pour vous sustenter de ce vin, plus frais et plus invitant que les infâmes Little Penguin de ce monde. Fraise et grenadine s'expriment dans un nez subtilement aromatique. La bouche suit avec rondeur, fraîcheur, tenue et persistance, égrainant des notes de poivre au passage. **Cépage :** shiraz. **Alc./**14,5 %. **www.wolfblass.com.au**

☛ *Servir entre 2006 et 2008, à 17 °C*

Brochettes de boulettes d'agneau haché à la menthe, tajine d'agneau sauce harissa, bifteck au poivre et à l'ail, hamburgers de bœuf à la pommade d'olives noires (olives noires dénoyautées et huile d'olive passées au robot) ou linguine aux tomates séchées.

Cabernet Sauvignon/Merlot Bellingham 2004

WESTERN CAPE, BELLINGHAM, AFRIQUE DU SUD

14,05 $ SAQ **C** (643718) ★★☆ $ **Modéré+**

Très satisfaisant assemblage sud-africain, richement parfumé, au fruité confituré, sans trop, aux tanins tendres et au corps voluptueux. **Cépage :** 50 % cabernet sauvignon, 50 % merlot. **Alc./**14 %. **www.bellinghamwines.com**

☛ *Servir entre 2006 et 2009, à 17 °C*

Brochettes d'agneau à la menthe fraîche, sauté de bœuf au gingembre, hamburgers aux champignons et aux lardons ou sauté de porc aux pruneaux.

Cabernet Sauvignon/Malbec Equilibrium 2005

MENDOZA, BODEGA EL PORTILLO, ARGENTINE

14,20 $ SAQ **C** (642777) ★★☆?☆ $ **Modéré+**

Très bel assemblage cabernet-malbec, au nez pur et précis, sans artifices, à la bouche marquée par des tanins fins et civilisés, à l'acidité fraîche, au corps charnu et aux saveurs longues, laissant des traces de fraise, de cerise et de fleurs. **Cépages :** 50 % malbec, 50 % cabernet sauvignon. **Alc.**/14 %. **www.bodegaelportillo.com**

☛ *Servir entre 2006 et 2009, à 17 °C*

Côtes d'agneau sauce au vin rouge, brochettes de bœuf et de foie de veau aux poivrons rouges confits ou rôti de porc et sauté de poivrons rouges au curcuma.

J. Carrau Pujol « Gran Tardicion » 2003

CERRO CHAPEU, BODEGAS CARRAU, URUGUAY

14,65 $ SAQ **C** (439331) ★★☆?☆ $$ **Corsé**

Ce 2003, de l'excellente Bodegas Carrau, se montre franchement supérieur au 2002 qui le précédait. Nez aromatique, d'une certaine profondeur, floral à souhait. Bouche débordante de fruits, aux tanins serrés mais enveloppés d'une gangue moelleuse, acidité discrète et saveurs longues, sans boisé inutile. Rares sont les vins d'Uruguay offerts sous la barre des quinze dollars à être aussi harmonieux. **Cépages :** tannat, cabernet sauvignon, cabernet franc, merlot. **Alc.**/13,5 %. **www.bodegascarrau.com**

☛ *Servir entre 2006 et 2010, à 17 °C*

Rôti de porc aux épices à steak, tranches d'épaule d'agneau grillées sauce au poivre ou filet de bœuf et lanières de poivrons verts et rouges légèrement confits.

Malbec Alamos 2005 ♥

MENDOZA, BODEGA CATENA ZAPATA, ARGENTINE

15,85 $ SAQ **S** (467951) ★★★ $$ **Corsé**

Un malbec coup de cœur, coloré, au nez ultra-raffiné pour le style, au fruité invitant de prune et de cerise noire, sans boisé apparent, à la bouche éclatante, fraîche, tannique, compacte et presque dense. Long et harmonieux à souhait. Difficile de trouver meilleur malbec à un prix aussi doux. **Cépage :** 100 % malbec. **www.catenawines.com**

☛ *Servir entre 2006 et 2011, à 17 °C*

Côtelettes d'agneau au café noir (voir Filets de bœuf au café noir) (*), brochettes de bœuf et de foie de veau aux poivrons rouges confits ou ragoût de bœuf au vin rouge et polenta crémeuse au parmesan.

Cabernet Sauvignon Alamos 2005

MENDOZA, BODEGA CATENA ZAPATA, ARGENTINE *(DISP. OCT. 06)*

15,90 $	SAQ S (972687)	★★☆ $$	Corsé

Un très bon cabernet argentin, au profil aromatique un brin chilien, c'est-à-dire marqué par des notes engageantes de poivron, d'eucalyptus et de poivre noir. La bouche se montre passablement charnue, généreuse et tannique, aux tanins mûrs, avec du grain, et aux saveurs relevées, laissant des traces de fruits noirs. **Cépage :** 100 % cabernet sauvignon. **www.catenawines.com**

☛ *Servir entre 2006 et 2010, à 17 °C*

Brochettes de bœuf sauce au poivre vert, filets de bœuf grillés et coulis de poivrons verts (*) ou rosbif de côtes farci au chorizo et au fromage.

Cabernet Sauvignon/Carmenère Cono Sur Organic 2005 ♥

COLCHAGUA VALLEY, VIÑA CONO SUR, CHILI *(DISP. FÉVR. 07)*

NOUVEAUTÉ!

15,95 $	SAQ S (10694376)	★★★ $$	Modéré+

Un coup de cœur chilien qui risque de faire des vagues tant sa qualité est élevée. Forte coloration, nez richement poivré et profond pour un vin de ce niveau de prix, bouche éclatante, fraîche, élégante et harmonieuse, d'une fraîcheur rarissime au Chili et d'une précision tout aussi unique. **Cépages :** cabernet sauvignon, carmenère. **Alc./**13 %. **www.conosur.com**

☛ *Servir entre 2007 et 2010, à 17 °C*

Tranches d'épaule d'agneau grillées à la nigelle ou côtes de veau et purée de pois à la menthe (*).

Pinot Noir Cono Sur Reserve 2005

CASABLANCA VALLEY, VIÑA CONO SUR, CHILI *(DISP. OCT./NOV. 06)*

16,70 $	SAQ S (874891)	★★★ $$	Modéré+

Rares sont les pinots noirs sud-américains aussi frais et aussi tendus. Il faut dire que la vallée de Casablanca, au climat rafraîchi par la proximité du Pacifique, participe grandement au style élancé des vins blancs et rouges qui en sont issus. Donc, un pinot sur les fruits rouges, un brin épicé, aux tanins fins, à l'acidité vivifiante, parfaitement équilibrée par une certaine générosité solaire. **Cépage :** pinot noir. **Alc./**14 %. **www.conosur.com**

☛ *Servir entre 2006 et 2009, à 16 °C*

Tartinades d'olives noires (olives noires dénoyautées, graines de fenouil, zestes d'orange et huile d'olive passées au robot), saumon grillé beurré de pesto de tomates séchées, casserole de poulet à la pancetta ou sandwich de poulet grillé au pesto de tomates séchées.

Bonarda Broquel Trapiche 2004 ♥

MENDOZA, BODEGAS TRAPICHE, ARGENTINE ***(DISP. OCT./NOV. 06)***

NOUVEAUTÉ!

16,80 $	SAQ **S** (10394761)	★★★ $$	**Corsé**

Deuxième millésime, réussi avec brio, à nous parvenir de ce rare vin à base de bonarda, cépage d'origine piémontaise, à être distribué à la SAQ. Avec ce 2004, il se montre à nouveau ultra-coloré, aux éclatants parfums de fruits rouges et de fleurs, non dénués de fraîcheur et d'élégance, à la bouche pleine, voluptueuse, fraîche et on ne peut plus gourmande. Un cran supérieur au déjà bon 2003. **Cépage :** bonarda. **Alc./**14 %. **www.trapiche.com.ar**

Servir entre 2006 et 2009, à 17 °C

Bavette de bœuf en sauce teriyaki, brochettes de bœuf aux chilis, hamburgers de bœuf à la pommade d'olives noires (olives noires dénoyautées et huile d'olive passées au robot) ou boudin noir grillé aux oignons et aux lardons.

Malbec Broquel Trapiche 2004

MENDOZA, BODEGAS TRAPICHE, ARGENTINE

NOUVEAUTÉ!

17,05 $	SAQ **S** (10318160)	★★☆?☆ $$	**Corsé**

Un malbec soutenu et tonique à souhait, sur le fruit, au boisé modéré, aux tanins serrés, très fins, et au corps dense et très frais, sans aucune lourdeur, malgré ses 14 % d'alcool. **Cépage :** malbec. **www.trapiche.com.ar**

Servir entre 2006 et 2010, à 17 °C et oxygéné en carafe 15 minutes

Filets mignons sauce aux champignons et au porto, rôti de bœuf au vin rouge ou jarret de veau confit et jus de cuisson naturel.

Passo Doble « Malbec-Corvina » 2005

TUPUNGATO, MASI, ARGENTINE ***(DISP. DÉC. 06)***

17,30 $	SAQ **S** (10395309)	★★★ $$	**Modéré+**

Le deuxième millésime à parvenir à la SAQ, après la récente aventure argentine de la réputée maison italienne Masi, saluée dans l'édition précédente pour son délectable 2004. Il en résulte un 2005 plus détendu et plus engageant que le 2004, au nez passablement riche, aux notes d'épices et de fruits confits, à la bouche gourmande au possible, aux tanins dodus, à l'acidité discrète mais subtile et rafraîchissante, aux courbes sensuelles et aux saveurs confites rappelant la méthode *ripasso* utilisée dans son élaboration (voir commentaires du 2004 dans *La Sélection 2006*). **Cépages :** 65 % malbec, 30 % corvina (séchée), 5 % merlot. **Alc./**13,5 %. **www.masi.it**

Servir entre 2006 et 2010, à 17 °C

Gigot d'agneau à l'ail et au romarin flanqué d'une ratatouille, ragoût de bœuf et de champignons, lapin à la toscane (*) ou veau marengo (de longue cuisson) et pâtes aux œufs.

Cabernet Sauvignon Porcupine Ridge 2003

COASTAL REGION, BOEKENHOUTSKLOOF WINES, AFRIQUE DU SUD

17,45 $	SAQ **S** (573717)	★★☆ $$	Corsé

Robe grenat très foncé. Nez d'une belle concentration, tout en étant frais et raffiné, sans boisé dominant. Bouche dense, compacte et très généreuse, presque capiteuse. Du volume, de la chair et du jus, à bon prix, pour les amateurs recherchant de l'extraction. **Cépages :** 86 % cabernet sauvignon, 14 % malbec. **Alc./**14 %. **www.vinimark.co.za**

☛ *Servir entre 2006 et 2010, à 17 °C et oxygéné en carafe 15 minutes*

Côtelettes d'agneau en croûte d'épices et aubergines grillées, brochettes de bœuf sauce au poivre vert ou côtes de veau et purée de pois à la menthe (*).

Cabernet Sauvignon Antiguas Reservas 2004

VALLE DEL MAIPO, VIÑA COUSIÑO-MACUL, CHILI

17,65 $	SAQ **C** (212993)	★★★ $$	Corsé

L'un des grands classiques chiliens, de la célèbre maison Cousiño-Macul qui célèbre ses 150 ans en 2006, à nouveau réussi dans le millésime 2004. Il en résulte un vin poivré, qui offre du coffre, des tanins bien présents et des saveurs amples et expressives, rappelant le cassis et l'eucalyptus. Difficile de passer à côté si vous êtes amateur du style chilien. **Cépage :** cabernet sauvignon. **Alc./**14 %. **www.cousinomacul.com**

☛ *Servir entre 2006 et 2010, à 17 °C*

Côtes de veau et purée de pois à la menthe (*), filets de bœuf grillés et coulis de poivrons verts (*) ou filets d'agneau sauce au poivre vert.

Cabernet Sauvignon Yellow Label Wolf Blass 2004

SOUTH AUSTRALIA, WOLF BLASS WINES, AUSTRALIE

17,95 $	SAQ **S*** (251876)	★★☆ $$	Corsé

Difficile d'être plus « cab » que ça! De la couleur. Du nez. Des arômes de cassis, de baies de sureau, de poivre et de poivron. Des tanins présents, de la fraîcheur, du fruit à profusion et de la prestance. Tout cela dans un ensemble ramassé, sans le détail des meilleurs crus, mais avec le plaisir immédiat que savent offrir avec brio les australiens de ce prix. **Cépage :** cabernet sauvignon. **Alc./**13,5 %. **www.wolfblass.com.au**

☛ *Servir entre 2006 et 2009, à 17 °C*

Magret de canard au vin rouge et aux baies de sureau (*), carré d'agneau sauce au porto LBV, filets de bœuf grillés et sauté de poivrons rouges au curcuma ou mignons de porc sauce au porto LBV.

Shiraz Diamond Label Rosemount Estate 2004

SOUTH EASTERN AUSTRALIA, ROSEMOUNT ESTATE, AUSTRALIE

17,95 $ SAQ **C** (302349) ★★☆ **$$** **Modéré+**

Ce 2004 exprime un nez poivré, modérément aromatique, d'une richesse moins imposante que ne l'était le 2003. En revanche, la bouche se montre tout aussi juteuse, ample, aux courbes sensuelles et aux saveurs longues et généreuses, rappelant la confiture de framboises, ainsi que la tarte aux bleuets. **Cépage :** shiraz. **Alc./**14 %. **www.rosemountestate.com**

Servir entre 2006 et 2008, à 17 °C

Tartinades d'olives noires (olives noires dénoyautées, graines de fenouil, zestes d'orange et huile d'olive passés au robot), brochettes de bœuf sauce au fromage bleu (*), filets de bœuf grillés et sauté de poivrons rouges au curcuma ou médaillons de porc à la pommade d'olives noires (olives noires dénoyautées et huile d'olive passées au robot).

Cabernet Sauvignon Max Reserva Errazuriz 2004

VALLE DE ACONCAGUA, VIÑA ERRAZURIZ, CHILI

18,20 $ SAQ **C** (335174) ★★★ $$ **Corsé**

Si le classicisme chilien du cabernet de Cousiño-Macul n'est pas votre tasse de thé, voguez vers le style plutôt bordelais du Don Max Reserva de l'excellente maison Errazuriz. Vous y dénicherez un rouge très coloré et violacé, au nez richement fruité et raffiné, exhalant des notes de cassis et de poivre, à la bouche plus ramassée, plus fraîche et plus longiligne, aux tanins tissés très serrés et aux saveurs de fruits rouges longues et précises. Le Don Maximiano, au cœur de l'Aconcagua, est l'un des rares vignobles chiliens plantés en coteaux. Son terroir argilo-graveleux et sablonneux, ainsi que son micro-climat, semi-désertique, donc chaud mais rafraîchi par la brise en fin d'après-midi, permet l'élaboration d'excellents vins. **Cépages :** 92 % cabernet sauvignon, 8 % shiraz. **Alc./**14,5 %. **www.errazuriz.com**

Servir entre 2006 et 2010, à 17 °C

Filet de bœuf et lanières de poivrons verts et rouges légèrement confits, carré d'agneau et jus au café expresso (*) ou hamburgers d'agneau aux poivrons rouges confits et au paprika.

Cabernet Sauvignon Reserva Casa Lapostolle 2003

VALLE DE RAPPEL, CASA LAPOSTOLLE, CHILI

18,35 $ SAQ **S** (398800) ★★★ **$$** **Modéré+**

Un chilien au fruité enchanteur, rappelant le cassis et la cerise noire, à la bouche étonnamment ronde, aux tanins tendres et mûrs, arrondis à perfection par une vendange à maturité optimum et par un élevage soigné, qui ne domine pas l'ensemble. **Cépage :** cabernet sauvignon. **Alc./**14,5 %. **www.casalapostolle.com**

☛ *Servir entre 2006 et 2009, à 17 °C*

Côtelettes d'agneau grillées à la sauce teriyaki, filets de bœuf grillés en croûte de fines herbes ou rosbif de côtes farci au chorizo et au fromage.

Tannat Reserve Toscanini 2004

PASO CUELLO, JUAN TOSCANINI E HIJOS, URUGUAY

NOUVEAUTÉ!

18,40 $ SAQ **S** (10294701) ★★★ **$$** **Corsé+**

Un autre excellent rapport qualité-prix sud-américain, au profil un brin animal, rappelant certains madirans, à la robe foncée, au nez compact, riche d'un fruité mûr, sans excès, tout en étant d'une belle fraîcheur et d'un boisé discret, à la bouche pleine et joufflue, aux tanins serrés, marqués par le grain du bois, sans trop, aux saveurs de fruits rouges, presque compotés, ainsi qu'aux notes d'épices douces et de cuir neuf, terminant sur une finale plus soutenue. **Cépage :** tannat. **Alc./**13,9 %. **www.toscaniniwines.com**

☛ *Servir entre 2006 et 2010, à 17 °C*

Brochettes de bœuf sauce au poivre vert, ragoût d'agneau aux quatre-épices (poivre, muscade, gingembre en poudre et clous de girofle) ou gigot d'agneau aux cent gousses d'ail.

Shiraz Spires 2003

BAROSSA VALLEY, BAROSSA VALLEY ESTATE, AUSTRALIE

18,50 $ SAQ **S** (904540) ★★★ $$ **Modéré+**

Une syrah à la fois fraîche et généreuse, élancée et juteuse, aux saveurs expansives, aux tanins fins et au corps plein, sans être puissant. Le nez n'est pas très engageant, mais la bouche récupère la situation avec aplomb et gourmandise. **Cépage :** shiraz. **Alc./**13,5 %. **www.bve.com.au**

☛ *Servir entre 2006 et 2009, à 17 °C*

Brochettes de bœuf teriyaki, hamburgers de bœuf à la pommade d'olives noires (olives noires dénoyautées et huile d'olive passées au robot) ou foie de veau au vinaigre balsamique (réduit au 2/3 avec du miel et du porto).

Cabernet Sauvignon Cathedral Cellar 2001 ♥

COASTAL REGION, KWV, AFRIQUE DU SUD ***(DISP. DÉC. 06)***

NOUVEAUTÉ!

18,90 $ SAQ **S** (328567) ★★★ **$$** **Corsé**

Un cabernet de l'hémisphère sud, du plus vieux pays producteur de vin du Nouveau Monde, à la robe très foncée, au nez très aromatique, assez riche, on ne peut plus cabernet avec ses notes de poivron, d'eucalyptus, de fruits rouges et de crème de cassis, à la bouche à la fois ronde et soutenue, tannique et ample, fraîche et enveloppante, égrainant de longues saveurs de fruits rouges et noirs, avec un arrière-plan boisé, moins marqué que chez le Shiraz du même nom. Harmonie, fraîcheur et plaisir assurés. **Cépage :** cabernet sauvignon. **Alc./**13,5 %. **www.kwv.co.za**

Servir entre 2006 et 2010, à 17 °C.

Côtelettes et tranches d'épaule d'agneau grillées au poivre noir, accompagnées de poivrons verts et rouges sautés à l'huile d'olive et au paprika ou côtes de veau et purée de pois à la menthe (*).

Shiraz Cathedral Cellar 2002

COASTAL REGION, KWV, AFRIQUE DU SUD

NOUVEAUTÉ!

18,90 $	SAQ **S** (902429)	★★☆?☆ **$$**	**Corsé**

Une shiraz sud-africaine colorée, au nez torréfié des plus engageants, au fruité mûr et épicé, développant des notes balsamiques provenant de l'élevage en barriques, à la bouche on ne peut plus veloutée, ample et texturée, aux tanins tendres et aux saveurs longues, laissant des traces de confiture de fraises, de fumée, de vanille et de créosote. Un vin sensuel, sans lourdeur, malgré ses 14 degrés d'alcool. **Cépage :** shiraz (syrah). **Alc.**/14 %. **www.kwv.co.za**

Servir entre 2006 et 2009, à 16 °C

Steak de thon grillé à la pommade d'olives noires (olives noires dénoyautées et huile d'olive passées au robot), côtes levées sauce barbecue épicée ou bavette de bœuf déglacée au vinaigre balsamique et porto LBV.

Syrah Liberty School 2004

CALIFORNIA, LIBERTY SCHOOL WINERY, ÉTATS-UNIS

19,20 $	SAQ **S*** (10355454)	★★★ **$$**	**Corsé**

Une syrah californienne on ne peut plus gourmande, juteuse, pleine et sphérique, mais sans excès et sans lourdeur, même plutôt fraîche et invitante, dans le style pulpeux bien sûr. Fumée, épices, fruits noirs et cacao donnent le ton. **Cépages :** 97 % syrah, 3 % viognier. **Alc.**/13,5 %. **www.treana.com**

Servir entre 2006 et 2010, à 17 °C

Tranches d'épaule d'agneau grillées sauce au porto LBV, côte de veau grillée au fromage bleu et réduction de porto (avec balsamique et miel) ou magret de canard et crevettes à la saveur du Nouveau Monde (*).

Nebbiolo Reserva Privada L.A. Cetto 2001

BAJA CALIFORNIA, L.A. CETTO, MEXIQUE

19,25 $	SAQ **S** (10390233)	★★★?☆ **$$**	Puissant

La version 2001 de ce nebbiolo mexicain représente à nouveau une incroyable aubaine que les amateurs de barolos ne doivent surtout pas laisser passer. La robe est presque noire. Le nez est très riche et concentré, au fruité mûr et explosif. La bouche est dense et pleine, au coffre imposant, généreuse à souhait sans être lourde, nourrie et pénétrante au possible, rappelant certains zinfandels californiens, avec ses saveurs imposantes de fruits noirs, de confiture de framboises, de prune et de réglisse. **Cépage :** nebbiolo. **Alc.**/14 %. **www.lacetto.com**

☛ *Servir entre 2006 et 2014, à 17 °C et oxygéné en carafe 30 minutes*

Ragoût de bœuf à la bière et polenta crémeuse aux oignons caramélisés, ragoût d'agneau aux quatre-épices (poivre, muscade, gingembre en poudre et clous de girofle) ou braisé de bœuf à l'anis étoilé. Fromage : parmigiano reggiano (plus de 24 mois d'affinage).

Pastiche Rouge 2004

CALIFORNIA, JOSEPH PHELPS VINEYARDS, ÉTATS-UNIS

19,25 $	SAQ **S*** (860023)	★★★ **$$**	**Modéré+**	BIO

Un Pastiche, dont l'assemblage diffère chaque année, du millésime 2004, plus fin, plus frais et plus subtil que ne l'était l'expressif et dodu 2003, salué dans l'édition précédente. Sa pureté de fruits, sa fraîcheur et sa subtilité épicée, ainsi que son corps moins généreux, font de lui un vin plus harmonieux et plus digeste. **Cépages :** 51 % grenache, 25 % cabernet sauvignon, 19 % syrah, 4 % alicante bouschet, 1 % pinot noir. **Alc./**13,8 %. **www.jpvwines.com**

☛ *Servir entre 2006 et 2009, à 17 °C*

Braisé de bœuf à l'anis étoilé, médaillons de porc à la pommade d'olives noires (olives noires dénoyautées et huile d'olive passées au robot) ou côtes levées à l'ail et au romarin, chili con carne.

Merlot Ravenswood Vintners Blend 2003

CALIFORNIA, RAVENSWOOD WINERY, ÉTATS-UNIS

19,80 $	SAQ **S** (363812)	★★★ **$$**	**Modéré**

Belle opulence, sans excès, de ce merlot pulpeux à souhait, tout en étant d'une belle tenue, compact, long et des plus festifs. Prune, cerise noire et cacao marquent le pas. L'homme derrière cette marque emblématique, Joël Paterson, sera à Montréal en novembre 2006 afin de célébrer les 30 ans de cette winery qui a participé plus que toute autre à la reconnaissance du cépage zinfandel. **Cépage :** merlot. **Alc./**14 %. **www.ravenswoodwinery.com**

☛ *Servir entre 2006 et 2009*

Hamburgers d'agneau aux poivrons rouges confits et au fromage bleu, bavette de bœuf en sauce teriyaki, veau marengo (de longue cuisson) ou penne aux saucisses italiennes.

Cabernet Sauvignon Cono Sur Visión 2002

COLCHAGUA VALLEY, VIÑA CONO SUR, CHILI ***(DISP. OCT. 06)***

NOUVEAUTÉ!

19,85 $	SAQ **S** (904516)	★★★?☆ **$$**	**Corsé+**

Très beau cabernet sud-américain, ultra-coloré, au nez extraverti, sans trop, au fruité concentré et épuré, à la bouche fraîche, tannique, ferme et élancée, aux saveurs explosives, laissant de longues traces de fraise, de bleuet et de violette. Par sa maturité de fruits et sa fraîcheur, son style n'est pas sans rappeler celui des cabernets australiens. **Cépage :** cabernet sauvignon. **Alc./**13,5 %. **www.conosur.com**

Servir entre 2006 et 2009, à 17 °C

Côte de veau grillée au fromage bleu et réduction de porto (avec balsamique et miel), carré d'agneau sauce au porto LBV ou brochettes de bœuf sauce au fromage bleu (*).

Escudo Rojo 2003

VALLE DEL MAIPO, BARON PHILIPPE DE ROTHSCHILD, CHILI

19,90 $	SAQ **S*** (577155)	★★☆ $$	**Modéré+**

Voici le troisième millésime réussi de Baron Philippe de Rothschild Maipo Chile, la filiale chilienne créée en 1997 de la réputée société bordelaise, propriétaire, entre autres, du Château Mouton Rothschild. Il en résulte un rouge au nez à mi-chemin entre le style mentholé chilien et le profil fruits noirs bordelais, à la bouche souple, ample et texturée, marquée par des tanins étonnamment ronds et tendres. **Cépages :** 70 % de cabernet sauvignon + cabernet franc, carmenère, syrah. **www.bpdr.com**

Servir entre 2006 et 2009, à 18 °C

Rôti de porc aux graines de coriandre, côtes de veau grillées et coulis de poivrons verts ou entrecôte aux lanières de poivron vert.

Grenache Bush Vine Yalumba 2004

BAROSSA, YALUMBA, AUSTRALIE

19,90 $	SAQ **S** (902353)	★★★ $$	Puissant

Du grenache pulpeux, capiteux et intense, rappelant presque la texture d'un porto LBV, tout en étant bien sec, plein, joufflu, juteux et épicé. Il faut dire que les vignes ont entre trente et soixante-dix ans d'âge. Une gourmandise solaire pour des plats en sauce généreuse. **Cépage :** grenache. **Alc./**14,5 %. www.yalumba.com

Servir entre 2006 et 2009, à 16 °C

Bœuf à la bière, chili au bœuf, côtes levées de bœuf glacées aigres-douces ou entrecôte sauce au poivre vert.

Cabernet Sauvignon Beringer Founder's Estate 2003

CALIFORNIA, BERINGER VINEYARDS, ÉTATS-UNIS

19,95 $	SAQ **S*** (534263)	★★☆ $$	**Modéré+**

Ce cabernet se distingue par sa fraîcheur ainsi que par son boisé en retrait. De la couleur, du fruit, des épices, des tanins qui ont du grain, une bonne densité et de l'allonge. Voilà de quoi réjouir l'amateur de bordeaux, à moindres frais. **Cépage :** cabernet sauvignon. **www.beringer.com**

Servir entre 2006 et 2009, à 17 °C

Lapin à la toscane (*), bifteck de contre-filet grillé au beurre d'estragon ou brochettes de bœuf et de foie de veau aux poivrons rouges confits.

Cabernet Sauvignon Prospect Hill Robertson 2003

ROBERTSON, ROBERTSON WINERY, AFRIQUE DU SUD

20,15 $	SAQ S (10448001)	★★★	$$	Corsé

Très belle nouveauté que ce cabernet sud-africain, au style à mi-chemin entre Bordeaux et le Nouveau Monde, élevé 12 mois en barriques de chêne français, à 50 % neuves, exhalant de pulpeux effluves, mais avec une certaine réserve distinguée, à la bouche à la fois juteuse et compacte, sphérique et détendue, dense et tannique. Du fruit à volonté, un boisé discret et intégré, de la sève et des saveurs plus que persistantes. **Cépage :** cabernet sauvignon. **Alc.**/14 %. **www.robertsonwinery.co.za**

☛ *Servir entre 2006 et 2009, à 17 °C*

Carré d'agneau au poivre vert et à la cannelle ou filets de bœuf à la fourme d'Ambert et au romarin (*).

Finca Flichman « Paisaje de Barranças » 2002

MENDOZA, FINCA FLICHMAN, ARGENTINE

NOUVEAUTÉ!

20,40 $	SAQ S (10303751)	★★★☆	$$$	Corsé+

Excellente nouveauté du Nouveau Monde. Vous y dénicherez un rouge fortement coloré, au nez puissant de fruits noirs et d'épices douces, boisé avec retenue, à la bouche généreuse, pulpeuse et concentrée, mais avec fraîcheur et grain de tanins ferme, tendant le vin dans sa sphéricité solaire. Difficile de faire mieux à ce prix, si vous cherchez la puissance sud-américaine. **Cépages :** syrah, malbec, cabernet sauvignon. **Alc.**/13,5 %. **www.flichman.com.ar**

☛ *Servir entre 2006 et 2014, à 17 °C et oxygéné en carafe 15 minutes*

Hamburgers d'agneau aux poivrons rouges confits et au fromage bleu, filets de bœuf au concassé de poivre et patates douces rôties au romarin ou tajine de ragoût d'agneau aux cinq-épices et aux oignons cipollini caramélisés.

Pinot Noir Private Selection Mondavi 2005

CENTRAL COAST, ROBERT MONDAVI, ÉTATS-UNIS

20,45 $	SAQ C (465435)	★★☆	$$	Modéré+

Rubis modérément foncé. Nez charmeur, sans être très riche. Bouche à la fois souple, coulante et généreuse, au fruité fin, aux tanins fondus et aux saveurs longues. Grenadine et cerise au marasquin donnent la note. Du pinot plaisir. **Cépage :** pinot noir. **Alc.**/13,5 %. **www.rmprivateselection.com**

☛ *Servir entre 2006 et 2008, à 16 °C*

Pâtes à la sauce tomate au prosciutto et à la sauge, sandwich à la viande et à l'ail grillé, risotto à la tomate et au basilic sur aubergines grillées, salade de bœuf grillé à l'orientale ou thon grillé à l'huile de basilic.

Malbec « Q » Zuccardi 2002

MENDOZA, FAMILIA ZUCCARDI, ARGENTINE

NOUVEAUTÉ!

20,75 $	SAQ S (741520)	★★★?☆ $$	Corsé+

Un malbec argentin, d'un excellent rapport qualité-prix, très coloré, au nez actuellement retenu, mais se libérant après un court séjour en carafe, devenant franchement riche en fruits rouges, en épices et en bois, à la bouche joufflue, ample et éclatante, au profil solaire, avec générosité et densité, perdurant longuement, laissant des traces de fumée, de vanille, d'épices et de confiture de framboises. **Cépage :** 100 % malbec. **Alc./**14,5 %. **www.familiazuccardi.com**

☛ Servir entre 2006 et 2012, à 17 °C et oxygéné en carafe 15 minutes

Osso buco au fenouil et gremolata, côtes de veau de lait poêlées et réduction de vin rouge à l'estragon (*) ou hamburgers d'agneau aux poivrons rouges confits et au fromage bleu.

Shiraz Wynns 2005

COONAWARRA, WYNNS COONAWARRA ESTATE, AUSTRALIE

20,95 $	SAQ S* (433060)	★★★ $$	Corsé

Avec cet époustouflant 2005, Wynns présente à nouveau l'une des plus belles syrahs australiennes offertes en approvisionnement continu à la SAQ. Robe très colorée et violacée. Nez expressif à souhait, passablement riche et frais, marqué par des notes de crème de cassis, de grenadine, de poivre, de violette et de fumée. Boisé parfaitement maîtrisé et intégré. Bouche gourmande, pleine, fraîche, ramassée, aux tanins fins, tissés serrés, aux saveurs longues et précises. Mérite presque une demi-étoile supplémentaire. **Cépage :** shiraz. **Alc./**13 %.

☛ Servir entre 2006 et 2010, à 17 °C

Tacos de bœuf épicés, thon rouge mi-cuit au poivre concassé et purée de pommes de terre aux olives noires, médaillons de porc en sauce aux canneberges et au porto LBV ou côtelettes d'agneau grillées sauce teriyaki à l'orange.

Cabernet Sauvignon Catena 2003

MENDOZA, BODEGA CATENA ZAPATA, ARGENTINE

21,30 $	SAQ S (865287)	★★★☆ $$	Corsé

Un cabernet parfaitement vinifié, dans le ton de son époque (comme tous les autres vins de Catena commentés dans ce guide), sans trop en faire. Donc, coloré, parfumé, fruité mûr, boisé modéré, tanins presque dodus mais avec du grain, corps généreux et voluptueux, saveurs longues et précises, laissant des traces de bleuet, de poivre, de réglisse, de chanvre et d'épices douces. Élevé en barriques de chêne, dont 43 % neuves, pour 87 % de fûts français et 13 % américains. **Cépage :** 100 % cabernet sauvignon. **Alc./**14 %. **www.catenawines.com**

☛ Servir entre 2006 et 2010, à 17 °C

Côtelettes de porc aux poivrons rouges confits épicés, côte de veau grillée au fromage bleu et réduction de porto (avec balsamique et miel) ou côtelettes d'agneau marinées au porto et au romarin.

Zinfandel Easton 2003

AMADOR COUNTY, DOMAINE DE LA TERRE ROUGE, ÉTATS-UNIS

21,40 $	SAQ **S*** (897132)	★★★ **$$**	**Corsé+**

Ce « zin » 2003, salué dans l'édition précédente, se montre toujours aussi généreux et raffiné, poivré et très frais, plein et texturé, tout en étant presque crémeux et laissant deviner des notes confiturées de fruits rouges et noirs, ainsi que des touches de poivre noir et de torréfaction. Grâce à leur style européen, les vins du domaine de la Terre Rouge, dont les amateurs québécois raffolent, ont atteint au fil des onze ans de *La Sélection Chartier* le statut de références californiennes. **Cépage :** zinfandel. **Alc./**14,5 %. **www.eastonwines.com**

☛ *Servir entre 2006 et 2010, à 17 °C*

Brochettes de bœuf sauce au fromage bleu (*), longe de porc (fumée si possible) sauce au boudin noir et au vin rouge, rognons de veau aux champignons et aux baies de genévrier ou quesadillas (*wraps*) au bifteck et au fromage bleu.

Merlot Reserve Geyser Peak 2002 ♥

ALEXANDER VALLEY, GEYSER PEAK WINERY, ÉTATS-UNIS

21,50 $	SAQ **S** (191767)	★★★?☆ **$$**	**Corsé**

Un excellent merlot, à mille lieues des merlots caricaturaux détestés par Miles dans le film *Side Ways*, d'une coloration soutenue, d'un nez racé, certes concentré mais sans esbroufe ni boisé, à la bouche compacte, ramassée, fraîche et ample, sans lourdeur, aux tanins présents mais mûrs et aux saveurs longues et précises, laissant des traces de mûre, de violette et de bleuet. Le prix est plus qu'intéressant. **Cépage :** merlot. **Alc./**13,5 %. **www.geyserpeakwinery.com**

☛ *Servir entre 2006 et 2010, à 17 °C*

Roulés de pâte filo à l'agneau et à la menthe fraîche, carré d'agneau marocain et provençal (avec feuilles de menthe, poivre de Cayenne, piment doux, paprika, cumin, romarin frais, thym, ail et moutarde de Dijon) ou osso buco au fenouil et gremolata.

Malbec Catena 2003

MENDOZA, BODEGA CATENA ZAPATA, ARGENTINE ***(DISP. OCT. 06)***

21,65 $	SAQ **S** (478727)	★★★?☆ **$$**	**Corsé+**

Difficile de dénicher des malbecs argentins aussi raffinés et aussi compacts que ceux élaborés par la maison Catena Zapata, et ce, dans les trois gammes qu'elle propose : Alamos, Catena et Catena Alta (voir commentaires dans ce guide). Vérifiez par vous-même avec ce Catena, milieu de gamme, d'une fraîcheur et d'une pureté exemplaires, sans boisé dominant, marqué par des tanins tissés à la fois très fins et très serrés. Une fin de bouche explosive, aux saveurs de fruits noirs, de tabac et de café, signe cette référence. **Cépage :** 100 % malbec. **www.catenawines.com**

Servir entre 2006 et 2013, à 17 °C et oxygéné en carafe 1 heure

Filets de bœuf au fromage bleu et sauce au porto LBV ou côtelettes d'agneau sauce au porto LBV et bâtonnets de polenta grillée à l'anis.

Te Awa Cabernet/Merlot 2003

HAWKES BAY, TE AWA WINERY, NOUVELLE-ZÉLANDE

NOUVEAUTÉ!

22,10 $	SAQ **S** (10382882)	★★★ $$	**Modéré+**

Une aubaine néo-zélandaise, d'un certain raffinement, au style résolument bordelais, à la fois colorée, parfumée, charnue et persistante, égrainant des notes de fraise, de poivre, de café et de fumée. **Cépages :** 46 % cabernet sauvignon, 40 % merlot, 7 % malbec, 7 % cabernet franc. **Alc.**/13 %. **www.teawa.com**

Servir entre 2006 et 2010, à 17 °C

Brochettes de boulettes d'agneau à la menthe ou bifteck de contre-filet grillé au beurre d'estragon.

Privada Norton 2002

MENDOZA, BODEGA NORTON, ARGENTINE

22,85 $	SAQ **S** (860411)	★★★?☆ $$	**Corsé**

Cuvée prestige de l'une des meilleures bodegas d'Argentine, ce 2002 présente une robe très foncée, un nez très aromatique et passablement riche, d'une belle maturité de fruit, à la bouche ample, veloutée et texturée, aux tanins tendres, tout en étant pourvus d'un grain serré, à l'acidité discrète et aux saveurs persistantes, rappelant la mûre, le bleuet, le café et la vanille. **Cépages :** cabernet, malbec, merlot. **Alc.**/14 %. **www.norton.com.ar**

Servir entre 2006 et 2010, à 17 °C et oxygéné en carafe 15 minutes

Filet de porc au café noir (voir Filets de bœuf au café noir) (*), osso buco au fenouil et gremolata ou filets de bœuf au fromage bleu et sauce au porto LBV.

Shiraz Faith St Hallett 2004

BAROSSA VALLEY, ST HALLETT WINES, AUSTRALIE

NOUVEAUTÉ!

22,90 $	SAQ **S** (10243541)	★★★ $$	**Corsé**

Une shiraz des plus gourmandes, juteuse et pulpeuse, aux saveurs richement fruitées, aux tanins souples et enveloppés par un corps généreux et sphérique, sans lourdeur. Fruits noirs et fumée donnent le ton. Plein les babines et à bon prix. **Cépage :** shiraz. **Alc.**/14 %. **www.sthallett.com.au**

Servir entre 2006 et 2011, à 17 °C

Filets de bœuf marinés sauce balsamique et poêlée de champignons sauvages, rôti de bœuf à la moutarde de Meaux ou côtes levées à l'ail et au romarin.

Cabernet Sauvignon Gran Lurton 2004 ♥

MENDOZA, BODEGAS J. & F. LURTON, ARGENTINE

22,95 $	SAQ **S*** (863332)	★★★?☆ **$$**	**Corsé**

Succès incontesté au Québec, ce cabernet des frangins Lurton a été leur premier vin élaboré à leur arrivée en Argentine en 1992. Ils trouvaient à cette époque les malbecs argentins plutôt mous, leur préférant les cabernets. Étant d'origine bordelaise, ceci explique cela aussi... Le 2004, né d'un très grand millésime argentin, est une autre réussite. Le vin est très foncé, le nez est à la fois concentré et subtil, très frais et pur, rappelant un brin la barbe à papa et la réglisse. La bouche est quant à elle charnue, pleine, sphérique et harmonieuse à souhait. Un modèle d'équilibre pour son rang. **Cépages :** 80 % cabernet sauvignon, 20 % malbec. **Alc.**/13,5 %. **www.jflurton.com**

☛ *Servir entre 2006 et 2014, à 17 °C et oxygéné en carafe 30 minutes*

Carré d'agneau et jus au café expresso (*), brochettes de bœuf et de foie de veau aux poivrons rouges confits ou rôti de bœuf aux champignons.

Hewitson « Miss Harry Vieilles Vignes » 2004

BAROSSA VALLEY, HEWITSON PTY, AUSTRALIE

NOUVEAUTÉ!

23,10 $	SAQ **S** (10256093)	★★★?☆ **$$**	**Corsé**

Un GSM, donc un assemblage de grenache, de syrah et de mourvèdre, d'un charme immédiat, rappelant certains rouges rhodaniens de Gigondas et de Vacqueyras. Couleur foncée, sans être profonde, nez invitant, fumé à souhait, rappelant le lard fumé et les fruits rouges en confiture, bouche à la fois fraîche et ample, généreuse et élancée, aux tanins mûrs et enveloppés, au corps vaporeux et aux saveurs confites et persistantes. Un régal, à base de très vieilles vignes, de 50 à 80 ans d'âge, élevé uniquement en barriques de chêne français. **Cépage :** shiraz (syrah). **Alc.**/14 %. **www.hewitson.com.au**

☛ *Servir entre 2006 et 2011, à 17 °C et oxygéné en carafe 5 minutes*

Hamburgers au fromage et aux champignons (avec bacon, poivrons rouges confits et romarin frais), ragoût de bœuf à la bière et polenta crémeuse aux oignons caramélisés ou longe de porc (fumée si possible) sauce au boudin noir et au vin rouge.

Merlot Montes Alpha 2004

VALLE DE ACONCAGUA, MONTES ALPHA, CHILI

23,25 $	SAQ S (564617)	★★★ $$	Corsé

La robe est profondément violacée. Le nez est à la fois concentré et raffiné, de style bordelais. La bouche suit avec charme, densité, finesse et expression de saveurs mûres. Les tanins sont tissés serrés, avec du grain, et l'acidité naturelle rafraîchit l'ensemble qui me semble plus harmonieux que par le passé. Cette réserve spéciale provient du fameux vignoble Finca de Apalta, l'un des rares terroirs en coteaux du Chili, complanté d'un pourcentage élevé de vieilles vignes. Vieillie en fûts de chêne pour une durée de 12 mois, dont un tiers en barriques neuves, elle est à nouveau marquée par le bois en 2004, mais judicieusement équilibrée par une masse de fruits imposante. **Cépages :** 85 % merlot, 15 % cabernet sauvignon. **Alc.**/14,5 %. **www.monteswines.com**

Servir entre 2006 et 2011, à 17 °C et oxygéné en carafe 15 minutes

Carré d'agneau farci aux olives noires et au romarin, sauce au porto LBV, braisé de bœuf à l'anis étoilé ou filets de bœuf à la fourme d'Ambert et au romarin (*).

Clos de Lolol 2003

COLCHAGUA VALLEY, BODEGAS J. & F. LURTON, CHILI ***(DISP. FÉVR./MARS 07)***

NOUVEAUTÉ!

24 $	SAQ S (code non disp.)	★★★?☆ $$	Corsé

Cet excellent vin chilien devrait être mis en marché par le magazine *Cellier*, la nouvelle publication de la SAQ, dans le numéro spécial *Les Amériques*, en succursale en février/mars 2007. Dégusté en primeur, en juin 2006, cet assemblage se montrait très aromatique, on ne peut plus chilien, exultant des notes de cassis, d'eucalyptus et de menthe chocolatée, à la bouche à la fois ample et compacte, fraîche et tannique, d'une belle précision et d'un corps assez relevé, mais sans être d'une grande densité. Située en bordure de mer, la vallée de Lolol jouit d'un climat océanique, aux variations thermiques jour/nuit très importantes. Les Lurton y cultivent la carmenère – qui représente aujourd'hui 7 % des plantations du pays –, afin d'obtenir de très petits rendements (25 hl/ha) et de tester ce que ce cépage a dans le ventre. Les résultats ne sont pas encore au niveau des attentes, même s'ils sont très bons. **Cépages :** 50 % carmenère, 50 % cabernet sauvignon. **Alc.**/13,5 %. **www.jflurton.com**

Servir entre 2006 et 2011, à 17 °C et oxygéné en carafe 15 minutes

Carré d'agneau en croûte de menthe fraîche aux parfums balsamiques, filets de bœuf grillés et coulis de poivrons verts (*) ou côtes de veau et purée de pois à la menthe (*).

Shiraz Brokenback 2003

HUNTER VALLEY, TYRRELL'S WINES, AUSTRALIE ***(DISP. JANV./FÉVR. 07)***

NOUVEAUTÉ!

24,10 $	SAQ S (10338435)	★★★ $$	Corsé

Une shiraz saisissante et vivifiante, à l'acidité présente, tendant le vin vers un style longiligne et élancé. Le fruité est mûr et confit, le boisé torréfié mais discret, et le corps presque généreux. Grâce à son acidité fraîche, de belles harmonies sont à prévoir à table, spécialement avec les sauces aigres-douces. **Cépage :** shiraz (syrah). **Alc./**13,5 %. **www.tyrrells.com.au**

Servir entre 2006 et 2010, à 17 °C

Côtes levées sauce barbecue épicée, côte de veau grillée au fromage bleu et réduction de porto (avec balsamique et miel), tranches d'épaule d'agneau grillées sauce au porto LBV ou bavette de bœuf en sauce teriyaki.

Cabernet Sauvignon Saltram « Mamre Brook » 2003

BAROSSA, SALTRAM WINE ESTATES, AUSTRALIE

NOUVEAUTÉ!

24,15 $ SAQ **S** (10283171) ★★★☆ $$$ Corsé+

Un australien on ne peut plus aussie, presque noir, violacé, au nez percutant, *juicy fruit* (bleuet, cassis, épices, prune, lys), mais avec profondeur et richesse, non dénué de fraîcheur, au boisé modéré pour le style – le séjour de 18 mois en barriques de chêne français et américain a été effectué avec doigté –, à la bouche tout aussi éclatante, pleine, charnue, tannique, à la fois ronde et serrée, aux tanins qui ont du grain et aux saveurs d'une grande allonge. Harmonieux et solide, pour un prix très doux. L'une des belles trouvailles de l'année venant du Nouveau Monde. **Cépage :** cabernet sauvignon. **Alc./**13 %. **www.saltramwines.com.au**

Servir entre 2006 et 2013, à 17 °C

Carré d'agneau sauce au porto LBV, entrecôte au fromage bleu ou magret de canard au vin rouge et aux baies de sureau (*).

Merlot/Malbec Basket Press Sacred Hill 2002

HAWKES BAY, SACRED HILL WINES, NOUVELLE-ZÉLANDE

NOUVEAUTÉ!

24,75 $ SAQ **S** (10382823) ★★★☆ $$$ Corsé

Robe rubis très foncé et violacé. Nez à la fois très frais et très mûr, concentré et harmonieux, d'une étonnante richesse, sans boisé trop apparent et franchement plus expressif en juillet qu'en février 2006. Bouche généreuse, pleine, sphérique, très merlot, mais équilibrée par le grain et la droiture du malbec. Des fruits noirs, des épices douces et des notes un brin boisées participent au cocktail de saveurs intenses et pénétrantes, sans lourdeur. **Cépages :** 57 % merlot, 28 % malbec, 10 % cabernet sauvignon, 5 % cabernet franc. **Alc./**13,5 %. **www.sacredhill.com**

Servir entre 2006 et 2012, à 17 °C

Bœuf à la bière brune et polenta crémeuse au parmesan ou côtelettes et tranches d'épaule d'agneau grillées au poivre noir, accompagnées de poivrons verts et rouges sautés à l'huile d'olive et au paprika.

Malbec Clos des Andes 2004 ♥

MENDOZA, HÉLÈNE GARCIN, BODEGA POESIA, ARGENTINE ***(DISP. MARS 07)***

NOUVEAUTÉ!

25 $ SAQ **S** (code non disp.) ★★★?☆ $$ Corsé+

Très beau coup de cœur, dégusté en primeur en août 2006, qui devrait être distribué grâce à l'opération Vins des Amériques, au printemps 2007, dans le magazine *Cellier* de la SAQ. Il provient de très vieilles vignes de malbec, plantées en 1935, vinifiées avec doigté par le couple d'origine bordelaise, Hélène Garcin et Patrice Lévêque, des célèbres châteaux Clos l'Église (Pomerol) et Haut-Bergey (Pessac-Léognan). Il en résulte un rouge coloré à souhait, ultra-poivré, passablement riche, tout en étant frais, aux tanins serrés et gommés par une gangue moelleuse, aux saveurs expansives, laissant de longues traces de fruits noirs et d'épices. **Cépage :** malbec (vignes de 70 ans). **Alc./**13,5 %.

☛ *Servir entre 2007 et 2013, à 17 °C et oxygéné en carafe 30 minutes*

Brochettes de bœuf sauce au poivre vert, magret de canard rôti à la nigelle ou carré d'agneau marocain et provençal (avec feuilles de menthe, poivre de Cayenne, piment doux, paprika, cumin, romarin frais, thym, ail et moutarde de Dijon).

Shiraz Saltram « Mamre Brook » 2003 ♥

BAROSSA VALLEY, SALTRAM WINE ESTATES, AUSTRALIE

NOUVEAUTÉ!

25 $	SAQ **S** (928358)	★★★☆ $$$	Puissant

Une puissante et décapante syrah, à la robe presque noire, au nez très riche, ultra confit et torréfié, à la bouche pulpeuse et pleine, mais superbement ramassée, tendue et fraîche. Rares sont les vins à 15 % d'alcool à être aussi denses et élancés à la fois. Cassis, mûre, café, créosote et violette enrichissent l'ensemble. **Cépage :** shiraz (syrah). **Alc./**15 %. **www.saltramwines.com.au**

☛ *Servir entre 2006 et 2013, à 17 °C et oxygéné en carafe 30 minutes*

Carré d'agneau et jus au café expresso (*), entrecôte grillée à la pommade d'olives noires (olives noires dénoyautées et huile d'olive passées au robot) ou magret de canard grillé parfumé de baies roses accompagné d'une purée de patates douces aux olives noires et au romarin frais.

Merlot Cono Sur « 20 Barrels Limited Edition » 2003

COLCHAGUA VALLEY, VIÑA CONO SUR, CHILI ***(DISP. OCT./NOV. 06)***

26,60 $	SAQ **S** (904490)	★★★ $$$	**Corsé**

Robe noire et fortement violacée. Nez richement parfumé, au fruité mûr et concentré, dévoilant des notes de bleuet, de mûre et de violette. Bouche ample et veloutée, aux tanins très fins, au boisé intégré et aux saveurs fraîches et persistantes. Un merlot à la fois très gourmand et d'une belle fraîcheur, malgré sa grande générosité. **Cépage :** merlot. **Alc./**14,5 %. **www.conosur.com**

☛ *Servir entre 2006 et 2010, à 17 °C*

Filets de bœuf grillés et sauté de poivrons rouges au curcuma, mignons de porc sauce au porto LBV ou filet mignon de veau sauce au porto et aux canneberges.

Shiraz Boschendal Reserve Collection 2003

COASTAL REGION, BOSCHENDAL WINERY, AFRIQUE DU SUD ***(DISP. SEPT. 06)***

NOUVEAUTÉ!

27,70 $ SAQ **SS** (10440819) ★★★?☆ **$$$** **Corsé**

Belle coloration, aux reflets rubis violacé, sans excès. Nez retenu aux premiers abords, mais révélant une invitante fraîcheur et une distinction unique après oxygénation. Bouche à la fois chaude et aérienne, pleine et compacte, dense et raffinée, jouant les funambules comme rares en sont capables les vins titrant 15 % d'alcool. Cerise noire, framboise et violette donnent le ton, sans boisé apparent. Élevage de 12 mois en barriques françaises, de 2 à 3 ans d'âge. Cette nouveauté sud-africaine tend plus vers le style des syrahs rhodaniennes que vers celui des australiennes. **Cépage :** shiraz (syrah). **Alc.**/15 %. **www.boschendalwines.com**

☛ *Servir entre 2006 et 2013, à 17 °C et oxygéné en carafe 1 heure*

Entrecôte grillée à la pommade d'olives noires (olives noires dénoyautées et huile d'olive passées au robot) ou carré d'agneau au poivre vert et à la cannelle.

Shiraz Filsell 2003

BAROSSA VALLEY, GRANT BURGE WINES, AUSTRALIE

NOUVEAUTÉ!

28,40 $ SAQ **S** (10257601) ★★★☆ **$$$** **Léger**

Une puissante révélation australienne. Robe noire et violine. Nez concentré et profond, tout en étant passablement frais, exprimant des effluves de bleuet, de mûre, de violette et d'épices. Bouche juteuse, pleine, dense et charnue, tout en étant passablement compacte, aux tanins tissés serrés mais enveloppés d'une gangue veloutée, aux saveurs percutantes. **Cépage :** shiraz (syrah). **Alc.**/14,5 %. **www.grantburgewines.com.au**

☛ *Servir entre 2006 et 2015, à 17 °C et oxygéné en carafe 15 minutes*

Carré d'agneau au poivre vert et à la cannelle ou magret de canard grillé parfumé de baies roses.

Shiraz Blackwell St Hallett 2004

BAROSSA VALLEY, ST HALLETT WINES, AUSTRALIE ***(DISP. AUTOMNE 06)***

NOUVEAUTÉ!

28,55 $ SAQ **S** (10245458) ★★★?☆ **$$$** **Corsé+**

Passablement plus confite et plus riche que la Shiraz Faith 2004 du même domaine, tout en étant aussi plus boisée. Donc, un rouge très coloré, richement parfumé, aux notes torréfiées et chocolatées, à la bouche dense, pleine et tannique, charnue à souhait, tout en étant fraîche, aux saveurs profondes et persistantes. **Cépage :** shiraz. **Alc.**/14,5 %. **www.sthallett.com.au**

☛ *Servir entre 2006 et 2013, à 17 °C et oxygéné en carafe 15 minutes*

Carré d'agneau farci aux olives noires et au romarin, sauce au porto LBV.

Pinot Noir Calera 2004

CENTRAL COAST, CALERA WINE COMPANY, ÉTATS-UNIS

29,20 $	SAQ **S** (898320)	★★★☆ $$$	Corsé

Un généreux et poivré pinot, de la grande maison Calera, spécialiste californienne en matière de pinot. Plein et moelleux, aux tanins mûrs et tendres, à l'acidité discrète et aux saveurs pénétrantes de griotte, de poivre, de muscade et d'eucalyptus. **Cépage :** pinot noir. **Alc./**14,5 %. **www.calerawine.com**

☛ *Servir entre 2006 et 2012, à 17 °C et oxygéné en carafe 15 minutes*

Cuisses de poulet aux olives noires et aux tomates confites, hamburgers d'agneau aux poivrons rouges confits et au curcuma, risotto de tomates séchées ou pâtes aux tomates séchées.

Pinot Noir Magrain 2003

♥

MARTINBOROUGH, MARGRAIN VINEYARD, NOUVELLE-ZÉLANDE

NOUVEAUTÉ!

29,60 $	SAQ **S** (10383261)	★★★☆?☆ $$$	Corsé

L'un des meilleurs rapports qualité-prix chez les belles découvertes néo-zélandaises à avoir été mises en marché en 2006. Bonne coloration. Nez parfumé et passablement riche, aux notes de fumée, de cerise noire et de tomate séchée. Bouche ample et fraîche, aux tanins serrés, d'une belle finesse, au corps relevé et aux saveurs longues et précises, laissant des traces de fumée, de fraise, de muscade et de chêne neuf, sans excès. Belle matière soyeuse, saveurs expansives et fraîcheur donnant de l'élan et de la distinction à ce pinot noir moderne. **Cépage :** pinot noir. **Alc./**13 %. **www.margrainvineyard.co.nz**

☛ *Servir entre 2006 et 2011, à 17 °C*

Mesclun de foies de volaille aux griottes, saumon grillé à la pommade d'olives noires (olives noires dénoyautées et huile d'olive passées au robot), côtes de veau grillées et champignons portabello grillés ou poulet aux olives noires et aux tomates.

Cabernet Sauvignon Gran Araucano 2003

COLCHAGUA VALLEY, BODEGAS J. & F. LURTON, CHILI

30 $	SAQ **S** (10466200)	★★★☆ $$$	Corsé

Un cabernet sur le fruit, au style plus européen que réellement chilien, donc longiligne, ramassé, tendu, aux saveurs pures et éclatantes de cassis, de fraise, de poivre et de menthe, aux tanins très fins et au corps plus modéré que relevé. Rares sont les rouges sud-américains avec une aussi belle retenue et une aussi fraîche expression. Souhaitons maintenant pouvoir faire la paire, si la SAQ le veut bien, avec le pulpeux, expressif et minéralisant Sauvignon Blanc Gran Araucano 2005, une référence à plus ou moins 22 $, provenant de la très fraîche vallée de Casablanca. **Cépage :** cabernet sauvignon. **www.jflurton.com**

☛ *Servir entre 2006 et 2012, à 17 °C et oxygéné en carafe 30 minutes*

Carré d'agneau à la gremolata, filets de bœuf grillés et coulis de poivrons verts (*) ou rosbif de côtes farci au chorizo et au fromage.

The Holy Trinity « GSM » 2002

BAROSSA, GRANT BURGE WINES, AUSTRALIE

NOUVEAUTÉ!

30,25 $	SAQ S (10257871)	★★★☆ $$$	Corsé+

Un GSM, donc un assemblage de type rhodanien, typiquement australien, richement parfumé, aux effluves très riches, boisés, épicés et fruités à souhait, sans excès, à la bouche pleine, volumineuse, généreuse, tout en étant dotée d'une acidité vivifiante, équilibrant l'ensemble. Confiture de fraises, grenadine, cerise au marasquin et épices donnent le ton tant au nez qu'en bouche. Les plats de viande longuement mijotés s'interpénétreront formidablement avec ce vin. **Cépages :** 37 % grenache, 36 % shiraz, 27 % mourvèdre. **Alc./**14,5 %. **www.grantburgewines.com.au**

☛ *Servir entre 2006 et 2014, à 17 °C*

Braisé de bœuf à l'anis étoilé, daube de bœuf niçoise ou tajine de ragoût d'agneau aux cinq-épices et aux oignons cipollini caramélisés.

Pinot Noir Coldstream Hills 2005 ♥

YARRA VALLEY, COLDSTREAM HILLS VINEYARDS, AUSTRALIE

31 $	SAQ S* (472613)	★★★☆ $$$	Modéré+

À nouveau l'un des meilleurs achats en matière de pinots noirs australiens. Précision et charme aromatiques (tomate séchée, cerise au marasquin, fumée), fraîcheur et ampleur en bouche signent ce vin de l'une des propriétés les plus connues pour l'élaboration de vins blancs et rouges australiens au style européen. La Yarra Valley, avec la zone de Geelong, possède le microclimat parfait pour le pinot noir. Tout comme cette dernière, elle est située dans la région viticole de Victoria, juste au nord-est de Melbourne. Ses coteaux montagneux, à proximité de la mer, permettent au pinot d'exhaler ses parfums les plus fins. **Cépage :** pinot noir. **Alc./**13,5 %. **www.coldstreamhills.com**

☛ *Servir entre 2006 et 2010, à 17 °C*

Mesclun de foies de volaille aux cerises, quesadillas (*wraps*) au poulet et au pesto de tomates séchées, pâtes aux tomates séchées, carré de porc aux tomates séchées ou joues de veau braisées aux tomates confites.

Pinot Noir Scotchmans Hill 2004

GEELONG, SCOTCHMANS HILL VINEYARDS, AUSTRALIE

32,25 $	SAQ S (576553)	★★★?☆ $$$	Modéré+

Coup de cœur des dernières éditions de *La Sélection*, voici le retour de cet excellent pinot australien, cette fois dans le millésime 2004. Il en résulte un rouge passablement riche et très aromatique, exprimant des notes de fleurs et de menthe fraîche, à la bouche à la fois fraîche et ample, d'une remarquable harmonie, sans aucune lourdeur, aux tanins tissés serrés, mais fins et enrobés, aux persistantes saveurs de grenadine, de fraise et de fumée. **Cépage :** pinot noir. **Alc./**13,5 %. **www.scotchmanshill.com.au**

Servir entre 2006 et 2012, à 17 °C et oxygéné en carafe 15 minutes

Magret de canard sauce aux canneberges, filet de saumon au pinot noir (*) ou rôti de porc farci aux canneberges.

Pinot Noir Saintsbury 2003

CARNEROS, SAINSTBURY WINERY, ÉTATS-UNIS

33,50 $	SAQ **S** (196006)	★★★☆ $$$$	Corsé

Carneros étant l'une des zones d'appellation les plus fraîches de Napa, contiguë à la baie de San Francisco, le climat y est donc taillé sur mesure pour ce cépage. Il en résulte un vin passablement riche, au nez modérément aromatique, mais à la bouche ample, juteuse, tannique et soutenue. Un pinot généreux, presque joufflu, non dénué de fraîcheur et d'élégance. Vraiment bon. **Cépage :** pinot noir. **Alc./**13,5 %. **www.saintsbury.com**

Servir entre 2005 et 2010, à 17 °C

Veau marengo (de longue cuisson) et pâtes aux œufs, sandwich de poulet grillé au pesto de tomates séchées, risotto aux tomates séchées et au parmesan, poulet grillé sur une canette de bière (frotté aux épices barbecue et cuit sur un feu de copeaux d'hickory) ou steak de saumon au café noir et aux cinq-épices chinoises (*).

Domaine de la Terre Rouge « Noir » 1998

SIERRA FOOTHILLS, DOMAINE DE LA TERRE ROUGE, ÉTATS-UNIS

34 $	SAQ **S** (866012)	★★★☆ $$$	Corsé

Les amateurs de vins au profil européen de ce domaine seront comblés par le retour du Noir 1998, vinifié avec brio par Bill Easton. Un vin enivrant, au nez précis et bien défini, ayant évolué depuis deux ans vers des notes de fruits à l'eau-de-vie et de rose séchée, tout en ayant conservé sa patine veloutée originale, à la fois texturée et pénétrante. Les tanins sont d'une finesse exquise, les saveurs (cacao, café, griotte, épices douces) sont expansives, généreuses et mûres, sans excès, et d'une bonne allonge. Disons que le style est à mi-chemin entre un pinot californien et un châteauneuf-du-pape. **Cépages :** 45 % grenache, 33 % mourvèdre, 22 % syrah. **Alc./**13,8 %. **www.terrerougewines.com**

Servir entre 2006 et 2012, à 17 °C

Côtes de porc teriyaki, poulet à la sauce chocolat épicée ou magret de canard au poivre rose accompagné d'une purée de patates douces aux olives noires et au romarin frais.

Merlot Casa Lapostolle « Cuvée Alexandre » 2004

COLCHAGUA VALLEY, CASA LAPOSTOLLE, CHILI

34,25 $	SAQ **S** (459206)	★★★☆ **$$$**	**Corsé+**

Arrière-petite-fille du créateur du mondialement connu Grand Marnier, Alexandra Marnier Lapostolle gère cette propriété, fondée en 1994, avec maestria. Cette cuvée de prestige provient du fameux vignoble d'Apalta, dans la vallée de Colchagua, reconnu comme l'un des hauts lieux de la viticulture chilienne, planté de vieilles vignes de 60 ans en coteaux. Il en résulte un 2004 à la robe très foncée et violacée, au nez à la fois riche et retenu, ayant besoin d'oxygène pour se révéler pleinement, à la bouche généreuse, dense et ramassée, au style certes chilien, mais avec une distinction bien française, aux tanins serrés, au moelleux imposant et aux saveurs plus que persistantes. **Cépage :** merlot. **Alc./**14,5 %. **www.casalapostolle.com**

☛ *Servir entre 2006 et 2014, à 17 °C et oxygéné en carafe 45 minutes*

Carré d'agneau à la gremolata ou filets de bœuf sauce balsamique et poêlée de champignons sauvages.

Cabernet Sauvignon Bin 407 Penfolds 2003

SOUTH AUSTRALIA, PENFOLDS WINES, AUSTRALIE

34,75 $	SAQ **S*** (414987)	★★★☆ **$$$**	**Corsé+**

Un cabernet d'une très belle tenue. Rouge rubis très foncé, presque noir et violacé. Richement parfumé, au fruité mûr et concentré, sans excès, au boisé présent et torréfié. À la fois plein, dense, frais et ramassé. Belle texture raffinée, tanins tissés très serrés, au grain fin, saveurs d'une grande allonge. Fraise, mûre, tomate séchée et fumée donnent le ton tant au nez qu'en bouche. Finale ferme et compacte. À l'image du tout aussi harmonieux Shiraz Bin 128 Penfolds 2003 (aussi commenté dans ce guide). **Cépage :** cabernet sauvignon. **Alc./**14,5 %. **www.penfolds.com**

☛ *Servir entre 2006 et 2012, à 17 °C et oxygéné en carafe 30 minutes*

Magret de canard au vin rouge et aux baies de sureau (*), rôtisson de biche aux griottes (*) ou carré d'agneau et jus au café expresso (*).

Shiraz Bin 128 Penfolds 2003

COONAWARRA, PENFOLDS WINES, AUSTRALIE

34,75 $	SAQ **S*** (509919)	★★★☆ **$$$**	**Corsé**

Une très belle syrah, signée Penfolds, qui prêche par sa retenue et sa fraîcheur, lui procurant un profil presque languedocien. Les tanins sont fins et soyeux, l'acidité est rafraîchissante, tout en étant intégrée, le corps est ample, sans lourdeur et les saveurs persistantes, sans être dominantes. Un modèle d'harmonie qui se laisse boire. **Cépage :** shiraz. **Alc./**14 %. **www.penfolds.com**

Servir entre 2006 et 2012, à 17 °C

Côtelettes de longe d'agneau épicées à la mode du Sichuan, rôti de bœuf à la moutarde de Meaux, magret de canard grillé parfumé de baies roses ou magret de canard et crevettes à la saveur du Nouveau Monde (*).

Syrah Flagship Spice Route 2003

SWARTLAND, CHARLES BACK « THE SPICE ROUTE WINE COMPANY », AFRIQUE DU SUD

NOUVEAUTÉ!

37,25 $ SAQ **SS** (10329281) ★★★☆ **$$$** **Corsé+**

Plusieurs nouveautés d'Afrique du Sud ont enfin fait leur apparition à la SAQ – il était temps que les acheteurs du Monopole agissent! Cette syrah Flagship, provenant d'un terroir bénéficiant des vents frais de la mer, en représente l'une des belles découvertes. La robe est très foncée. Le nez est profondément fruité, compact, pur et racé, sans esbroufe et sans boisé. La bouche se montre marquée par un grain de tanins très serrés et très fins, par un corps dense et élancé, presque longiligne, un boisé noble et passablement discret – le vin a séjourné 18 mois en barriques de chêne français – et des saveurs persistantes et expressives, laissant des traces de cassis, de bleuet, de violette et d'épices douces. Un bon gros coup de carafe lui permettra de se révéler pleinement, tout comme une attente en cave de quelques années. **Cépage :** shiraz (syrah). **Alc./**15 %.
www.fairview.co.za

Servir entre 2008 et 2016, à 17 °C et oxygéné en carafe 2 heures

Médaillons de porc sauce aux canneberges et au porto LBV ou côtes de cerf sauce aux griottes et au chocolat noir Valrhona Guanaja (*).

Cabernet/Shiraz Bin 389 Penfolds 2003

SOUTH AUSTRALIA, PENFOLDS WINES, AUSTRALIE

37,75 $ SAQ **S*** (309625) ★★★☆ **$$$** Puissant

Un assemblage des plus intensément aromatiques, confit et boisé à souhait, fort complexe (cassis, violette, épices, fumée, café, goudron), à la bouche capiteuse, juteuse et puissante, aux tanins enveloppés par un fruité débordant et une générosité alcoolique sucrée. Ceux qui aiment en avoir plein les babines seront bouche bée! **Cépages :** 52 % cabernet sauvignon, 48 % shiraz. **Alc./**14,5 %.
www.penfolds.com

Servir entre 2006 et 2014, à 17 °C et oxygéné en carafe 15 minutes

Carré d'agneau rôti farci d'une purée d'olives noires et de romarin, sauce au porto LBV, jarret d'agneau confit parfumé à l'huile de truffes ou filets de bœuf au fromage bleu et sauce au porto LBV.

Taltarni « Cephas » 2001

VICTORIA, TALTARNI VINEYARDS, AUSTRALIE

NOUVEAUTÉ!

37,75 $ SAQ S (10346742) ★★★☆?☆ $$$$ Corsé+

Une nouveauté australienne, provenant des Pyrénées, dans la zone d'appellation Victoria, élaborée par l'un des domaines de références. Il en résulte un vin hyper coloré, très aromatique, riche et complexe, au boisé présent mais d'une certaine noblesse, à la bouche pleine, sphérique mais d'une fraîcheur singulière et d'une élégance des tanins remarquables, aux saveurs de fruits rouges et de fleurs, sans les habituelles notes lourdes de torréfaction provenant de l'élevage en barriques, façon *down under*. On se croirait presque en Provence, dans un millésime chaud bien sûr. **Cépages :** 72 % shiraz, 28 % cabernet sauvignon. **Alc./**14 %. **www.taltarni.com.au**

Servir entre 2006 et 2016, à 17 °C et oxygéné en carafe 30 minutes

Carré d'agneau marocain et provençal (avec feuilles de menthe, poivre de Cayenne, piment doux, paprika, cumin, romarin frais, thym, ail et moutarde de Dijon).

Manso de Velasco 2003

CURICÓ VALLEY, MIGUEL TORRES, CHILI ***(DISP. OCT. 06)***

38,25 $ SAQ S (904078) ★★★☆?☆ $$$$ Corsé+

Ce 2003 fait suite aux excellents 1998, 1999, 2000 et 2001 (commentés en primeur dans l'édition 2006 de *La Sélection*). C'est l'une des plus belles expressions de vieilles vignes de cabernet sauvignon en sol chilien. Il provient de vignes centenaires, non greffées, cultivées sur un terroir volcanique. Vous y trouverez un rouge au nez très riche et profondément fruité, tout en étant compact et retenu, à la bouche pleine, sphérique et juteuse, aux tanins tendres, au grain racé, au corps dense et velouté, sans mollesse, aux saveurs d'une grande allonge, laissant des traces de bleuet, de cassis, de café, d'épices douces et d'eucalyptus. **Cépage :** cabernet sauvignon (vignes centenaires). **www.torres.es**

Servir entre 2006 et 2016, à 17 °C et oxygéné en carafe 15 minutes

Magret de canard au vin rouge et aux baies de sureau (*) ou carré d'agneau en croûte de menthe fraîche aux parfums balsamiques.

Osoyoos Larose « Le Grand Vin » 2003

OKANAGAN VALLEY VQA, OSOYOOS LAROSE, CANADA

39 $ SAQ S (10293169) ★★★☆?☆ $$$ Corsé+

Un troisième millésime, aussi disponible en format magnum (90 $ SAQ S 10552183), remarquablement réussi que ce nouveau-né canadien, résultant d'un *joint-venture* entre Donald L. Triggs, ex-président et fondateur du géant canadien Vincor International, et du tout aussi grandiloquent Bordelais Antoine Merlaut, du groupe Taillan (propriétaire, entre autres, des châteaux Ferrière, Haut-Bages-Libéral, Chasse-Spleen, La Gurgue et Gruaud Larose). Il en résulte donc un 2003 ultra-coloré, richement parfumé, d'une étonnante profondeur et d'un charme évident, exprimant des notes de fruits noirs, d'épices douces, de violette et de cacao, à la bouche à la fois pleine, sphérique et concentrée, aux tanins fermes et compacts, au grain fin, aux saveurs explosives et au boisé certes présent actuellement mais bien dosé. Évoluera en beauté. **Cépages :** 75 % merlot, 11 % cabernet sauvignon, 6 % malbec, 5 % petit verdot, 3 % cabernet franc. **Alc./**13,4 %.

Servir entre 2007 et 2015, à 17 °C et oxygéné en carafe 30 minutes

Carré d'agneau et jus au café expresso (*) ou magret de canard rôti et réduction du porto LBV.

Groot Constantia Gouverneurs Reserve 2003

CONSTANTIA, GROOT CONSTANTIA, AFRIQUE DU SUD ***(DISP. OCT. 06)***

NOUVEAUTÉ!

39,50 $	SAQ **SS** (10443403)	★★★☆?☆	**$$$$**	**Corsé**

Superbe nouveauté à la SAQ d'un domaine sud-africain historique, fondé en 1685 – ce qui situe ce pays plus dans le Vieux Monde que dans le Nouveau Monde, mais bon... Un vin racé, d'une belle retenue européenne, à la robe soutenue, au nez subtilement parfumé et détaillé, à la bouche ample et juteuse, mais formidablement tendue et ramassée par des tanins raffinés et serrés, ainsi que par une acidité naturelle juste bien dosée. Du fruit à revendre, de la persistance, de l'équilibre et de la densité, dans un ensemble étonnamment harmonieux. **Cépages :** 60 % cabernet sauvignon, 30 % merlot, 10 % malbec. **Alc./**13,5 %. **www.grootconstantia.co.za**

Servir entre 2008 et 2018, à 17 °C et oxygéné en carafe 30 minutes

Côtes de veau de lait poêlées et réduction de vin rouge à l'estragon (*) ou carré d'agneau et jus au café expresso (*).

Napanook 2003

NAPA VALLEY, DOMINUS ESTATE, ÉTATS-UNIS

39,75 $	SAQ **S** (897488)	★★★☆?☆	**$$$$**	**Corsé**

Datant de 1836, Napanook, d'où proviennent aussi les raisins servant à la réalisation du grandissime Dominus (voir le dossier Dominus dans *Livre de cave* sur **www.francoischartier.ca**), est l'un des tout premiers vignobles à avoir été cultivé à Napa. Il en résulte un vin à la robe rouge rubis très foncé et violacé, au nez distingué et passablement riche, au fruité mûr très engageant, rappelant la confiture de framboises et les cerises noires, tout en étant d'une fraîcheur européenne, à la bouche d'un certain éclat, d'une bonne ampleur, aux tanins parfaitement mûrs, à l'acidité discrète mais rafraîchissante avec justesse, au corps plein, sans boisé apparent, et aux saveurs d'une bonne allonge. **Cépages :** 91 % cabernet sauvignon, 4 % cabernet franc, 4 % petit verdot, 1 % malbec. **Alc./**14,1 %. **www.dominusestate.com**

Servir entre 2006 et 2012, à 17 °C

Filet d'agneau en croûte et jus de cuisson naturel ou filets de bœuf Angus aux champignons sauvages.

Pinotage Kanonkop 2003

SIMONSBERG-STELLENBOSCH, KANONKOP WINE ESTATE, AFRIQUE DU SUD ***(DISP. DÉC. 06)***

45,25 $	SAQ **S** (940288)	★★★★ $$$$	**Corsé**

L'un des pinotages sud-africains les plus accomplis à ce jour. Provenant de très vieilles vignes, non irriguées et allant jusqu'à 58 ans d'âge, il est élaboré par l'un des domaines phares du Cap. En 2003, il se montre plus raffiné, plus dense et plus abouti que jamais. La couleur est profonde, le nez est engageant, riche et expressif, non dénué de fraîcheur, au boisé certes présent mais modéré. La bouche est à la fois pleine et fraîche, ample et aérienne, marquée par des tanins d'une finesse rarissime chez les vins de ce cépage singulier, aux saveurs d'une grande allonge, laissant des traces de grenadine, de cerise au marasquin et de fumée, avec un arrière-plan minéral. **Cépage :** pinotage. **Alc./**14,5 %. **www.kanonkop.co.za**

☛ *Servir entre 2007 et 2020, à 17 °C et oxygéné en carafe 45 minutes*

Jarret d'agneau confit parfumé d'huile de truffes, filets de bœuf à la fourme d'Ambert et au romarin (*) ou longe de porc (fumée si possible) sauce au boudin noir et au vin rouge.

Shiraz Old Block St Hallett 2002

BAROSSA VALLEY, ST HALLETT WINES, AUSTRALIE

NOUVEAUTÉ!

46,75 $	SAQ **S** (10245669)	★★★☆?☆ $$$$	Puissant

Profondément colorée et ultra-confite, cette shiraz est on ne peut plus *down under*. Un puissant nez australien de crème de cassis et d'eucalyptus s'exprime haut et fort, tandis qu'une bouche explosive, pleine, très généreuse, capiteuse et pulpeuse signe cette excellente syrah qui renversera les *new world style aficionados*. **Cépage :** shiraz. **Alc./**14,5 %. **www.sthallett.com.au**

☛ *Servir entre 2006 et 2016, à 17 °C et oxygéné en carafe 30 minutes*

Carré d'agneau en croûte de menthe fraîche aux parfums balsamiques ou côtes de cerf sauce aux griottes et au chocolat noir Valrhona Guanaja (*).

Cabernet Sauvignon Catena Alta 2003

MENDOZA, BODEGA CATENA ZAPATA, ARGENTINE

48,75 $	SAQ **S** (521831)	★★★★ $$$$	**Corsé+**

Cet excellent cabernet argentin, de la grandissime maison Catena, provient d'une sélection rigoureuse de vignes cultivées sur les mêmes terroirs que le sensationnel Malbec Catena Alta (aussi commenté dans ce guide). Il en résulte un vin au nez riche, complet et expressif, mais non dénué de subtilité et de finesse, à la bouche sphérique, presque juteuse, aux tanins doux, aux saveurs intenses et d'une grande allonge. Un cru structuré, sans aucune note végétale à l'horizon, qui évoluera admirablement. **Cépage :** 100 % malbec. **www.catenawines.com**

Servir entre 2006 et 2018, à 17 °C et oxygéné en carafe 1 heure

Magret de canard au vin rouge et aux baies de sureau (*) ou filets de bœuf à la fourme d'Ambert et au romarin (*).

Le Cigare Volant 2002

CALIFORNIA, BONNY DOON VINEYARD, ÉTATS-UNIS

49,50 $	SAQ **S** (10253386)	★★★☆?☆ **$$$$**	**Corsé+**

Obturé par une judicieuse capsule à vis Stelvin, vous dénicherez un 2002 aux allures de bandol très marqué par le mourvèdre, qui entre dans son assemblage. Un californien au nez d'une remarquable fraîcheur, pur et précis, marqué par des notes de fruits rouges et noirs, et par des touches de poivre et de girofle, à la bouche compacte, tissée très serrée, au fruité vivant, expressif et persistant. Rares sont les assemblages rhodaniens sous le soleil de la Californie à exprimer autant d'élégance dans la richesse solaire. Pour connaître la savoureuse petite histoire du nom de ce vin, visitez le percutant site Internet de ce domaine référence. **Cépages :** 36 % mourvèdre, 34 % syrah, 22 % grenache, 7 % cinsault, 1 % counoise. **Alc.**/13,5 %. **www.bonnydoonvineyard.com**

Servir entre 2006 et 2016, à 17 °C et oxygéné en carafe 15 minutes

Braisé de bœuf à l'anis étoilé, magret de canard rôti à la nigelle ou lièvre (ou lapin) à l'aigre-doux (*).

Pinot Noir Cornish Point Vineyard 2003

CENTRAL OTAGO « BANNOCKBURN », CORNISH POINT WINES, NOUVELLE-ZÉLANDE

NOUVEAUTÉ!

50 $	SAQ **S** (10382487)	★★★★ **$$$$**

Un pinot très coloré et violacé, au nez compact, riche et très frais, au boisé présent, mais sans être dominant, sans aucune note torréfiée, au fruité concentré (fraise, cerise au marasquin, muscade), à la bouche explosive, riche d'une intensité de fruit unique, aux tanins mûrs à point, avec un grain fin, à l'acidité très fraîche, au corps plein et dense pour le style et aux saveurs d'une grande allonge. **Cépage :** pinot noir. **Alc.**/13,5 %. **www.cornishpoint.com**

Servir entre 2006 et 2014, à 17 °C

Thon rouge mi-cuit au poivre concassé et purée de pommes de terre aux olives noires, médaillons de porc en sauce aux canneberges et au porto LBV ou côtes de veau de lait poêlées et réduction de vin rouge à l'estragon (*).

Malbec Catena Alta 2003

MENDOZA, BODEGA CATENA ZAPATA, ARGENTINE ***(DISP. AUTOMNE 06)***

54 $	SAQ **S** (10205173)	★★★★ **$$$$**	**Corsé+**

Un malbec haute couture, né de l'assemblage de cinq terroirs uniques, situés à différentes altitudes, allant de 900 mètres à 1 500 mètres, et plantés de vignes de 7 à 75 ans d'âge. Ayant dégusté les cinq cuvées séparément, lors de la visite à Montréal de Laura Catena en mai 2006, je peux vous assurer qu'une fois l'homogénéité des lots atteinte, ce vin se positionnera au sommet des grands malbecs argentins. La profondeur et l'harmonie du lot Altamira 1 ainsi que la densité et le fruité expansif du lot Adrianna 3 confirment le potentiel immense de ce vin. Pour l'instant, il se montre un brin retenu au nez, concentré, volumineux, généreux et éclatant en bouche, tout en étant légèrement dissocié. Trois à cinq ans de bouteille et il se révélera majestueusement. **Cépage :** 100 % malbec. **www.catenawines.com**

☛ *Servir entre 2008 et 2016, à 17 °C et oxygéné en carafe 2 heures*

Carré d'agneau et jus au café expresso (*) ou magret de canard rôti et réduction du porto LBV.

Poesia 2002

MENDOZA, HÉLÈNE GARCIN, BODEGA POESIA, ARGENTINE ***(DISP. NOV./DÉC. 06)***

NOUVEAUTÉ!

58 $	SAQ **S** (10395288)	★★★☆?☆	**$$$$**	Puissant

Le retour d'un excellent assemblage de très vieilles vignes de malbec, plantées en 1935, et de cabernet sauvignon plus jeune, vinifiées avec doigté par le couple d'origine bordelaise, Hélène Garcin et Patrice Lévêque, des célèbres châteaux Clos l'Église (Pomerol) et Haut-Bergey (Pessac-Léognan). Vous y dénicherez un rouge coloré, aromatique, raffiné et épuré, au boisé de type bordelais, à la bouche dense, compacte et fraîche, aux tanins très serrés, avec du grain, aux saveurs éclatantes de fraise, de cassis, de rose et de chêne, avec un arrière-plan d'épices douces. Du solide qui évoluera en beauté. **Cépages :** 60 % malbec (très vieilles vignes), 40 % cabernet sauvignon. **Alc./**13,5 %.

☛ *Servir entre 2006 et 2016, à 17 °C et oxygéné en carafe 1 heure*

Magret de canard au vin rouge et aux baies de sureau (*) ou carré d'agneau et jus au café expresso (*).

Vergelegen 2002 ♥

STELLENBOSCH, VERGELEGEN ESTATE WINES, AFRIQUE DU SUD ***(DISP. OCT. 06)***

NOUVEAUTÉ!

62 $	SAQ **SS** (10442769)	★★★★	**$$$$**	**Corsé+**

Célébré comme le meilleur vignoble d'Afrique du Sud, Vergelegen présente un 2002, ayant séjourné 19 mois en barriques neuves de chêne français, au nez percutant et saisissant, richement fruité et au boisé intégré, à la bouche sphérique, au fruité expansif, aux tanins serrés et racés, au boisé noblement travaillé, sans excès, et aux saveurs d'une réelle allonge de grand vin. Mine de crayon, fumée, poivre et prune participent au plaisir de ce cru d'une rare minéralité en sol sud-africain. **Cépages :** 46 % cabernet sauvignon, 29 % merlot, 25 % cabernet franc. **Alc./**14,5 %. **www.vergelegen.co.za**

☛ *Servir entre 2008 et 2022, à 17 °C et oxygéné en carafe 2 heures*

Magret de canard grillé parfumé de baies roses ou côtelettes d'agneau grillées à la nigelle.

Campo Elisio 2003

TORO, BODEGAS J. & F. LURTON, ESPAGNE ***(DISP. DÉC. 06)***

NOUVEAUTÉ!

65 $	SAQ **SS** (10673591)	★★★★ **$$$$**	Puissant

L'une de nouvelles bombes de Toro, l'appellation montante actuellement en Espagne, vinifiée en partenariat avec l'œnologue Michel Rolland, ami de chasse des frères Lurton. Il en résulte un rouge ultra-coloré, d'une grande richesse aromatique, tout en étant noblement profond et retenu, sans esbroufe, au boisé intégré, d'une bouche presque capiteuse, d'un grand volume, on ne peut plus solaire et pénétrante, laissant des traces de fruits noirs, d'épices et de cacao. **Cépage :** tinta de toro (tempranillo). **Alc.**/15,5 %. **www.jflurton.com**

☛ *Servir entre 2006 et 2016, à 17 °C et oxygéné en carafe 45 minutes*

Tajine de ragoût d'agneau aux cinq-épices et aux oignons cipollini caramélisés ou côtes de cerf sauce aux griottes et au chocolat noir Valrhona Guanaja (*).

Kanonkop « Paul Sauer » 2001

SIMONSBERG-STELLENBOSCH, KANONKOP WINE ESTATE, AFRIQUE DU SUD

68 $	SAQ **S** (736256)	★★★★ **$$$$**	**Corsé**

Assurément l'un des vins d'Afrique du Sud le plus proche du style des vins de France. Il provient de vignes d'un âge moyen de plus de 30 ans, non irriguées, cultivées sur un terroir de granite rouge, résultant en un vin composé par un pourcentage de cabernet sauvignon moins élevé qu'à l'habitude (64 % contre 80 %), élevé 26 mois en barriques neuves françaises. Après quelques dégustations, le nez se montrait tout aussi concentré et complexe, non dénué de distinction, aux notes aromatiques de fruits noirs, de violette, de tabac et d'épices, doté d'une fraîcheur unique chez les vins du Nouveau Monde. Quant à la bouche, elle était plus que jamais volumineuse et pleine, mais tout en étant bien ramassée par une solide assise tannique de tanins mûrs et très fins, marquée par une très longue et fraîche finale. De la grande classe. **Cépages :** 64 % cabernet sauvignon, 18 % merlot, 18 % cabernet franc. **Alc.**/14 %. **www.kanonkop.co.za**

☛ *Servir entre 2006 et 2018, à 18 °C et oxygéné en carafe 1 heure*

Carré d'agneau et jus au café expresso (*) ou filet de bœuf sauce au cabernet sauvignon.

Poesia 2004

MENDOZA, HÉLÈNE GARCIN, BODEGA POESIA, ARGENTINE *(DISP. MARS 07)*

NOUVEAUTÉ!

74 $	SAQ **S** (10395288)	★★★★ $$$$$	Puissant

Superbe coup de cœur, dégusté en primeur en août 2006, qui devrait être distribué grâce à l'opération Vins des Amériques, au printemps 2007, dans le magazine *Cellier* de la SAQ. Tout comme le millésime 2002 (aussi commenté dans ce guide), il provient d'un assemblage de très vieilles vignes de malbec, plantées en 1935, et de cabernet sauvignon plus jeune. Il se montre moins épicé que le 2002, mais plus fumé, tout aussi puissamment aromatique mais plus détaillé, et aussi généreusement enveloppé et marqué par un coffre imposant. La matière est plus noble, plus compacte, plus raffinée, les tanins sont bien travaillés et les saveurs pulpeuses et persistantes à souhait. Le boisé, encore présent vu son jeune âge, se montre judicieusement utilisé. Donc, un vin moins fougueux que le 2002, mais plus raffiné, tout en étant puissant. **Cépages :** 60 % malbec (très vieilles vignes), 40 % cabernet sauvignon. **Alc./**13,5 %.

☛ *Servir entre 2009 et 2020, à 17 °C et oxygéné en carafe 1 heure*

Jarret d'agneau confit et lentilles du Puy au jus d'agneau parfumé à la réglisse.

RÉPERTOIRE ADDITIONNEL

Merlot/Malbec Astica 2006
MENDOZA, BODEGAS TRAPICHE, ARGENTINE
8,25 $ SAQ **C** (637876) ★ $ **Modéré**
Franchement moins soutenu et moins engageant que le délicieux Shiraz Astica 2005 (commenté dans ce guide). **Alc.**/13 %.

Malbec Trapiche 2005
MENDOZA, LUJAN DE CUYO, BODEGAS TRAPICHE, ARGENTINE
10,35 $ SAQ **C** (501551) ★★ $ **Corsé**
Un peu moins pulpeux qu'il ne l'était l'an passé, alors qu'il avait été salué en primeur dans l'édition 2006 de ce guide, ce 2005 se montre un brin plus carré actuellement, mais demeure tout de même un très bon achat. **Alc.**/13,5 %.

Merlot-Pinotage Kumala 2005
WESTERN CAPE, WESTERN WINES, AFRIQUE DU SUD
11,05 $ SAQ **C** (10489743) ☆ $ **Modéré+**
Cet assemblage résulte en un vin plutôt simple, peu loquace, au corps certes généreux, mais dénué de chair, aux tanins secs et à l'acidité trop insistante. **Alc.**/13 %.

Tannat Abuelo Domingo 2004
PAYSANDÚ, LEONARDO JOSE FALCONE, URUGUAY
11,25 $ SAQ **S** (10295341) ★☆ $ **Modéré+**
Agréable tannat sud-américain, à la bouche fraîche et tannique, aux tanins modérés, un brin rustiques, mais équilibrés par un fruité rafraîchissant. **Alc.**/13,4 %.

Cabernet Sauvignon L.A. Cetto 2003
VALLE DE GUADALUPE, BAJA CALIFORNIA, VINICOLA L.A. CETTO, MEXIQUE
11,65 $ SAQ **S*** (721340) ★★☆ $ **Corsé+**
(Voir commentaire détaillé dans l'édition 2006)

Merlot The Little Penguin 2005
SOUTH EASTERN AUSTRALIA, THE LITTLE PENGUIN, AUSTRALIE
12,95 $ SAQ **C** (10342389) ★ $ **Modéré+**
Tout comme le chardonnay du même nom, ce merlot, dégusté dans trois occasions différentes, se montre trop « travaillé » pour être vraiment agréable à boire à plus d'un verre. Une sucrosité vanillée inonde les papilles et rend l'ensemble unidimensionnel et quelconque. **Alc.**/13 %.

Cabernet/Merlot Goundrey 2003
WESTERN AUSTRALIA, GOUNDREY WINES, AUSTRALIE
14 $ SAQ **C** (10495431) ★ $ **Modéré**

Cabernet/Merlot Rosemount Estate 2004
SOUTH EASTERN AUSTRALIA, ROSEMOUNT ESTATE, AUSTRALIE
14,95 $ SAQ **C** (552000) ★☆ $$ **Modéré+**
Un assemblage plutôt discret au nez, à la bouche certes relevée mais peu harmonieuse. **Alc.**/13 %.

Shiraz Long Row 2003
SOUTH AUSTRALIA, ANGOVE'S, AUSTRALIE
15,45 $ SAQ **S** (10257942) ★★☆ $$ **Modéré+**
Belle syrah australienne qui, malgré ses 14 % d'alcool, donne dans la fraîcheur. Le fruité est jeune et expressif, les tanins sont fins et l'ensemble est modérément relevé. **Alc.**/14 %.

Malbec Viniterra « Momento II » 2003
MENDOZA, VINITERRA WINERY, ARGENTINE
16,20 $ SAQ **S** (10327568) ★★?☆ $$ **Corsé+**
Nez raffiné et actuellement retenu. Bouche généreuse et corpulente, au fruité modéré pour le style, aux tanins fermes et aux saveurs d'une longueur moyenne. À suivre. **Alc.**/13,5 %.

Bonarda Broquel Trapiche 2003
MENDOZA, BODEGAS TRAPICHE, ARGENTINE
16,80 $ SAQ **S** (10394761) ★★☆ $$ **Modéré+**
(Voir commentaire détaillé dans l'édition 2006)

Cabernet Sauvignon Luis Felipe Edwards Reserva 2004
COLCHAGUA VALLEY, VIÑA LUIS FELIPE EDWARDS, CHILI
16,85 $ SAQ **C** (10272510) ★★☆ $$ **Corsé+**
Ce chilien, au style on ne peut plus Nouveau Monde, c'est-à-dire pulpeux et boisé, malgré son prix plus bas de plus ou moins 2 $, ne présente pas la même densité ni la même structure que les classiques et excellentes cuvées Reserva d'Errazuriz et de Cousiño-Macul. **Alc./**14,5 %.

Paso Doble 2005
MENDOZA, VIGNOBLES GARCIN, ARGENTINE ***(DISP. MARS 07)***
NOUVEAUTÉ!
17 $ SAQ **S** (code non disp.) ★★★ $$ **Corsé**
Un assemblage argentin (syrah, malbec et cabernet) d'une fraîcheur exemplaire, signature de l'équipe bordelaise derrière ce projet, auquel s'ajoute Alain Raynaud, propriétaire du pomerol Château La Croix de Gay. Du fruit à revendre, mais sans la puissance solaire habituelle des vins du Nouveau Monde. Plutôt italien d'expression. La bouche se montre tout aussi attrayante, séductrice et enveloppante. **Alc./**14,5 %.

Merlot Roy's Hill 2003
HAWKES BAY, CJ PASK WINERY, NOUVELLE-ZÉLANDE
17,35 $ SAQ **S** (10382727) ★★ $$ **Modéré**
Un merlot plutôt simple, facile et coulant, qui plaira à l'amateur de vin de climat frais, en mode fraîcheur. **Alc./**12,5 %.

Crest 2003
SOUTH EASTERN AUSTRALIA, THOMAS HARDY & SONS, AUSTRALIE
17,60 $ SAQ **S** (10271963) ★ $$ **Corsé**
Un assemblage de cabernet, shiraz et merlot maquillé, trop travaillé, sucré et sans intérêt. **Alc./**13,5 %.

Merlot Reserva Cousiño-Macul 2004
VALLE DEL MAIPO, VIÑA COUSIÑO-MACUL, CHILI
17,65 $ SAQ **C** (866723) ★★☆ $$ **Modéré+**
Un 2004 à la fois fin et juteux, ramassé et ample, aux tanins qui ont du grain et aux saveurs longues. **Alc./**14 %.

Pinot Noir Sherwood 2004
MARLBOROUGH «WAIPARA», SHERWOOD ESTATE, NOUVELLE-ZÉLANDE
18 $ SAQ **S** (10384061) ★★★ $$ **Modéré**
Un pinot plaisir, c'est-à-dire gorgé de fruit frais, coulant et soyeux, tout en étant ample et frais. **Alc./**13,5 %.

Cabernet Sauvignon Vineland 2003
NIAGARA PENINSULA VQA, VINELAND ESTATE WINERY, ONTARIO, CANADA
18,20 $ SAQ **C** (422808) ★★☆ $$ **Modéré+**
(Voir commentaire détaillé dans l'édition 2006)

Big House Red 2004
CALIFORNIA, CA'DEL SOLO, ÉTATS-UNIS
18,40 $ SAQ **C** (308999) ★★★ $$ **Corsé**
Au cours de l'été 2006, on apprenait, avec étonnement, que Randall Grahm venait de vendre la marque Big House Red – tout en conservant ses autres cuvées de Ca'del Solo et de Bonny Doon. N'hésitez pas à vous mettre sous la dent quand même ce 2004, vinifié par maître Grahm, à la fois poivré et confit, à la bouche toujours aussi pulpeuse, gourmande et nourrie. **Alc./**13,5 %.

Cabernet/Merlot/Syrah Hedges 2002
COLUMBIA VALLEY, HEDGES CELLARS, ÉTATS-UNIS
18,50 $ SAQ **S*** (10354478) ★★☆ $$ **Modéré**
Un assemblage de l'État de Washington qui ne transcende pas le style, mais qui se distingue par une fraîcheur faisant souvent défaut à Napa. **Alc./**13,5 %.

Pinot Noir Reserve Inniskillin 2003
NIAGARA PENINSULA VQA, INNISKILLIN WINES, ONTARIO, CANADA
18,60 $ SAQ **S** (558155) ★★☆ **$$** **Modéré**
En 2003, chaleur estivale aidant, ce pinot se montre à la fois gourmand et croquant, très frais et enveloppant. Les tanins sont fins et mûrs, le corps est soyeux et l'ensemble est modérément relevé. **Alc./**12 %.

Cabernet Sauvignon Liberty School 2003
CALIFORNIA, LIBERTY SCHOOL WINERY, ÉTATS-UNIS
18,75 $ SAQ **S*** (856567) ★★★ **$$** **Corsé**
(Voir commentaire détaillé dans l'édition 2006)

Pinot Noir Wolf Blass 2003
YARRA VALLEY, WOLF BLASS, AUSTRALIE
18,85 $ SAQ **S** (902940) ★★★ $$ **Corsé**
Un pinot certes boisé et généreux, mais franchement nourri et dodu. **Alc./**13 %.

Cabernet Sauvignon Cathedral Cellar 2000
COASTAL REGION, KWV, AFRIQUE DU SUD
18,90 $ SAQ **S** (328567) ★★★ $$ **Corsé**
Une référence sud-africaine. Fruité jeune et concentré, sans excès, tanins fins, fraîcheur et persistance. **Alc./**13,5 %.

Carmenère/Cabernet Sauvignon Carmen Reserve 2003
VALLE DEL MAIPO, VIÑA CARMEN, CHILI
19,15 $ SAQ **S** (856013) ★★★ $$ **Corsé**
Beau duo de cépages, à la fois torréfié et enveloppant, poivré et soutenu. Excellent rapport qualité-prix. **Alc./**14 %.

Pinot Noir Cono Sur Vision 2004
RAPEL VALLEY, VIÑA CONO SUR, CHILI ***(DISP. FÉVR. 07)***
NOUVEAUTÉ!
19,75 $ SAQ **S** (10694309) ★★★ $$ **Modéré+**
Un gourmand pinot chilien, épicé et fumé à souhait, à la texture fraîche et soyeuse, aux tanins fins, à l'acidité fraîche, au corps généreux et aux saveurs longues et précises. **Alc./**14 %.

Cabernet Sauvignon Weinert 1999
MENDOZA, BODEGA Y CAVAS DE WEINERT, ARGENTINE
20,10 $ SAQ **S** (863340) ★★★?☆ **$$** **Corsé**
(Voir commentaire détaillé dans l'édition 2006)

Cabernet Sauvignon Peter Lehmann 2002
BAROSSA, PETER LEHMANN WINES, AUSTRALIE
21,75 $ SAQ **S** (10345205) ★★☆ **$$** **Corsé**
Un australien classique, c'est-à-dire coloré, aromatique, assez riche, mûr et boisé, plein, généreux, frais et persistant. **Alc./**13 %.

Shiraz-Grenache d'Arry's Original 2002
MCLAREN VALE, D'ARENBERG, AUSTRALIE
22,40 $ SAQ **S** (10346371) ★★★☆ **$$** **Corsé+**
(Voir commentaire détaillé dans l'édition 2006)

Klein Constantia Marlbrook 2000
CONSTANTIA, KLEIN CONSTANTIA ESTATE, AFRIQUE DU SUD
24,25 $ SAQ **S** (505511) ★★★ **$$** **Corsé**
(Voir commentaire détaillé dans l'édition 2006)

Cabernet Sauvignon Bonterra 2002
NORTH COAST, BONTERRA VINEYARDS, ÉTATS-UNIS
24,75 $ SAQ **S** (342428) ★★★ **$$** **Corsé** BIO
Un cabernet passablement raffiné, expressif et charnu, aux tanins présents et au corps relevé. **Alc./**14 %.

Cabernet/Merlot Greg Norman 2003
LIMESTONE COAST, GREG NORMAN ESTATES, AUSTRALIE
24,85 $ SAQ **S*** (552075) ★★☆ **$$$** **Corsé**
Légèrement moins engageant et profond que ne l'était le très réussi 2002, salué dans l'édition 2006. Il vaut mieux se concentrer sur le Premium Selection Wolf Blass 2003. **Alc./**14 %.

Cabernet Sauvignon Tintara 2001
SOUTH AUSTRALIA, THOMAS HARDY & SONS, AUSTRALIE
26,45 $ SAQ **S** (10250222) ★★ **$$$** **Corsé**
Un « cab » typiquement australien, c'est-à-dire à l'attaque sucrée (sans sucre) et à l'acidité trop vivifiante (acidification trop généreuse), qui déséquilibre l'ensemble. **Alc./**13 %.

Cordillera 2000
CENTRAL VALLEY, MIGUEL TORRES, CHILI
28,10 $ SAQ **S** (883405) ★★★☆ **$$$** **Corsé**
(Voir commentaire détaillé dans l'édition 2006)

Zinfandel Old Vine Ravenswood 2003
SONOMA COUNTY, RAVENSWOOD WINERY, ÉTATS-UNIS
29,65 $ SAQ **S** (515353) ★★★?☆ **$$$** **Puissant**
Un « zin » étonnamment compact et ramassé, sans esbroufe, dense, plein, sur le fruit, au boisé intégré et aux tanins enrobés dans une gangue texturée. **Alc./**14,5 %.

Cabernet Sauvignon Plaisir de Merle 2002
PAARL, PLAISIR DE MERLE, AFRIQUE DU SUD
29,70 $ SAQ **S*** (10337731) ★★☆ **$$$** **Modéré+**
Moins pulpeux, moins détaillé et moins réussi que ne l'était le très bon 2001. **Alc./**14 %.

Pinot Noir Churton 2003
MARLBOROUGH, CHURTON, NOUVELLE-ZÉLANDE
29,75 $ SAQ **S** (10383447) ★★★ **$$$** **Modéré+**
Coloré et compact, il se montre légèrement fumé, soutenu, retenu et marqué par des saveurs de fruits noirs. **Alc./**13,5 %.

Cabernet/Merlot Goldwater «Wood's Hill» 2002
WAIHEKE ISLAND, GOLDWATER ESTATE, NOUVELLE-ZÉLANDE
32,25 $ SAQ **S** (10382604) ★★★?☆ **$$$** **Corsé**
Un beau vin, actuellement discret, mais qui se révèle d'une belle complexité et d'une belle fraîcheur après une bonne aération en carafe. Style français. Bouche ample, pleine et tannique, élégante et serrée, au corps modéré et aux saveurs de type bordelais. **Alc./**13 %.

Doña Bernarda Colleccion Privada 2002
COLCHAGUA VALLEY, LUIS FELIPE EDWARDS, CHILI
34,25 $ SAQ **S** (10259411) ★★★?☆ **$$$$** **Corsé+**
On ne peut plus chilien, ce rouge étonne par sa richesse et sa définition, laissant deviner de puissantes notes de poivre, d'eucalyptus, ainsi qu'un boisé torréfié. La bouche se montre pleine, texturée, joufflue, sans lourdeur, longue et précise. **Alc./**14 %.

Cabernet Sauvignon Counterpoint 2001
SONOMA MOUNTAIN, LAUREL GLEN VINEYARD, ÉTATS-UNIS
34,75 $ SAQ **S** (10354427) ★★★ **$$$$** **Corsé**
Un 2001 avec du fruit, de la fraîcheur, de la fermeté et de la longueur, mais sans être très généreux. **Alc./**14,5 %.

Merlot Robert Mondavi 2003
NAPA VALLEY, ROBERT MONDAVI WINERY, ÉTATS-UNIS
35 $ SAQ **S** (898866) ★★★☆ **$$$$** **Corsé**
Un merlot d'une étonnante concentration et d'une très belle fraîcheur, plein, dense, compact et bien travaillé par un élevage tempéré. **Alc./**14,5 %.

Cabernet Sauvignon-Merlot Vineland 2002
NIAGARA PENINSULA VQA, VINELAND ESTATE WINERY, ONTARIO, CANADA
36 $ SAQ **S** (10253482) ★★★?☆ **$$$$** **Corsé+**
Superbe rouge du Niagara, à servir à l'aveugle à vos amis de dégustation, qui n'y verront que du feu! Couleur soutenue, nez intense, au fruité mûr et épicé, bouche à la fois joufflue, pleine, fraîche, tannique et distinguée. **Alc.**/13 %.

Pinot Noir De Bortoli 2002
YARRA VALLEY, DE BORTOLI WINES, AUSTRALIE
37 $ SAQ **S** (883710) ★★★☆ **$$$** **Corsé**
Un pinot engageant, épicé et torréfié, à la texture veloutée, tout en étant bien assis sur de beaux tanins, qui ont du grain. **Alc.**/13,5 %.

Manso de Velasco 2001
CURICÓ VALLEY, MIGUEL TORRES, CHILI
38,25 $ SAQ **S** (904078) ★★★☆?☆ **$$$$** **Corsé+**
(Voir commentaire détaillé dans l'édition 2006)

Pisano Arretxea Grande Reserve 2001
URUGUAY, CESAR PISANO E. HIJOS, URUGUAY
38,50 $ SAQ **S** (10295631) ★★★☆ **$$$** **Corsé**
(Voir commentaire détaillé dans l'édition 2006)

Cabernet Sauvignon Robert Mondavi «Napa» 2001
NAPA VALLEY, ROBERT MONDAVI WINERY, ÉTATS-UNIS
39,50 $ SAQ **S** (255513) ★★★☆ **$$$$** **Corsé+**
Un cabernet 2001 pulpeux des plus harmonieux et engageant. Vaut amplement son prix. **Alc.**/14,5 %.

Manso de Velasco 1999
CURICÓ VALLEY, MIGUEL TORRES, CHILI
41 $ SAQ **S** (10458867) ★★★☆ **$$$$** **Corsé**
(Voir commentaire détaillé dans l'édition 2006)

Pinot Noir Peregrine 2003
CENTRAL OTAGO, PEREGRINE WINES, NOUVELLE-ZÉLANDE
41,75 $ SAQ **S** (10382831) ★★★☆?☆ **$$$$** **Corsé**
Un vin au nez très ouvert, d'une superbe finesse, à la bouche sphérique, aux tanins veloutés et au boisé modéré, égrainant des notes de torréfaction. **Alc.**/14 %.

Manso de Velasco 1998
CURICÓ VALLEY, MIGUEL TORRES, CHILI
43,75 $ SAQ **S** (10458875) ★★★★ **$$$$** **Corsé+**
(Voir commentaire détaillé dans l'édition 2006)

Manso de Velasco 1997
CURICÓ VALLEY, MIGUEL TORRES, CHILI
47 $ SAQ **S** (883108) ★★★☆ **$$$$** **Corsé**
(Voir commentaire détaillé dans l'édition 2006)

Pinot Noir Tarrawarra «Piccadilly Valley» 2001
YARRA VALLEY, TARRAWARRA ESTATE, AUSTRALIE
49 $ SAQ **S** (10278524) ★★★☆ **$$$$** **Corsé+**
Nez légèrement oxydatif, mais riche et poivré. Bouche tannique, pleine, généreuse, avec du volume et de l'intensité. Bois ambitieux, compact et un brin rustre et dispendieux. **Alc.**/13 %.

Le Cigare Volant 2003
CALIFORNIA, BONNY DOON VINEYARD, ÉTATS-UNIS ***(DISP. DÉC. 06)***
49,50 $ SAQ **S** (10253386) ★★★★ **$$$$** **Puissant**
Le Cigare 2003 se montre réglissé à fond, plus substantiel et plus enveloppant que le 2002. Il donne l'impression, à l'image d'un bœuf braisé longuement au vin rouge, qu'il est très riche en umami, cette cinquième saveur qui apporte du volume et de la chair aux aliments et au... saké! **Alc.**/13,5 %.

Merlot Gimblett Gravels Vineyard 2002
HAWKES BAY, CRAGGY RANGE WINERY, NOUVELLE-ZÉLANDE
51 $ SAQ **S** (10383738) ★★★☆?☆ **$$$$** **Corsé+**
Un très beau merlot, ultra-coloré, au nez richement parfumé, au boisé présent, à la bouche pleine, joufflue et sphérique, bien ramassée et compacte, d'une grande allonge et d'une belle harmonie. Très Nouveau Monde. **Alc./**13,5 %.

The Ironstone Pressing 2000
MCLAREN VALE, D'ARENBERG, AUSTRALIE
57 $ SAQ **S** (736686) ★★★☆?☆ **$$$$** **Corsé+**
(Voir commentaire détaillé dans l'édition 2006)

L'Aventure «Optimus» 2003
PASO ROBLES, STEPHAN VINEYARDS, ÉTATS-UNIS
59 $ SAQ **S** (725648) ★★★★ **$$$$** **Puissant**
D'origine bordelaise, Stephan Asseo élabore un assemblage de syrah et de cabernet des plus opaques, concentré, sans boisé dominant, dense, ramassé et percutant. Retenue et fraîcheur bordelaises, dans un généreux ensemble californien. **Alc./**15,5 %.

Shiraz Stonewell 1999
BAROSSA VALLEY, PETER LEHMANN WINES, AUSTRALIE
76 $ SAQ **S** (10517265) ★★★☆?☆ **$$$$** **Corsé+**
Une syrah au profil raffiné et retenu, tout en étant bien sûr pulpeuse et confite comme le veut le style solaire des vins du *down under*. Le nez est riche et profond, au boisé appuyé, un brin torréfié, à la bouche dense et pleine, à la texture soyeuse, aux tanins fins, qui ont du grain, sans être imposants, aux saveurs expansives et d'une très grande allonge. Ira loin. **Alc./**14 %.

Seña 2000
ACONGUA VALLEY, ROBERT MONDAVI & EDOUARDO CHADWICK, CHILI
78 $ SAQ **S** (898858) ★★★★ **$$$$$** **Corsé**
Un 2000 au nez assez riche, mais pas très explosif pour le style. Bouche ample, dense, compacte et veloutée à souhait, presque sensuelle, mais avec une belle tenue et une certaine fermeté. Gagnera en volupté d'ici 7 ans. **Alc./**14 %.

Seña 2001
ACONGUA VALLEY, ROBERT MONDAVI & EDOUARDO CHADWICK, CHILI
78 $ SAQ **S** (898858) ★★★☆?☆ **$$$$$** **Corsé+**
Un Seña 2001 plus ramassé et actuellement plus ferme que le plus détendu 2000. Le nez enivre par ses riches effluves épicés. La bouche suit avec aplomb, densité et plénitude, marquée par des tanins tissés très serrés et des saveurs expansives. Un vin sophistiqué, dans la lignée des grands cabernets californiens. **Alc./**13,5 %.

Cabernet/Shiraz Black Label Wolf Blass 2000
BAROSSA VALLEY/LANGHORNE CREEK, WOLF BLASS WINES, AUSTRALIE
88 $ SAQ **S** (501791) ★★★★ **$$$$$** **Puissant**
(Voir commentaire détaillé dans l'édition 2006)

Cabernet Sauvignon Estate Gallo 1997
NORTHERN SONOMA, ERNEST & JULIO GALLO, ÉTATS-UNIS
94 $ SAQ **S** (343996) ★★★☆ **$$$$$** **Corsé+**
Riche, plantureux, profond, tout en étant plein de charme, intensément savoureux, cher et on ne peut plus américain. **Alc./**14,5 %.

Grans Muralles 1998
CONCA DE BARBERÀ, MIGUEL TORRES, ESPAGNE
95 $ SAQ **S** (928804) ★★★★?☆ **$$$$$** **Corsé**
(Voir commentaire détaillé dans l'édition 2006)

L'Aventure «Estate Cuvée» 2004

PASO ROBLES, STEPHAN VINEYARDS, ÉTATS-UNIS ***(DISP. DÉC. 06)***

102 $ SAQ **SS** (10223101) ★★★★ $$$$$ **Puissant**

Un cabernet plus noir et plus violacé que la cuvée Optimus, au nez concentré d'un grand raffinement et à la bouche capiteuse, puissante et tannique. **Alc.**/15,95 %.

Cabernet Sauvignon Reserve Robert Mondavi 1999

NAPA VALLEY, ROBERT MONDAVI WINERY, ÉTATS-UNIS

182 $ SAQ **S** (870063) ★★★★?☆ $$$$$ **Corsé+**

Grenat très foncé, pulpeux et confit, un brin tomate séchée, très ouvert et engageant, du fruit à profusion, boisé, mais sans excès, dense, compact, ramassé, tannique, texture noble et élancée, harmonieux et persistant. Ira loin. **Alc.**/14,5 %.

Index des vins

Index des VINS par APPELLATIONS

A

B

H

J

K

L

M

N

O

P

T

U

V

W

X

Y

Ferreira
CAFE
Restaurant ✽ Salle corporative ✽ Traiteur
1446, rue Peel, Montréal T. 514.848.0988 www.ferreiracafe.com

Index des VINS par PAYS et par NOMS de VIN

A

AFRIQUE DU SUD

ALLEMAGNE

ARGENTINE

AUSTRALIE

AUTRICHE

C

CANADA

ÉTATS-UNIS

F

FRANCE

FRANCE (SUITE)

ITALIE (SUITE)

L

LIBAN

M

MAROC

MEXIQUE

N

NOUVELLE-ZÉLANDE

P

PORTUGAL

U

URUGUAY

Vins de Desserts & Apéritifs du Nouveau Monde

RÉPERTOIRE ADDITIONNEL

Cuvée de la Diable
HYDROMEL LIQUOREUX, FERME APICOLE DESROCHERS, FERME-NEUVE, QUÉBEC, CANADA
14,50 $ (375 ml) SAQ **S*** (883876) ★★★ $$ **Modéré+** BIO
(Voir commentaire détaillé dans l'édition 2006)

Sauvignon Blanc Late Harvest Errazuriz 2005
VALLE DE CASABLANCA, VIÑA ERRAZURIZ, CHILI
15 $ (375 ml) SAQ **C** (519850) ★★ $ **Modéré**
Un 2005 enjôleur à souhait. Le nez, passablement riche et d'une fraîcheur exemplaire, suffit pour convaincre d'y succomber. Tandis que la bouche suit avec rondeur et onctuosité, sans aucune lourdeur, terminant sa course sur des notes rafraîchissantes et exotiques. **Alc./**11,5 %.

Frio 2003
VIN BLANC DOUX, ARTISANS DU TERROIR, SAINT-PAUL-D'ABBOTSFORD, QUÉBEC, CANADA
19 $ (375 ml) SAQ **S** (10390989) ★★☆ $$ **Modéré+**
(Voir commentaire détaillé dans l'édition 2006)

Le Glacé de la Colline
CIDRE DE GLACE, LES VERGERS DE LA COLLINE, SAINTE-CÉCILE DE MILTON, QUÉBEC, CANADA
19,40 $ (375 ml) SAQ **S** (10220445) ★★☆ $$ **Corsé**
Nez plus discret que dans la cuvée mise en marché il y a deux ans (voir commentaire dans l'édition 2005). Bouche tout aussi éclatante, pleine et vivifiante. **Alc./**10,5 %.

Vidal Icewine Lakeview 2005
NIAGARA PENINSULA VQA, LAKEVIEW CELLARS ESTATE WINERY, ONTARIO, CANADA
22,50 $ (200 ml) SAQ **S** (522672) ★★★ $$$ **Corsé+**
Ce Vidal 2005 se montre moins détaillé et moins expressif que dans les millésimes précédents. Il n'en demeure pas moins gourmand, juteux et sirupeux. **Alc./**13 %.

Leduc-Piedimonte 2004
CIDRE DE GLACE, DOMAINE LEDUC-PIEDIMONTE, VALLÉE MONTÉRÉGIENNE, QUÉBEC, CANADA
24,05 $ (375 ml) SAQ **S** (10472482) ★★?☆ $$$ **Modéré**
Nez fin et subtil. Bouche tout aussi élégante et fraîche, au corps aérien et satiné, sans être très riche ni relevé. Assez simple. **Alc./**10 %.

Domaine Pinnacle 2004
CIDRE DE GLACE, DOMAINE PINNACLE, FRELIGHSBURG, QUÉBEC, CANADA
24,45 $ (375 ml) SAQ **S** (734269) ★★☆ $$$ **Modéré+**
Nez plus simple que par les millésimes passés, mais très frais. Bouche à la fois sucrée et mordante, devenant un brin amère en milieu de bouche, ce qui lui soutire de l'ampleur et de l'élégance. **Alc./**11 %.

La Cuvée Glacée des Laurentides 2004
VENDANGES TARDIVES DU QUÉBEC, VIGNOBLE DE LA RIVIÈRE DU CHÊNE, SAINT-EUSTACHE, QUÉBEC, CANADA
29,45 $ (375 ml) SAQ **S** (735001) ★★★ $$$ **Modéré**
Une étonnante vendange tardive québécoise, à la robe jaune pâle, au nez saisissant de papaye verte et de fruits de la passion, à la bouche presque moelleuse, mais vivifiée par une acidité rafraîchissante, donnant de l'élan au vin. Le prix est ambitieux. **Alc./**10,8 %.

Riesling Reserve Icewine Mission Hill 2003
OKANAGAN VALLEY VQA, MISSION HILL VINEYARDS, CANADA
58 $ SAQ **S** (10390532) ★★★☆ $$$$ **Modéré+**
Un riesling très mûr, marqué par le millésime, donc manquant la fraîcheur électrisante caractéristique à ce grand cépage ainsi que l'expression aromatique saisissante. Il demeure quand même frais, engageant et persistant. **Alc./**11,5 %.

Menu des Harmonies Vins et Mets et des Recettes

Menu des HARMONIES VINS et METS et des RECETTES de La Sélection Chartier

Dans cet INDEX, vous trouverez les recettes de tous les mets en caractères gras dans le livre **À table avec François Chartier**. Les mets en caractères gras sont aussi identifiés par un astérisque (*) au fil des vins commentés dans **La Sélection Chartier 2007**.

A

BOUDIN

C

CAILLE

CANARD

CUISINES EXOTIQUES

D

DESSERTS

E

F

FONDUES

FROMAGES

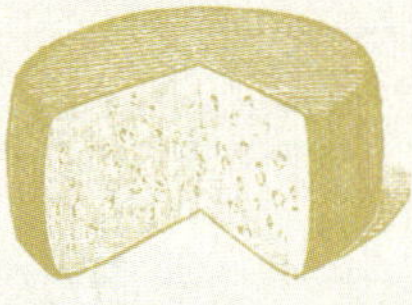

G

H

L

LAPIN

LÉGUMES

M

MOULES

P

PAELLA

PÂTES

PÉTONCLE

PIZZAS

POISSONS

POULET

RISOTTO

S

SALADES

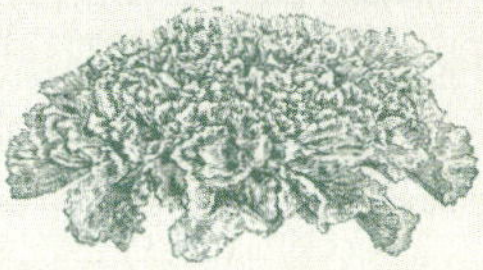

Musique écoutée pendant la rédaction de ce livre

Comme je l'ai fait dans le Tome 1 du livre *À table avec François Chartier*, paru en mars 2005, ainsi que dans l'édition 2006 de La Sélection Chartier, je vous offre les musiques qui ont meublé la rédaction de cette 11e édition.

Dans mon esprit et dans mon cœur, vin et musique sont intimement liés tout comme vin et mets. La musique se suffit à elle-même et mérite toute mon attention, mais, une fois que je me suis approprié une œuvre et que je me la suis bien « mise en bouche », elle m'accompagne alors tout au long du processus de création. Voilà pourquoi je souhaitais partager à nouveau les musiques qui m'ont inspiré et qui, je l'espère, enrichiront vos moments de lecture vineuse, de dégustation entre amis, de repas bien arrosés, de fin de soirée plus festive et, surtout, de moments d'écoute consacrés uniquement à LA musique.

Vicente Amigo, *Un momento en el sonido* et *Ciudad de las ideas*

Beatles, *Abbey Road*

Kate Bush, *Aerial*

Clive Carroll, *The Red Guitar*

CéU, *CéU*

Hariprasad Chaurasia, *Shikhar*

Coltrane, *The Complete 1961 Village Vanguard Recordings*

Ry Cooder, *Paris, Texas*

Miles Davis, *Doo-Bop* et *Sketches of Spain*

Marc-André Hamelin, *Nikolai Kapustin Piano Music*

Stephen Hough, CBSO & Sakari Oramo, *Saint-Saëns, Complete Works for Piano and Orchestra* (Hyperion)

Zakir Hussain, *Selects*

Jorane, *The You and The Now*

Elisabeth Kontomanou, *Waintin' for Spring*

Biréli Lagrène & Gipsy Project, *Move*

Sylvain Luc & Biréli Lagrène, *Duet*

Harry Manx, *West Eats Meet* et *Mantras for Madmen*

Pat Martino, *Remember : a Tribute to Wes Montgomery*

John McLaughlin, *Thieves and Poets* et *Remember Shakti*

Meshell Ndegeocello *"The Spirit Music of Jamia", Dance of the Infidel*

Van Morrison, *Magic Time*

Nguyên Lê Quartet, *Walking on the Tiger's Tail*

Pink Floyd, *Dark Side of the Moon*

The Police, *Zenyattà Mondatta*

Provost-Lachapelle-Brochu, *Live au Va-et-Vient*

Sylvain Provost et Normand Lachapelle, *Ni un Ni deux* et *Provost/Lachapelle*

Yannick Rieu, *"I" Is Memory*

Jimmy Rosenberg, *Featuring Biréli Lagrène and Angelo Debarre (Hot Club Records)*

Joe Satriani, *Super Colossal*

René Thomas, *Meeting Mister Thomas*

Ralph Towner, *Anthem* et *Solstice*

Karen Young, Normand Lachapelle, Sylvain Provost, *Live In Your Living Room*

Le cœur du Cognac
RÉMY MARTIN
FINE CHAMPAGNE COGNAC
X.O
EXCELLENCE
RÉMY MARTIN
FINE CHAMPAGNE COGNAC
La modération a bien meilleur goût. Educalcool